INGLÉS
DICCIONARIO
DEL ESTUDIANTE
INGLÉS–ESPAÑOL / ESPAÑOL–INGLÉS

Revisado y modernizado

LIVING LANGUAGE®

INGLÉS

DICCIONARIO
DEL ESTUDIANTE

INGLÉS–ESPAÑOL / ESPAÑOL–INGLÉS

Revisado y modernizado

REVISADO POR KATHLEEN OSSIP

◆

Basado en la versión original de
Genevieve A. Martin y Adolfo Alfaro

Published by Living Language®, A Random House Company, New York, New York.

Living Language is a member of the Random House Information Group.

Random House, Inc., New York, Toronto, London, Sydney, Auckland

www.livinglanguage.com

LIVING LANGUAGE and colophon are registered trademarks of Random House, Inc.

If you're traveling, we recommend **Fodor's guides**

This book is available for special discounts for bulk purchases for sales promotions or premiums. Special editions, including personalized covers, excerpts of existing books, and corporate imprints, can be created in large quantities for special needs. For more information, write to Special Markets/ Premium Sales, 1745 Broadway, MD 6-2, New York, NY, 10019 or e-mail specialmarkets@randomhouse.com.

Printed in the United States of America

ISBN 1-4000-2158-8

10 9 8 7 6 5 4 3 2 1

INDICE

INTRODUCCION

El *Living Language® Diccionario de Inglés* contiene más
de 15,000 palabras frecuentemente usadas, da el significado de cada una, así como la explicación para su uso. Esta
edición revisada contiene frases y expresiones usadas
actualmente, también las relacionadas con los negocios, la
tecnología, la prensa, la radio y la televisión de hoy día.

1. Más de 1,000 palabras básicas están escritas con letra
    mayúscula para encontrarlas con facilidad.

2. Numerosas definiciones están aclaradas por medio de
    frases, oraciones, y modismos. Si una palabra en inglés
    no tiene un equivalente exacto en español, o si dicho
    equivalente tiene varios significados, el contexto de las
    oraciones ilustrativas ayuda a clarificar el concepto.

3. El *Living Language® Diccionario de Inglés* sirve tam-
    bién como compendio de frases y guía de conversación,
    ya que contiene terminología práctica y de uso cotidi-
    ano. El diccionario es útil para los principiantes que
    tratan de aumentar su vocabulario, como también para
    los estudiantes que quieren perfeccionar su inglés colo-
    quial.

4. Las expresiones norteamericanas (particularmente los
    modismos y las coloquiales) han sido traducidas a su
    equivalente en español: también encontrará una traduc-
    ción literal para ayudar a los principiantes. Por ejem-
    plo, bajo *hand* (mano), encontrará: *to have one's hands*

full, tener mucho que hacer. Por este doble objectivo, el diccionario también es útil para trabajo de traducción.

NOTAS EXPLICATIVAS

Las traducciones literales están en paréntesis. Las expresiones coloquiales muestran la abreviación *col*.

El género es indicado con *m*. para el masculino y *f*. para el femenino.

Los posesivos son abreviados con *pos*., los pronombres con *pron*., los adjetivos con *adj*., los sustantivos con *s*. y las preposiciones con *prep*.

Inglés-Español

A

A (AN) un, uno, una
  a man un hombre
  an angel un ángel
  a woman una mujer
abandon (to) abandonar
abandonment abandono
abbreviate (to) abreviar
abbreviation abreviación
abdicate (to) abdicar
abdomen abdomen
ability capacidad, poder
able capaz, apto
ABLE (to be) poder
aboard a bordo
  to go aboard ir a bordo
abolish (to) abolir, suprimir
abortion aborto
ABOUT casi; alrededor; como; más o menos;
  cerca de; acerca de; con respecto a; a
  punto de; sobre
  About how much will it cost? ¿Cuánto
    me costará, más o menos?
  He has written a book about Mexico. Ha
    escrito un libro sobre México.
  I have about twenty dollars. Tengo
    alrededor de veinte dólares.
  The book is about this size. El libro es
    como de este tamaño.
  We were about to leave. Estábamos a
    punto de salir.
  What do you think about that? ¿Qué
    opina Ud. acerca de eso?
ABOVE sobre; encima de; arriba
  above all sobre todo
  above the trees encima de los árboles
  to be above something estar por encima de
ABROAD fuera del país, en el extranjero
absence ausencia
absent ausente
  absent-minded distraído
absolute absoluto
absolutely absolutamente
absolve (to) absolver
absorb (to) absorber
abstain (to) abstenerse
abstract abstracto
absurd absurdo
abundant abundante
abuse abuso
abuse (to) abusar de, maltratar
academy academia
accelerate (to) acelerar
accelerator acelerador
accent acento
accent (to) acentuar
accept (to) aceptar

acceptance aceptación
access acceso; entrada
accessory accesorio
ACCIDENT accidente, casualidad
  by accident por casualidad
accommodate (to) acomodar, ajustar, complacer
accommodation facilidades, servicio,
  hospedaje
accomplish (to) efectuar, realizar, llevar a
  cabo
accomplishment logro, resultado, realización
ACCORDING TO según, conforme a
ACCOUNT cuenta; relación, narración
  current account cuenta corriente
  of no account de poca monta
  on account of a causa de
  on my own account por mi cuenta
  on no account de ninguna manera
  savings account cuenta de ahorros
  to keep an account llevar cuenta
  to take into account tener en cuenta
  Charge it to my account. Apúntemelo en
    mi cuenta.
  He gave an account of what happened.
    Hizo una relación del suceso.
  What's the balance of my account?
    ¿Cuál es el saldo de mi cuenta?
account (to) tener por, considerar
accountant contador
accumulate (to) acumular
accumulation acumulación
accuracy exactitud
accurate exacto
accurately con exactitud
accusation acusación
accuse (to) acusar
accustom (to) acostumbrar
accustomed acostumbrado, de costumbre
ace as
ACHE dolor
  I have a headache. Tengo dolor de
    cabeza.
ache (to) doler
achieve (to) llevar a cabo; lograr
achievement realización, logro
acid ácido
acidity acidez
ACKNOWLEDGE (to) reconocer, confesar
  to acknowledge receipt acusar recibo
acknowledgment reconocimiento; confesión;
  acuse de recibo
ACQUAINT (to) enterar, informar,
  familiarizar
  to acquaint oneself with ponerse al
    corriente de
acquaintance conocimiento; conocido
acquainted conocido
  to be acquainted with conocer
acquire (to) adquirir, obtener

acquit (to) absolver, exculpar
ACROSS a través (de)
   across the street al otro lado de la calle
   to come across, to run across encontrarse con
act acto, hecho, acción
act (to) actuar, obrar; conducirse; representar
acting s: representación, actuación
action acción, acto, obra, actividad, argumento
   in action en acción, en movimiento
active activo
activity actividad
actor actor, protagonista
actress actriz
actual real, efectivo
actuality realidad, actualidad
actually realmente, en realidad
acute agudo, ingenioso, vivo, fino
acutely agudamente
acuteness agudeza, perspicacia, violencia (enfermedad)
adapt (to) adaptar
adaptable adaptable
adaptation adaptación
add (to) añadir
   to add up sumar
addicted adicto
   addicted to apasionado por
addition adición
   in addition to además de
additional adicional
additionally adicionalmente
address dirección, señas, domicilio
address (to) dirigirse
addressee destinatario
adequate adecuado
adequately adecuadamente
adhere (to) adherirse
adherent adherente
adhesive tape cinta adhesiva, esparadrapo, celo
adjacent adyacente, contiguo
adjective adjetivo
adjoining contiguo, juntos
adjourn (to) diferir, suspender
adjust (to) ajustar, arreglar
adjustment arreglo
administer (to) administrar
administration administración
administrative administrativo
administrator administrador
admirable admirable
admiral almirante
admiration admiración
admire (to) admirar
admirer admirador
admission admisión; entrada; confesión
   Admission free. Entrada gratis.

admit (to) admitir, confesar, reconocer
admittance entrada
   No admittance. Se prohibe la entrada.
admonish (to) amonestar
adopt (to) adoptar
adoption adopción
adoptive adoptivo
adorable adorable
adore (to) adorar
adult adulto
advance anticipo, adelanto
   in advance en adelante, por adelantado
advance (to) avanzar, adelantar
advantage ventaja, superioridad
   to have the advantage of llevar ventaja a
   to take advantage of aprovecharse
advantageous provechoso, ventajoso
adventure aventura
adventurer aventurero
adverb adverbio
adversary adversario
adversity adversidad
advertise (to) anunciar
ADVERTISEMENT anuncio, aviso
   classified advertisement aviso clasificado
advertising publicidad
   advertising agency agencia de publicidad
   advertising media medios de publicidad
advice consejo, aviso, noticia
   to seek advice pedir consejo
advisable aconsejable, deseable, conveniente
advise (to) aconsejar, avisar, informar, notificar
adviser consejero, asesor
aerial aéreo
affair asunto, negocio; aventura amorosa
affect (to) afectar
affectation afectación
affection afecto, cariño
affectionate afectuoso, cariñoso.
affectionately afectuosamente, cariñosamente
affirm (to) afirmar
affirmative afirmativo
affirmatively afirmativamente
afford (to) deparar, poder comprar
   I can't afford to buy it. No tengo con que comprarlo.
afloat a bordo, flotante
AFRAID miedoso, atemorizado, temeroso
AFTER después
   What happened after that? ¿Qué pasó después de eso?
AFTERNOON tarde
   Good afternoon! ¡Buenas tardes!
afterwards después
AGAIN otra vez, de nuevo
   again and again muchas veces
   never again nunca más

now and again a veces, de vez en cuando
Come again. Vuelva Usted.
AGAINST contra, enfrente de
AGE edad; época
    Golden Age Siglo de Oro
    Middle Ages Edad Media
    to be of age ser mayor de edad
age (to) envejecer
aged viejo, anciano
agency agencia
agenda agenda, memorándum
agent agente
aggravate (to) agraviar; irritar
aggravating agravante; irritante
aggravation agravio; irritación
aggregate (to) agregar
aggression agresión
aggressive agresivo
aggressively agresivamente
aggressor agresor
agitate (to) agitar, inquietar
agitation agitación
AGO hace, ha
    a long time ago hace mucho tiempo
    How long ago? ¿Cuánto tiempo hace?
    They came back a month ago. Volvieron
    hace un mes.
agonize (to) agonizar
agony agonía
AGREE (to) acordar, concordar, convenir,
    estar de acuerdo
    Alcohol does not agree with me. El
    alcohol me hace daño.
    This climate agrees with me. Este clima
    me sienta bien.
    We agreed on the price. Convenimos en
    el precio.
agreeable agradable
agreed convenido
agreement convenio, acuerdo
agriculture agricultura
AHEAD adelante, delante
    to be ahead ir adelante
    Go ahead! ¡Adelante!
AIDS SIDA
aid ayuda, auxilio
    first aid primeros auxilios
aid (to) ayudar
ailment dolencia
aim puntería, encaro
aim (to) apuntar; dirigir, tener por fin
AIR aire
    air conditioned aire acondicionado
    air cooling enfriamiento por aire
    air force fuerza aérea
    air mail correo aéreo
    air proof hermético
airplane aeroplano, avión
airport aeropuerto

airway ruta de aviación
aisle pasillo
alarm alarma
    alarm clock despertador
alarm (to) alarmar
album álbum
alcohol alcohol
alien ajeno, extranjero; extraterrestre
alike igual, semejante
alimony pensión, asistencia de divorcio o
    separación
alive vivo, en vida
ALL todo
    all day todo el día
    all over terminado
    all right está bien, bueno
    all the same igual, lo mismo
alliance alianza
allied aliado; relacionado
allocation colocación; asignación
ALLOW (to) permitir, conceder
    Allow me. Permítame.
allowance pensión; asignación
alloy mezcla, aleación
alluring seductivo
ally (to) unir
almond almendra
ALMOST casi
aloft arriba
alone solo; solamente
ALONG a lo largo de; al lado de
    all along constantemente
    along with junto con
    to get along hallarse, llevarse bien
    to get along with llevarse bien con
    to go along with acompañar
alongside al costado
aloud en voz alta
alphabet alfabeto
ALREADY ya
ALSO también, además; igualmente
altar altar
alter (to) alterar, cambiar, modificar
alternate (to) alternar
alternately alternativamente
alternative alternativa
alternatively alternativamente
although aunque
altitude altura
altogether enteramente, conjunto
aluminum aluminio
ALWAYS siempre
amaze (to) asombrar, pasmar
amazed atónito, asombrado
amazing asombroso, extraordinario
ambassador embajador
amber ámbar
ambiguous ambiguo
ambition ambición

ambitious ambicioso
ambulance ambulancia
ambush emboscada
amelioration mejora
amend (to) enmendar; corregir
amendment enmienda
American americano; norteamericano; estadounidense
amiability amabilidad
amiable amable
AMONG entre
amount cantidad; suma
amount to (to) costar, valer
ample amplio
amuse (to) divertir, distraer
amusement diversión
amusing divertido
analysis análisis
anarchy anarquía
anatomy anatomía
ancestor antecesor, antepasado
anchor ancla
   to weigh anchor levar el ancla
anchovy anchoa
ancient antiguo
AND y, e
   I will try and speak to her. Trataré de hablarle.
   You must go and see. Debe ir a ver.
anecdote anécdota
anemia anemia
anew de nuevo, otra vez
angel ángel
anger ira, cólera, enojo
angle ángulo
angle (to) pescar con caña
angler pescador de caña
angrily enojado, con cólera
angry enojado, enfadado
   to get angry enojarse, enfadarse
anguish angustia
animal animal
animate (to) animar
animated animado
animation animación
ankle tobillo
annex anexo
annex (to) anexar, anexionar
annihilate (to) aniquilar
anniversary aniversario
annotate (to) anotar
annotation anotación
announce (to) anunciar
announcement anuncio, aviso; participación *(de boda)*
announcer anunciador, locutor
annoy (to) molestar, fastidiar
annoyance molestia, incomodidad
annoying fastidioso

annual anual
annually anualmente
annuity anualidad
anonymous anónimo
another otro
answer respuesta, contestación
ANSWER (to) responder, contestar
answering machine contestador
answering service servicio contestadora
ant hormiga
anterior anterior
anteriority anterioridad
anthem antífona, canción nacional, himno
anti contra
anticipate (to) anticipar, esperar
anticipation anticipación
antidote antídoto
antipathy antipatía
antiquated anticuado
antique antiguo
antiquity antigüedad
anxiety ansia, ansiedad
anxious ansioso
anxiously ansiosamente
anxiousness ansiedad, solicitud
ANY algún, alguno, alguien, cualquier, cualquiera
   any farther más lejos
   any longer más tiempo
   in any case de todos modos
   not any more ya no
   Do you have any cigarettes? ¿Tiene Ud. cigarrillos?
   No, I don't have any. No, no tengo ninguno.
anybody alguno, alguien, cualquiera
   Has anybody called? ¿Llamó alguien?
anyhow de cualquier modo, de todos modos
anyone alguno, alguien, cualquiera
anything algo, cualquier cosa
   Did he say anything? ¿Dijo algo?
   No, he didn't say anything. No, no dijo nada.
anyway de cualquier modo; sin embargo
   I'll come at 7:00 P.M. anyway. De todos modos, vendré a las siete.
anywhere dondequiera, en todas partes
   Put it anywhere. Póngalo dondequiera.
apart aparte, separadamente
   He took his radio apart. El desarmó su radio.
apartment apartamento; piso
apiece por persona; cada uno
apologies excusas
apologize (to) disculparse, excusarse
   Let me apologize to you. Permítame ofrecerle mis excusas.
apology disculpa, excusa
apparatus aparato

apparel vestidos, ropa, atuendo
   wearing apparel vestidos, ropa
apparent aparente
apparently aparentemente
apparition aparición
appeal atracción; súplica; apelación; simpatía
appeal (to) apelar, recurrir; atraer, interesar
   This is very appealing to me. Esto me
   atrae mucho.
appear (to) aparecer, comparecer
appearance apariencia
appease (to) aplacar, calmar
apellation nombre
appendix apéndice, suplemento
appetite apetito
appetizer aperitivo
appetizing apetitoso
applaud (to) aplaudir
applause aplauso
APPLE manzana
   apple pie pastel de manzana
   apple tree manzano
applesauce compota de manzana
appliance instrumento, utensilio, aparato
   kitchen appliances utensilios de cocina
applicant suplicante, candidato
application aplicación; súplica, solicitud
   I filled out my application. Llené mi
   solicitud.
apply (to) aplicar, solicitar
   He applied for a job. Solicitó un
   empleo.
appoint (to) designar, nombrar
   He has been appointed by the
   government. El ha sido designado por
   el gobierno.
APPOINTMENT nombramiento, puesto; cita,
compromiso
   I have a dental appointment at 3 P.M.
   Tengo una cita con el dentista a las tres.
appraisal evaluación, valuación, valoración
appraise (to) valuar, apreciar
appreciable apreciable
appreciate (to) apreciar
appreciation apreciación, valuación;
reconocimiento
appreciative apreciativo
apprehend (to) aprehender
apprehension aprehensión
approach acercamiento, aceso; proximidad
approach (to) aproximarse, acercarse
   He did not know how to approach her.
   No sabía acercarse a ella.
approbation aprobación
appropriate (to) apropiar
appropriate apropiado
appropriation apropiación
approval aprobación; consentimiento
approve (to) aprobar, sancionar, confirmar

   Her parents do not approve of him. Sus
   padres no lo aprueban.
approximate próximo; aproximado
approximately aproximadamente
approximation aproximación
apricot albaricoque
April abril
   April Fools' Day el Día de los Inocentes
apron delantal
Arabian árabe
Arabic árabe *(idioma)*
arbitrary arbitrario
arbitrate (to) arbitrar
arbitration arbitraje
arbitrator árbitro
arc arco
arcade arcada
archaic arcaico
archbishop arzobispo
archeology arqueología
architect arquitecto
architecture arquitectura
ardently ardientemente
area code prefijo de zona
Argentinian argentino
argue (to) disputar, discutir
argument argumento, controversia
argumentation argumentación
arid árido
arise (to) subir, elevarse
aristocracy aristocracia
aristocrat aristócrata
arithmetic aritmética
ARM brazo; arma
   firearms armas de fuego
arm (to) armar
armchair sillón
armistice armisticio
armory armería
ARMY ejército
aroma aroma
AROUND alrededor, a la redonda
   He lives around here. Vive cerca de aquí.
   I'll call you around 11:00 A.M. Le llamaré
   alrededor de las once de la mañana.
arouse (to) despertar; mover
arrange (to) arreglar, acomodar
arrangement arreglo, disposición
arrest arresto, aprehensión
   under arrest arrestado
arrest (to) detener, arrestar
arrival llegada
ARRIVE (to) llegar
   He just arrived in town. Acaba de llegar
   a la ciudad.
arrogant arrogante
arrow flecha
art arte
   arts and crafts artes y artesanías

artichoke alcachofa
article artículo
articulate (to) articular
articulation articulación
artificial artificial
artificially artificialmente
artillery artillería
artist artista
artistic artístico
artistically artísticamente
AS como; cuando
    as far as hasta
    as it were por decirlo asf
    as little as tan poco como
    as long as mientras
    as much tanto, tan
    as much as tanto como
    His sister is as tall as he is. Su hermana
      es tan alta como él.
    We saw him as he came in. Lo vimos
      entrar.
ascend (to) ascender; subir
ascendant ascendiente, influjo
ascertain (to) averiguar, asegurar
ashamed avergonzado
    to be ashamed avergonzarse
ashes ceniza
ashtray cenicero
aside a un lado, al lado, aparte
ASK (to) preguntar; pedir, solicitar, suplicar
    to ask a question hacer una pregunta
asleep dormido, durmiendo
    to fall asleep dormirse, quedarse dormido
    He's asleep. Está durmiendo.
asparagus espárrago
aspect aspecto; aparencia
aspire (to) aspirar, ambicionar
aspirin aspirina
ass asno, burro
assail (to) asaltar, atacar
assailant asaltador
assassin asesino
assassinate (to) asesinar
assassination asesinato
assault asalto
assay (to) probar, examinar, investigar
assemble (to) juntar, reunir; montar
assembly reunión; asemblea
assert (to) afirmar, asegurar
assertion ascrción
asset posesión; ventaja, haberes
    He has many assets. El tiene muchas
      cualidades.
assign (to) asignar; destinar
assignation asignación, consignación
assignment asignación; tarea; comisión
    The teacher gave us a long assignment.
      El maestro nos dio una tarea larga.
assimilate (to) asimilar

assist (to) asistir, ayudar
assistance auxilio, ayuda
assistant ayudante, asistente
associate socio
associate (to) asociar, unir, juntar
association asociación
assorted variado, mezclado
assortment clasificación, surtido rico
assume (to) presumir, asumir, suponer
assumption suposición
assurance seguridad, certeza
assure (to) asegurar
assuredly ciertamente, indudablemente
astonish (to) asombrar
astonishing asombroso, sorprendente
astonishment asombro, sorpresa
astound (to) sorprender, confundir
astounding asombroso, sorprendente
astringent astringente
astrology astrología
astronaut astronauta
astronomy astronomía
asylum asilo, refugio
AT a; en; con; de; por
    at first al principio
    at last al fin, por fin
    at once inmediatamente, de una vez
    at that time en aquel tiempo; entonces
    at the same time a la vez, a un tiempo
    at two o'clock a las dos
    at work trabajando
    I am at your disposal. Estoy a su
      disposición.
    I bought it at Macy's. Lo compré en
      Macy's.
    We were surprised at his behavior.
      Quedamos sorprendidos de su
      conducta.
atheist ateo
athlete atleta
athletic atlético
athletics atléticos
atmosphere atmósfera, ambiente
atom átomo
    atom bomb bomba atómica
atrocious atroz
atrocity atrocidad
attach (to) pegar, juntar, unir
attachment unión, adhesión
attack ataque
    heart attack ataque al corazón; síncope
      cardíaco
attack (to) atacar
attempt intento, tentativa
attempt (to) atentar, intentar
attend (to) asistir
    to attend on servir a
attendance presencia, asistencia
attendant sirviente; acompañante, cortesano

attention atención
   Attention! ¡Cuidado!
attentive atento, aplicado; obsequioso
attest (to) atestiguar, atestar
attestation testimonio, confirmación
attic desván; buhardilla
attire atavío, forma de vestir
attitude actitud
attorney abogado
attract (to) atraer
attraction atracción
attractive atractivo
attribute atributo
attribute (to) atribuir
auction almoneda, remate, subasta
audacious osado, audaz
audaciously audazmente
audible audible
audience auditorio; audencia
audition audición
auditor auditor; escucha
auditorium anfiteatro
augmentation aumento
August agosto
aunt tía
aurora aurora
authentic auténtico
author autor, escritor
authority autoridad
authorize (to) autorizar
autograph autógrafo
automobile automóvil
autumn otoño
avail (to) aprovechar
   to avail oneself of aprovecharse
available disponible
avenue avenida
average promedio; medio
   on an average por término medio
avocado aguacate
avoid (to) evitar
await (to) esperar
awake (to) despertar
award laudo, premio
award (to) otorgar, conceder
AWARE enterado; ser conciente
   I was not aware of it. No estaba enterado
   de eso. No me daba cuenta.
AWAY lejos, fuera, ausente
   to go away marcharse
   He is away. Está fuera.
awe temor
awful tremendo, terrible
awfully terriblemente; excesivamente
awkward desmañado; torpe, embarazoso
awkwardly torpemente; desmañadamente
awning toldo, persiana
ax hacha
axis eje

babble (to) balbucear; parlotear
babbler charlador
baby nene, criatura, bebé
bachelor soltero
back espalda, espinazo; respaldo; posterior
   behind one's back a espaldas de uno
BACK atrás, detrás
   back and forth de una parte a otra
   back door la puerta de atrás
   to be back estar de vuelta
   to come back volver
   to get back volver
   to give back devolver
   to go back volver
back (to) apoyar
   to back up a car dar marcha atrás
background fondo; educación; antecedentes
backward atrasado; tardo; retrógado
   to go backwards andar de espaldas
bacon tocino
BAD mal, malo, perverso
badge insignia
badly mal
baffle (to) impedir, frustrar
bag saco; bolsa
baggage equipaje
bail caución, fianza
bait cebo
bake (to) cocer en horno, cocinar al horno
baker panadero
bakery panadería
baking powder levadura
balance balanza; equilibrio; balance
balance (to) equilibrar, contrapesar
balcony balcón
bald calvo
baldness calvicie
ball bola, pelota; baile
ballet ballet
balloon globo
ballot voto, formulario para votar
bamboo bambú
banana banana, plátano, banano
band banda, venda
bandage vendaje, venda
bandit bandido
banish (to) desterrar, deportar
banister baranda
BANK banco; orilla, ribera
   bank account cuenta de banco
   bank note billete de banco
banker banquero
bankrupt fallido, en bancarrota
bankrupt (to) arruinar
bankruptcy bancarrota, quiebra
banner bandera

banquet banquete
baptize (to) bautizar
bar bar; barra; medida (*mús.*)
barbarian bárbaro
barber barbero, peluquero
barbershop barbería, peluquería
bare desnudo; liso
barefoot descalzo
barely solamente
bareness desnudez
BARGAIN convenio, negocio, ganga
    bargain day día de gangas
    to make a bargain hacer un convenio
bargain (to) negociar, tratar
barge barcaza, lancha
bark corteza; ladrido
bark (to) ladrar
barley cebada
barn pajar, establo
barometer barómetro
barracks cuartel; barraca
barrel barril
barren estéril, árido
barricade barricada
bartender tabernero, cantinero
base base, fundamento
base (to) basar; fundar
basement cuarto bajo, sótano
bashful vergonzoso, tímido
basic fundamental, básico
basin palangana, tina
basis base, fundamento
basket cesta, canasta
bat garrote, palo; murciélago
batch paquete
bath baño
    bathroom cuarto de baño
    bathtub tina, bañera
bathe (to) bañar, lavar
    bathing suit traje de baño
battalion batallón
batter batido; apalear
battery batería; pila
battle batalla
battle (to) batallar
battleship acorazado, buque de guerra
bay bahía
BE ser; estar
    to be hungry tener hambre
    to be right tener razón
    to be sleepy tener sueño
    to be slow ser lento, estar atrasado
    to be sorry sentir
    to be thirsty tener sed
    to be used to estar acostumbrado
    to be wrong estar equivocado
    Be good. Sé bueno.
    How are you? ¿Cómo está Ud.?
    How is it? ¿Cómo es?

    I am going to the station. Voy a la
        estación.
    It's mine. Es mío.
    It's two o'clock. Son las dos.
    The house is being built. La casa se está
        construyendo.
    There are two people waiting. Hay dos
        personas que esperan.
beach playa
beacon faro
bead cuenta, canutillo
    to tell one's beads rezar el rosario
beak pico
beam viga, madero; rayo, destello
beaming radiante
bean frijol, haba, habichuela, judías
bear oso
bear (to) aguantar, sufrir, soportar, portar,
    producir
    to bear a child dar a luz
    to bear a grudge guardar rencor
    to bear in mind tener presente
bearer portador
bearing porte presencia; cojinete (*mec.*)
    to find one's bearings orientarse
beast bestia
beastly bestial
beat (to) latir, batir, palpitar; golpear; pegar;
    tocar; ganar
    He beat me at poker. Me ganó (*derrotó*)
        en el poker.
    He beat the record. Rompió el record.
    The cook beats the eggs. La cocinera bate
        los huevos.
    They beat him up. Le pegaron.
beat golpe, pulsación, latido, pulso
beating paliza, zurra; latido
beautiful bello
beautifully bellamente
beautify (to) hermosear, embellecer
beauty hermosura, belleza
    beauty parlor salón de belleza
beaver castor
BECAUSE porque
    I could not come because of the rain. No
        pude venir debido a la lluvia.
BECOME (to) llegar a ser, convertirse
    to become angry enojarse
    This is very becoming to her. Esto le
        queda bien.
    What will become of her? ¿Qué será de
        ella?
BED cama, lecho
bedclothes ropa de cama
bedding colchones
bedroom alcoba, cuarto de dormir; recámara
bedside lado de cama
bedspread cubrecama, colcha
bedtime hora de acostarse

bee abeja
beef carne de res
beehive colmena
beeper busca personas
beer cerveza
beet remolacha, betabel
beetle escarabajo
BEFORE antes, antes que; ante, delante de, enfrente de
    Call me before eleven. Llámeme antes de las once.
beforehand de antemano, previamente
beg (to) mendigar, rogar, suplicar
beggar mendigo
BEGIN (to) empezar, comenzar
beginning principio, comienzo
behalf, on behalf of a favor, en nombre
behave (to) conducirse, comportarse
    Behave! ¡Pórtate bien!
behavior conducta
BEHIND atrás, detrás
    He remained behind. Se quedó atrás.
behold (to) contemplar
belfry companario
Belgian belga
belief creencia; opinión
believe (to) creer; opinar
    He believes in his success. Cree en su éxito.
believer creyente
bell campana; campanilla
    Ring the bell. Toque la campanilla.
bellows fuelle
belly vientre, barriga
BELONG (to) pertenecer
beloved caro, querido
BELOW abajo, debajo
belt cinturón
beneath bajo, debajo, abajo
bench banco
bend (to) doblar, plegar
benediction bendición
benefactor benefactor
benefit beneficio
benefit (to) beneficiar
bequeath (to) legar
berth litera; camarote
beset (to) acosar
BESIDE al lado de, contiguo, cerca
    He was beside himself. Estaba fuera de sí.
besides además de, por otra parte
BEST mejor
    best of all mejor que los demás
    He was at his best. Estaba en su máximo.
bestow (to) conferir, otorgar
bet apuesta
bet (to) apostar
betray (to) traicionar
betrayal traición

BETTER mejor; más bien
    better and better mejor y mejor
    I'm better off that way. Me siento mejor de esa manera.
    So much the better! ¡Tanto mejor!
    This is better than that. Esto es mejor que eso.
better (to) mejorar
BETWEEN entre; en medio de
    between you and me entre nosotros
beverage bebida
beware (to) guardarse
    Beware! ¡Cuídese!
BEYOND más allá
    beyond doubt fuera de duda
bias sesgo
bib babero
Bible Biblia
bicarbonate bicarbonato
bicycle bicicleta
bid postura
bid (to) pujar
BIG grande, voluminoso
BILL cuenta; factura
    bill of fare menú
billfold billetera
billiards billar
billion mil millones
bind (to) atar, unir
binding encuadernación
biography biografía
biology biología
bird ave, pájaro
birth nacimiento
    birth rate natalidad
    by birth de nacimiento
    to give birth dar a luz
birthday cumpleaños
biscuit bizcocho
bishop obispo
bit pizca, pedacito
    not a bit nada
bit (binary digit) bit/dígito binario
bite mordedura
bite (to) morder, picar
biting penetrante, picante, cáustico
bitter amargo, satírico
bitterly amargamente
bitterness amargura
BLACK negro
    He is the black sheep of his family. Es la oveja negra de la familia.
blackbird mirlo
blackboard pizarra, pizarrón
blacken (to) ennegrecer
blackmail chantaje
blacksmith herrero
blade hoja
    razor blades navajas de afeitar

blame reprobación, culpa
blame (to) culpar
bland suave, blando
blank en blanco; vacío
blanket manta, frazada, cobija
blast ráfaga
   in full blast en pleno ejercicio
blaze llama, ardor
   in a blaze resplandeciente
blaze (to) resplander
bleach blanqueador, cloro
bleach (to) blanquear, descolorar
bleed (to) sangrar, perder color (clothes)
bleeding sangría
blemish tacha, mancha
blemish (to) manchar, infamar
blend mezcla
blend (to) mezclar
BLESS (to) bendecir
   God bless you! ¡Que Dios lo bendiga!
blessed bendito
blessing bendición
BLIND ciego; ignorante; *s:* persiana
blind (to) cegar
blindfold (to) despistar, ofuscar
blindly ciegamente
blindness ceguera
blink pestañeo
blink (to) pestañear
bliss felicidad
blissful dichoso
blissfulness suprema felicidad, dicha
blister ampolla
blithe alegre
blizzard ventisca
BLOCK bloque, trozo; cuadra, manzana
   (casas)
   The post office is four blocks away. El
     correo está a dos cuadras.
block (to) obstruir
blockhead tonto
blond rubio
blonde rubia
BLOOD sangre
   cold blood sangre fría
bloodily cruentamente
bloom floración
   The roses are in full bloom. Las rosas
     están en plena floración.
blooming lozano; próspero
blossom flor
   in blossom en florecimiento
blot borrón, mancha
blot (to) emborronar
   to blot out borrar
blotter secante
blouse blusa
blow soplo; golpe
   blow out pinchazo

   It was a terrible blow for her. Fue un
     golpe terrible para ella.
   They came to blows. Terminaron a golpes.
BLOW (to) soplar, inflar
   to blow out apagar
   to blow up estallar
   The wind blows the leaves off. El viento
     arrastra las hojas.
BLUE azul; triste
   She is feeling blue. Está triste.
blueprint heliografía, proyecto
blues esplín; tristeza, melancolía
bluestocking marisabidilla, sabelotodo
bluff fanfarronada
bluff (to) alardear
bluish azulado
blunder disparate
blunt embotado
blur trazo borroso
blur (to) opacar, embotar, desvanecer
blush rubor
blush (to) ruborizarse
BOARD tabla; pensión; junta, consejo; tablero
   on board a bordo
   room and board habitación y comida
   the board of directors la junta directiva
   the board of health la junta de sanidad
board (to) abordar
boarder huésped, pensionista
boarding house pensión, casa de huéspedes
boast jactancia
boast (to) ostentar, jactarse, presumir
boaster fanfarrón
boastful jactancioso
BOAT barco, bote, barca, buque
boatman barquero
bodice corpiño
BODY cuerpo
boil (to) hervir
   boiled eggs huevos cocidos
   boiled water agua hervida
   to boil over hervir hasta rebosar
boiler caldera
boiling hervor, ebullición
   boiling point punto de ebullición
   boiling water agua hervida
boisterous turbulento
bold audaz, temerario
boldly audazmente
boldness intrepidez
bolster almohadón
bolt cerrojo
bolt (to) cerrar con seguro
bomb bomba
bomb (to) bombardear
bonbon dulce, bombón
bond lazo; ligazón, fianza
   in bond en depósito
bond (to) conectar

BONE hueso
bone (to) deshuesar
boneless sin huesos
BOOK libro
bookbinding encuadernación
bookcase librero
bookish pedante
bookkeeper tenedor de libros
booklet libretín
bookseller librero
bookstore librería
boom auge
boom (to) dar bombo
boot bota
bootblack limpiabotas
booth garita, casilla
bootlegger contrabandista de licores
BORDER orilla; frontera; límite; borde; ribete
border (to) confinar, orlar, colindar
bore taladro; pelmazo; persona pesada
bore (to) taladrar; aburrir
boredom aburrimiento
boring aburrido, latoso
born nacido
born (to be) nacer
borough barrio, colonia, sección de ciudad
borrow (to) pedir prestado
> **May I borrow a book from you?** ¿Puede
> prestarme un libro suyo?

bosom seno, pecho
> **bosom friend** amigo íntimo

boss jefe
boss (to) regentear, mandar
bossy dominante, mandón
BOTH ambos
> **both of them** ellos dos, los dos

bother molestia
bother (to) incomodar, molestar
bottle botella; frasco
bottle (to) embotellar; envasar
BOTTOM fondo
> **to be at the bottom of** llegar hasta el
> fondo de
> **to touch bottom** tocar fondo

bough rama
boulevard bulevar
bounce salto, brinco, rebote
bounce (to) rebotar; brincar
bouncing fuerte, vigoroso
bound límite, término
bound atado, amarrado
bound for con destino a, destinado; con
rumbo a
boundary límite, término
boundless ilimitado
bouquet ramillete de flores
bow arco, saludo, reverencia; proa
bow (to) inclinar, saludar, someterse
bowel intestino

bowl escudilla, tazón
bowling juego de bolos
bowman arquero
BOX caja; palco; casilla; compartimento
> **box office** taquilla

box (to) abofetear
boxer boxeador
boxing boxeo
BOY muchacho, niño; hijo varón
boyish amuchachado
brace traba, abrazadera
brace (to) ligar, asegurar
bracelet pulsera
bracket puntal, codillo; paréntesis
brag (to) jactarse, fanfarronear, presumir
braggart jactancioso, presumido
braid galón, trenza
brain cerebro
> **brains** sesos
> **to have some brains** ser inteligente

brake freno
> **to put the brakes on** frenar

bran salvado, afrecho
branch rama; ramal; sucursal
brand marca
> **brand-new** enteramente nuevo, flamante

brass latón
brassiere sostén
brassy de latón, descarado
brat mocoso
brave bravo, valiente
brave (to) arrostrar
bravely valerosamente
brawl alboroto; pelea
brawl (to) alborotar; pelear
brawler pendenciero
braze (to) soldar
brazen descarado
brazenness descaro
Brazilian brasileño
breach rotura, fractura, violación
BREAD pan
> **bread and butter** pan con mantequilla

breadth anchura
breadthwise a lo ancho
break ruptura, interrupción
BREAK (to) romper, quebrar, violar
> **to break down** destruir
> **to break in** forzar
> **to break in pieces** despedazar
> **to break open** abrir a la fuerza
> **to break the ice** romper el hielo (*cobrar*
> *confianza*)
> **to break the record** romper el récord
> **They broke up.** Rompieron sus
> relaciones.

breakable quebradizo
breakage fractura, rotura
breakdown caída; agotamiento

She had a nervous breakdown. Ella tuvo un colapso nervioso.

BREAKFAST desayuno

breaking rompimiento

breast pecho, seno, pechuga

breath aliento, respiración

out of breath sin aliento

breathe (to) respirar, vivir, descansar

breathing respiración

breathless sin aliento; intenso

breed (to) criar, engendrar

breeding cría

breeze brisa

breezy ventilado

brevity brevedad; concisión

brewery cervecería

bribe soborno, mordida

bribe (to) sobornar

bribery soborno

brick ladrillo

bricklayer albañil

bridal nupcial

bride novia

bridegroom novio

bridesmaid dama de honor

BRIDGE puente; juego de cartas

bridle brida

bridle path camino de herradura

brief breve, corto

briefcase cartera

briefly brevemente

briefness brevedad

bright claro; radiante; inteligente

brighten (to) aclarar; alegrar; dar vida, avivarse

brightness lustre, brillantez

brilliant brillante, luminoso

brilliantine brillantina

brilliantly brillantemente

brim ala (*sombrero*), borde

He filled the glass up to the brim. Llenó el vaso hasta el borde.

BRING (to) traer; llevar; aportar; producir

to bring about efectuar

to bring back devolver

to bring down bajar

to bring forth producir

to bring together juntar, reunir

to bring up criar, educar

bringing up educación

British británico

BROAD ancho, vasto, general

broad-minded tolerante

broadcast radiodifusión

broadcast (to) radiodifundir, esparcir, transmitir

broadcasting radiodifundiendo

broadcasting station radioemisora

brocade brocado

brochure folleto

broil (to) asar

broiled steak bistec asado

broiler parrilla

broke pelado, roto

broken roto, quebrado

bronze bronce

brook arroyo

broom escoba

broth caldo

BROTHER hermano; cofrade

brotherhood fraternidad

brother-in-law cuñado

brotherly fraternal

brow ceja, frente

BROWN pardo, castaño, moreno

browse (to) curiosear

bruise contusión

bruise (to) magullar, golpear

brunette morena

BRUSH cepillo, brocha

clothesbrush cepillo para la ropa

toothbrush cepillo para los dientes

brush (to) cepillar

He has to brush up on his English for the test. Tiene que repasar su inglés para la prueba.

brutal brutal

brute bruto

bubble burbuja; pompa

bubble (to) burbujear

buck gamo, venado

bucket cubo, balde

buckle hebilla

bud yema, botón, capullo

budge (to) mover

budget presupuesto

buffet aparador; bufet

bug insecto

bugle canutillo

BUILD (to) edificar, fabricar, construir

building edificio, casa, fábrica

bulb bombilla; foco; bulbo

bulk volumen, tronco

bull toro

bullet bala

bulletin boletín

bullfighter torero

bum vago

bump topetazo, corcova, choque

bump (to) topear, chocar

bumper tope

bun panecillo; bollo

bunch manojo, montón

a bunch of grapes un racimo de uvas

bundle atado, bulto

bunny conejito

buoy boya, baliza

buoyancy fluctuación, animación; capacidad para flotar

burden carga; agobio
bureau tocador; oficina; negocionado
burglar ladrón
burial entierro
burlesque burlesco
BURN (to) quemar, incendiar
   The house was completely burned. La casa se quemó por completo.
burner quemador
burst (to) reventar, estallar
   to burst out prorrumpir
   He burst out laughing. Soltó una carcajada.
bury (to) enterrar
BUS ómnibus, autobús, camión *(Mex.)*
bush arbusto
bushel fanega
BUSINESS negocio; ocupación; asunto
   a businessman un hombre de negocios
   a business woman una mujer de negocios
   Business is business. Los negocios son negocios.
   How's business? ¿Qué tal van sus negocios?
   Mind your own business. No se meta en lo que no le importa.
   What business are you in? ¿A qué negocio se dedica Ud.?
BUSY ocupado
   to be busy estar ocupado
BUT pero, sino
   But it's not so. Pero no es así.
   I cannot but agree with him. Tengo que estar de acuerdo con él.
   No buts. No hay pero que valga. Sin peros.
   No one but you can do it. Nadie puede hacerlo sino tú.
butcher carnicero
   butcher's, butcher shop carnicería
butler despensero, mayordomo
butt cabo, punta
   cigarette butt colilla
BUTTER mantequilla, manteca *(Spain)*
butter (to) poner mantequilla
butterfly mariposa
buttermilk suero de leche
button botón
button (to) abotonar
buttonhole ojal
BUY (to) comprar
   to buy for cash comprar al contado
   to buy on credit comprar a crédito
   to buy secondhand comprar de segunda mano
buyer comprador
buzz zumbido
buzz (to) zumbar
BY por; a; en; de; para; junto a; cerca de

by and by poco a poco
by hand a mano
by reason of por razón de
by that time para entonces
by the way de paso
by then para entonces
by virtue of en virtud de
Finish it by Sunday. Termínelo para el domingo.
Send it by air mail. Envíelo por correo aéreo.
byte ocho bits *(informática)*, byte
byway camino desviado

C

cab taxi, coche de alquiler
cabaret cabaret
cabbage col, repollo
cabin cabaña, camarote
cabinet gabinete, vitrina, armario
cabinetmaker ebanista; carpintero
cable cable
cablegram cablegrama
cacao cacao
cactus cacto
cadaver cadáver
café cafe
cafeteria restaurante sin meseros, donde uno se sirve a sí mismo
cage jaula
CAKE pastel, torta
   a cake of soap una pastilla de jabón
calculate (to) calcular
calendar calendario
calf becerro, ternero
CALL (to) llamar; convocar; citar; visitar
   to be called llamarse
   to call back mandar volver
   to call forth llamar a
   to call out gritar
   Call me tomorrow. Llámeme por teléfono mañana.
   I'll call for you at 6:00 P.M. Pasaré por Ud. a las seis de la tarde.
   Our neighbors called on us last night. Nuestros vecinos nos visitaron anoche.
call llamada, visita
   phone call llamada telefónica
   The doctor has several calls to make. El doctor tiene que hacer unas visitas.
callous calloso
callus callo
calm calmo, tranquilo; *s:* calma, tranquilidad
calm (to) calmar
   Please calm down! ¡Por favor, cálmate!
calorie caloría

calumniate (to) calumniar
calumny calumnia
camel camello
camellia camelia
camera cámara fotográfica
cameraman camarógrafo
camp campo, campamento
camp (to) acampar
campaign campaña; propaganda
   His political campaign helped him win the election. Su campaña política le ayudó a ganar las elecciones.
camphor alcanfor
campus patio de un colegio en los EE.UU.
can lata, bote
CAN poder; saber; enlatar
   Can you play golf? ¿Sabe Ud. jugar al golf?
   That can't be! ¡No puede ser!
   What can I do for you? ¿En qué puedo servirle?
canal canal
canary (bird) canario
CANCEL (to) cancelar, revocar, anular
   Please cancel my reservation. Hágame el favor de cancelar mi reservación.
cancellation cancelación, rescisión
cancer cáncer
candid cándido, sincero
candidate candidato
candle vela, candela, bujía
candlestick candelero
candy bombón, dulce, caramelo
cane caña, bastón
   cane sugar azúcar de caña
canned goods conservas
cannon cañón
   cannonball bala de cañón
can opener abrelatas
canopy dosel, pabellón
cantaloupe melón
canteen cantina
canvas lona; cañamazo
cap gorra, gorro; tapa, cima
capable capaz
capacity capacidad
cape cabo, manteleta
caper alcaparra
capital capital; principal; mayúscula
capitol capitolio
capitulate (to) capitular
capitulation capitulación
caprice capricho
capricious caprichoso
capsule cápsula
captain capitán
caption encabezamiento; título
captivate (to) cautivar, fascinar
captivating encantador, seductor

captivity cautividad
capture captura
capture (to) capturar, apresar
CAR coche, automóvil, carro
caramel caramelo
carat quilate
carbon carbono, papel carbón
   carbon copy copia en papel carbón
CARD tarjeta; naipe, baraja
   post card tarjeta postal
cardboard cartón
cardinal cardinal
CARE cuidado, custodia; cautela
   in care of (c/o) al cuidado de (a/c)
   to take care of cuidar de
   Take good care of yourself! ¡Cuídese Ud.!
CARE (to) tener cuidado, importar, interesarse
   He cares about his appearance. Se cuida de su aspecto.
   I don't care. No me importa.
   I don't care about it. Me tiene sin cuidado.
   I don't care at all. No me importa nada.
   I don't care for it. No me interesa.
   I don't care for wine. No me gusta el vino.
   Would you care for some dessert? ¿Querría Ud. postre?
career carrera
CAREFUL cuidadoso
   Be careful! ¡Tenga Ud. cuidado!
careless descuidado
carelessly descuidadamente
caress caricia
caress (to) acariciar
caretaker curador, guardián
cargo carga
caricature caricatura
carnation clavel
carol canto alegre
   Christmas carols cantos navideños
carousel tiovivo, carrusel
carpenter carpintero
carpet alfombra
carpeting alfombrado
carriage carruaje, coche, vehículo
carrier portador
carrot zanahoria
CARRY (to) llevar, conducir, portar, traer
   to carry away llevarse
   to carry on continuar, conducir
   to carry out llevar a cabo
   After twenty lessons he was able to carry on a conversation. Después de veinte lecciones, podía sostener una conversación.
   He carried off the prize. Se llevó el premio.

cart carreta, carretón
carve (to) tajar, trinchar, talar
   carved work entallado
carving escultura, entalladura
CASE caso; estuche; caja
   in any case en todo caso
   in case of en caso de
CASH efectivo, numerario
   cash payment pago al contado
   cash register caja registradora
   He always pays cash. Siempre paga al contado.
cash (to) cobrar un cheque, hacer efectivo un cheque
   I have to cash a check. Tengo que cobrar un cheque.
cashier cajero
cassette cassette, casete, cinta
cask tonel, barril
CAST lanzamiento, fundición; reparto, yeso
   cast iron hierro colado
   In this play the cast was excellent. En esta obra el reparto fue excelente.
cast (to) fundir; tirar, lanzar; repartir papeles
   The die is cast. Al hecho pecho.
   The director has to cast the new play. El director tiene que repartir los papeles para la nueva obra.
casting vaciado, invención, distribución
castle castillo
CASUAL casual, fortuito
casually casualmente
casualty accidente, desastre
CAT gato
catalog(ue) catálogo
catch presa, captura
CATCH (to) coger, agarrar
   to catch cold resfriarse
   to catch on comprender
   to catch (on) fire encenderse
   to catch up alcanzar
   I caught sight of him. Lo vi.
category categoría, clase
caterer proveedor
caterpillar oruga, gusano
cathedral catedral
Catholic católico
CATTLE ganado
cauliflower coliflor
cause causa; razón; motivo
cause (to) causar
caustic cáustico
caution cautela, precaución, cuidado
caution (to) caucionar, amonestar
cautious cauto, prudente
cautiously cautamente
cavalier caballero, jinete
cavalry caballería

cave cueva, caverna
cavern caverna
cavity cavidad
CD ROM memoria de lectura en disco compacto; memoria estática en disco compacto
cease (to) cesar
ceiling techo
celebrate (to) celebrar
celebrity celebridad
celebration celebración
celerity celeridad
celery apio
celibate célibe
cell celda; célula
cellar sótano
   wine cellar bodega
cello violoncelo
cellular phone teléfono celular
cement cemento
cement (to) pegar, aglutinar
cemetery cementario, panteón
censor censor; crítico
censorship censura
censure censura, reprimenda
CENT centavo, céntimo
centennial centenario
CENTER centro
   center of gravity centro de gravedad
centimeter centímetro
central central, céntrico
centralize (to) centralizar
century siglo; centuria
cereal cereal
cerebral cerebral
ceremonial ceremonial
ceremonious ceremonioso
ceremoniously ceremoniosamente
ceremony ceremonia, formulismo, cumplido
CERTAIN cierto, seguro, claro, evidente
certainly ciertamente, sin duda, seguramente
certainty certeza
certificate certificado
   certificate of baptism fe de bautismo
   vaccination certificate certificado de vacuna
certify (to) certificar
cessation cese, suspensión
cession cesión
chain cadena
   chain store cadena de tiendas
chain (to) encadenar
CHAIR silla
chairman presidente *(de una junta)*
chalk tiza, gis
challenge desafío, recusación
challenge (to) desafiar
chamber cámara; gabinete *(gobernación)*
   chamber music música de cámara

chamber of commerce cámara de comercio

chambermaid camarera

chamois ante, gamuza

champagne champaña

champion campeón

CHANCE azar, acaso, casualidad, oportunidad; probabilidad; riesgo
　by chance por casualidad
　to take a chance correr un riesgo, aventurarse
　The chances are against it. No hay mucha probabilidad.

chandelier araña, candelabro

CHANGE cambio, suelto; alteración, substitución
　for a change por cambiar
　I don't have any small change. No tengo suelto.
　Keep the change. Quédese con el cambio.

change (to) cambiar, alterar, convertir

changeable variable; alterable

channel canal, estrecho
　English Channel Canal de la Mancha

chaos caos

chap tipo

chapel capilla

chaplain capellán

chapter capítulo

character carácter, genio; persona; protagonista
　What a character! ¡Qué tipo!

characteristic característico, típico

charcoal carbón

CHARGE carga; orden, mandato; costo; cargo; acusación; ataque
　in charge encargado
　What's the charge for that? ¿Cuánto cobra por eso?

CHARGE (to) cargar; llevar, costar, cobrar; acusar
　to charge to an account cargar en cuenta
　He was charged with murder. Fue acusado de asesinato.
　How much do you charge for that? ¿Cuánto cobra Ud. por eso?
　Is it cash or charge? ¿Al contado o a cuenta?

charges gastos; partes; instrucciones
　The charges were laid against him. La acusación fue contra él.

charity caridad

charm encanto; talismán

charm (to) encantar

charming encantador

chart carta (para navegación); mapa; cuadro, gráfico

charter (to) fletar

chase persecución

chase (to) perseguir

chassis chasis

chat plática, charla

chat (to) charlar, platicar

chauffeur chauffeur; chófer (fam.)

CHEAP barato

cheaply a precio bajo

cheat trampa, engaño

cheat (to) engañar

CHECK cheque; talón (de reclamo); contraseña; cuenta (restaurante); control; inspección restricción; jaquel (tela); verificación, comprobación
　checkbook libreta de cheques
　Bring me the check, please. Tráigame la cuenta, por favor.
　Present this check when you claim your baggage. Presente este talón al reclamar su equipaje.
　The doctor gave him a complete checkup. El doctor le hizo un examen general.

CHECK (to) examinar; verificar; facturar (equipaje); marcar; dar jaque a
　I checked my baggage at the station. Registré mi equipaje en la estación.
　The foreman checked the work. El capataz comprobó el trabajo.
　They checked in at the Waldorf. Se registraron en el Waldorf.
　We have to check up on this. Tenemos que revisarlo.

checkerboard tablero de damas

checkers damas (juego)

cheek mejilla

cheekbone pómulo

cheer alegría, vivas, aplausos

cheer (to) alegrar
　to cheer up animar, cobrar ánimo
　Cheer up! ¡Ánimo!

cheerful alegre, animado

cheerfully alegremente

cheerfulness alegría

cheese queso

chemical químico

chemist químico; farmacéutico (Brit.)

chemistry química

cherish (to) apreciar; acariciar

cherry cereza

chess ajedrez

chest pecho; arca, cofre

chestnut castaña

chew (to) mascar, masticar

chewing gum chicle, goma de mascar

chic elegante

chicken pollo

chicken pox varicela

chief principal; s.: jefe

chiefly principalmente

CHILD niño, niña; hijo, hija
childhood infancia, niñez
Chilean chileno
chill frío, escalofrío
chill (to) enfriar, resfriar
chilly frío
    It's very chilly today. Hace mucho frío hoy.
chime campaneo
chime (to) repicar
chimney chimenea
chin barbilla
china porcelana, loza
Chinese chino
chip brizna; ficha
chip (to) desmenuzar; astillar
chiropodist pedicuro
chiropractor quiropráctico
chlorine cloro
chocolate chocolate
CHOICE escogido, selecto; *s:* elección, opción; lo selecto
choke (to) ahogar, agarrotar
CHOOSE (to) elegir, escoger
choosing escogimiento, elección
chop chuleta; costilla
    lamb chops chuletas de cordero
    pork chops chuletas de puerco
    veal chops chuletas de ternera
chop (to) cortar, picar
    chopped meat carne picada
chord cuerda, acorde
chorus coro
chowder sopa de pescado
chowder (clam) sopa de almejas
christening bautismo
Christian cristiano
Christmas Navidad
    Christmas Eve nochebuena
    Christmas tree árbol de Navidad
    Merry Christmas! ¡Feliz Navidad!
chrome cromo
chronic crónico
chronicle crónica
chronology cronología
chubby gordito
chuckle risa
chum camarada
chunk pedazo
church iglesia
churchyard cementerio
cicatrix cicatriz
cider sidra
cigar cigarro, puro
cigarette cigarrillo, cigarro
    cigarette case cigarrera
    cigarette holder boquilla
    cigarette lighter encendedor
cinema cine

cinnamon canela
circle círculo
circuit circuito
circular circular
circulate (to) circular, propalar
circulation circulación
circumscription circunscripción
circumspect circunspecto
circumstance circunstancia
circumstantial circunstancial
circus circo
citadel ciudadela
citizen ciudadano
citizenship ciudadanía
CITY ciudad
    city hall ayuntamiento
civic cívico
civil civil
    civil service servicio civil oficial
civilian paisano *(no militar)*
civilization civilización
civilize (to) civilizar
CLAIM demanda, petición; pretensión; título, derecho
CLAIM (to) demandar, reclamar, sostener, pretender
    He claims he is innocent. El sostiene que él es inocente.
clam almeja
clamor clamor
clandestine clandestino
clap golpe seco, palmoteo
clap (to) golpear, batir
    to clap the hands aplaudir
clarify (to) clarificar
clarity claridad
clash choque
clash (to) chocar
clasp broche, gafete
clasp (to) abrochar, enganchar
CLASS clase, categoría
classical clásico
classify (to) clasificar
clause cláusula
clavichord clavicordio
claw garra; garfa
clay arcilla, barro
CLEAN limpio; puro, neto
    clean-cut bien definido
CLEAN (to) limpiar
    to clean out vaciar
    to clean up desembarazar
cleaner's tintorería
cleaning limpieza
cleanliness limpieza, aseo
cleanly limpiamente
cleanser limpiador
CLEAR claro, neto
    to make something clear poner en claro

CLEAR (to) aclarar; despejar; absolver; liquidar; quitar *(la mesa)*
  to clear out vaciar
  I want to clear up the situation. Quiero aclarar la situación.
  The maid clears off the table. La criada recoje la mesa.
clearance espacio libre; realización
  clearance sale liquidación, ganga
clearly claramente
cleave (to) rajar
clemency clemencia
clerk empleado; clérigo, dependiente
CLEVER listo; hábil; inteligente
client cliente
cliff risco, escarpa
climate clima
climax clímax; culminación
climb (to) trepar, subir, escalar
  mountain climbing alpinismo
climber escalador
cling (to) adherir, pegar
clinic clínica
clink (to) retiñir
clip trasquila
clip (to) esquilar, cortar
clipper esquilador
clipping recorte, retazo
CLOCK reloj
clod terrón
clog (to) obstruir
cloister claustro; monasterio
CLOSE cerca; junto a
  close by muy cerca
CLOSE (to) cerrar; terminar; saldar
  to close out saldar por ventas
  to close up cerrar por completo
closed cerrado
  Closed for repairs. Cerrado por reformas.
  The stores will be closed tomorrow. Las tiendas estarán cerradas mañana.
closely contiguamente, cuidadosamente
closet ropero; alacena
close-up fotografía de cerca
clot grumo, cuajarón
clot (to) coagularse
CLOTH tela, paño
clothe (to) vestir
clothes ropa, vestido
  evening clothes traje de etiqueta
  ready-made clothes ropa hecha
  I have to change my clothes. Tengo que mudarme de ropa.
clothesline tendedera
clothespin pinza de tendedera
clothing vestidos, ropa
cloud nube, nublado
cloudy nublado
clove clavo

cloven hendido
clover trébol
clown payaso
club club, círculo; porra; bastón
club (to) escotar
clue guía, indicio, pista
clumsy chabacano, chapucero
cluster grupo, racimo
clutch agarre, embrague
clutch (to) agarrar, embragar
coach coche
  coach car coche ordinario *(ferrocarril)*
coal carbón
  coal mine yacimiento de carbón
coarse basto, ordinario
COAST costa
  coast guard guarda costas
  The coast is clear. Ha pasado el peligro.
COAT abrigo, saco
  coat of arms escudo de armas
coating revestimiento
cocoa cacao
coconut coco
cod bacalao
  cod-liver oil aceite de hígado de bacalao
code código
COFFEE café
  coffee bean grano de café
coffeepot cafetera
coffin ataúd, féretro
coherent coherente
cohesion cohesión
coil rollo, bobina
coil (to) enrollar, rebobinar
coin moneda
coincide (to) coincidir
coincidence coincidencia; casualidad
  by coincidence por casualidad
  What a coincidence! ¡Qué casualidad!
COLD frío
  cold-blooded de sangre fría
  cold cream crema *(cosmético)*
  cold meat carne fría
  I am cold. Tengo frío.
  It's cold. Hace frío.
coldness frialdad
coleslaw ensalada de col, ensalada de repollo
collaborate (to) colaborar
collaborator colaborador
collapse (to) aplastar
collar cuello
collect (to) recoger, coleccionar; cobrar
collector colector; cobrador
collection colección; colecta
collective colectivo
college colegio; universidad
collide (to) chocar
collision colisión
colloquial familiar

colon colon; dos puntos
   semicolon punto y coma
colonel coronel
colonial colonial
colony colonia
COLOR color, colorido
   color-blind daltoniano
colored de color; negro
colorful vívido
colt potro
Columbian (Colombian) colombiano
column columna; pilar
COMB peine
comb (to) peinar
combination combinación
combine (to) combinar
combustible combustible
COME (to) venir
   to come across encontrarse con
   to come back volver, regresar
   to come downstairs bajar
   to come for venir por
   to come forward adelantar
   to come home volver a casa
   to come in entrar
   to come to an end acabarse
   to come true realizarse
   to come upstairs subir
   Come on! ¡Vamos!
comedian cómico, actor
comedy comedia
comet cometa
comfort confort, comodidad; consuelo
comfort (to) confortar
comfortable cómodo
   to be comfortable estar a gusto
comical cómico; gracioso
comically cómicamente
comity cortesía, deferencia
comma coma
command orden; mando, mandato
command (to) mandar, ordenar
commencement principio, comienzo
comment comentario, observación
comment (to) comentar, discutir
commentary comentario
commentator comentador, locutor
commerce comercio
commercial comercial
commissar comisario
commissary comisaría
commission comisión
commission (to) comisionar, encargar
commissioner comisario
commit (to) cometer, perpetrar
   to commit oneself comprometerse
commitment compromiso
committee comisión, diputación, comité
commodity comodidad, conveniencia

common común, corriente
commonly comúnmente, usualmente
commonplace común, vulgar
commune comuna
communicate (to) comunicar, notificar
communion comunión
communiqué comunicación
communism comunismo
communist comunista
community comunidad
commutation mudanza, conmutación
   commutation ticket billete de abono
commute (to) conmutar; ir a trabajar a la
   ciudad diariamente
commuter persona que va a trabajar a la
   ciudad diariamente
compact compacto
   compact disc disco compacto (CD)
companion compañero
company compañía, visitante, huéspedes
   We have company. Tenemos visitas.
comparative comparativo
comparatively relativamente
COMPARE (to) comparar
comparison comparación
   beyond comparison incomparable
   by comparison en comparación
compartment compartimiento; cajoncito
compass compás, brújula
compel (to) obligar; someter
compensate (to) compensar, remunerar
compensation compensación; remuneración
compete (to) competir
competence competencia
competent competente
competition concurso; competencia
COMPLAIN (to) quejarse, lamentarse
complaint queja; lamento
complete completo
complete (to) completar
complex complejo
complexion cutis, tez; aspecto
complexity complejidad
complicate (to) complicar
complicated complicado
complication complicación
complicity complicidad
compliment galantería; cumplimiento;
   cumplido
compliment (to) galantear; obsequiar;
   cumplimentar
complimentary lisonjero, galante, gratis
comply with (to) cumplir
compose (to) componer; redactar
composed sereno
composer compositor, autor (música)
composite compuesto
composition composición
composure compostura

compound mezcla, mixtura, preparación
comprehend (to) comprender
comprehensible comprensible
compress compresa
compress (to) comprimir
comprise (to) contener, comprender, abarcar
compromise arreglo, componenda
compromise (to) transigir; arreglar; comprometer
computation computación, cálculo
compute (to) computar, calcular
computer la computadora, el ordenador
  computer input datos entradas a la computadora, entrada de datos al ordenador
  computer language el lenguaje de computación, el lenguaje informático
  computer program el programa informático
  computer science informática
  computer screen pantalla
comrade camarada
CONCEAL (to) ocultar, disimular
conceit presunción
conceited vanidoso, engreído
conceive (to) concebir; engendrar
concentrate (to) concentrar
concentration concentración
concept concepto, noción, idea
conception concepción, noción, idea
concern asunto, negocio; interés, incumbencia; empresa; ansiedad, inquietud
concern (to) importar, concernir, interesarse, preocuparse
concerned interesado
  as far as I am concerned en cuanto a mí
  concerning respecto a
concert concierto
concession concesión
conciliate (to) conciliar, propiciar
conciliation conciliación
concise conciso, breve
CONCLUDE (to) concluir, inferir, finalizar
conclusion conclusión, decisión
conclusive concluyente, terminante
concord concordia
concordance concordancia
concordant concordante
concourse concurso
concrete hormigón, concreto
  reinforced concrete cemento armado
concretely concretamente
concurrent concurrente
condemn (to) condenar, prohibir
condemnation condenación
condensation condensación
condense (to) condensar
condescend (to) condescender
condescending condescendiente

condiment condimento
CONDITION condición, estado, circunstancia
  in good condition en buen estado
conditional condicional
conditionally condicionalmente
conditioned condicionado
  air conditioned aire acondicionado
conduct conducta; manejo, dirección
conduct (to) conducir, manejar, guiar; portarse
conductor conductor; director de orquesta
confection confitura, dulces
confectioner confitero
confectionery dulces, dulcería
confederacy confederación
confederate confederado
confederation confederación
CONFER (to) conferir; conferenciar; tratar, consultar
conference conferencia, junta
confess (to) confesar
confession confesión
confide (to) confiar; fiar
confidence confianza
confident confiado, cierto
confidential confidencial, en confianza
confine (to) confinar, limitar
confinement prisión; sobreparto
CONFIRM (to) confirmar, verificar, asegurar
confirmation confirmación
confirmed comprobado
confiscate (to) confiscar
conflict conflicto
conform (to) conformar, concordar
conformation conformación
conformity conformidad
confound (to) confundir, desconcertar
CONFUSE (to) confundir
confused confuso, azorado
  I am all confused. Estoy completamente confundido.
confusedly confusamente
confusion confusión, azoramiento
congenial de buen carácter
  He is a very congenial fellow. Es un hombre muy simpático.
CONGRATULATE (to) congratular, felicitar
  Let me congratulate you. Permítame que le felicite.
congratulations congratulaciones, felicitaciones, felicidades
  Congratulations! ¡Felicitaciones!
congregation congregación
congress congreso
congressman en los EE.UU., miembro de la cámara de senadores o representants
conjugate (to) conjugar
conjugation conjugación
conjunction conjunción

CONNECT (to) juntar, unir, relacionar, conectar

Please connect me with the main office. Conécteme con la oficina central.

connection conexión

in connection with con respecto a

in this connection respecto a esto

We have a very bad connection. Tenemos muy mala conexión.

connecting comunicante

I'd like two connecting rooms. Quisiera dos habitaciones comunicadas.

conquer (to) conquistar, vencer

conqueror conquistador, vencedor

conquest conquista

conscience conciencia

conscientious escrupuloso, concienzudo

conscientiously escrupulosamente

CONSCIOUS consciente

I am conscious of being wrong. Me doy cuenta de que estoy equivocado.

consciously conscientemente

consecutive consecutivo

consent consentimiento, permiso

She did not get her father's consent to her marriage. Ella no obtuvo el consentimiento de su padre para casarse.

consequence consecuencia

consequent consecuente, consiguiente

consequently por consiguiente, por lo tanto

conservative conservador; moderado

He has very conservative ideas. Tiene ideas muy conservadoras.

conserve (to) conservar

consider (to) considerar, examinar, reflexionar

I may consider your proposition. Posiblemente consideraré su proposición.

considerable considerable

considerate considerado

consideration consideración

He did it out of consideration for her. Lo hizo por consideración a ella.

considering teniendo en cuenta, considerando

Considering his background, he is doing very well. Considerando sus conocimientos, lo está haciendo muy bien.

CONSIST (to) consistir

to consist of constar de, componerse de

consistency consistencia; permanencia

consistent consecuente, consistente

They are very consistent in their ideas. Son muy consecuentes con sus ideas.

consistently consistentemente

He consistently refused. El rehusó constantemente.

consolation consolación

console (to) consolar, confortar

consolidate (to) consolidar

consolidation consolidación

consommé caldo, consomé

consonant consonante

consort consorte

consort (to) asociarse

conspiracy conspiración

conspirator conspirador

conspire (to) conspirar

constable alguacil

constant constante

constantly constantemente

constitute (to) constituir, formar

constitution constitución

constitutional constitucional

constitutionally constitucionalmente

constraint constreñimiento

construct (to) construir, fabricar

construction construcción, estructura

constructive constructivo

Do something constructive. Haga algo constructivo.

consul cónsul

consular consular

consular invoice factura consular

consulate consulado

consult (to) consultar, examinar

consume (to) consumir

consumer consumidor

consumption consumo, consunción, tisis

contact contacto, relaciones

He has good contacts in this field. Tiene buenas relaciones en este campo.

contact (to) hacer contacto; entrar en contacto

I have to contact some friends in New York. Tengo que ponerme en contacto con algunos amigos en Nueva York.

contagion contagio

contagious contagioso

a contagious disease una enfermedad contagiosa

CONTAIN (to) contener, abarcar

container envase, recipiente

contaminate (to) contaminar

contamination contaminación

contemplate (to) contemplar, meditar, proyectar

I am contemplating a trip to Spain. Proyecto un viaje a España.

contemporary contemporáneo

contempt desprecio

to have contempt for despreciar

contemptible despreciable

contemptuous despreciativo

●**contemptuously** desdeñosamente

contend (to) contender; afirmar

content, contented contento, satisfecho

CONTENT(S) contenido, capacidad

table of contents índice de materias
contest contienda; debate; pugna; concurso
   She won a beauty contest. Ella ganó un
   concurso de belleza.
contest (to) disputar; competir
contestant contendiente
context texto, contenido
contiguous contiguo
continent continente, moderado; *s:* continente
continental continental; de la Europa
   continental
continual continuo, incesante
continually continuamente
continuation continuación
continue (to) continuar
continued continuo, continuado
   to be continued on page 27 continuará en
   la página 27
CONTRACT contrato
contract (to) contraer, contratar
   He contracted the measles. Contrajo el
   sarampión.
contractor contratista
contradict (to) contradecir, contrariar
contradiction contradicción
contradictory contradictorio
CONTRARY contrario
   on the contrary al contrario
   to the contrary en contrario
contrast contraste
contrast (to) contrastar
contribute (to) contribuir
contribution contribución; cooperación
control control, mando, dirección
control (to) controlar; dominar; dirigir;
   verificar
controller director, inspector
   controller general director general
controversy controversia; disputa
convalescent convaleciente
CONVENIENCE conveniencia, comodidad
   at your convenience cuando le convenga
   Please do it at your earliest convenience.
   Por favor hágalo tan pronto como le
   sea posible.
convenient conveniente
   if it is convenient to you si le parece bien
convent convento
convention convención, asamblea, junta,
   congreso
conventional convencional
conversation conversación
converse (to) conversar
conversion conversión
convert (to) convertir; transformar
convertible convertible
   He has a brand new convertible. Tiene
   un nuevo convertible.
convey (to) transportar, transferir; comunicar

convict convicto, presidiario
convict (to) convencer, condenar
   He was convicted of murder. Fue
   convicto por asesinato.
conviction convicción
CONVINCE (to) convencer, persuadir
convincing convincente
convincingly convincentemente
convocation convocación
convoke (to) convocar
convoy convoy
convulsion convulsión
convulsive convulsivo
cook cocinero, cocinera
COOK (to) cocinar
cookie galleta
COOL fresco; tibio; indiferente; chévere,
   brutal, bárbaro *(colo.)*
cool (to) enfriar, resfriar
   Cool before serving. Enfríese antes de
   servirse.
cooler enfriador, refrigerador
coolly fríamente
coolness fresco; frialdad, tibieza
co-operate (to) cooperar
co-operation cooperación
co-operative cooperativo; cooperante
co-ordinate coordinado
cope with (to) hacer frente a
copier copiador (copy machine); copiador de
   color (color copier)
copper cobre
COPY copia; ejemplar
   Do you have a copy of this new novel?
   ¿Tiene un ejemplar de esta nueva
   novela?
copy (to) copiar
copyright derechos de autor
cord cordel, cuerda
cordial cordial
cordiality cordialidad
cordless phone teléfono inalámbrico
corduroy pana
core centro, corazón; núcleo
   He ate his apple to the core. Comió hasta
   el corazón de la manzana.
cork corcho, tapón
   corkscrew tirabuzón
CORN maíz, grano
   corn meal harina de maíz
   cornfield maizal
   corn mill molino harinero
   cornstarch almidón de maíz, maicena
CORNER esquina; rincón
   around the corner a la vuelta de la
   esquina
   cornerstone piedra angular
   to turn the corner doblar la esquina
corporation corporación; sociedad anónima

corpse cadáver
corpulence corpulencia
CORRECT correcto, exacto, justo
correct (to) corregir, rectificar
correction corrección, rectificación; castigo
correctly correctamente
correspond (to) corresponder
correspondence correspondencia
correspondent corresponsal
corresponding correspondiente
corridor pasillo
corroborate (to) corroborar, confirmar
corrosive corrosivo
corrupt (to) corromper, podrirse
corruption corrupción
corruptly corruptamente
corsage ramillete
corset corsé; faja
COST costo, precio
    at all costs cueste lo que cueste
    cost price precio de costo
COST (to) costar
    How much does this cost? ¿Cuánto cuesta esto?
Costa Rican costarricense
costly costoso, caro
costume traje, vestido
COTTON algodón
couch diván
cough tos
    cough drops pastillas para la tos
cough (to) toser
council concillo; junta; consejo
COUNT (to) contar, numerar
    I count on you. Cuento con Ud.
countenance semblante, talante
counter mostrador
counterfeit (to) falsear, falsificar, forjar
counterfeiter falsario, falsificador
countess condesa
countless innumerable, sin cuento
COUNTRY país; campo, patria
    Mexico is his native country. México es su país.
countryman compatriota, paisano
county condado, distrito
couple par, pareja
coupon cupón, talón
courage coraje, valor
courageous animoso, valiente, valeroso
COURSE curso, marcha; estadio; plato; rumbo
    a four-course dinner una comida de cuatro platos
    a matter of course cosa corriente
    in the course of time en el correr del tiempo
    of course por supuesto

court tribunal, corte
    She went to court. Ella fue al tribunal.
    The soldier was court-martialed. El soldado fue sometido al consejo de guerra.
courteous cortés
courtesy cortesía
COUSIN primo, prima
    first cousin primo hermano
cover cubierta, tapa, tapadera
    under cover bajo techado
    Is there any cover charge? ¿Hay algún precio de admisión?
COVER (to) cubrir, tapar; recorrer *(una distancia)*, abarcar
    He covered the whole subject in a few weeks. El desarrolló el asunto en unas semanas.
    They covered the distance in one hour. Ellos recorrieron la distancia en una hora.
COW vaca
coward cobarde
cowardice cobardía
cowboy vaquero
cowhide cuero
coy rectado, tímido
cozy cómodo, agradable, íntimo
crab cangrejo
crack hendidura
crack (to) hendir; chasquear; romper
    crack-brained alelado
    to crack a joke decir un chiste
cracker galleta
crackle (to) crujir
cradle cuna
craft artificio, habilidad
craftsman artesano
cramp calambre
cranberry arándano
crane grulla; grúa
crank manubrio
cranky *(fam.)* chiflado
CRASH estallido, estrépito, estruendo, quiebra, bancarrota
    a crash landing un aterrizaje violento
crash (to) romperse con estrépito; estrellarse
    The plane crashed into the sea. El aeroplano se estrelló en el mar.
crate canasto
    an old crate *(fam.)* una carraca
crave (to) anhelar, desear
    I have a craving for fruit. Se me antoja la fruta.
craven cobarde
crawfish langostino
crawl (to) arrastrarse; gatear
crazy loco
creak (to) crujir, chirriar

CREAM nata, crema
    cream cheese queso de crema
creamy cremoso
crease pliegue
crease (to) plegar
create (to) crear; ocasionar
    It created an incident. Ocasionó un
      incidente.
creation creación
creature criatura, ser
creative creativo
credentials credenciales
CREDIT crédito, reputación
    on credit al fiado
    to give credit dar crédito
creditor acreedor
creep (to) arrastrarse, serpear
cremate (to) incinerar
crescent creciente
crest cresta
crew cuadrilla, tripulación
crib cuna
cricket grillo
crime crimen; delito
criminal criminal
crimp (to) encrespar
crimson carmesí
cripple lisiado, cojo, manco
cripple (to) lisiar
crippled lisiado
crisis crisis
crisp, crispy quebradizo, rizado
crispness rizado, crespo
crisscross cruzado, entrelazado
critic crítico; crítica
critical crítico
criticism crítica
criticize (to) criticar
crook gancho, curvatura; fullero *(fam.)*
crooked torcido; deshonesto
crop cosecha
cross cruz
    cross-examination interrogatorio
    cross-eyed bizco
    cross-section sección transversal
CROSS (to) cruzar; atravesar
    to cross out tachar
    to cross over pasar al otro lado
crossing cruce; intersección; travesía *(mar)*;
    paso, vado
    We had a rough crossing. Tuvimos una
      mala travesía.
crossroads encrucijada
crow cuervo
CROWD gentío, multitud
    What a crowd! ¡Qué gentío!
crowded apiñado, lleno
crown corona
crown (to) coronar

crucial decisivo
    the crucial point el punto crucial
crude crudo
cruel cruel
cruelty crueldad
cruet vinagrera
cruise gira, viaje por mar
cruise (to) cruzar
crumb miga
crumble (to) desmigajar
crumbling derrumbe
crush estrujamiento
crush (to) aplastar, quebrantar
    crushed pineapple piña picada
crust costra
crusty brusco
crutch muleta, horquilla
cry grito; llanto
CRY (to) gritar; llorar
    to cry for clamar
    to cry out exclamar
    She cried her eyes out. Lloró
      amargamente.
crying llanto
crystal cristal
Cuban cubano
cube cubo
    ice cube cubo de hielo
cucumber pepino
cue cola, rabo; punto, pie *(teatro)*, pista
    to make the cue hacer cola
    Give me the cue. Déme la pista.
cuff puño, trompada
    cuff links yugos
cultivate (to) cultivar
cultural cultural
culture cultura
cultured culto
cunning astuto
CUP taza
    Give me a cup of coffee. Déme una taza
      de café.
cupboard aparador; alacena
curb (to) refrenar, contener
    Curb your dog. Sujete su perro.
curdle (to) cuajarse, coagular
cure cura, remedio
CURE (to) curar, sanar
    He is cured of his illness. Sanó de su
      enfermedad.
curious curioso
curiosity curiosidad
curl rizo, bucle
curl (to) rizar, encrespar, ondear
    I want my hair curled. Quiero un rizado.
curly rizado
currant grosella
currency moneda
current corriente; común

current account cuenta corriente
current events sucesos del día
currently corrientemente
curse maldición, anatema
curse (to) maldecir, anatematizar
cursor curso
curt corto, brusco
CURTAIN cortina
curve curva
curve (to) encorvar
CUSHION almohadilla, cojín
custard flan, natilla
custodian custodio
CUSTOM costumbre
customary usual
customer cliente, parroquiano
customhouse aduana
customs (duties) derechos de aduana
    I have to go through customs. Tengo que
        pasar por la aduana.
customs officer official de la aduana
cut corte; cortadura; reducción; rebaja
    a haircut un corte de pelo
    a short cut un atajo
    I don't like the cut of that dress. No me
        gusta el corte de ese vestido.
    I got a cut on the price. Obtuve una
        rebaja en el precio.
CUT (to) cortar; rebanar; tallar
    to cut across cortar a través
    Cut it out! ¡Deja eso! ¡Déjame en paz!
    He cut into the conversation. Interrumpió
        la conversación.
    The baby is cutting teeth. Le salen los
        dientes al nene.
    They cut down on their expenses.
        Rebajaron sus gastos.
cute mono; gracioso
cutlet chuleta
cycle ciclo
cyclone ciclón
cylinder cilindro
cynic cínico

D

dabble (to) rociar, salpicar
    He dabbles in politics. Se mete en la
        política.
daddy papá
dagger daga, puñal
DAILY diario, cotidiano
    daily newspaper diario
dainty delicado
dairy lechería
dairyman lechero
daisy margarita

dam dique, presa
DAMAGE daño, perjuicio
damage (to) dañar, perjudicar
damn (to) condenar, maldecir
damp húmedo
dampen (to) humedecer
dance danza, baile
dance (to) bailar, danzar
dancer bailarín, bailarina
dancing baile
DANGER peligro
    There is no danger. No hay peligro.
dangerous peligroso
Danish danés
DARE (to) osar, atreverse, arrostrar
    How dare you do that? ¿Cómo te atreves
        a hacerlo?
daring osado, atrevido, temerario
DARK obscuro, negro
    It's getting dark. Se está oscureciendo.
darkness obscuridad
darling querido
dart dardo, flecha
dash arremetida, guión
dash (to) arrojar, precipitarse
    He just dashed out. Acaba de salir
        precipitadamente.
data datos
data processing procesamiento de datos
date data, fecha, cita; dátil
    What's the date today? ¿A qué fecha
        estamos hoy?
date (to) datar, poner la fecha; dar una cita
DAUGHTER hija
daughter-in-law nuera
dawn madruga, alba, aurora
    at dawn de madrugada, al amanecer
dawn (to) amanecer, asomar
    It dawned on me. Ya entiendo.
DAY día
    day after day día tras día
    day after tomorrow pasado mañana
    day before víspera
    day before yesterday anteayer
    day by day día por día
    every day todos los días
    every other day un día sí y otro no.
    from day to day de día en día
    in the daytime de día
    on the following day al día siguiente
    I'll be home all day. Estaré en casa todo
        el día.
daybreak alba
daydream ensueño
daydream (to) ensoñar
daylight luz del día, luz natural
daytime día
    in the daytime de día
daze deslumbramiento, ofuscamiento

daze (to) ofuscar, aturdir
dazzle (to) deslumbrar, ofuscar
DEAD muerto; inanimado, inactivo
   dead end extremo cerrado
   to be dead estar muerto
   I'm dead tired. Estoy muerto de cansancio.
deadly mortal
deaf sordo
deaf-mute sordomudo
deafness sordera
deal convenio, pacto
   a good deal, a great deal mucho
DEAL (to) distribuir, repartir *(barajas)*
   to deal with tratar con
dealer vendedor, comerciante
dean decano
DEAR querido, amado
dearly cariñosamente
DEATH muerte
   death certificate certificado de defunción
   death rate mortalidad
debate discusión, debate
debate (to) disputar; controvertir; discutir, debatir
debt deuda
debtor deudor
debutante principiante
decade década
decay deterioro, decadencia, mengua, podredumbre
decay (to) decaer, declinar; deteriorarse, pudrirse, dañarse, picarse, cariarse
decease muerte
deceased muerto
deceit engaño
deceitful engañoso
deceive (to) engañar
DECEMBER diciembre
decency decencia
decent decente
decently decentemente
deception decepción
DECIDE (to) decidir, determinar, resolver
decided decidido, resuelto
decidedly decididamente
decision decisión, resolución
decisive decisivo, concluyente
decisively decisivamente
deck puente; baraja; cubierta
declare (to) declarar
declaration declaración
decline (to) declinar; rehusar, rechazar
   We declined their invitation. Rehusamos su invitación.
decorate (to) decorar, adornar, condecorar
decoration decoración, ornamento, condecoración
decrease decreción, disminución
decrease (to) decrecer, disminuir

decree decreto, edicto
decree (to) decretar, ordenar
dedicate (to) dedicar
dedication dedicación
deduce (to) deducir, derivar
deduct (to) deducir, descontar
deduction deducción, descuento
DEED acto, hecho
DEEP profundo, hondo, intenso; profundamente
   deep-sea de las profundidas del mar
   He is deep in thought. Está absorto en sus pensamientos.
deepen (to) profundizar; ahondar
deeply profundamente, sumamente
deepness profundidad
deer venado
defeat derrota, rechazamiento
defeat (to) derrotar, vencer
defect defecto; omisión
defection defección, deserción
defective defectuoso; defectivo
defend (to) defender, sostener
defendant defensor, acusado
defense defensa, justificación
defensive defensivo
defer (to) diferir, remitir
deference deferencia
defiance desafío
deficiency defecto, deficiencia
deficient deficiente; defectuoso
deficiently deficientemente
define (to) definir
definite definido, preciso
   I don't have any definite plans. No tengo planes definidos.
definitively definidamente, ciertamente
definition definición
definite definitivo
defy (to) desafiar, retar
degenerate (to) degenerar
degenerate degenerado
DEGREE grado, diploma
   by degrees gradualmente
   to get a degree graduarse
DELAY tardanza, demora, retraso
delay (to) tardar, demorarse; retardar, diferir
delegate delegado, comisario
delegate (to) delegar
delegation delegación
delete (to) suprimir
DELIBERATE circunspecto, cauto, pensado, premeditado, deliberado
   He was very deliberate in his opinion. El fue muy circunspecto en su opinión.
deliberate (to) deliberar
deliberately deliberadamente
delicacy delicadeza; golosina
delicate delicado

delicately delicadamente
delicious delicioso
deliciously deliciosamente
delight deleite, encanto, gusto, placer
delight (to) encantar, deleitar
delighted encantado
    I'll be delighted to do it. Tendré mucho
      gusto en hacerlo.
delightful delicioso, deleitable
deliver (to) entregar; librar de; pronunciar
    to be delivered of (a child) dar a luz
delivery entrega, capacidad; liberación
deluge diluvio
demand demanda
demand (to) exigir, reclamar
democracy democracia
democrat demócrata
demolish (to) demoler, arruinar
demonstrate (to) demostrar
demonstration demostración
denial negación
denomination denominación
denote (to) denotar
denounce (to) denunciar
dense denso, cerrado
density densidad
dentist dentista
dentition dentadura
denunciate (to) denunciar
denunciation denunciación
deny (to) negar; rehusar
deodorant desodorante
deodorize (to) desodorizar
depart (to) irse, partir, salir
department departamento
    department store gran almacén
DEPEND (to) depender
    It depends on the situation. Depende de
      la situación.
dependence dependencia; posesión
dependent dependiente, sujeto, pendiente; *s:*
    persona que depende de otra para su
    manutención
depending pendiente, dependiente
    depending on the circumstances según
      las circunstancias
depict (to) pintar
deplorable deplorable, lamentable
deplore (to) deplorar
deport (to) deportar
deportation deportación
depose (to) deponer, destituir
deposit (to) depositar
deposition deposición
depositor depositante
depository depósito
depreciate (to) depreciar, rebajar
depreciation depreciación
depress (to) deprimir

She is very depressed. Está muy deprimida
deprive (to) privar, destituir
DEPTH profundidad, fondo
    lower depths bajos fondos
deputy diputado
derivation derivación
derive (to) derivar, deducir
descend (to) descender, bajar
descendant descendiente
descent descenso; bajada; descendencia
    She is of French descent. Ella es
      descendiente de franceses.
describe (to) describir
description descripción
desert desierto
desert (to) desertar, abandonar
deserve (to) merecer
deserving meritorio, digno
    He is a very deserving person. Es una
      persona de mucho mérito.
design proyecto, cálculo, plano; dibujo
design (to) idear, inventar
designate (to) designar, apuntar, nombrar
designation designación, título
designer dibujante; proyectista
desirable deseable
desire deseo
desire (to) desear
desirous deseoso
DESK escritorio
desktop de escritorio
desolate desolado, desierto, solitario
despair desesperación
despair (to) desesperar
desperate desesperado
desperately desesperadamente
despise (to) despreciar
despite a pesar de, a despecho de; *s:*
    despecho, aversión
    Despite the bad weather we went out. A
      pesar del mal tiempo, salimos.
dessert postre
destination destino
destiny destino
destitute destituído
destroy (to) destruir
destruction destrucción
destructive destructor, destructivo
detach (to) separar; despegar; desprender;
    destacar
DETAIL detalle
detail (to) detallar
detain (to) detener, retardar
    I was detained at the office. Me detuve
      en la oficina.
detect (to) descubrir, hallar
detective detective, detectivo
detergent detergente
deteriorate (to) deteriorar

determination determinación
determine (to) determinar
detest (to) detestar
detour vuelta, rodeo, desviación
detract (to) detraer, denigrar
detriment detrimento
devastate (to) devastar
devastation devastación
develop (to) desarrollar; revelar
development desarrollo; evolución; revelación
deviation desviación
device invento, invención, proyecto
devil diablo, demonio
devise (to) idear, inventar, proyectar
devote (to) dedicar
devoted devoto, afecto
devotion devoción
devour (to) devorar, engullir
devout devoto, pío
dew sereno, rocío
dexterity destreza
diagnostic diagnóstico
DIAL cuadrante, esfera
dial (to) marcar
    I dialed the wrong number. Marqué el
       número equivocado.
dialect dialecto
dialogue diálogo
diamond diamante; oros *(barajas)*
diaper pañal
diary diario
dice dados
    to shoot dice tirar los dados
dictate (to) dictar
dictation dictado
dictator dictador
diction dicción
dictionary diccionario
DIE (to) morir, morirse
    to be dying agonizar
    I am dying of curiosity. Estoy
       muriéndome de curiosidad.
    The noise is dying away. El ruido se va
       muriendo.
diet dieta, régimen alimenticio
    a weight-loss diet una dieta para reducir
differ (to) diferenciarse, diferir
    to differ from diferir de
difference diferencia, distinción
different diferente
differential diferencial
differentiate (to) diferenciar
differently diferentemente
DIFFICULT difícil
difficulty dificultad
diffuse (to) difundir
    a diffused light una luz difusa
DIG (to) cavar, excavar, extraer
digest (to) digerir; abreviar, clasificar

digestion digestión
dignified serio, grave
dignitary dignitario
dignity dignidad
digress (to) divagar
digression digresión
diligent diligente, activo
dilute (to) diluir
dim obscuro, confuso
dime moneda de 10 centavos (EE.UU.)
dimension dimensión
diminish (to) disminuir
diminutive diminuto, diminutivo
dimly obscuramente
dimmer reductor de intensidad
dimness obscuridad
dimple hoyuelo
dine (to) comer *(la comida principal);* cenar
dining car vagón restaurante
dining room comedor
DINNER comida *(principal);* cena
dint eficacia, mella
    by dint of por medio de
DIP inmersión
dip (to) sumergir, meter en el agua
diploma diploma
diplomacy diplomacia
diplomat diplomático
diplomatic diplomático
DIRECT directo, derecho
    direct current corriente directa
direct (to) dirigir
DIRECTION dirección; instrucciones
    directions for use instrucciones para su
       empleo
    opposite direction dirección opuesta
    under the direction of bajo la dirección de
directly directamente
director director
directory directorio, guía comercial
dirt mugre; suciedad, tierra
dirty sucio; indecente
disability inhabilidad; incapacidad
disabled incapacitado, lisiado, minusválido
disadvantage desventaja, menoscabo,
    detrimento
disagree (to) disentir, diferir
    to disagree with no estar de acuerdo con
disagreeable desagradable, descortés
disagreement discordia
disappear (to) desaparecer
disappearance desaparición
disappoint (to) desilusionar, defraudar,
    desengañar
disappointment decepción, desengaño, chasco
disapprove (to) desaprobar
disapprobation, disapproval desaprobación
disarm (to) desarmar
disarrange (to) desarreglar

disaster desastre
disastrous desastroso, funesto
disbelief incredulidad
discard (to) descartar
discern (to) discernir, percibir
discharge (to) descargar, relevar, licenciar, dar de baja
    He has been discharged from the army. Fue licenciado del ejército.
discipline disciplina
discipline (to) disciplinar
discomfort incomodidad
disconnect (to) desunir, desconectar
discontent descontento, desagrado
discontinue (to) interrumpir, suspender
discord discordia
discoteque discoteca
DISCOUNT descuento, rebaja
    This store offers a 25 per cent discount. Esta tienda ofrece un 25 por ciento de descuento.
discourage (to) desanimar
discouragement desánimo
discover (to) descubrir
discovery descubrimiento
discreet discreto
discretion discreción
discrepancy discrepancia, diferencia
discriminate (to) discernir, distinguir, diferenciar, discriminar
discrimination discernimiento, distinción, discriminación
discuss (to) discutir; tratar
discussion discusión; argumento
disdain desdén, desprecio
disdain (to) desdeñar
DISEASE enfermedad
disengage (to) desunir, soltar, desenganchar
disgrace afrenta, deshonra, vergüenza
disgrace (to) deshonrar
disgraceful vergonzoso
disguise (to) disfrazar, desfigurar
disgust repugnancia, asco
disgusting repugnante, odioso
disgust (to) disgustar, repugnar, dar asco
DISH plato, platillo
    It's a delicious dish. Es un plato delicioso.
dishonest deshonesto
dishonor deshonor, deshonra
dishonor (to) deshonrar
dish towel secador
disillusion desilusión
dislike aversión
dislike (to) no gustar a uno
dislocate (to) dislocar
disloyal desleal
dismiss (to) destituir; licenciar a
dismissal destitución
disobey (to) desobedecer

disk disco
    disk drive dispositivo de disco
    floppy disk disquete
disorderly desordenado, desarreglado
disorganize (to) desorganizar
disown (to) repudiar, desconocer
disparage (to) rebajar
disparate desigual, diferente
disparity disparidad
dispatch despacho
dispatch (to) despachar
dispensary dispensario
dispensation distribución
dispense (to) distribuir, repartir; excusar
    to dispense with renunciar a
disperse (to) dispersar, disipar
dispersion dispersión
displace (to) remover; desalojar
DISPLAY muestra; manifestación
display (to) desplagar, exhibir
displeasing desagradable
displease (to) desagradar
disposal disposición; distribución
    I am at your disposal. Estoy a sus órdenes.
dispose (to) disponer, arreglar
    Can I dispose of this? ¿Puedo disponer de esto?
disposition disposición, arreglo
dispossess (to) desposeer
disproportion desproporción
disproportionate desproporcionado
disputable disputable
dispute (to) disputar, discutir
disqualify (to) inhabilitar, descalificar
disregard (to) descuidar, despreciar, no hacer caso de
    He disregarded my orders. El no hizo caso a mis órdenes.
disrespect faltar al respeto
disrupt (to) romper; desorganizar
disruptive destructor, desgarrador
dissatisfaction descontento
dissatisfy (to) descontentar
disseminate (to) diseminar
dissension disensión, discordia
dissident disidente
dissimilarity disimilitud
dissimilar (to) disimilar
dissimulate (to) disimular
dissimulation disimulación
dissipate (to) disipar
dissociate (to) disociar
dissolute disoluto
dissolve (to) disolver; disipar
dissuade (to) disuadir
distance distancia; intervalo
    at a distance desde lejos, remoto
    in the distance a lo lejos
    to keep one's distance mantenerse a distancia

distant distante, lejano, remoto
    He was very distant with me. Me trató con frialdad.
distantly de lejos
distaste fastidio, aversión, disgusto
distasteful desabrido, desagradable
DISTINCT distinto, claro
distinction distinción
distinctive distintivo
distinguish (to) distinguir, diferenciar
distinguished distinguido
distort (to) torcer; falsear, tergiversar
DISTRACT (to) distraer, perturbar
distraction distracción
DISTRESS pena, dolor, angustia
    to be distressed estar desesperado
distribute (to) distribuir, repartir
distribution distribución, disposición
DISTRICT distrito, región
    district attorney fiscal de un distrito judicial
distrust desconfianza
distrust (to) desconfiar, recelar
DISTURB (to) estorbar; turbar; inquietar; molestar; distraer
    Do not disturb. No molestar.
    I hope I am not disturbing you. Espero que no lo estoy molestando.
    She was very disturbed by the news. Las noticias la inquietaron mucho.
disturbance disturbio, molestia
disuse desuso
    This word has fallen into disuse. Esta palabra ha caído en desuso.
ditch zanja, foso
DIVE (to) zambullirse; sumergirse; picar; hacer clavados
dive zambullida; clavado; picada
diverse diverso, variado
divide (to) dividir; separar
divided dividido, separado
dividend dividendo
divine divino
divinity divinidad
diving board trampolín
division división; sección
divorce divorcio
divorce (to) divorciar
divulge (to) divulgar
dizziness vértigo, desvanecimiento
DIZZY mareado, aturdido
DO (to) 1. auxiliar para formar el negativo, interrogativo y enfático 2. hacer
    Do you go? ¿Va Ud.?
    I don't go. No voy.
    Did you go? ¿Fue Ud.?
    I did not go. No fui.
    I did go! ¡Sí fui!
    Do come. Venga sin falta.

    How do you do? ¿Cómo está Ud.?
    That will do. Eso sirve.
    He's doing his best. Hace todo lo posible.
    I can't do without it. No puedo sin ello.
    We have nothing to do with them. No tenemos nada que ver con ellos.
    I have a lot to do. Tengo mucho que hacer.
    Do as you please. Haga Ud. lo que quiera.
    Don't do it this way. No lo haga de esta manera.
dock muelle
DOCTOR doctor; médico
DOCUMENT documento
doe hembra
doeskin ante
DOG perro
    a dog's life una vida de perro
dogma dogma
dogmatic(al) dogmático
doing acción, hecho
    Nothing doing. Nada de eso.
    That's his own doing. Son sus hechos.
doll muñeca
DOLLAR dólar
dolly remachador
dome cúpula
domestic doméstico, casero, del país, nacional
domesticate (to) domesticar
domicile domicilio
dominate (to) dominar
domination dominación
domineer (to) dominar
Dominican dominicano
dominion dominio
domino dominó
donate (to) donar, contribuir
donkey asno, burro
donor donador
    blood donor donador de sangre
doom sentencia, juicio
doom (to) destinar, condenar
DOOR puerta
    doorbell timbre, campanilla
    doorknob tirador, botón de puerta
    doormat estera
doorman portero
doorway entrada
dope narcótico
dope (to) entorpecer
dormitory dormitorio
dose dosis
dot punto
dotage chochera, chochez
dotted punteado
    dotted line línea de puntos
DOUBLE doble; ambiguo
    a double-breasted coat un saco cruzado
    double boiler baño María
    double-dealer traidor

double (to) doblar, redoblar, duplicar
    to double-cross traicionar
doubt duda
doubt (to) dudar
doubtful dudoso
dough masa, pasta
doughnut buñuelo, dona
dove paloma
dowager viuda
DOWN abajo, hacia abajo
    down the river río abajo
    to go down bajar
    Come down! ¡Baje!
    Down with the traitor! ¡Abajo el traidor!
    They marked down their prices.
        Rebajaron sus precios.
down plumón
downcast inclinado, deprimido
downfall caída; ruina
downhearted abatido, descorazonado
downhill cuesta abajo
download descargar *(computadoras)*
downright claramente; completamente
DOWNSTAIRS abajo, en el piso de abajo
    He went downstairs. Él bajó.
downstream aguas abajo
downtown en la parte céntrica de la ciudad;
    centro *(ciudad)*
    I have to go downtown. Tengo que ir al
        centro.
downward descendente; hacia abajo
dowry dote; dotación
doze (to) dormitar
DOZEN docena
DRAFT corriente de aire; letra de cambio;
    giro; quinta, conscripción; borrador;
    anteproyecto
    Close the window; there is a draft. Cierre
        la ventana; hay una corriente de aire.
    I'll first make a draft of the letter.
        Primero haré un borrador de la carta.
    I'll give you a draft on my bank. Le daré
        un giro sobre mi banco.
DRAFT (to) redactar, escribir; hacer un
    borrador; reclutar; quintar
drag (to) arrastrar, tirar
    What a drag! ¡Qué aburrido! *(coloquial)*
drain desagüe, drenaje
drain (to) desaguar, agotar
    to drain off vaciar
drainage desagüe, desaguadero
drainpipe tubo de desagüe
drama drama
dramatist dramaturgo
drape (to) colgar, vestir
drapery cortinas, ropaje
DRAW (to) dibujar; sacar; descorrer; librar;
    girar; cobrar; tirar; redactar; sortear
    to draw a line trazar una línea

    to draw back reintegrarse, retroceder
to draw off retirarse
    to draw out sacar
    Draw a card. Tome una carta.
    He drew a prize. Se sacó un premio.
    I'll draw a check on my bank. Giraré un
        cheque sobre mi banco.
drawback desventaja
drawer cajón, gaveta
DRAWING dibujo, tiro
    drawing paper papel de dibujo
    He is very good at drawing. Es muy
        bueno para el dibujo.
dread miedo, terror, pavor
dread (to) temer
dreadful espantoso, terrible
DREAM sueño
dream (to) soñar
    I dreamed of him. Soñé con él.
dreamer soñador
dregs hez, sedimento
drench (to) ensopar, empapar
DRESS vestido, traje
    dress circle galería *(teatro)*
    dress rehearsal ensayo
    dress suit traje de etiqueta
DRESS (to) vestirse, adornar; vendar
    She is all dressed up. Está elegantemente
        vestida.
    The doctor dressed the wound. El doctor
        vendó la herida.
dresser tocador; aparador
dressing adorno; relleno
    dressing room cuarto de tocador;
        camerín
dressmaker modista, costurera
dressmaking arte de modista
dressy elegante
dried seco
    dried plums ciruelas pasas
drift rumbo, tendencia, impulsión
drift (to) impeler, llevar; derivar, flotar
drill taladro, barrena, ejercicio
drill (to) taladrar, ejercitar
DRINK bebida; trago; copa
    Let's have a drink. Vamos a beber una
        copa.
DRINK (to) beber, tomar
    to drink to the health of brindar a la
        salud de
drinker bebedor
    He is a heavy drinker. Es un gran
        bebedor.
drinking acción de beber
    drinking water agua potable
drip gotera; chorrera
    drip coffee café expreso
DRIP (to) gotear, chorrear
drive jornada, paseo; vuelta; campaña

Let's go for a drive. Vamos a dar una vuelta.

DRIVE (to) conducir, guiar; ir en coche; manejar; clavar

He drove away. Se fue.

He'll drive back to Chicago. El regresará manejando a Chicago.

She can't drive. No puede manejar.

The children drive me crazy. Los niños me vuelven loco.

What are you driving at? ¿Qué quieres decir?

drive-in theater autocinema, cine al aire libre

driver chófer, conductor

He is a very good driver. Él es un buen conductor.

She is a back-seat driver. Ella maneja desde atrás.

driving conducción, manejo

drizzle llovizna

drizzle (to) rociar, lloviznar

DROP gota, pizca; caída, baja

cough drops pastillas para la tos

Just add a drop of water. Añada una gota de agua.

DROP soltar; dejar caer; verter a gotas; abandonar; dejar

Drop the subject. Cambie de tema.

I'll have to drop him a line. Tendré que escribirle una línea.

They dropped in last night. Ellos vinieron anoche de paso.

dropper cuentagotas

drown (to) ahogar

drowse (to) adormecer

drowsily soñolientatemente

drowsy soñoliento

drudge (to) afanarse

DRUG droga, medicina, medicamento

druggist droguero, farmacéutico

drugstore botica, farmacia; droguería

drum dimbal, tambor

eardrum tímpano

drumstick palillo de tambor; pierna (ave cocinada)

drunk borracho, ebrio

drunkard borrachín; borracho

drunkenness borrachera, embriaguez

DRY seco, árido, pobre

dry-clean limpieza en seco

dry goods mercancías generales

dry weight peso seco

dry wine vino seco

It was a very dry speech. Fue un discurso muy seco.

Keep dry. Consérvese seco.

My throat is dry. Tengo la garganta seca.

DRY (to) secar; pasar

to dry-clean limpiar en seco

to dry the dishes secar los platos

to dry up secarse completamente

dryer secador

dryness sequedad

dub (to) doblar; apellidar

dubbing doblando

duchess duquesa

duck pato

DUE debido, pagadero; vencido

due to the circumstances debido a las circunstancias

in due time a su debido tiempo

duel duelo

duet dúo

duke duque

DULL opaco; pesado; aburrido; embotado, obtuso

He is a very dull person. Él es una persona muy aburrida.

It's a very dull day. Es un día muy nublado.

What a dull color! ¡Qué color tan opaco!

DUMB mudo; estúpido, tonto

dumb show pantomima

dumfounded, dumbfounded confundido

dummy maniquí, personaje fingido

dump (to) descargar; verter

No dumping. No arrojar basura.

duplicate duplicado, doble

duplicate (to) duplicar, reproducir

durable duradero

duration duración

DURING durante

during the day durante el día

dusk crepúsculo

DUST polvo

dust (to) quitar el polvo, sacudir

dustcloth ropa de trabajo

dustpan pala, recogedor

dusty empolvado

Dutch holandés

dutiful deferente, respetuoso

dutifully obedientemente

DUTY deber, obligación; derechos (aduana); arancel

duty-free franco; libre de impuestos

How much is the duty on this? ¿Cuántos son los derechos por esto?

We have to do our duty. Tenemos que llevar a cabo nuestro deber.

dwarf enano

dwell (to) habitar, residir

dwelling habitación, morada

dye tinte, tintura

dye (to) tinturar, teñir, pintar

dyer tintorero

dynamic dinámico, eficaz

dynasty dinastía

E

EACH cada
  each one cada uno
  each other el uno al otro, unos a otros
  They dislike each other. No se gustan uno al otro.
eager ansioso
  He is very eager to go. Él está muy ansioso de ir.
eagle águila
EAR oído, oreja; mazorca, espiga
  by ear de oído
  He has a very good ear. Él tiene muy buen oído.
  I want two ears of corn. Quiero dos mazorcas.
EARLY temprano; avanzado
  early fruit fruto temprano
  early riser madrugador
  It's too early yet. Es demasiado temprano aún.
  We left early in the morning. Salimos por la mañana temprano.
EARN (to) ganar; merecer
earnest serio; ansioso
  in earnest de buena fe; en serio
earnings salario, paga
earring arete, pendiente
EARTH tierra; suelo
earthly terreno
earthquake temblor de tierra, terremoto
EASE tranquilidad; facilidad
  at ease cómodamente, con desahogo
  I want to put her mind at ease. Quiero tranquilizarla.
ease (to) aliviar, mitigar
easel caballete de pintor
EASILY fácilmente
  You will easily find out. Lo encontrarás fácilmente.
easiness facilidad
east este, oriente
  We're going east. Vamos hacia el este.
Easter Pascua florida
  Easter Day día de Pascua
eastern oriental
EASY fácil, holgado
  easy chair butaca
  He is a very easy-going person. Es muy calmado.
EAT (to) comer
  to eat breakfast desayunar
  to eat dinner cenar
  to eat lunch almorzar
eatable comestible
eating comidas
  good eating buena comida

eavesdrop (to) fisgonear, escuchar a escondidas
ebb marea menguante
  the ebb and flow el flujo y el reflujo
eccentric excéntrico
echo eco
echo (to) repercutir
economic(al) económico
economize (to) economizar
economy economía
Ecuadorian ecuatoriano
EDGE orilla, borde, canto, filo
edict edicto
edit (to) redactar; corregir; editar
edition edición
editing redacción; corrección
editor redactor, compilator
editorial editorial
education educación
educational educativo
educator educador, pedagogo
eel anguila
EFFECT efecto, impresión, eficiencia
  in effect en operación; vigente
  of no effect sin resultado, vano
effect (to) efectuar
effective efectivo, eficaz
effectively efectivamente
effectual eficaz
effectuate (to) efectuar
effeminate afeminado
efficacious eficaz
efficiency eficacia, eficiencia
efficient eficiente, eficaz
efficiently eficientemente
effort esfuerzo, empeño
effusion efusión
EGG huevo
  fried eggs huevos fritos
  hard-boiled eggs huevos duros
  scrambled eggs huevos revueltos
  soft-boiled eggs huevos tibios
eggplant berenjena
eggshell cascarón
egoism egoísmo
Egyptian egipcio
eider ganso
eiderdown edredón
EIGHT ocho
EIGHTEEN dieciocho
eighteenth decimoctavo
eightieth ochentavo
eighth octavo
EIGHTY ochenta
EITHER o, u; uno u otro; el uno o el otro; cualquiera de los dos; uno y otro; tampoco
  I don't either. A mí tampoco.
  I don't like either of them. No me gusta ni uno ni otro.

Which one do you want?—Either one.
¿Cuál desea?—Cualquiera.
elaborate elaborado
elaborate (to) elaborar
elapse (to) pasar
elastic elástico
elasticity elasticidad
ELBOW codo
  at one's elbow a la mano
elder mayor
  He is the elder of the two brothers. Es el
    mayor de los dos hermanos.
elderly mayor, de edad
  an elderly person una persona mayor
elect (to) elegir
elected electo, elegido
election elección
elector elector
electric(al) eléctrico
  electric chair silla eléctrica
  electrical engineer ingenerio electricista
electrician electricista
electricity electricidad
electrify (to) electrizar
elegance elegancia
elegant elegante
element elemento; medio ambiente
elementary elemental; primaria
elephant elefante
elevate (to) elevar; alzar
elevated elevado, alzado
elevation elevación
elevator ascensor; elevador
ELEVEN once
eleventh undécimo
eligible elegible
eliminate (to) eliminar
elimination eliminación
elope (to) escapar
elopement fuga
eloquence elocuencia
eloquently elocuentemente
ELSE otro; más; además
  nobody else ningún otro
  nothing else nada más
  or else o bien, si no
  something else algo más
  Do you want anything else? ¿Quiere Ud.
    algo más?
  What else? ¿Qué más?
  elsewhere en alguna otra parte, en otro
    lugar
elude (to) eludir, esquivar
elusive evasivo
e-mail correo electrónico
emancipate (to) emancipar
emancipation emancipación
embark (to) embarcar
embarrass (to) abochornar, desconcertar

embarrassment vergüenza; bochorno
embarrassing embarazoso; bochornoso
  I am in an embarrassing situation. Estoy
    en una situación comprometedora.
embassy embajada
embellish (to) embellecer
embezzle (to) desfalcar
embezzlement desfalco
emblem emblema
embodiment personificación
embody (to) encarnar; dar cuerpo; englobar
embrace (to) abrazar
embrace abrazo
embroidery bordado
emerge (to) surgir
EMERGENCY emergencia, aprieto, apuro
  an emergency case un caso de emergencia
emigrant emigrante
emigrate (to) emigrar
emigration emigración
eminent eminente, supremo
eminency eminencia
emissary emisivo
EMOTION emoción
emotional emocional, impresionable
emotive impresionable, emocionante
emperor emperador
emphasis énfasis
emphasize (to) acentuar, recalcar
emphatic enfático; categórico
emphatically enfáticamente
empire imperio
EMPLOY (to) emplear
employee empleado
employer patrono, patrón
employment empleo
  employment agency agencia de empleo
empower (to) autorizar
empress emperatriz
emptiness vaciedad, vacío
EMPTY vacío
empty (to) vaciar
emulation emulación
emulsify (to) emulsionar
enable (to) permitir, habilitar
  His savings enable him to buy a house.
    Sus ahorros le permiten comprar una
    casa.
enamel esmalte
enamel (to) esmaltar
enamored enamorado
encircle (to) circuir
ENCLOSE (to) cercar; incluir
  Enclosed please find your bill. Adjunto
    sírvase encontrar su billete.
enclosure cercamiento; incluso
encore repetición *(teatro)*
encore (to) pedir la repetición
encounter encuentro

encounter (to) encontrar
encourage (to) animar, incitar
encouragement estímulo, aliento
encumber (to) abrumar
encyclopedia enciclopedia
END fin, final; extremidad
    at the end of the month al fin de mes
    end to end cabeza con cabeza
    in the end al fin
    to make an end of acabar con
    to make both ends meet pasar con lo que
      se tiene
    to the end that a fin de que
    with this end con este fin
endeavor esfuerzo
endeavor (to) esforzarse
ending fin, conclusión
    happy ending final feliz
endless sin fin, infinito
endorse (to) endosar
endure (to) soportar; resistir
enemy enemigo
energetic enérgico
energy energía
enervate (to) enervar
enforce (to) hacer cumplir; poner en vigor;
    forzar; compeler
ENGAGE (to) ajustar; emplear; alquilar;
    trabar
    He is engaged in a conversation. Él está
      ocupado en una conversación.
    I want to engage a servant. Quiero
      contratar a una sirvienta.
    She is engaged. Ella está comprometida.
ENGAGEMENT compromiso, cita; contrato
    He has an engagement on Broadway. Él
      tiene un contrato en Broadway.
    I have an important engagement at 6
      P.M. Tengo un compromiso muy
      importante a las seis de la tarde.
    She broke her engagement. Ella rompió
      su compromiso.
ENGINE máquina; locomotora; motor
engineer ingenerio, maquinista
ENGLISH inglés
Englishman inglés
engrave (to) grabar; tallar; esculpir
engraver grabador
engraving grabado, estampa
engross (to) absorber, embarcar
enhance (to) mejorar, realzar
enigma enigma
enigmatic enigmático
ENJOY (to) gozar, disfrutar
    to enjoy oneself divertirse
    He enjoys good health. Goza de buena
      salud.
    I enjoy the show very much. El
      espectáculo me divierte mucho.

enjoyable deleitable, agradable
enjoyment goce, disfrute, placer
enlace (to) enlazar
enlarge (to) aumentar; agradar; ampliar
enlargement ampliación
enlighten (to) iluminar; instruir; informar
enlightenment esclarecimiento
enlist (to) alistarse
enlistment alistamiento
enliven (to) vivificar
enmity enemistad
enormous enorme
ENOUGH bastante, suficiente
    I don't have enough money with me. No
      llevo suficiente dinero.
    This is good enough. Esto está bastante
      bien.
enrich (to) enriquecer; fertilizar
enroll (to) alistar; enrollar; matricularse
enrollment alistamiento, matriculación
entangle (to) enredar, embrollar
entanglement enredo, embrollo
ENTER (to) entrar; anotar; registrar; entablar;
    ingresar; matricularse; afiliarse
    I entered the room without knocking.
      Entré en el cuarto sin tocar.
    She entered the university. Ella ingresó
      en la universidad.
    We entered into a long conversation.
      Entablamos una larga conversación.
enterprise empresa
ENTERTAIN (to) tener invitados; agasajar;
    entretener; acriciar; abrigar; divertir;
    recibir
    I must entertain my guests. Debo
      agasajar a mis invitados.
    She entertained herself with music. Ella
      se entretuvo con la música.
    They are entertaining a lot this season.
      Ellos tienen muchas fiestas esta
      temporada.
ENTERTAINMENT convite;
    entretenimiento; diversión; pasatiempo
    Cards are his favorite entertainment. La
      baraja es su pasatiempo favorito.
entertaining divertido, entretenido
    This book is very entertaining. Este libro
      es muy divertido.
enthusiasm entusiasmo
enthusiastic entusiasta; entusiástico
entice (to) tentar, seducir
entire entero
entirely enteramente
entitle (to) titular; poner un título; autorizar;
    dar derechos
    This card entitles you to . . . Esta tarjeta
      le autoriza para . . .
entity entidad
ENTRANCE entrada

entrust (to) entregar, confiar

entry entrada; ingreso

    We have to make a separate entry for this. Tenemos que hacer una entrada aparte para esto.

enumerate (to) enumerar

enumeration enumeración

enunciate (to) enunciar

enunciation enunciación

envelop (to) envolver, forrar

envelope sobre; envoltura

enviable envidiable

envious envidioso

environment cercanía; medio ambiente

    His environment influences him very much. Su medio ambiente le influencia mucho.

epidemic epidemia

epidemic(al) epidémico

episcopal obispal

episode episodio

episodic episódico

epoch época

EQUAL igual, parejo

    to be equal to ser capaz de

equal (to) igualar, ser igual a

    Two and two equal four. Dos y dos son cuatro.

equality igualdad

equally igualmente

equation ecuación

equator ecuador

equilibrate (to) equilibrar

equilibrium equilibrio

equip (to) equipar, aprestar

equipment equipo, armamento

equitable equitativo

equity equidad

equivalence (equivalency) equivalencia

era era, edad, época

erase (to) borrar; tachar

eraser borrador; goma *(de borrar)*

erect (to) eregir, construir

erection erección; instalación

err (to) errar, equivocarse

errand recado, mandado

    errand boy mandadero

    to run errands ir de compras

ERROR error

    to make an error equivocarse

erudition erudición

escalator escalera movible

escape escapada; fuga

escape (to) escapar

    He escaped from prison. Se escapó de la cárcel.

escort escolta; acompañante

    Your escort is waiting. Su pareja está esperando.

especially especialmente

espionage espionaje

essay ensayo; composición

essence esencia

essential esencial; indispensable

essentially esencialmente

establish (to) establecer; fundar

establishment establecimiento; institución

estate bienes, propiedades; finca, hacienda

    real estate bienes raíces

    He is the caretaker of his uncle's estate. Es el guardián de la hacienda de su tío.

    He lives on a beautiful estate. Vive en una hermosa finca.

esteem estimación, aprecio

esteem (to) estimar, apreciar

esthetic estético

estimate presupuesto, opinión

estimate (to) apreciar, calcular

estimation cálculo; suposición

etching grabado al agua fuerte

eternal eterno

eternity eternidad

ethical ético

ethics ética

euro euro

European europeo

evacuate (to) evacuar; vaciar

evaporate (to) evaporar

eve vigilia, víspera

EVEN aun; hasta; no obstante; llano; plano; liso; igual

    even as así como

    even if aun cuando

    even so aun así

    even that hasta eso

    even though aun cuando

    not even that ni siquiera eso

    to make even igualar

    I am even with him. Estamos en paz.

    I'll get even with him. Me vengaré de él.

EVENING tarde

    evening clothes traje de etiqueta

    tomorrow evening mañana por la tarde

    yesterday evening ayer por la tarde

    Good evening! ¡Buenas tardes!

evenly igualmente

EVENT suceso, evento

    in any event en todo caso

    in the event that en el caso de

    That was the event of the season. Ese fue el suceso de la temporada.

eventual eventual, fortuito

eventually eventualmente

EVER siempre; jamás

    as ever como siempre

    ever since desde entonces

    forever and ever por siempre jamás

Have you ever been to Los Angeles? ¿Ha estado Ud. alguna vez en Los Angeles?

I hardly ever see him. Casi nunca lo veo.

Thank you ever so much. Muchísimas gracias.

everlasting eterno, sempiterno

EVERY cada; todo

    every day todo los días

    every now and then de vez en cuando

    every once in a while de cuando en cuando

    every one cada uno

    every other day un día sí y otro no

    every time cada vez

    I enjoyed every bit of it. Disfruté hasta el último detalle.

EVERYBODY todos; todo el mundo; cada cual

EVERYDAY diario; todos los días

    everyday life la rutina diaria

    I see him every day. Lo veo cada día.

EVERYONE todos; todo el mundo; cada cual

EVERYTHING todo

EVERYWHERE en todas partes

evict (to) desahuciar; expulsar

eviction desahucio

evidence evidencia, prueba

    to be in evidence mostrarse

    to give evidence dar testimonio, deponer

evident evidente

evidently evidentemente

EVIL malo; mal; maligno

    evil fame mala reputación

    evil-minded malicioso

evoke (to) evocar; llamar

evolution evolución, desarrollo

ewe oveja

EXACT exacto, preciso

exactitude exactitud

exaggerate (to) exagerar

exaggeration exageración

exalt (to) exaltar, glorificar

exaltation exaltación

exalted exaltado

examination examinación, examen, inspección

    to fail an examination reprobar un examen

    to pass an examination pasar un examen

    to take an examination tomar un examen

examine (to) examinar; inspeccionar

examiner examinador

example ejemplo

exasperate (to) exasperar, irritar

exasperation exasperación, provocación

excavate (to) excavar

excavation excavación

EXCEED (to) exceder, sobrepujar

exceedingly sumamente

excel (to) aventajar, sobresalir

    He excels in sports. Él sobresale en los deportes.

excellence, excellency excelencia

    His Excellency Su Excelencia

EXCELLENT excelente

EXCEPT excepto; menos; sino; a menos que

    Everybody understood the joke except me. Todos comprendieron el chiste menos yo.

except (to) exceptuar; excluir

exception excepción

    to make an exception hacer una excepción

exceptional excepcional

exceptionally excepcionalmente

    The meal was exceptionally good. La comida fue excepcionalmente buena.

excerpt extracto; trozo

EXCESS exceso

    excess baggage exceso de equipaje

    in excess en exceso

EXCESSIVE excesivo, demasiado

excessively excesivamente

EXCHANGE cambio; centro; sector telefónico

    stock exchange bolsa de valores

    What is the rate of exchange? ¿Cuál es el tipo de cambio?

    exchange (to) cambiar

    to exchange cards intercambiar tarjetas

    to exchange words cambiar algunas palabras

excite (to) excitar; provocar; acalorar

    Don't get so excited. No se entusiasme Ud.

    He is all excited about the plans. El está muy animado con los planes.

excitement excitación, conmoción, entusiasmo

exclaim (to) exclamar

exclamation exclamación

    exclamation mark punto de admiración

exclude (to) excluir, desechar

exclusion exclusión; expulsión

exclusive exclusivo

    This is a very exclusive design. Este es un diseño muy exclusivo.

exclusiveness exclusiva

excursion excursión

excusable excusable

EXCUSE excusa; disculpa; pretexto

    to make excuses pedir disculpas

excuse (to) excusar; dispensar; disculpar; perdonar

    Excuse me. Dispénseme.

execute (to) ejecutar

execution ejecución; cumplimiento

executive ejecutivo

exemplar ejemplar

exempt exento, libre, franco
  tax exempt libre de impuestos
exempt (to) eximir
exemption exención, dispensa
exercise ejercicio
exercise (to) ejercer; hacer ejercicio; ejercitar
exhaust (to) agotar, acabar, extraer, apurar
  I am completely exhausted. Estoy completamente agotado.
exhaustive agotador, completo, exhaustivo
EXHIBIT exposición; artículo expuesto en una exhibición
exhibit (to) exhibir, mostrar
exhibition exhibición, exposición
exhort (to) exhortar
exhume (to) exhumar
EXILE destierro, exilio
exile (to) expatriar, desterrar
exist (to) existir
existence existencia
EXIT salida
  No exit. Salida prohibida.
exonerate (to) exonerar
exotic exótico
expand (to) extender(se); ensanchar(se); dilatar(se), desarrollarse
  They are expanding their business. Están extendiendo sus negocios.
expansion expansión, prolongación
expansive expansivo
expatriate (to) expatriar, exilar
EXPECT (to) esperar, aguardar
  He is expecting me at four o'clock. Me espera a las cuatro.
  She is expecting a child. Ella espera un niño.
  They expect to succeed. Ellos esperan tener éxito.
expectation espectativa, esperanza
  She lives in expectation of his return. Ella vive en espera de su regreso.
expedient oportuno, propio; expediente, medio
expedition expedición; despacho
expel (to) expulsar
expend (to) expender
EXPENSE gasto, costo
  at any expense a toda costa
  at one's expense a costa de uno
EXPENSIVE caro, costoso
  This is a very expensive place. Es un lugar muy caro.
experience experiencia; práctica
experience (to) experimentar
  He experienced many sad disappointments. Pasó por muchas desilusiones difíciles.
  Experienced secretary wanted. Se necesita secretaria con experiencia.

experiment experimento
experiment (to) experimentar
experimental experimental
expert experto; perito
expire (to) expirar
EXPLAIN (to) explicar
explanation explicación
explanatory explicativo
  explanatory notice nota aclaratoria
expletive expletivo; *s:* interjección
explode (to) estallar
exploit hazaña, proeza
exploit (to) explotar, sacar partido
exploration exploración
explore (to) explorar
explorer explorador
explosion explosión
export exportación
export (to) exportar
expose (to) exponer, revelar, mostrar
exposition exposición, exhibición
exposure exposición
express expresar
  express train tren expreso
express (to) expresar
  She expressed herself very clearly. Se expresó muy claramente.
expression expresión
expropriate (to) expropiar
expulsion expulsión
expurgate (to) expurgar
exquisite exquisito
extend (to) extender, prolongar
extension extensión, prolongación
  He asked for an extension of his passport. Pidió una prórroga de su pasaporte.
extensive extenso, extensivo
EXTENT extensión; alcance
  to a certain extent hasta cierto punto
  to a great extent en sumo grado
extenuate (to) minorar, mitigar, extenuar
  extenuating circumstances circunstancias mitigantes
exterior exterior
exterminate (to) exterminar
external externo
extinct extinto, apagado
extinguish (to) extinguir
extort (to) extorsionar
EXTRA extra, extraordinario
  to pay extra pagar extra
EXTRACT extracto
extract (to) extraer, sacar
extraction extracción
EXTRAORDINARY extraordinario, especial
extravagance extravagancia; pródigo
  That was an extravagance. Fue una extravaganza.

extravagant extravagante, pródigo
extreme extremo, último; *s:* extremo
   in the extreme en sumo grado
   He always goes to extremes. Siempre va a los extremos.
extremity extremidad
EYE ojo, vista
   in the twinkle of an eye en un abrir y cerrar de ojos
   He did it before her eyes. Lo hizo en su presencia.
   Keep an eye on the children. Vigile a los niños.
   My eyes are tired from reading so much. Tengo los ojos cansados de tanto leer.
eyeball globo del ojo
eyebrow ceja
eyelash pestaña
eyelid párpado

F

fable fábula, ficción
fabric tejido, tela
fabricate (to) fabricar; construir
fabrication fabricación
FACE cara, lado, rostro
   face to face cara a cara
   face value valor nominal
   He said it to my face. Me lo dijo en la cara.
face (to) enfrentarse
facilitate (to) facilitar
facility facilidad
facing revestimiento
facsimile facsímil
FACT hecho, realidad
   as a matter of fact por cierto
   in fact en realidad
faction facción
factitious facticio; artificial
factor elemento; factor; agente
FACTORY fábrica
faculty facultad, aptitud
fade (to) decaer; desteñirse
   to fade away desvanecerse
   to fade out desaparecer gradualmente
fail omisión, falta
   without fail sin falta
FAIL (to) fracasar, no tener suerte; salir mal; decaer; faltar; dejar de
   He failed his examination. El salió mal en su examen.
   Her health is failing. Su salud decae.
   They failed to do it. Ellos no lo hicieron.
FAILURE fracaso; falta; quiebra

   The whole thing was a complete failure. El asunto fue un fracaso completo.
FAINT (to) desmayarse, desfallecer
   fainting spell síncope
FAIR feria
   Many people went to the Spring Fair. Mucha gente fue a la Feria de la Primavera.
FAIR rubio; blanco; claro; justo, recto; regular, mediano; buen
   fair and square honrado
   fair sex sexo bello
   fair trade comercio legítimo
   to give a fair hearing escuchar con imparcialidad
   to give fair warning advertir de antemano
   She has a fair complexion. Tiene la piel blanca.
   She is a fair-haired girl. Es una muchacha rubia.
   The weather is fair today. Hace buen tiempo hoy.
   This is a fair play. Esto es un juego limpio.
fairly bastante; justamente
   This is a fairly good translation. Es una traducción bastante buena.
fairness justicia, equidad
fairy hada
   fairy tale cuento de hadas
fairyland tierra de las hadas
FAITH fe; fidelidad
   in faith a la verdad
   in good faith de buena fe
   upon my faith a fe mía
faithful fiel; leal; exacto
faithfully fielmente
fake patraña, farsa, falso
FALL caída, bajada; cascada; otoño
   Have you seen Niagara Falls? ¿Ha visto las cataratas del Niágara?
   It was a dangerous fall. Fue una caída muy peligrosa.
   She'll go to college in the fall. Irá a la universidad este otoño.
FALL (to) caer, bajar, caerse
   to fall asleep dormirse
   to fall due vencerse
   to fall in love enamorarse
   to fall short faltar
   to fall sick enfermarse
   Fall in! ¡Firmes!
   In autumn the leaves fall. En otoño se caen las hojas.
   My pencil fell on the floor. Mi lápiz se cayó al suelo.
   The deal fell flat. El asunto cayó de plano.
FALSE falso; postizo, provisional, temporáneo

falsehood falsedad
falsification falsificación
falsify (to) falsificar; refutar; desmentir
FAME fama
FAMILIAR familiar, íntimo
   to be familiar with estar acostumbrado a
familiarity familiaridad
FAMILY familia
famine hambre
famished muriendo de hambre
FAMOUS famoso, afamado
famously famosamente
fan abanico; ventilador; aficionado
   electric fan ventilador
   He is a baseball fan. Es un aficionado al
     béisbol.
fan (to) abanicar; ventilar
fanatic fanático
FANCY fantasía; capricho
   to take a fancy to aficionarse a
   It's a passing fancy. Es un capricho.
fancy (to) imaginar
fantastic fantástico
fantasy fantasía
FAR lejos
   as far as I'm concerned en cuanto a mí
   by far con mucho
   far away muy lejos
   farfetched forzado
   far-off gran distancia
   so far hasta aquí; hasta ahora
   How far? ¿A qué distancia?
   Is it very far from here? ¿Es muy lejos
     de aquí?
FARE pasaje, tarifa
   What's the fare? ¿Cuál es la tarifa?
farewell adiós
farina fécula
FARM granja, hacienda, finca
   farm products productos agrícolas
   to work on a farm trabajar en una granja
farm (to) cultivar
   to farm out dar a hacer
farmer agricultor; labrador; campesino
farming agricultura
farsighted présbite, previsor
FARTHER más lejos, más adelante; además
   de
   farther on adelante
   He lives farther on. Vive más allá.
fascinating fascinante
FASHION moda, estilo; elegancia
   after a fashion en cierto modo
   in fashion de moda
   out of fashion fuera de moda
fashionable de moda, elegante; de buen tono
FAST pronto, de prisa; firme, seguro, fuerte;
   apretado; constante
   fast color color fijo

   I had to do it very fast. Tuve que hacerlo
     muy de prisa.
fast (to) ayunar
fasten (to) trabar, afirmar, fijar, asegurar
fastidious melindroso, dengoso, fastidioso
fat manteca, grasa
FAT gordo, graso
   He is becoming very fat. Él está
     engordando.
   This meat is too fat. Esta carne es
     demasiado grasosa.
fatal fatal, mortal
fatality fatalidad
fatally fatalmente, mortalmente
   He has been fatally injured in an
     automobile accident. Él ha sido
     fatalmente herido en un accidente
     automovilístico.
FATE destino, suerte
FATHER padre
   father-in-law suegro
fatherhood paternidad
fatherland patria
fatherly paternal
fathom braza; llegar a entender
fatigue cansancio
faucet canilla, grifo
FAULT culpa, falta, desliz, defecto
   to find fault poner faltas
faulty culpable, defectuoso
FAVOR favor, cortesía, servicio
   Do me a favor. Hágame un favor.
favor (to) favorecer
favorable favorable
favorite favorito
fax fax
   fax (to) enviar por fax
   fax machine el telefacsímil, el telefax, el
     fax
   to receive a fax recibir un fax
   to send a fax enviar por fax
FEAR miedo, temor
   for fear of por miedo de
fearful miedoso, temeroso
fearfully temerosamente
fearless intrépido
feasible factible, posible
feast fiesta
feat hecho, acción
FEATHER pluma; plumaje
FEATURE rasgo; función; *pl.:* facciones
   What time is the next feature? ¿A qué
     hora empieza la próxima función?
feature (to) representar
   This film features two great stars. Esta
     película presenta a dos grandes
     estrellas.
FEBRUARY febrero
fecundity fecundidad

federal federal
federation confederación, federación
FEE honorarios; derechos, gratificación
    the registration fees los derechos de
      inscripción
    What's the fee? ¿Cuál es el precio?
feeble débil, feble
feeble-minded irresoluto; bobo, tonto
feed forraje
FEED (to) alimentar, dar de comer.
    The nurse has to feed the baby. La
      nodriza tiene que alimentar al niño.
FEEL (to) sentir; tocar
    How do you feel today? ¿Cómo te sientes
      hoy?
    I don't feel hungry. No tengo hambre.
    I feel a little cold. Siento un poco de frío.
    I feel like giving up. Tengo ganas de dejar
      esto.
    I feel sorry for her. Siento pena por ella.
    This material feels rough. Este material
      es áspero.
FEELING tacto; sentimiento, sensibilidad
    I don't want to hurt his feelings. No
      quiero ofenderlo.
feet Véase *foot*
fell (to) caer; derribar
    She fell on the street. Ella se cayó en la
      calle.
    **The woodcutters felled many trees this
    fall.** Los leñadores derribaron muchos
      árboles este otoño.
FELLOW sujeto, individuo
    fellow student condiscípulo
    fellow traveler compañero de viaje
    fellow worker compañero de trabajo
    He's a jolly good fellow. Él es muy
      bullanguero.
fellowship beca
felt fieltro
    a felt hat un sombrero de fieltro
female hembra
feminine femenino
fence valla, cerca
    to sit on the fence estar a la alternativa
fence (to) hacer esgrima
fencing esgrima
fender salpicadera, guardafango, guardabarros
ferment fermento
ferment (to) fermentar
fermentation fermentación
fern helecho
ferocious feroz
ferry chalán
    ferryboat barca de transbordo
fertile fecundo, fértil
fertility fecundidad
fertilization fecundación
fertilize (to) fertilizar, fecundar

fertilizer abono
festival fiesta, festival
    We went to the music festival. Fuimos al
      festival de música.
festive festivo, alegre
festivity fiesta
feud enemistad
FEVER fiebre
FEW pocos
    a few unos cuantos
    a few days unos pocos días
    I have a few things to do. Tengo algunas
      cosas que hacer.
fewer menos
fiancé novio, prometido
fiancée novia, prometida
fiber fibra
fickle veleidoso, caprichoso; inconstante
FICTION ficción; novela
fictitious ficticio
fictive fingido
fiddle violín
fiddler violinista
fidelity fidelidad
    high fidelity (hi-fi) alta fidelidad
FIELD campo; campaña; ramo, especialidad
    field artillery artillería de campaña
    to take the field entrar en campaña
    This is not my field. Ésta no es mi
      especialidad.
fierce fiero, feroz
fiery vehemente, furibundo
FIFTEEN quince
fifteenth decimoquinto
fifth quinto
fiftieth cincuentavo
FIFTY cincuenta
fig higo
FIGHT riña, pelea, lucha, conflicto
fight (to) pelear, combatir, reñir
    to fight against odds luchar con desventaja
fighter guerrero, luchador
fighting combate
figuratively figuradamente
FIGURE figura; cifra; precio
    She has a nice figure. Ella tiene una
      buena figura.
figure (to) figurar, calcular, representar
    I can't figure out what he meant. No me
      puedo imaginar lo que él quiso decir.
FILE lima; archivo, fichero, carpeta
    I need a nail file. Necesito una lima para
      las uñas.
    You'll find his name in the files.
      Encontrarás su nombre en el archivo.
file (to) limar; archivar
    I have to file these letters. Tengo que
      archivar estas cartas.
FILL (to) llenar

Fill 'er up. Llene el tanque.
He already filled out his application. Él
ya llenó su solicitud.
filling relleno
FILM película
filter filtro, filtrador
filter (to) filtrar, colar
filth suciedad
filthy sucio
filtrate (to) filtrar
final final, terminal
finally finalmente, en fin
finance (to) financiar
finance(s) hacienda, finanzas
financial monetario, financiero
financially financieramente
FIND (to) hallar, encontrar
    to find fault with culpar, censurar
    to find out descubrir
finder descubridor
finding descubrimiento
fine multa
FINE fino, bueno, magnífico, excelente
    Fine! ¡Muy bien!
    He is a very fine person. Es una gran
      persona.
    He is doing fine. Lo está haciendo muy bien.
    The weather is fine. Hace buen tiempo.
fine (to) multar
fineness fineza, excelencia
FINGER dedo
    index finger dedo índice
    little finger meñique
    middle finger dedo del corazón
    ring finger dedo anular
    I have it at my fingertips. Lo tengo en la
      punta de los dedos.
FINISH (to) acabar, terminar
    I have just finished my work. Acabo de
      terminar mi trabajo.
finishing acabamiento
    the finishing touch el último toque
fir abeto, pino
    fir tree abeto
FIRE fuego; lumbre; incendio
    fire alarm alarma de incendios
    firearms armas de fuego
    fire department servicio de bomberos
    fire escape escalera de incendio
    fire insurance seguro contra incendio
    fireplug boca de agua
    to set fire to prender fuego a
    Don't let the fire go out. No deje que se
      apague el fuego.
    The house is on fire. La casa está ardiendo.
fire (to) incendiar; disparar; despedir; dejar
    cesante
    He has been fired from his job. Él ha
      sido despedido de su trabajo.

firecracker cohete
fireman bombero
fireplace chimenea; hogar
fireproof incombustible, a prueba de fuego
firewall cortafuegos (computadoras)
firewood leña
fireworks fuegos artificiales
firing acción de disparar
    firing line línea principal de batalla; línea
      de fuego
    firing squad pelotón de fusilamiento
FIRM seguro, firme
firmly firmamente
firmness firmeza
FIRST primero
    at first al principio
    at first glance a primera vista
    first aid primeros auxilios
    first class de primera clase
    first cousin primo hermano
    first gear primera velocidad
    first-rate excelente, de primera clase
    on the first of next month el primero del
      mes que viene
    the first time la primera vez
    Bring us some soup first. Tráiganos
      primero un poco de sopa.
firstly primeramente
FISH pez, pescado
    fish market pescadería
fish (to) pescar
fishbone espina de pescado
fisherman pescador
fishhook anzuelo
fishing pesca
    fishing boat barca pesquera
    fishing rod caña de pescar
    to go fishing ir de pesca
fishmonger pescadero
FIST puño
fit acceso, ataque
    He did it in a fit of anger. Lo hizo en un
      acceso de ira.
    She almost had a fit. Ella casi tuvo un
      ataque.
FIT apto, idóneo, adecuado, conveniente, a
    propósito
    if you think fit si a Ud. le parece
    to see fit juzgar conveniente
FIT (to) ajustar, adaptar, entallar; caer bien,
    sentar bien
    to fit into encajar en
    It fits me badly. Me sienta mal.
    That dress fits you well. El vestido le
      sienta a Ud. bien.
    That would fit the case. Eso sería lo
      propio.
fitness aptitud
fitting (to be) sentar bien, venir bien

FIVE cinco

fix apuro, aprieto
  to be in a fix estar en un aprieto

FIX (to) fijar, arreglar, componer, reparar
  We must fix this up. Tenemos que
    arreglar esto.

fixation fijación

flabbergasted pasmado

FLAG bandera, pabellón

flagrant flagrante

flake pedacito, escama, hojuela
  soap flakes hojuelas de jabón

flaky escamoso

FLAME llama

flank lateral, de costado

flank (to) flanquear

flannel franela

flap falda; ala *(de sombrero)*

flap (to) batir, sacudir
  to flap the wings aletear

flare llamarada, fulgor

flare (to) encender, lucir
  She flared up. Ella se enojó.

FLASH destello; relámpago
  flash of lightning relámpago
  flash of the eye vistazo

flashlight linterna

flashy de relumbrón

flat apartamento; llanura, llanta ponchada
  We had a flat on the road. Tuvimos una
    llanta ponchada en el camino.

FLAT lano, chato, insípido, soso
  flat-footed de pies achatados
  flat-nosed chato
  flat tire llanta plana

flatly horizontalmente; de plano
  He flatly denied it. Lo negó de plano.

flatten (to) allanar, aplastar, aplanar

flatter (to) adular, lisonjear

flatterer lisonjero, adulator

flattery adulación, lisonja

FLAVOR sabor, gusto

flavor (to) sazonar, condimentar

flaw defecto, imperfección

flawless entero, sin tacha, perfecto

flax lino

flaxen de lino
  flaxen-haired blondo

flea pulga

fleck mancha

flee (to) huir, fugarse

fleet armada, flota

FLESH carne; pulpa
  flesh and blood carne y hueso
  flesh colored encarnado

flexibility flexibilidad

flexible flexible

flier volador, aviador

FLIGHT vuelo; fuga

fling (to) tirar, arrojar
  to fling open abrir de repente

flint piedra de chispa; pedernal

flip (to) lanzar, soltar

flippant petulante

flirt (to) coquetear, flirtear

flirtation coquetería

float flota

float (to) flotar

flock manada; congregación, rebaño, bandada

FLOOD inundación, diluvio

flood (to) inundar

FLOOR piso, suelo
  He lives on the third floor. Vive en el
    tercer piso.
  You have the floor. Ud. tiene la palabra.

floorwalker vigilante

flop fracaso
  The play was a complete flop. La obra
    fue un fracaso completo.

floppy disk disquete, disco flexible

florist florista

flour harina

flourish rasgo

FLOW (to) fluir, manar, correr

FLOWER flor
  flower bed maciso
  flower girl florista
  flower stand jardinera
  flower vase florero

flowery florido, ornado

fluency fluidez, facundia

fluent fecundo; flúido; fluente
  He is fluent in four languages. Él habla
    cuatro lenguas con fluidez.

fluently con fluidez
  He speaks Russian fluently. Él habla el
    ruso con fluidez.

fluff pelusa, lanilla

fluffy blando, mullido; plumoso
  Her hair is fluffy. Su cabello es sedoso.

fluid flúido

flunk (to) reprobar
  to flunk an exam reprobar un examen

fluorescent fluorescente

flush rubor, sonrojo

flush (to) derramarse

flute flauta

fly mosca

FLY (to) volar
  They are flying to New Orleans tomorrow.
    Ellos volarán a Nueva Orleans mañana.

flyer volador, aviador

foam espuma

focus foco

FOG niebla, neblina

foggy brumoso, nebuloso
  The weather is very foggy today. Hoy
    está nublado.

45

fold pliegue, doblez
FOLD (to) doblar, plegar
folder carpeta
folding plegable
    folding bed cama replegable
    folding chair silla plegadiza
foliage follaje, fronda
folk gente, nación
    folks parientes
FOLLOW (to) seguir
    as follows como sigue
    to follow in one's tracks seguir a uno
    to follow up perseguir
follower seguidor; acompañante
following siguiente
    Observe the following points: Observe
      los puntos siguientes:
folly tontería, locura
fond aficionado, afectuoso
    I am very fond of him. Estoy encariñada
      con él.
fondle (to) mimar, acariciar
fondly afectuosamente
fondness cariño
FOOD alimento, comida
FOOL tonto, necio, bufón
fool (to) engañar
foolish tonto, disparatado
foolishness tontería
foolproof simple
FOOT (*pl: feet*) pie; medida lineal
    on foot a pie
    to put one's foot down tomar una
      resolución decidida
    to put one's foot in it hacer una plancha
    This table is six feet long. Esta mesa tiene
      seis pies de largo.
football fútbol
footnote nota al pie de una página
footprint huella
footstep pisada
footwear calzado
FOR para; por, de
    for example por ejemplo
    for that reason por tanto
    for the first time por primera vez
    for the present por ahora
    for the time being por el momento
    to work for a living trabajar para comer
    The house is for rent. La casa está de
      alquiler renta.
    This is for her. Esto es para ella.
    What for? ¿Para qué?
forbid (to) prohibir
forbidden prohibido
force fuerza
force (to) forzar, obligar
ford vado
ford (to) vadear

forearm antebrazo
forecast pronóstico; previsión
forecast (to) proyectar
foreground primer plano
forehead frente
foreign extraño, extranjero, ajeno
    foreign-born nacido en el extranjero
    foreign office ministerio de negocios
      extranjeros
foreigner extranjero, forastero
foreman capataz
foresee (to) prever
foreshadow anunciar, presagiar
forest monte, bosque, selva
foretell (to) predecir, pronosticar
forever por siempre
    forever and ever por siempre jamás
FORGET (to) olvidar
    to forget oneself desmedirse
forgetful olvidadizo
forgetfulness olvido
FORGIVE (to) perdonar
FORK tenedor
FORM forma, figura, hoja
    in due form en debida forma
    Please fill out this form. Por favor
      requisite esta forma.
form (to) formar
formal formal; ceremonioso; oficial
    formal dress traje de etiqueta
    He is a very formal person. Es una
      persona muy ceremoniosa.
formality formalidad, ceremonia
formation formación
FORMER primero; aquél, aquélla, aquéllos,
    aquéllas
    the former and the latter el primero y el
      último; esto y aquello
    Shakespeare and Cervantes were two
      great writers; the former was English,
      the latter was Spanish. Shakespeare y
      Cervantes fueron dos escritores famosos;
      éste era español, y aquél era inglés.
formerly antiguamente, en otros tiempos,
    previamente
formidable formidable
formula fórmula
formulate (to) formular
forsake (to) dejar, abandonar
fort fuerte, castillo
forth delante, adelante
    and so forth y así de lo demás
forthcoming futuro, próximo
fortieth cuarentavo, cuadragésimo
fortification fortificación
fortify (to) fortificar
fortunate afortunado
fortunately afortunadamente
FORTUNE fortuna; suerte

    to tell fortunes echar las cartas
fortuneteller adivino
FORTY cuarenta
forward adelante, en adelante, hacia adelante
    to go forward seguir adelante
    to look forward anticipar
FORWARD (to) remitir, reexpedir
foster (to) criar, nutrir, alentar
    foster child niño adoptivo
    foster home casa de crianza
foul sucio, impuro, inmundo
found (to) fundar, establecer
foundation fundación, fundamento, base
founder fundador
FOUNTAIN fuente, fontana
    fountain pen pluma fuente
FOUR cuatro
    four-cornered cuadrangular
    four-wheeled de cuatro ruedas
FOURTEEN catorce
fourteenth catorceavo
fourth cuarto
fowl gallo, volatería, aves de corral
fox zorra, zorro
foxy zorruno, astuto
fraction fracción
fracture rotura
fragile frágil
fragment fragmento, trozo
fragrance fragancia; perfume, aroma
fragrant fragante
frail frágil
FRAME marco; armazón, entramado, estructura
    frame of mind estado de ánimo
frame (to) encuadrar, poner en un marco
frank franco, sincero
frankness franqueza
frantic frenético
fraternity fraternidad
fraternize (to) fraternizar
fraud fraude
freckle peca
    freckled-faced pecoso
FREE libre; gratis; franco; vacante; atrevido
    free admission entrada libre
    free on board (f.o.b.) libre a bordo
    free of charge gratis
    free trade libre comercio
    free will libre albedrío
    Let me know as soon as you're free. Avíseme en cuanto esté libre.
free (to) libertar, librar, liberar
FREEDOM libertad
freely libremente
freeze (to) helar, congelar
freight carga, flete
    by freight como carga

    freight car vagón de carga
    freight train tren de mercancias
French francés
    French-fried potatoes papas fritas, patatas fritas
    French-like a la francesa
frenetic frenético
frequency frecuencia
frequent frecuente
frequent (to) frecuentar
frequently frecuentemente, con frecuencia
FRESH fresco, nuevo, reciente
    fresh water agua fresca
    He's very fresh. Él es muy fresco.
    I want to go out for some fresh air. Quiero salir a tomar el fresco.
friar fraile
friction fricción
FRIDAY viernes
fried frito
FRIEND amigo, amiga
    a close friend un amigo íntimo
friendliness amistad
FRIENDLY amistoso; amigable
    He is a very friendly person. Es una persona muy amigable.
friendship amistad
fright susto, espanto
frighten (to) asustar, espantar
frightful espantoso, horroroso
frightfully terriblemente
frivolity frivolidad, trivialidad
frivolous frívolo, trivial, vano
frog rana
frolic travesura; juguetear
FROM de, desde, a causa de, según
    from a distance desde lejos
    from here to there de aquí hasta allí
    from memory de memoria
    from now on de hoy en adelante
    from then on desde entonces
    I learned it from her. Lo supe por ella.
    Where are you from? ¿De dónde es Ud.?
FRONT anterior, delantero, de frente; faz, audacia
    front room cuarto del frente
    front view vista de frente
    in front of frente a
    This is the front of the building. Éste es el frente del edificio.
frost escarcha; hielo
frost (to) escarchar
frosty escarcha
frown ceño; entrecejo
frown (to) fruncir el ceño
frozen congelado
    frozen food alimento congelado
FRUIT fruta
    fruit tree árbol frutal

Give me some fruit. Déme fruta.
frustrate (to) frustrar
frustration frustración
FRY (to) freír
frying pan sartén
fudge dulce de chocolate
FUEL combustible
   fuel oil aceite combustible
fugitive fugitivo
fulfill (to) cumplir, realizar
   He did not fulfill his promise. No cumplió su promesa.
fulfillment cumplimiento
FULL lleno, completo, amplio, abundante
   full-blooded de pura raza
   full dress uniforme de gala
   full length de cuerpo entero
   full moon luna llena
   full stop punto final
   in full swing en plena operación
   He paid in full. Pagó completamente.
   The roses are in full bloom. Las rosas están abiertas.
   There's a full house tonight. Hay una concurrencia plena esta noche.
fully completamente, por completo
   I fully realize . . . Comprendo completamente . . .
fume vapor, gas, emanción
fumigate (to) fumigar
FUN broma, diversión, chacota
   for fun en broma
   to have fun divertirse
   to make fun of somebody burlarse de alguien
   I had a lot of fun at the party. Me divertí mucho en la fiesta.
function función
function (to) funcionar
fund fondo
fundamental fundamental
funds fondos
funeral fúnebre; *s:* funeral; entierro
funnel embudo; chimenea *(barco)*
FUNNY divertido, cómico
   funny business picardía
   This is a very funny joke. Éste es un chiste muy divertido.
FUR piel
furious furioso
furnace horno
FURNISH (to) amueblar; suplir; proveer
   Furnished apartment for rent. Apartamento amueblado de alquiler.
FURNITURE muebles, mobiliario
   a piece of furniture un mueble
furrow surco
FURTHER más lejos; más allá; además, aún
   further on más adelante

   I must further say . . . Y además de eso debo decir . . .
furthermore además
fury furia
fuse espoleta, fusible
   fuse plug tapón
   We've blown a fuse. Fundimos un fusible.
fuss bulla, alboroto
   He made a big fuss over it. Él hizo un gran alboroto de ello.
fuss (to) encocorar
FUTURE futuro
   in the future en lo sucesivo, en adelante, en lo futuro
   in the near future en un futuro próximo
fuzzy velloso

gag burla, guasa, broma
gaiety jovialidad, alegría
gain ganancia, beneficio
gain (to) ganar, lograr, aumentar
   to gain ground ganar terreno
gale viento fuerte
gall hiel, bilis
   gall bladder vesícula biliar
gallant galante, cortés
gallery galería
gallon galón
gallop galope
gallows horca
galvanize (to) galvanizar
gamble (to) jugar por dinero
GAME juego; partida; caza
   a game of chess una partida de ajedrez
   game bird ave de caza
   The game is up. Es temporada de caza.
gamekeeper guardamontes
gang cuadrilla, pandilla
gangplank plancha
gap abertura; vacio
gape (to) bostezar; boquear
GARAGE garaje
garbage basura
GARDEN jardín
gardener jardinero
gardening jardinería
gargle (to) gargarizar
garland guirnalda
garlic ajo
garment vestido; vestidura
garnish (to) guarnecer, adornar, ataviar
garrison guarnición
garter liga, jarretera
GAS gas; gasolina
   gas station gasolinera

gasoline gasolina
GATE puerta; entrada
gatekeeper portero
gateway entrada
GATHER (to) reunir, juntar, acumular
    to gather dust cubrirse de polvo
    to gather strength recuperarse
gathering asamblea; reunión, acumulación
gauze gasa
GAY alegre, festivo; homosexual
gaze (to) mirar con fijeza
gear engranaje, cambio
    gear shift palanca de cambio de marcha
    in gear encajado, en cambio
    out of gear desencajado
    to put in gear engranar, meter cambio
gelatine gelatina
gem gema, joya
gender género
genealogy genealogía
GENERAL general; s· general
    in general en general
generality generalidad
generalize (to) generalizar
generally generalmente
generation generación
generosity generosidad
generous generoso
genial genial
genius genio
genteel cortés, gentil
GENTLE suave; amable; delicado
GENTLEMAN caballero
    He is a perfect gentleman. Es todo un
      caballero.
    gentlemanlike caballeroso
gentleness docilidad, dulzura, amabilidad
gently dulcemente, suavemente;
    amablemente
GENUINE genuino, auténtico
geographical geográfico
geography geografía
geometric geométrico
geometry geometría
germ yema, embrión
German alemán
gesture gesto, ademán
GET (to) adquirir, obtener, conseguir, recibir
    to get ahead adelantarse
    to get away partir; marcharse
    to get back volver; regresar
    to get home llegar a casa
    to get in entrar
    to get married casarse
    to get off apearse; bajarse
    to get on montar; subir
    to get out salir
    to get up levantarse
    Can we get through? ¿Podemos pasar?

Can you get the work under way?
    ¿Puede empezar con el trabajo?
He got away with it easily. Se salió con la
    suya facilmente.
He got into the habit of being late. Se
    acostumbró a llegar tarde.
He got on the train at Rochester. Subió
    al tren en Rochester.
He got the better of the bargain. Llevó
    ventaja en el asunto.
I have (got) to remember that. Tengo que
    recordar eso.
I want to get rid of these old books.
    Quiero deshacerme de estos libros
    viejos.
Let's get to the point. Vamos al grano.
She can't get over it. No puede
    recuperarse de eso.
She wants to get even with him. Quiere
    vengarse de él.
The phone got out of order. Se
    descompuso el teléfono.
This gets on my nerves. Esto me fastidia.
We got behind in our work. Nos
    atrasamos con nuestro trabajo.
ghost espectro, fantasma
giant gigante
giddy vertiginoso
GIFT regalo, obsequio
gifted talentoso
    She is very gifted musically. Ella tiene
      mucho talento para la música.
giggle (to) reírse
gild (to) dorar
gilt dorado
ginger jengibre
gingerbread pan de jengibre
gipsy gitano
girdle faja
GIRL chica, niña, muchacha; sirvienta
    What a charming girl! ¡Qué muchacha
      tan encantadora!
girlfriend amiga, novia
GIVE (to) dar
    to give a gift regalar, hacer un regalo
    to give in ceder, acceder
    to give up desistir; darse por vencido
    He gave away his secret. Divulgó su
      secreto.
    He gave himself up to the police. Se
      rindió a la policía.
    Please give me back my pencil. Por favor
      devuélvame mi lápiz.
    She gave birth to a son. Dio a luz un
      niño.
giver donante
GLAD contento, feliz
    I am very glad to see you. Me alegro
      mucho de verlo a Ud.

gladden (to) alegrar
gladiolus gladiolo
gladly de buena gana
    I'll do it gladly. Lo haré con mucho gusto.
glamor encanto, embeleso
glance ojeada, vistazo
    at first glance a primera vista
glance (to) echar un vistazo, dar un ojeada
    I want to glance at the paper. Quiero
      echar un vistazo al periódico.
glare liso; resplandor
glare (to) relumbrar, brillar
glaring deslumbrador, evidente
GLASS vidrio; vaso
    drinking glass vaso
    looking glass espejo
    Please give me a glass of water. Hágame
      el favor de darme un vaso de agua.
glasses anteojos, lentes
glassware cristalería
gleam destello, fulgor
glee alegría, gozo, júbilo
glide (to) resbalar, planear
glider planeador
glimmer vislumbre, luz trémula
glimmer (to) rielar, centellear
glimpse ojeada, vistazo
    to catch a glimpse dar un vistazo
glitter brillo, resplandor
glitter (to) brillar, resplandecer
globe globo
gloom obscuridad, tristeza
gloomy triste, sombrío
    What a gloomy day! ¡Qué día tan triste!
glorious glorioso, magnífico
glory gloria
    to be in one's glory estar un sus glorias
gloss lustre, brillo, barniz
glossary glosario, nomenclator
GLOVE guante
    to handle with kid gloves tratar con
      cuidado
glow (to) brillar
glue cola, pegamento
glue (to) encolar; pegar con cola
glutton glotón
gnat jején
GO (to) ir
    to go away irse, marcharse
    to go back volver; regresar
    to go down bajar
    to go forward ir adelante
    to go out salir
    to go up subir
    to go with acompañar
    to go without pasarse sin
    **After the death of her husband, she went
      to pieces.** Después del fallecimiento de
      su esposo, quedó destrozada.

Don't go away! ¡No se vaya Ud.!
Don't go out of your way! ¡No se
    moleste!
Go ahead! ¡Adelante!
Go on with your work. Continúe con su
    trabajo.
I don't go for that. No me gusta eso.
I don't know how to go about it. No sé
    manejarlo.
I have to go through this once more.
    Tengo que examinar esto otra vez.
It went all wrong. Fue un fracaso.
I went to bed early last night. Me acosté
    temprano anoche.
Let him go! ¡Que se vaya!
Let's go! ¡Vámonos!
She is going for a walk. Fue a dar un
    paseo.
That goes without saying. Está
    sobreentendido.
The baby doesn't want to go to sleep. El
    niño no quiere dormirse.
This style of hat is going out of fashion.
    Este tipo de sombrero está pasándose
    de moda.
We are going halves. Vamos a medias.
goal meta, fin, objeto
    to reach one's goal alcanzar el objetivo
goat cabra
God Dios
    for God's sake por Dios
    God willing si Dios quiere
godchild ahijado
goddaughter ahijada
goddess diosa
godfather padrino
godmother madrina
godson ahijado
GOLD oro
    gold plate baño de oro
golden de oro, dorado
golf golf
GOOD buen(o)
    for good para siempre
    good enough suficiente
    good evening buenas tardes
    good-for-nothing no sirve para nada
    Good Friday viernes santo
    good-looking bien parecido
    good morning buenos días
    good-natured afable, de buen corazón
    good night buenas noches
    good-tempered de buen genio
    good will buena voluntad
    in good time a tiempo
    Be good! ¡Sé bueno!
    He's too good. Se pasa de bueno.
    We had a good time at the party.
      Pasamos un buen rato en la fiesta.

goods mercancía
goose (*pl:* geese) ganso
gorgeous espléndido
gospel evangelio
gossip chisme
gossip (to) chismear, murmurar
govern (to) gobernar; dirigir
government gobierno
governor gobernador; regulador
GOWN traje de noche; vestidura
grab (to) asir, agarrar, arrebatar
grace gracia; favor; merced
graceful gracioso, agraciado
gracious bondadoso, afable, cortés
graciously benignamente; cortésmente
grade grado; graduación; calificación
    grade crossing paso a nivel
grade (to) clasificar, graduar
gradual gradual, graduado
gradually gradualmente
graduate (to) graduar, aumentar, graduarse
graduation graduación
grain grano
grammar gramática
grammatical gramatical
granary granero
GRAND gran, grandioso, magnífico, espléndido
grandchild nieto
granddaughter nieta
grandfather abuelo
grandmother abuela
grandparents abuelos
grandson nieto
grant concesión
grant (to) conceder, otorgar
    granted that supuesto que
    to take for granted dar por sentado
granulated granulado
grape uva
grapefruit toronja
grapevine parra
graph gráfica
graphic gráfica
grasp (to) empuñar, asir; comprender, percibir
grasping codicioso
GRASS hierba; césped; pasto
grasshopper saltamontes
grate (to) rallar
    grated cheese queso rallado
grateful agradecido
gratefully agradecidamente, gratamente
grater rallador, raspador
gratis gratis, de balde
gratitude agradecimiento
gratuity gratificación
grave grave; *s.* sepultura, sepulcro
gravel cascajo, grava
graveyard cementerio
gravity gravedad

gravy salsa, jugo
GRAY gris, cano
    gray-haired canoso
GREASE grasa
grease (to) engrasar, lubricar
greasy grasiento, grasoso
GREAT gran, grande; admirable; excelente
    a great deal mucho
    a great man un gran hombre
    a great many muchos
    a great while un largo rato
    Great! ¡Estupendo! ¡Magnífico!
great-grandfather bisabuelo
    great-great-grandfather tataraabuelo
great-grandmother bisabuela
    great-great-grandmother tataraabuela
greatly muy; mucho; en gran parte
greatness grandeza; magnitud
greed codicia
greedily vehementemente
greedy codicioso
GREEN verde, crudo; inexperto
greengrocer verdulero
greenhouse invernadero
GREET (to) saludar
greeting salutación
gregarious gregario
greyhound galgo
griddle tortera
griddlecake tortita de harina
GRIEF pesar, dolor, pena
grievance injusticia; perjuicio
grieve (to) afligir, lastimar
grievous penoso, doloroso, lastimoso
grievously penosamente
grill (to) asar en parrilla
grim torvo, ceñudo
    grim-faced malencarado, demacrado
grimly horrible; espantoso
grin mueca, sonrisa
GRIND (to) moler, amolar
grinding granulación
grindstone molino
grip empuñamiento, agarro
grizzled tordillo
groan gemido
groan (to) gemir
GROCER abacero; bodeguero; abarrotero
GROCERIES comestibles; abarrotes
    I have to buy some groceries. Tengo que
        comprar comestibles.
GROCERY STORE abacería, ultramarinos,
    tienda de comestibles
groom mozo; palafrenero
groom (to) cuidar los caballos
groove ranura
gross grueso; craso; *s:* gruesa
    by the gross por gruesa
    gross amount importe total

gross weight peso bruto
grouchy mal humorado
GROUND tierra, suelo, terreno, razón
    ground floor piso bajo
    ground forces fuerzas terrestres
    to gain ground ganar terreno
    He had many grounds for divorce. Tuvo muchas razones para divorciarse.
ground (to) fundar; establecer; poner en tierra
    The planes were grounded on account of the bad weather. Los aviones no pudieron salir a causa del mal tiempo.
group grupo
group (to) agrupar
grove arboleda, boscaje
GROW (to) crecer, producir, cultivar
    to grow better ponerse mejor; mejorar
    to grow late hacerse tarde
    to grow old envejecer
    to grow worse ponerse peor, empeorar
    She'll grow out of this (whim). Este capricho le pasará con la edad.
    Their baby has grown so much. El bebé ha crecido muchísimo.
    We are growing vegetables in our garden. Estamos cultivando legumbres en nuestro jardín.
growl (to) gruñir
grownup adulto
growth crecimiento, desarrollo
grudge rencor
    He is carrying a grudge against me. El guarda rencor contra mí.
gruesome horrible
grumble regaño, refunfuñadura
grumble (to) refunfuñar, rezongar
GUARANTEE garantía, caución
guarantee (to) garantizar
guaranty garantía
guard guardia, guarda
    on guard alerta
    to be off one's guard estar desprevenido
guard (to) guardar, vigilar
    to guard against guardarse de
guardian guardián
    guardian angel ángel de la guarda
Guatemalan guatemalteco
guess conjetura, suposición
    Let me make a guess. Déjeme adivinar.
GUESS (to) adivinar, conjeturar, suponer
    to guess right adivinar
    I guess so. Supongo que sí.
guide guía
guide (to) guiar
guidebook guía de viajero
guild gremio, corporación
guilty culpable
    He is pleading not guilty. Él se declara inocente.

guitar guitarra
gulf golfo
gully cárcava
gulp trago
gulp (to) tragar
gum goma, encía
    chewing gum chicle
gun arma de fuego; cañón; fusil; escopeta; revólver
gunpowder pólvora
gush chorro
gust ráfaga, golpe
    a gust of wind un golpe de aire
gutter canalón
gymnasium gimnasio
gymnastics gimnasia
gypsy gitano

H

haberdasher camisero, mercancero
haberdashery camisería, mercería
HABIT hábito, costumbre
    habit-forming enviciador
    to be in the habit of estar acostumbrado a
habitual habitual, acostumbrado
habitually habitualmente
hacker especie de pirata de computadoras
hail granizo
hail (to) granizar; vitorear; vocear
HAIR pelo, cabello; vello
    hairbrush cepillo para el cabello
    haircut corte de pelo
    hair dye tinte para el pelo
    hairpin horquilla, pasador
hairy peludo, velludo
HALF medio; mitad
    half-and-half mitad y mitad
    half-hour media hora
    half past two las dos y media
    half year semestre
half brother hermanastro
half sister hermanastra
halfway a medio camino, equidistante
HALL vestíbulo; salón
Halloween víspera de Todos los Santos
hallucination alucinación
hallway vestíbulo
halo halo, nimbo
halt (to) cojear, renguear
    Halt! ¡Alto!
ham jamón
    ham and eggs huevos con jamón
hamburger hamburguesa
hamlet aldea
hammer martillo
hammer (to) martillar
    to hammer (away) at a subject machacar

hammock hamaca
HAND mano; manecilla
  by hand a mano
  firsthand de primera mano
  from hand to mouth de manos a boca
  handmade hecho a mano
  hand to hand mano a mano
  in hand entre manos
  offhand de repente
  on hand a la mano
  on the other hand por otra parte
  to have one's hands full tener mucho que
    hacer
  to shake hands darse la mano
  Hands off! ¡No tocar!
  Hands up! ¡Manos arriba!
  He has a hand in the business. Tiene
    mano en el asunto.
  He's my right-hand man. Él es mi mano
    derecha.
  He washed his hands of the affair. Se
    lavó las manos como Pilatos.
hand (to) pasar
  to hand over entregar
handbag cartera, bolsa
handbook manual
handcuff esposas
handful puñado
handicap impedimento
handicraft mano de obra
HANDKERCHIEF pañuelo
handle mango, asa
handle (to) manejar, manipular
handsome hermoso, guapo, elegante
handwriting escritura
handy manuable, servible
HANG (to) colgar, suspender
  to hang around rondar
  to have a hang-over tener una cruda
  I would like to hang up my coat.
    Quisiera colgar mi abrigo.
hanger colgante; gaucho de ropa; colgador;
  percha
  coat hanger perchero
HAPPEN suceder, acontecer
  whatever happens suceda lo que suceda
  What happened? ¿Qué pasó?
happening suceso, acontecimiento
happily afortunadamente
HAPPINESS dicha, felicidad
HAPPY feliz, contento
  Happy birthday! ¡Feliz cumpleaños!
  Happy New Year! ¡Feliz año nuevo!
  I am happy to do it. Me alegro de
    hacerlo.
  Many happy returns! ¡Que las tenga Ud.
    muy felices!
  They lived happily. Vivían felices.
harbor puerto

HARD duro; difícil
  hard labor trabajo forzado
  hard luck mala suerte
  hard of hearing duro del oído
  hard work trabajo difícil
  to rain hard llover a cántaros
  to work hard trabajar duro
  Don't be hard on him. No sea duro con él.
  It is hard to understand. Es difícil de
    entender.
hard drive disco duro
harden (to) endurecer
hardly apenas, difícilmente
hardness dureza
hardware ferretería, quincalla, componentes
  de computación (computer)
  hardware store ferretería
hardy fuerte, robusto
hare liebre
HARM mal, prejuicio, daño
  It does not do any harm. Es inofensivo.
    No hace ningún daño.
harm (to) perjudicar, ofender, herir
harmful dañoso, nocivo
harmless inofensivo
harmonica filarmónica
harmonious armónico, armonioso
harmonize (to) armonizar
harmony armonía
harness aparejo, arnés
harp arpa
harpsichord clavicordio
HARSH áspero, tosco, desagradable
harshness aparejo, arnés
harvest cosecha
harvester máquina de segar
hash carne y papas molidas cocinadas juntas
HASTE prisa
  in haste de prisa
hasten (to) acelerar, precipitar
hastily precipitadamente
hasty pronto, apresurado
HAT sombrero
  Hats off! ¡Descubrirse!
  He put his hat on and left. Se pusó el
    sombrero y salió.
hatbox sombrerera
hatch (to) empollar, incubar
hatchet hachita
hate, hatred odio, aborrecimiento
hate (to) odiar, aborrecer
hateful odioso, maligno
haughty arrogante; vano; entonado
haul (to) arrastrar
haunt (to) rondar, frecuentar
haunted habitado por fantasmas
  This house is haunted. Esta casa está
    encantada.
HAVE (to) tener; haber

there had been había habido
there has been ha habido
there should have been habría habido
to have a mind to tener ganas de
to have an eye on vigilar, observar
to have in mind tener en cuenta
to have to tener que
to have to deal with habérselas con
Had I been there, I would have seen him. Si yo hubiera estado allí, lo habría visto.
He has broken his leg. Se rompió una pierna.
I don't have any more. No tengo más. (Brit.)
I haven't any more. No tengo más.
If I had been you, I wouldn't have done it. De haber sido Ud., no lo hubiera hecho.
I have to go now. Tengo que irme ahora.
It might have happened. Pudo haber sucedido.
I will have the doorman take the parcel. Haré que el portero lleve el paquete.
We had better ask. Sería mejor que preguntemos.
What will you have? ¿Qué desea Ud.?
hawk gavilán
hay heno; pasto
haystack haz de pasto
hazard azar, albur
hazard (to) arriesgar, exponer
hazardous arriesgado
haze niebla, bruma
hazel avellano
hazy anieblado, brumoso, confuso
HE él
HEAD cabeza; jefe
  from head to foot de pies a cabeza
  heads or tails cara o cruz
  the head of the government el jefe de gobierno
  He is head over heels in love with her. Está loco por ella.
  He is off his head. Es loco.
head (to) mandar, dirigirse
  Where are you heading? ¿En qué dirección vas?
headache dolor de cabeza
headline título, encabezamiento
headphone auricular, audífono
headquarters cuartel general; oficina principal
heal (to) curar, remediar
  to heal up cicatrizarse
healing curativo
HEALTH salud; sanidad
  health resort lugar de curas
  to be in good health estar bien de salud

  Your health! ¡A su salud!
healthful sano, saludable
healthfully saludablemente
healthy sano; fuerte; saludable
heap montón; multitud
  in heaps a montones
heap (to) amontonar, colmar
HEAR (to) oír
  to hear from saber de
  to hear it said oír decir
  to hear of saber de
  Have you heard the latest news? ¿Ha oído Ud. la última noticia?
  What did you say? I can't hear a thing. ¿Qué dijo? No oigo nada.
hearing oído
hearsay rumor; fama
hearse carro fúnebre
HEART corazón
  after one's own heart de todo el gusto de uno
  by heart de memoria
  heart and soul en cuerpo y alma
  to have no heart no tener corazón
  to take to heart tomar a pecho
  He put his heart into it. Puso su corazón en ello.
  He said it from his heart. Lo dijo de todo corazón.
  He's still very young at heart. Él es joven de corazón todavía.
  She has heart trouble. Tiene una enfermedad del corazón.
heartbreak dolor
heartbroken el corazón roto
hearten (to) animar, alentar
hearth hogar, fogón
heartily sinceramente
heartless sin corazón, cruel
hearty cordial
HEAT calor
  The heat is terrible this summer. Hace un calor terrible este verano.
heat (to) calentar
heater calentador
heating calefacción
  central heating calefacción central
heave elevación
heave (to) alzar, levantar, elevar
HEAVEN cielo
  Heavens! ¡Cielos!
heavenly celestial
heavily pesadamente
HEAVY pesado
  a heavy rain una lluvia fuerte; aguacero
  heavy-hearted triste
  It's a heavy job. Es un trabajo pesado.
Hebrew hebreo
hectic hético; agitado

We had a hectic morning. Tuvimos una mañana muy agitada.

hedge seto

heed (to) prestar atención

HEEL talón; tacón
  high heels tacones altos
  low heels tacones bajos
  rubber heels tacones de goma
  to be at the heels of perseguir estrechamente

heifer novilla

HEIGHT altura, colmo

heir heredero
  heir apparent heredero forzoso

heiress heredera

helicopter helicóptero

HELL infierno

hellish infernal

HELLO! ¡Hola!

helmet yelmo, casco

HELP ayuda, asistente
  by the help of con ayuda de
  It's very hard to get help in the country. Es muy difícil encontrar sirvientes en el campo.

HELP (to) ayudar, asistir, servirse, remediar
  Can I help you? ¿En qué puedo servirle?
  I can't help it. No lo puedo remediar.
  Please help yourself. Tenga la bondad de servirse.

helper asistente, ayudante

helpful útil, provechoso

helpless desvalido, impotente

helplessly irremediablemente

hem dobladillo, bastilla

hem (to) dobladillar, subir la bastilla

hemisphere hemisferio

hemlock cicuta

hemorrhage hemorragia

HEN gallina

henceforth de aquí en adelante; en lo futuro

HER la, le; a ella, de ella; su
  I did not see her. No la vi.
  I have to speak to her. Tengo que hablar con ella.
  I'll tell her. Le diré a ella.
  This is her book. Es su libro.

herb hierba

herd hato, multitud

HERE aquí, acá
  around here cerca de aquí
  near here cerca de aquí
  Can we phone from here? ¿Se puede telefonear de aquí?
  Come here. Ven acá.
  Here I am. Aquí estoy.
  Here it is. Aquí está.

hereabouts por aquí

hereafter en adelante

hereby por la presente
  I hereby certify that . . . Por la presente certifico que . . .

hereditary hereditario

heredity herencia

herein aquí dentro

hereto a este fin

heretofore en otro tiempo

hereunder en virtud de esto

herewith junto con esto

heritage herencia

hermit ermitaño

hero héroe

heroic (al) heróico

heroine heroína

heroism heroísmo

herring arenque

HERS suyo(s); suya(s); de ella; el suyo; lo(s) suyo(s); la(s) suya(s)
  a friend of hers una amiga suya
  Are you her cousin? ¿Es Ud. primo de ella?
  This record player is hers. Este fonógrafo es el suyo (de ella).

HERSELF ella misma; sí misma; se; sí
  by herself sola; por sí; por su cuenta
  She herself says it. Ella misma lo dice.
  She talks too much about herself. Habla demasiado de sí.

hesitant indeciso, vacilante

hesitate (to) vacilar

hesitation vacilación, titubeo

hew (to) tajar, cortar

hibernate (to) invernar

hiccough, hiccup hipo
  to have the hiccups hipar, tener hipo

hidden escondido

hide cuero, piel

hide (to) esconder, esconderse
  hide-and-seek juego del escondite

hideous horrible, espantoso

HIGH alto, elevado; caro; sumamente, altamente
  high noon pleno mediodía
  high pressure alta presión
  high-priced caro
  high school escuela secundaria
  high sea alta mar
  in high spirits alegre
  It is six feet high. Tiene seis pies de alto.
  It's high time to begin. Ya es hora de empezar.
  Their prices are very high. Sus precios son muy caros.

highball whisky con hielo y agua

highbrow petulante

higher más alto; superior

highland región montañosa

highly altamente, sumamente; muy

He is a **highly** intelligent person. Es una persona sumamente inteligente.
The food is **highly** seasoned. La comida está muy picante.

highness alteza
Your Royal **Highness** Su Alteza Real

highway carretera

hilarious alegre

HILL colina, cerro

HIM le, lo, a él
I don't know **him**. No lo conozco.
It belongs to **him**. Le pertenece a él.
I told **him**. Le dije.

HIMSELF él mismo, sí mismo; se, sí
by **himself** solo; por sí; por su cuenta
He is fooling **himself**. Se está engañado a sí mismo.
He wants it for **himself**. Lo quiere para sí.

hinder (to) impedir, estorbar

hindrance impedimento; estorbo; obstáculo

hinge gozne

HINT indirecta, sugerencia

hint (to) insinuar
to **hint** at aludir a

hip cadera

HIRE (to) alquilar
He is going to **hire** a chauffeur. Va a emplear a un chofer.

HIS su, sus; suyo, suya; el suyo, la suya, los suyos, las suyas; de él
an acquaintance of **his** un conocido suyo
That's **his** brother. Es su hermano.
You see these houses; this one is **his**. Ve estas casas; ésta es la suya.

hiss, hissing silbido, siseo

hiss (to) silbar, sisear

historian historiador

historic histórico

historical histórico

hit golpe, choque
a lucky **hit** golpe de suerte
to make a **hit** dar golpe
The play was a **hit**. La obra fue un exitazo.

hit (to) golpear, pegar, acertar
to **hit** the target dar en el blanco

hitchhike (to) parar a automóviles, hacer autostop, ir a dedo

hive colmena

hoarse ronco

hoax engaño; burla

hobby manía; pasatiempo, afición
Painting is his **hobby**. La pintura es su afición.

hoe azada, azadón

hog puerco, cerdo, marrano

hoist (to) alzar, elevar

HOLD (to) tener; coger; agarrar, asir; caber, contener, desempeñar; celebrar; conservar; guardar; sostener

to **hold** a conversation sostener una conversación
to **hold** a meeting celebrar una reunión
to **hold** back contenerse
to **hold** hands estar mano a mano
to **hold** one's own mantenerse firme
to **hold** up asaltar
He is **holding** on to his job. Se prende de su trabajo.
Hold on! ¡Para!

holder tenedor, poseedor
cigarette **holder** boquilla

holdup asalto

HOLE agujero, hoyo, cavidad

HOLIDAY día festivo, fiesta, día feriado
The Fourth of July is a **holiday** in the United States. El Cuatro de julio es un día festivo en los EE. UU.

holidays vacaciones; asueto

holiness santidad

hollow vacío, hueco; s: cavidad, depresión

holly acebo

HOLY santo, pío, puro
Holy Communion Sagrada comunión
Holy Father Santo Padre
Holy Ghost Espíritu Santo
holy water agua bendita
Holy Week semana santa

homage homenaje

HOME hogar; casa; domicilio
at **home** en casa
home town pueblo natal
He is going back **home**. Regresa a su casa.
I feel at **home** here. Me siento a gusto aquí.
She stays **home** all day. Está en su casa todo el día.
What is your **home** address? ¿Cuál es la dirección de su domicilio?

homely feo, inculto

homemade casero, hecho en casa
This is a **homemade** cake. Este es un pastel hecho en casa.

homework tarea

homonym homónimo

homosexual homosexual, gay

Honduran hondureño

honest honrado

honestly honradez

HONEY miel; se emplea también como voz de cariño en el sentido de "vida mía," "corazón"

honeymoon luna de miel

honeydew melón

honor honor, honra
on my **honor** por mi fe
I give you my word of **honor**. Le doy mi palabra de honor.

honor (to) honrar
honorable honorable, honrado
honorary honorario, honorífico
    He is the **honorary president.** Es el presidente honorario.
hood capucha; cubierta del motor, cofre
    Little Red Riding Hood La caperucita roja
hoodlum rufián
hoof pezuña, casco
hook gancho; anzuelo
    The phone is off the **hook.** El teléfono está descolgado.
hop salto, brinco
hop (to) saltar, brincar
HOPE con la esperanza
HOPE (to) esperar, tener esperanza
    to **hope against hope** esperar lo imposible
    I **hope not.** Espero que no.
    I **hope so.** Así lo espero.
    We **hope to see you again.** Esperamos volver a verle.
hopeful lleno de esperanzas, optimista
hopeless desahuciado, sin remedio, desesperado
horizon horizonte
horizontal horizontal
horn cuerno; bocina; corneta
horrible horrible, terrible
horrify (to) horrorizar
horror horror
HORSE caballo
on horseback a caballo
horsepower caballo de vapor
horse race carrera de caballos
to go horseback riding montar a caballo
hose calceta, medias; manguera
hosiery calcetería
hosiery store tienda de medias y calcetines
hospitable hospitalario
HOSPITAL hospital
hospitality hospitalidad
host hospedero; huésped
hostage rehén, prenda
hostess anfitriona
    air hostess aeromoza; azafata
hostile hostil, enemigo
HOT caliente, cálido, ardiente; mono; guapo (*coloquial*)
    hot-headed exaltado
    hot water aqua caliente
    to be burning hot estar que quema
    It's very **hot** today. Hace mucho calor hoy.
HOTEL hotel
HOUR hora, horas
    He arrived half an **hour** later. Llegó media hora después.
    I saw him two **hours** ago. Lo vi hace dos horas.
hourly a cada hora

HOUSE casa; hogar; residencia
    apartment house casa de apartamentos
    boarding house casa de huéspedes
    He lives in the corner **house.** Vive en esa casa que hace esquina.
household casa, familia
    household furniture menaje de casa
    household utensils utensilios de casa
housewarming fiesta para celebrar el estreno de una casa
housewife ama de casa; madre de familia
housework quehaceres domésticos
housing alojamiento
hovel cobertizo
HOW cómo; qué, cuánto
    How do you do? ¿Cómo está Ud.?
    How early? ¿Cuándo? ¿A qué hora?
    How far? ¿A qué distancia?
    How late? ¿Hasta qué hora?
    How long? ¿Cuánto tiempo?
    How many? ¿Cuántos?
    How much? ¿Cuánto?
    How so? ¿Cómo así?
    How soon?—The latest . . . ¿Cuándo?—A más tardar . . .
however como quiera que; de cualquier modo; sin embargo
howl (to) aullar; gritar
howl aullido, grito
hubbub alboroto
huckster vendedor ambulante
hue matiz, tinte
hug abrazo
hug (to) abrazar
HUGE inmenso, enorme
hull cáscara; casco
hum (to) canturrear, zumbar
human humano; mortal
    human being ser humano
    human race género humano
humane humanitario
humanism humanidad
humanitarian humanitario
humanity humanidad
humble humilde
humid húmedo
humidify (to) humedecer
humidity humedad
humiliate (to) humillar
humiliation humillación
humility humildad
humming zumbido, susurro
humor humor
humorous humorista, chistoso, jocoso
HUNDRED cien, ciento
hundredth centésimo
HUNGER hambre
HUNGRY (to be) tener hambre
    I'm not **hungry.** No tengo hambre.

HUNT caza
hunt (to) cazar; seguir; perseguir
hunter cazador
hunting caza
    to go hunting ir a cazar, ir de casa
huntress cazadora
huntsman cazador
hurdle zarzo, obstáculo
hurricane huracán
hurried precipitado
HURRY prisa
    to be in a hurry tener prisa, estar de prisa
HURRY (to) apresurar
    to hurry after correr detrás
    to hurry up darse prisa
    Hurry back! ¡Apresúrate a volver!
    Hurry up! ¡Date prisa!
    I'm in a great hurry. Tengo mucha prisa.
    There's no hurry. No corre prisa.
    Why such a hurry? ¿Por qué tanta prisa?
HURT (to) lastimar, herir; ofender
    to hurt one's feelings apenar a uno
    My feet hurt (me). Me lastiman los pies.
HUSBAND esposo
hush (to) silenciar
husky cascarudo, cortezudo, fornido
hussy tunante, pícara, fácil
hut choza, cabaña
hydrant boca de riego
hydraulic hidráulico
hygiene higiene
hymn himno
hyperlink hiperenlace
hypertext hipertexto
hyphen guión
hypnotize (to) hipnotizar
hypocrisy hipocresía
hypocrite hipócrita
hysteria histeria
hysterical histérico

I

I yo
    It's me. Soy yo.
    I was the one who phoned. Fui yo el que telefoneó.
    So do I. Yo también.
ICE hielo
ice box nevera, refrigerador, frigorífico
ice cream helado
ice water agua fríe
icing capa de azúcar para pasteles
icy helado, frío
IDEA idea
ideal ideal
idealism idealismo
idealist idealista

idealize (to) idealizar
identical idéntico
identification identificación
identify (to) identificar
identity identidad
idiom modismo, idiotismo
idiomatic idiomático
idiot idiota
idle ocioso, desocupado, perezoso
idleness ociosidad
idler holgazán
idol ídolo
idyl idilio
idyllic idílico
IF si
    even if aún cuando
    if not si no
    if by any chance si por casualidad
    if I may con su permiso
    if you like si Ud. quiere
    if you please si Ud. gusta
ignorance ignorancia
ignorant ignorante, inculto
IGNORE (to) pasar por alto; no hacer caso
    She ignored him. Ella no le hizo caso.
ILL enfermo, mal, malo
    ill at ease intranquilo
    ill breeding falta de educación
    ill-tempered de mal genio
    ill will mala voluntad
illegal ilegal
illegible ilegible
illegitimacy ilegitimidad
illegitimate ilegítimo
illiteracy analfabetismo
illiterate analfabeto
ILLNESS enfermedad
illogical ilógico
illuminate (to) iluminar, alumbrar
illumination iluminación, alumbrado
illusion ilusión
illustrate (to) ilustrar
illustration ejemplo, ilustración
image imagen
imaginary imaginario
imagination imaginación
IMAGINE (to) figurar, imaginar
    Just imagine! ¡Imagínese!
imbecile imbécil
imitate (to) imitar
imitation imitación
immature inmaturo; imperfecto
immediate inmediato, próximo
IMMEDIATELY inmediatamente, en seguida
immense inmenso
immerse (to) sumergir
immigrant inmigrante
immigrate (to) inmigrar
immigration inmigración

imminent inminente
immobile inmóvil
immoderate inmoderado, excesivo
immoral inmoral
immorality inmoralidad
immortal inmortal
immortality inmortalidad
immune inmune
immunity inmunidad
immunization inmunización
immunize (to) inmunizar
impact impacto
    This movie had a great impact. Esta
       película causó una gran impresión.
impartial imparcial
impartiality imparcialidad
impartially imparcialmente
impatience impaciencia
impatient impaciente
impatiently impacientemente
imperative imperativo
imperceptible imperceptible
imperfect imperfecto, defectuoso
imperfection imperfección
imperfectly imperfectamente
imperial imperial
imperious imperioso
impersonal impersonal
impersonally impersonalmente
impertinence impertinencia
impertinent impertinente
impetuous impetuoso
impious impío
implant (to) plantar
implicate (to) implicar
implicit implícito
implied implícito
implore (to) implorar
IMPLY (to) atribuir, envolver, insinuar
impolite descortés
impoliteness falta de cortesía
import (to) importar; interesar
    import duty derechos de entrada
importance importancia
IMPORTANT importante
importation importación
importer importador
importunate importuno
impose (to) imponer, importunante
imposing imponente, abusivo
impossibility imposibilidad
IMPOSSIBLE imposible
impresario empresario
IMPRESS (to) impresionar
impression impresión
    to have the impression tener la impresión
impressive imponente, grandioso
imprison (to) encarcelar, aprisionar
improbable improbable

IMPROPER impropio
IMPROVE (to) mejorar, perfeccionar,
    adelantar, progresar, aliviarse
    The patient is improving. El paciente
      sigue mejorando.
improvement mejorada, adelantado, progreso,
    alivio
    That's a great improvement. Eso es una
      gran mejora.
improvise (to) improvisar
imprudence imprudencia
imprudent imprudente
impulse impulso
impulsive impulsivo
impure impuro
impute (to) imputar
IN en; de; por; con; durante; de
    in fact en efecto
    in front en frente
    in general en general
    in good condition en buen estado
    in reality en realidad
    in spite of a pesar de
    in the middle of en medio de
    in the morning por la mañana
    in turn por turno
    in vain en vano
    in writing por escrito
    He died in his sleep. Murió durmiendo.
    He is in-and-out. Sale y entra.
    He is in here. Está aquí adentro.
    He is in Madrid. Está en Madrid.
    He is not in. No está.
    He will come in a month. Vendrá de aquí
      a un mes.
    I am in for no one. No estoy para nadie.
    This is the best hotel in Barcelona. Es el
      mejor hotel de Barcelona.
    Write it in ink. Escríbalo con tinta.
inability ineptitud, inhabilidad, incapacidad
inaccessible inaccesible
inaccuracy inexactitud
inaccurate inexacto
inaction inactividad
inactive inactivo
inadequate inadecuado
inanity inanición
inappropriate inadecuado, impropio
inarticulate inarticulado
INASMUCH AS tanto como; hasta donde
    inasmuch as I know hasta donde yo sé
inbound de entrada
    inbound traffic tráfico de entrada
incapable incapaz
incapacity incapacidad
incarnate (to) encarnar
incessant incesante
incessantly incesantemente
INCH pulgada

within an inch of a dos dedos de
incident incidente, casualidad
incidental incidental
incidentally incidentalmente
inclination inclinación, propensión
incline (to) inclinar, doblar
include (to) incluir
INCLUDED inclusive, incluso
   everything included todo incluído
inclusive inclusivo
incognito incógnito
incoherent incoherente
INCOME renta, ingreso
   income tax impuesto sobre rentas
incoming entrante
incomparable incomparable
incompatible incompatible
incompatibility incompatibilidad
incompetence incompetencia, torpeza
INCOMPLETE incompleto
incomprehensible incomprensible
inconsiderate irreflexivo, desconsiderado
inconsistence, inconsistency
   incompatibilidad, inconsistencia
inconvenience inconveniencia, molestia
INCONVENIENCE (to) incomodar, molestar
   I don't want to inconvenience you. No lo
   quiero molestar a Ud.
inconvenient inconveniente; incómodo,
   molesto
incorporate (to) incorporar
   Smith & Sons, Inc. Smith e Hijos S.A.
incorrect incorrecto
increase aumento
   salary increase aumento de salario
INCREASE (to) aumentar
incredibility incredibilidad
incredible increíble
incredibly increíblemente
incredulity incredulidad
incriminate (to) incriminar
inculcate (to) inculcar
incumbent obligatorio; *s:* beneficiado
incurable incurable
incurably incurablemente
INDEBTED endeudado, entrampado, lleno de
   deudas, obligado, reconocido
   I am very much indebted to him. Le
   estoy muy obligado.
indecency indecencia
indecent indecente
indecision indecisión
INDEED verdaderamente, realmente, de
   veras, en verdad
   Indeed? ¿De veras?
   No indeed! ¡De ninguna manera!
   Yes indeed! ¡Claro que sí!
indefinite indefinido
independence independencia

Independence Day 4 de julio *(Día de la
   independencia en los EE.UU.)*
independent independiente; acomodado, libre
   He is very independent. Es muy
   independiente.
index índice, lista, indicador, manecilla
   index finger dedo índice
Indian indio
   Indian summer veranillo de San Martín
indicate (to) indicar
indication indicación
INDIFFERENCE indiferencia
indifferent indiferente
indifferently con indiferencia
indigestion indigestión
indignant indignado
indignation indignación
indignity indignidad
indirect indirecto
indirectly indirectamente
indiscreet indiscreto
indiscreetly indiscretamente
indiscretion indiscreción
indiscriminate promiscuo
indiscriminately indistintamente
INDISPENSABLE indispensable
indispensably indispensablemente
indisposed indispuesto; de mala disposición
indisposition indisposición
indisputable incontestable, indisputable
indistinct indistinto, obscuro, vago
individual solo, único, individual
individualist individualista
individuality individualidad
individualize (to) individualizar
individually individualmente
indivisible indivisible
indolence indolencia
INDOORS dentro, en casa
indorsement endoso, respaldo
induce (to) inducir, incitar
INDULGE (to) dar rienda, dar rienda suelta a,
   darse gusto; entregarse a
   He indulges in drinking. Se entrega a la
   bebida.
indulgence indulgencia; complacencia
indulgent indulgente
indulgently indulgentemente
industrial industrial
industrialize (to) industrializar
industrious industrioso, diligente; trabajador
industriously industriosamente
INDUSTRY industria; laboriosidad
inebriated ebrio, borracho
ineffective ineficaz
INEFFICIENT ineficaz
inept inepto, absurdo
ineptitude ineptitud
inequality injusticia

inert inerte
inevitable inevitable
inexact inexacto
inexactly inexactamente
inexcusable inexcusable, imperdonable
inexhaustible inagotable
inexorable inexorable
inexperience inexperiencia
inexperienced inexperto, sin experiencia
infallible infalible
infamous infame, de mala fama
infancy infancia
INFANT infante, niñito, criatura
infantry infantería
infatuated infatuado, aferrado
    He is infatuated with her. Él está muy
        enamorado de ella.
infection infección
infectious infeccioso, contagioso
infer (to) inferir, colegir, indicar
inference inferencia
INFERIOR inferior
inferiority inferioridad
infinite infinito
infinity infinidad, infinito
infirm enfermizo
inflame (to) inflamar
inflate (to) inflar, hinchar
inflation inflación
inflection inflexión, acento
inflexible inflexible
influence influencia
influence (to) influir
influential influyente
influenza influenza
INFORM (to) informar, hacer saber
INFORMATION información, informe
    Can you give me some information?
        ¿Puede Ud. darme un informe?
    Where is the information desk? ¿Dónde
        queda la oficina de información?
informer delator, denunciador
infrequent raro, no frecuente
infrequently raramente
infuriate (to) irritar
infuriated furioso
ingenious ingenioso
ingeniously ingenuamente
ingenuity ingeniosidad, ingenio
ingoing entrante
    ingoing traffic tráfico de entrada
ingredient ingrediente
inhabit (to) habitar, ocupar
inhabitant habitante
inhabited poblado, habitado
inhale (to) inhalar, aspirar
inherit (to) heredar
inheritance herencia
inhibit (to) inhibir

inhibition inhibición
inhospitable inhospitalario; inhóspito
inhuman inhumano
initial inicial, incipiente
initiate (to) iniciar
initiation iniciación
initiative iniciativo
inject (to) inyectar
injection inyección
INJURE (to) injuriar, agraviar; dañar, hacer
    daño, lastimar
injurious nocivo, dañino, perjudicial
injury daño, avería; perjuicio, mal
injustice injusticia
INK tinta
inkwell tintero
inlaid embutido, incrustado, taraceado
inland interior; tierra adentro
    inland navigation navegación fluvial
inn posada, fonda
innate innato
inner interior
innkeeper posadero, ventero
innocence inocencia
innocent inocente
innovate (to) innovar
innumerable innumerable
inoculate (to) inocular
inoculation inoculación
inoffensive inofensivo
inopportune inoportuno
input (to) ingresar
INQUIRE (to) preguntar, averiguar, informarse
    I want to inquire about your prices.
        Quiero informarme de sus precios.
inquiry pregunta; consulta
inquisitive inquisitivo
    She is very inquisitive. Ella es muy
        curiosa.
INSANE loco, demente
    insane asylum asilo para dementes
insanity locura
INSCRIBE (to) inscribir, grabar, apuntar
inscription inscripción, letrero
insect insecto
insecticide insecticida
insecure inseguro
insecurity inseguridad
insensible insensible, impasible
inseparably inseparablemente
INSERT (to) insertar, introducir
insertion inserción
INSIDE dentro, interior, interno
    inside out al revés, de dentro afuera
    on the inside por dentro
    towards the inside hacia dentro
    I'll wait for you inside. Le espero dentro.
insidious insidioso
insidiously insidiosamente

insight discernimiento
insignia insignia
insignificance insignificancia
insignificant insignificante
insincere falta de sinceridad, insincero, -ra
insincerely sin sinceridad, insinceramente
insincerity falta de sinceridad, insinceridad
insinuate (to) insinuar, indicar, sugerir
insinuation insinuación
insipid insípido
insipidity insipidez
INSIST (to) insistir, persistir
insistence insistencia
insofar as en cuanto a
insolence insolencia
insolent insolente
insolently insolentemente
inspect (to) reconocer, inspeccionar
inspection inspección
inspector inspector
inspiration inspiración
INSPIRE (to) inspirar, insinuar
install (to) instalar, colocar
installation instalación
installment plazo, abono
    to pay by installments pagar a plazos
INSTANCE ejemplo, caso, instancia
    for instance por ejemplo
    in this instance en este caso
    the first instance desde el principio
instant instante
instantaneous instantáneo
INSTEAD en lugar; en vez; en lugar de
    He brought a newspaper instead of a
    book. Llevó un periódico en lugar de
    un libro.
INSTINCT instinto
instinctively instintivamente
INSTITUTE instituto
institute (to) instituir
institution institución, instituto
instruct (to) instruir, enseñar
instruction instrucción, enseñanza
instructive instructivo
instructor instructor
INSTRUMENT instrumento
instrumental instrumental
instrumentalist instrumentista
insufficiency insuficiencia
insufficiently insuficientemente
insult insulto
insult (to) insultar
insulting insultante
insuperable insuperable
insupportable insoportable
INSURANCE seguro
    fire insurance seguro contra incendio
    insurance company compañía de seguros
    life insurance seguro de vida

insure (to) asegurar, garantizar
intact intacto
integral íntegro
integrally integralmente
integrate (to) integrar
integrity integridad
intellect intelecto
intellectual intelectual
INTELLIGENCE inteligencia
INTELLIGENT inteligente
intelligible inteligible
INTEND (to) intentar, tener intención de,
    proponerse
    to be intended for tener por objeto
intended prometido, futuro
intense intenso, fuerte
intensely intensamente
intensity intensidad
intensive intensivo
    an intensive course un curso intensivo
intensively intensivamente
intent atento
intention intención
intentional intencional
intentionally intencionalmente
    He did it intentionally. Lo hizo
    intencionalmente
interborough municipal, interseccional
intercede (to) interceder
intercept (to) interceptar
intercession intercesión
interchange (to) alternar, cambiar, intercambiar
interchangeable intercambiable
INTEREST interés, provecho
    What's the rate of interest? ¿Cuál es el
    tipo de interés?
interest (to) interesar
    It doesn't interest me. No me interesa.
interested interesado
    to become interested interesarse
interesting interesante
interfere (to) interponerse, interferir
    I don't want to interfere in the matter.
    No quiero interponerme en el asunto.
interference interferencia
INTERIOR interior, interno
interlock (to) trabar, engranar
interlocutor interlocutor
interlude intermedio
intermediary intermediario
intermediate intermedio
    This is the intermediate course. Es el
    curso intermedio.
INTERMISSION entreacto, intermedio
intern interno
INTERNAL interno
    internal revenue rentas provenientes
internally internamente
international internacional

internationally internacionalmente
Internet Red, Internet
interpose (to) interponer
interpret (to) interpretar
interpretation interpretación
interpreter intérprete
interrogation interrogación
interrupt (to) interrumpir
interruption interrupción
intersection intersección
    street intersection bocacalle
interval intervalo
intervene (to) intervenir, interponerse
intervention intervención
interview entrevista, conferencia
interview (to) entrevistar
intestines intestinos
intimacy intimidad
INTIMATE íntimo
    an intimate friend un amigo íntimo
intimately íntimamente
intimidate (to) intimidar
INTO en, dentro
    Let's go into this store. Entremos en esta
      tienda.
    The book has been translated into
      French. El libro fue traducido al francés.
intolerable intolerable
intolerant intolerante
intoxicate (to) intoxicar
intoxicated borracho
intoxicating embriagante
intoxication embriaguez; intoxicación
intranet intranet, red aislada
intricate intrincado, enredado
intrigue intriga, trama
intriguing intrigante
INTRODUCE (to) introducir; presentar
    Allow me to introduce my brother.
      Permítame que le presente a mi
      hermano.
INTRODUCTION introducción; presentación
introductory de introducción
introvert introvertido
INTRUDE (to) inmiscuirse, introducirse,
    entrometerse
intruder intruso
intrusion intrusión
intuition intuición
intuitive intuitivo
inundate (to) inundar
invade (to) invadir
invader invasor
invalid nulo; *s:* inválido
invalidate (to) invalidar, anular
invalidity nulidad
invaluable inestimable
invariable invariable
invariably invariablemente

invasion invasión
invent (to) inventar
invention invención
inventor inventor
INVENTORY inventario
invert (to) invertir, transponer
INVEST (to) invertir, interesar, colocar
investigate (to) investigar, inquirir
investigation investigación
investment inversión
investor inversionista
invincible invencible
invisibility invisibilidad
invisible invisible
INVITATION invitación
invite (to) convidar, invitar
invoice factura
invoke (to) invocar
involuntary involuntario
involve (to) comprometer, implicar; enredar
involved complicado
invulnerable invulnerable
inward interior, interno
inwardly internamente
iodine yodo
Irish irlandés
irksome fastidioso
IRON hierro, fierro; plancha
    iron in the fire asunto entre manos
    wrought iron fierro forjado
    He has an iron will. Tiene una voluntad
      de hierro.
iron (to) planchar
ironic irónico
ironing planchado
    ironing board tabla de planchar
ironically irónicamente
irony ironía
irradiate (to) irradiar, iluminar
irrational irracional
irreducible irreducible, irreductible
irrefutable irrefutable
IRREGULAR irregular
irregularity irregularidad
irregularly irregularmente
irrelevant ajeno, inaplicable
irresolute irresoluto
irresolutely irresolutamente
irrespective of sin consideración a,
    irrespectivamente
irresponsible irresponsable
irreverent irreverente
irrevocable irrevocable
irrigate (to) regar, irrigar
irritate (to) irritar, exasperar
irritation irritación
irruption irrupción
ISLAND isla
isle isla

isolate (to) aislar, seperar
isolated solitario, retirado
ISSUE edición, tirada; asunto de que se trata
   Don't make an issue of it. No haga de eso
      una montaña.
   I want to buy the last issue of this
      magazine. Quiero comprar el último
      número de esta revista.
   What was the issue under discussion?
      ¿Cuál fue el asunto de la discusión?
issue (to) publicar; dar a luz; emitir
   The government issued some bonds. El
      gobierno emitió algunos bonos.
IT ello, él, ella; lo, la, le
   He said it. Lo dijo.
   I don't get it. No lo entiendo.
   I have it. Lo (la) tengo.
   Is it not so? ¿No es así?
   Isn't it so? ¿No es verdad?
   It is raining. Llueve.
   That's it. Eso es.
   What time is it? ¿Qué hora es?
Italian italiano
italic itálico
itch sarna; picazón, comezón
itch (to) picar
item ítem, artículo
itinerary itinerario, ruta
ITS su, sus; de él, de ella, de ello
   It has its advantages. Tiene sus ventajas.
   The dog broke its leash. El perro rompió
      su correa.
ITSELF sí, sí mismo; ello mismo
   by itself por sí
   It works by itself. Trabaja por sí solo.
ivory marfil
ivy hiedra

J

jack gato *(mec.)*; sota *(baraja)*
jacket chaqueta; camisa; cubierta *(para un libro)*
jail cárcel
   jailbird malhechor
JAM compota, conserva; apuro; aprieto
   a traffic jam un enredo de tránsito
   I am in a jam. Estoy en un aprieto.
janitor portero
JANUARY enero
Japanese japonés
jar jarro, tarro
Java Java; lenguaje de computadoras para la red
jaw quijada
jealous celoso
jealousy celos
jellied gelatinoso
jelly jalea

jerk tirón, vibración
jerk (to) sacudir, traquetear
jest broma
jest (to) bromear
jester bufón
jet azabache
   jet black negro como el azabache
   jet plane avión a reacción
Jew judío
jewel joya, alhaja
jewelry joyas
jewelry store joyería
Jewish judío *(adj.)*
jigger medida
JOB tarea, empleo, trabajo
   He has a very good job. Tiene una buena
      colocación.
   What a job! ¡Qué trabajo!
JOIN (to) juntar, unir, ensamblar, añadir,
      asociar, afiliarse, ingresar en
   He joined a political party. Se afilió a un
      partido político.
   Why don't you join the party? ¿Por qué
      no te unes a la fiesta?
JOINT coyuntura, articulación, empalme,
      junta, juntura, ensambladura
   joint commission comisión mixta
   joint property propiedad indivisa
   joint responsibility responsabilidad
      solidaria
   joint-stock company compañía por
      acciones
JOKE broma, chiste
joke (to) bromear, embromar
joker burión, bromista
jolly alegre, divertido, jovial
jostle (to) empellar, rempujar
jot pizca, ápice
journal diario, revista
journalism periodismo
journalist periodista
journey viaje
jovial jovial
JOY alegría, felicidad
joyful alegre, festivo
judge juez
judge (to) juzgar
judgment juicio
judicial judicial
judiciary judiciario, judicial
jug jarrita
JUICE jugo, zumo
   Please bring me an orange juice.
      Tráigame un jugo de naranja, por favor.
juicy jugoso
JULY julio
jumbo colosal
jump salto, brinco
   at one jump de un salto

JUMP (to) saltar

  He always jumps to conclusions. Siempre llega a conclusiones con demasiada rapidez.

jumper saltador; blusa de obrero

junction junta, unión

JUNE junio

jungle maraña, jungla, selva

JUNIOR más joven; hijo *(Jr.)*

  John Smith, Jr. Juan Smith, hijo

  junior high school escuela preparatoria

junk hierro viejo

juridical jurídico

jurisdiction jurisdicción

jurisprudence jurisprudencia

juror jurado *(individuo)*

jury jurado *(institución)*

JUST justo, legal

  It is not just. No es justo.

JUST justamente; exactamente; solamente; simplemente; no más que

  just as I came in en el mismo instante en que yo entraba

  just as I said exactamente como dije

  just now ahora mismo

  I just arrived. Acabo de llegar.

  I just wanted to say hello. Yo solamente quería decir buenos días.

  It is just two o'clock. Son las dos en punto.

  Just a moment! ¡Un momentito!

  Just as you please. Como Ud. guste.

  This is just what I want. Esto es exactamente lo que quiero.

justice justicia

justifiable justificable

justification justificación

justify (to) justificar

juvenile juvenil

  juvenile delinquency delincuencia juvenil

juxtaposition yuxtaposición

K

keel quilla

KEEN afilado; agudo; astuto

  He is very keen on seafood. Le gustan mucho los mariscos.

keenness agudeza, perspicacia

KEEP (to) guardar; tener; dirigir; repetir

  to keep away mantener alejado

  to keep back detener

  to keep from impedir; abstenerse

  to keep house cuidar de la casa

  to keep in mind recordar

  to keep late hours acostarse tarde

  to keep one's hands off no meterse en

  to keep one's word mantener la palabra

  to keep track of no perder de vista

  He kept telling me the same thing. Continuó repitiéndome lo mismo.

  I cannot keep awake. No puedo mantenerme despierto.

  I can't keep up with you. No puedo seguirle.

  I kept on doing it. Continué haciéndolo.

  Keep after him. No lo sueltes.

  Keep out! ¡Entrada prohibida!

  Keep quiet! ¡Cállate!

  Please keep an eye on the baby. Por favor, vigile al niño.

  She keeps her house very clean. Tiene su casa muy limpia.

  She kept me company while I was waiting. Me hizo compañía mientras que esperaba.

  The bell kept ringing. El timbre siguió sonando.

keeper guardián

keeping cargo, custodia

keepsake regalo, recuerdo

kennel perrera

kernel almendra, pepita

kerosene kerosina

kettle marmita, caldera

kettledrum timbal

KEY llave; tecla *(mus.);* principal

  key rack taquilla

  key ring llavero

  These are the key ports. Estos son los puertos principales.

keyboard teclado

keyhole ojo de la cerradura

keynote nota tónica

kick puntapié, patada, coz

KICK (to) patear, cocear

  to kick out echar a puntapiés

KID cabrito; niño

  kidskin piel de cabrito

kidnap (to) plagiar, secuestrar

kidney riñón

KILL (to) matar

killer matador

kilo kilo

kin parentela

  the next of kin el pariente próximo

KIND clase, calidad

  a kind of una especie de, una clase de

  of the kind semejante

  two of a kind dos de la misma clase

  It's a kind of orange. Es una especie de naranja.

  There is nothing of the kind. No hay nada de eso.

  What kind of fruit is that? ¿Qué clase de fruta es esta?

KIND bueno, amable, bondadoso
  kind-hearted de buen corazón
  It is very kind of you. Es muy amable de su parte.
kindergarten jardín de niños
KINDLY bondadosamente
  He spoke very kindly of you. Él habló amablemente de ti.
  Kindly do it. Tenga la bondad de hacerlo.
kindness bondad, favor
KING rey
  He lives like a king. Vive como un rey.
kingdom reino
kinsman pariente
kiosk kiosco
KISS beso
kiss (to) besar
kit equipo
  traveling kit estuche de viaje
  tool kit caja de herramientas
KITCHEN cocina
kitchenette cocina pequeña
kite cometa, papalote
  to fly a kite elevar una cometa
kitten gatito
knack talento, don
knead (to) amasar, sobrar
  to knead the dough amasar la masa
KNEE rodilla
  knee joint articulación de la rodilla
  to be on one's knees estar arrodillado
kneecap rodillera
kneel (to) arrodillarse
KNIFE cuchillo
  knife sharpener afilador
knight caballero
  knight errant caballero andante
knit (to) tejer
knitting trabajo de punto
  knitting needle aguja de medias
knob bulto, botón
  door knob perilla
knock golpe; llamada (*a la puerta*), choque
  We heard a knock at the door. Oímos una llamada en la puerta.
KNOCK (to) golpear, tocar, llamar (*a la puerta*)
  to knock down derribar
  to knock off some work (*fam.*) rebajar, ejecutar prontamente un trabajo
  He was knocked out. Quedó fuera de combate.
knot nudo
KNOW (to) saber, conocer
  to know better saber hacerlo mejor
  to make known dar a conocer
  very well known muy bien conocido
  Do you know him? ¿Lo conoce?
  Do you know what? ¿Sabe Ud. una cosa?

  Do you know what happened? ¿Sabe lo que pasó?
  God knows! ¡Sabe Dios!
  How should I know? ¿Qué sé yo?
  I know it! ¡Ya lo sé!
  Not that I know of. No que yo sepa.
  Who knows? ¿Quién sabe?
knowledge conocimiento
  to my knowledge que yo sepa
  to the best of my knowledge según mi leal saber y entender
knuckle coyuntura, nudillo
  pigs' knuckles pata de puerco

L

label etiqueta, rótulo
label (to) clasificar
labor trabajo
  labor union sindicato
  Labor Day fiesta del trabajo en los EE.UU. (el primer lunes de septiembre)
labor (to) trabajar
laboratory laboratorio
laborer jornalero, trabajador
laborious laborioso
lace encaje
lack falta, escasez, carencia, necesidad
lack (to) carecer, necesitar
ladder escalera, escalá
ladle cucharón
LADY señora; dama
  a lady doctor una doctora
  a lady friend una amiga
  ladies señoras
  ladies and gentlemen señoras y caballeros
  ladies' man mujeriego
  lady of the house dueña de la casa
ladylike delicado
lagoon laguna
lake lago
lamb cordero
  lamb chops chuletas de cordero
lame cojo, lisiado, defectuoso
  to be lame cojear
lameness cojera
lament (to) lamentar
lamentation lamento, lamentación
lamp lámpara
LAND tierra; terreno; país
  We'll go by land. Iremos por tierra.
land (to) desembarcar; aterrizar
landing desembarco, aterrizaje; meseta; descanso (*escalera*)
  The plane made a forced landing. El avión hizo un aterrizaje forzoso.

landlady propietaria; dueña, patrona
landlord propietario, dueño, patron, casero
landowner terrateniente
landscape paisaje
landslide derrumbe
lane senda, vereda
language lenguaje; idioma; lengua
languid lánguido
languish (to) languidecer
languor languidez
lantern farol, linterna
lap falda; piernas
    The baby is sitting on his mother's lap.
    El niño está sentado en las piernas de
    su madre.
lapel solapa
lapse lapso, curso, intervalo
    in the lapse of time con el transcurso del
    tiempo
laptop ordenador portátil
larceny ratería, hurto
lard manteca de puerco, grasa
LARGE grande
    at large en libertad; suelto; en general; en
    conjunto
    on a large scale en grande
largely grandemente, liberalmente
lark alondra
larva larva
larynx laringe
laser láser
lash látigo
LAST último, pasado
    at last al fin, al cabo, por fin
    last but not least último en orden pero no
    en importancia
    Last Judgment Juicio Final
    lastly al fin, finalmente, por último
    last night anoche
    last week la semana pasada
    last year el año pasado
    He was the last one to arrive. Fue el
    último en llegar.
last (to) durar
    How long does the picture last? ¿Cuánto
    tiempo dura la película?
lasting duradero, durable
latch aldaba, picaporte
LATE tarde; tardo, último, difunto
    late arrival recién llegado
    late in the year a fines de año
    of late recientemente
    the late president el presidente anterior
    to be late llegar tarde
    to grow late hacerse tarde
    Better late than never. Más vale tarde que
    nunca.
    How late? ¿Hasta qué hora?
lately recientemente; últimamente

    I have not seen him lately. No lo he visto
    recientemente.
lateness tardanza
LATER más tarde
    later on después
    sooner or later tarde o temprano
lateral lateral
LATEST último
    at the latest a más tardar
    latest style última moda
    What is the latest news? ¿Cuál es la
    última noticia?
lather espuma de jabón
Latin latino; latin (*idioma*)
latitude latitud
LATTER (the) éste, último
    the former and the latter éste y aquél
laudable laudable
LAUGH risa
LAUGH (to) reír
    to laugh out loud reír a carcajadas
    to laugh up one's sleeve reírse entre sí
    He burst out laughing. Se echó a reír.
    He makes me laugh. Me hace reír.
    Why are you laughing at her? ¿Por qué
    se ríe de ella?
laughable divertido, cómico
laughter risa
launch (to) echar al agua
launder (to) lavar y planchar la ropa
laundress lavandera
LAUNDRY lavandería; ropa lavada
    I have to send these clothes to the
    laundry. Tengo que mandar esta ropa a
    la lavandería.
    I have to take care of my laundry. Tengo
    que atender mi ropa.
laurel laurel
lavatory lavatorio, baños, servicios
lavender lavanda
lavish pródigo, gastador
lavish (to) prodigar
lavishly prodigamente
LAW ley; jurisprudencia; derecho; código
    law school escuela de derecho
lawful legal, lícito
lawfully legalmente
lawless ilegal
lawn césped, pasto
    lawn mower cortadora de césped
lawsuit pleito, demanda
lawyer abogado
lax laxo, flojo
laxative laxativo
laxity laxitud
LAY (to) poner, colocar
    to lay aside poner a un lado
    to lay eggs poner huevos
    to lay hands on sentar la mano a

to lay hold of asir, coger
to lay off quitar al trabajo, despedir
to lay the blame on echar la culpa a
layer capa
laying colocación, postura (*de huevos*)
layout plan, disposición, arreglo
lazily perezosamente
laziness pereza
lazy perezoso
lead plomo
lead primacía; dirección
　　She played the lead in that play. Ella desempeñó el papel principal en esa obra.
LEAD (to) conducir, guiar, dirigir
　　to lead astray descarriar
　　to lead the way mostrar el camino
　　to lead up to conducir a
　　He is leading a new life. Él lleva una vida nueva.
leader líder, caudillo, conductor
　　He is a political leader. Él es un líder político.
leadership dirección
leading principal, capital
　　leading article editorial
　　leading man cabecilla, jefe
LEAF hoja
leaflet hojilla
league liga, confederación
leak fuga, escape
leak (to) gotear, hacer agua
leakage escape, fuga
leaky llovedizo, tener una gotera
lean flaco, magro
LEAN (to) inclinar, apoyarse
　　to lean back retreparse, recostarse
　　to lean over reclinarse
leaning inclinación, propensión, tendencia
leap salto, brinco
　　leap year año bisiesto
leap (to) saltar, brincar
LEARN (to) aprender; enterarse de; tener noticia de; saber
　　to learn by heart aprender de memoria
　　I just learned about it today. No lo supe hasta hoy.
learned sabio; docto; erudito
learning saber, erudición
lease arriendo, contrato de arrendamiento
lease (to) arrendar, dar en arriendo
leash correa
LEAST mínimo, el mínimo, menos
　　at least a lo menos, al menos
　　least of all lo de menos
　　not in the least de ninguna manera
　　the least possible lo menos posible
　　It's the least you can do. Es lo menos que puede Ud. hacer.
LEATHER cuero

LEAVE licencia, permiso, despedida
　　leave of absence licencia
　　He is on leave. Tiene licencia.
LEAVE (to) dejar, abandonar, salir, irse
　　to leave a message dejar un recado
　　to leave behind dejar atrás
　　to leave out in the cold dejar colgado
　　to take leave despedirse
　　He left his work undone. Dejó su trabajo sin terminarlo.
　　Leave me in peace. Déjeme en paz.
　　They left him in the lurch. Le dejaron plantado.
lecture conferencia; discurso, disertación; regaño
　　to give a lecture dictar una conferencia
lecture (to) disertar, discutir
lecturer conferenciante
ledger libro mayor
leek puerro
LEFT izquierdo
　　left hand mano izquierda
　　left-handed zurdo
　　on the left side al lado izquierdo
　　to the left a la izquierda
　　Turn left. Dé vuelta a la izquierda.
LEG pierna, pata
　　on its legs en pie, firmemente
legacy legado, herencia
legal legal
legalize (to) legalizar
legally legalmente
legation legación
legend leyenda; letrero
legislation legislación
legislator legislador
legislature legislatura
legitimate legítimo
LEISURE ocio, holganza, comodidad
　　at leisure despacio
　　leisure hours horas libres
　　to be at leisure estar desocupado
leisurely despacio
lemon limón
lemonade limonada
LEND (to) prestar, dar prestado
　　to lend a hand arrimar el hombro
　　to lend an ear dar oídos; prestar atención
LENGTH largo, longitud, duración de tiempo
　　at length al fin, finalmente
　　at full length a lo largo, a todo lo largo
lengthen (to) alargar, estirar, prolongar
lengthwise a lo largo
lenient indulgente
Lent cuaresma
lentil lenteja
lesbian lesbiana
LESS menos; menor; inferior
　　less and less de menos en menos

more or less más o menos
He is less interesting than his brother. Él es menos interesante que su hermano.
lessen (to) reducir, disminuir, rebajar
LESSON lección
LET (to) dejar, permitir; arrendar, alquilar. *(Se usa también como auxiliar para formar el subjuntivo imperativo.)*
    to let go soltar
    House to rent. Casa para alquilar.
    I let it go at that. Lo dejo pasar.
    I'll let you know. Le avisaré.
    Let her go. Que se vaya.
    Let me alone! ¡Déjeme en paz!
    Let me in. Déjeme entrar.
    Let's see. Veamos.
    Let them stay! ¡Que se queden!
    Let us go. (Let's go.) Vamos.
LETTER carta; letra
    letterbox buzón
    letter of credit carta de crédito
    registered letter carta registrada
    special-delivery letter carta de entrega especial
letterhead membrete
lettuce lechuga
LEVEL plano, llano; igual, parejo nivelado, allanado; nivel
    level crossing paso a nivel
    to be on the level jugar limpio
level (to) nivelar; planear
lever palanca; manecilla
lewd lujurioso, lascivo
lexicon léxico
liability riesgo, responsabilidad
LIABLE sujeto, expuesto a; propenso a, capaz de
liberal liberal
    liberal arts artes liberales
liberate (to) libertar, librar
liberation liberación
liberty libertad
librarian bibliotecario
library biblioteca
LICENSE licencia, permiso
    driving license licencia de manejar
licensee persona que tiene licencia
licit lícito
lick (to) lamer
licorice regaliz
lid tapa, tapadera
lie mentira
LIE (to) mentir; reposar, acostarse, echarse
    He is lying down. Está acostado.
    He lied to her. Le mintió.
lieutenant teniente
LIFE vida
    lifeboat bote salvavidas
    life insurance seguro de vida

lifesaver salvavidas
life sentence sentencia de cadena perpetua
I never heard of such a thing in my life. En mi vida no he oído tal cosa.
lifelong de toda la vida
lifetime curso de la vida, toda la vida
lift acción de levantar
LIFT (to) alzar, levantar
    to lift up alzar
LIGHT luz; claridad
    electric light luz eléctrica
    in the light of a la luz de
    in this light desde este punto de vista
    Put the light on. Encienda la luz.
    Turn the light off. Apague la luz.
    The lights went out. Se apagaron las luces.
LIGHT liviano, ligero; claro
    light complexion tez blanca
    light-headed ligero de cascos
    light reading lectura amena
light (to) encender, alumbrar, iluminar
    to light the fire encender el fuego
lighten (to) aligerar, quitar peso; iluminar, alumbrar; relampaguear
lighter encendedor
lighthouse faro
lighting alumbrado, iluminación
lightly ligeramente, levemente
lightness ligereza
lightning relámpago, rayo
    lightning rod pararrayos
lightweight de poco peso, ligero, liviano
LIKE parecido, semejante, igual, equivalente
    in like manner del mismo modo
    to be like ser semejante
    I have never seen anything like it. Nunca he visto nada como eso.
    She is not like her sister. Ella no es como su hermana.
LIKE (to) querer, gustar, agradar
    to like someone tener simpatía por
    As you like. Como Ud. quiera.
    Do you like it? ¿Le gusta?
    I'd like some ice cream. Quisiera helado.
    I don't like it. No me gusta.
    I like it. Me gusta.
    I like red wine better than white wine. Me gusta el vino tinto más que el vino blanco.
    She does not like me. Ella no me quiere.
    This is what I like best. Esto es lo que me gusta más.
    What would you like to eat? ¿Qué le gustaría comer?
likely probable; probablemente
    He is likely to make an error. Es propenso a equivocarse.
likeness semejanza, igualdad

likewise igualmente, asimismo
LIKING afición, gusto, simpatía
   to your liking a su gusto
lilac lila
lily lirio
Lima bean haba
limb miembro; piernas
lime limón; cal
limelight luz de calcio
limit límite
limit (to) limitar; restringir
limitation limitación
limited limitado; restricto
   Jones Company Ltd. Jones, compañía de
    responsabilidad limitada
limp débil, blando; *s*: cojera
limp (to) cojear
limpid límpido
LINE línea
   What's your line? ¿Cuál es su profesión?
line (to) rayar, trazar líneas
   to line up alinear, alinearse
LINEN tela de hilo; ropa blanca
   linen goods ropa para cama
linger (to) demorarse, dilatarse
lingerie ropa interior
lingual lingual
lining forro
link eslabón; enlace *(también para
   computadoras)*
link (to) unir, enlazar, eslabonar, encadenar
lion león
lip labio
lipstick lápiz para los labios
liquid líquido
liquor licor
lisp (to) cecear, balbucear
LIST lista
   list price precio de tarifa
list (to) registrar, poner en lista
LISTEN (to) escuchar
   to listen in escuchar a hurtadillas
   He likes to listen to the radio. Le gusta
    escuchar el radio.
   Listen to me. Escúcheme.
listener escuchador, oyente
literal literal, al pie de la letra
literally literalmente
literary literario
literature literatura
litter litera, basura
LITTLE pequeño, poco, insignificante
   a little un poco, un poquito
   a little child un muchachito
   a little dog un perrito
   a little while ago hace poco
   little boy chico, chiquillo
   little by little poco a poco
   little finger dedo meñique

   little girl chica, chiquilla, niña
   very little muy poco
   He knows a little about everything. Sabe
    un poco de todo.
live vivo, viviente
   live bait carnada viva
   livestock ganado
   live wire alambre cargado
LIVE (to) vivir, pasar, subsistir
   to live from hand to mouth vivir al día
   to live up to one's promise cumplir lo
    prometido
   He lives on milk. Se alimenta de leche.
livelihood vida
liveliness vivacidad, animación
lively vivo, vivaz, animado
liver hígado
LIVING vida, mantenimiento
   living language lengua viva
   living room salón, estancia
   the cost of living el precio de la vida
   the living los vivos
   to make a living ganarse la vida
   I am making a living by writing. Escribo
    para ganarme la vida.
lizard lagarto, lagartija
LOAD carga
   I had quite a heavy load to carry. Tuve
    que llevar una carga muy pesada.
load (to) cargar, recargar
loaf pan, panecillo
   loaf of bread hogaza de pan
loaf (to) holgazanear
loafer flojo, holgazán
loan préstamo; prestación
loathe (to) detestar, abominar
loathsome repugnante
lobby paso, pasillo, vestíbulo
lobster langosta
local local; regional
   local train tren de servicio ordinario
locate (to) situar, colocar
   I cannot locate him. No puedo localizarlo.
located situado
LOCATION sitio, localidad, situación,
   posición
   This house has a very good location. Esta
    casa está muy bien situada.
lock cerradura, candado; esclusa; bucle
LOCK (to) cerrar con llave
   to lock up encarcelar
   I locked myself out. Se me cerró la
    puerta.
   She locked me in by mistake. Ella me
    encerró por equivocación.
locker cajón, gaveta
locket relicario
locomotive locomotora
locust langosta

lodge (to) alojar, hospedar, colocar

lodging posada, hospedería

lofty elevado, eminente, excelso

log leño, palo, tronco
  logbook diario de navegación
  log cabin cabaña

logic lógica

logical lógico

lone solitario, solo

loneliness soledad

LONELY, lonesome solitario, triste, solo

LONG largo
  all day long todo el santo día
  a long-distance phone call una conferencia a larga distancia
  a long time ago hace mucho tiempo
  It's five inches long. Tiene cinco pulgadas de largo.

LONG a gran distancia; mucho; mucho tiempo
  as long as mientras
  long ago hace mucho tiempo
  not long ago no hace mucho
  not long before I left poco antes de irme
  How long ago? ¿Cuánto tiempo hace?
  How long are you going to remain here? ¿Cuánto tiempo se va a quedar aquí?
  How long is it since you last saw him? ¿Cuánto hace que no lo ha visto?

long for (to) anhelar, suspirar por

longer más largo; más tiempo
  How much longer do you plan to stay? ¿Cuánto tiempo más piensas estar?
  I no longer work. Ya no trabajo.

longevity longevidad

longhand manuscrito

longing anhelo

longitude longitud

LOOK cara, aspecto; mirada, ojeada

LOOK (to) ver, mirar, examinar
  good looking guapo
  to look after cuidar
  to look alike parecerse
  to look for buscar, esperar
  to look forward to esperar
  to look into examinar, estudiar
  to look over repasar, revisar
  He did not dare look me in the face. No se atrevió a mirarme a la cara.
  He looked down upon his in-laws. Despreció a sus parientes políticos.
  I have to look up a word in the dictionary. Tengo que buscar una palabra en el diccionario.
  It looks like snow. Parece que va a nevar.
  Look! ¡Mire!
  Look in the mirror! ¡Mírate al espejo!
  Look out! ¡Cuidado!

Please look me up when you come to New York. Por favor, no dejes de ponerte en contacto conmigo cuando vengas a Nueva York.

looking glass espejo

lookout vigía, vigilancia
  to be on the lookout estar a la mira

loom (to) telar

loop gaza, lazo, vuelta

loophole abertura; escapatoria

loose suelto, desatado, flojo
  to turn loose dar rienda suelta
  The boy is running loose. Este muchacho anda suelto.

loosen (to) desatar, soltar

lord señor, amo
  the Lord el Señor

LOSE (to) perder
  to lose heart desanimarse
  to lose one's speech perder el habla
  Don't lose sight of him. No lo pierdas de vista.
  He lost his temper once more. Se enojó de nuevo.
  He nearly lost his life. Estuvo a punto de perder la vida.
  He's lost his mind. Ha perdido la razón.
  I don't have any time to lose. No tengo tiempo que perder.
  We lost track of her. La perdimos de vista.

loss pérdida
  She is at a loss. No sabe que hacer.

lot lote, terreno

LOT (a) mucho
  He has a lot of money. Tiene mucho dinero.
  I have a lot to do. Tengo mucho que hacer.

lotion loción

lottery lotería

LOUD ruidoso, fuerte, alto
  a loud laugh risotada
  He spoke in a very loud voice. Habló en voz muy alta.
  This is a very loud color. Es un color muy fuerte.

lounge vestíbulo, tocador

louse (*pl: lice*) piojo, cáncano

lousy piojoso, miserable

lovable digno de ser amado, amable, afectuoso

LOVE amor, cariño
  love affair intriga amorosa
  love-making galanteo, hacer el amor
  He is madly in love with her. Está locamente enamorado de ella.

LOVE (to) amar, querer
  I love you. Te quiero. Te amo.

loveliness encanto

lovely encantador, precioso, hermoso
lover amante, aficionado
   He is a music lover. Es un amante de música.
loving afectuoso, cariñoso
LOW bajo, de poca altura
   low spirits abatimiento
lower más bajo, inferior
   the lower classes (of society) la clase baja (de la sociedad)
   Speak a little lower, please. Hable un poco más bajo, por favor.
lower (to) bajar, rebajar, arriar (*bandera*); abatir
   You'll have to lower your prices. Tendrá que rebajar sus precios.
loyal leal, fiel
loyalty lealtad, fidelidad
lubricate (to) lubricar
LUCK suerte, fortuna
   bad luck mala suerte
   good luck buena suerte
   He has no luck. No tiene suerte.
luckily afortunadamente
LUCKY afortunado
   She is very lucky. Tiene mucha suerte.
luggage equipaje
lukewarm tibio, templado
lull (to) arrullar, adormecer
   She lulled the baby to sleep. Adormeció al niño.
lullaby arrullo
lumber madera aserrada
lumberyard maderería
luminous luminoso
lump masa, bulto; terrón
   a lump of sugar un terrón de azúcar
lunatic loco
LUNCH, luncheon almuerzo
   Have you had your lunch? ¿Ha almorzado Ud. ya?
lunch (to) almorzar
lung pulmón
lurch sacudida
lure (to) inducir
lust lujuria
luxe lujo
   de luxe lujoso
luxurious lujurioso
luxury lujo

M

macaroni macarrones
macaroon almendrado
macerate (to) macerar
machine máquina

machinery maquinaria
machinist maquinista
mackerel escombro
MAD loco
   to go mad volverse loco
madam señora
MADE hecho, fabricado
   made-up artificial
   homemade hecho en casa
madness locura
Madrilenian madrileño
magazine revista
magic mágico; magia
magician mago, mágico
magistrate magistrado
magnanimous magnánimo
magnet imán
magnetic magnético
magnificent magnífico
magnify (to) aumentar
   magnifying glass lupa
mahogany caoba
MAID doncella; criada, muchacha
   maid of honor dama de honor
maiden virginal; *s:* virgen
   maiden name apellido de soltera
MAIL correo; correspondencia
   by air mail por correo aéreo
   by return mail a vuelta de correo
   What time does the mail leave? ¿A qué hora sale el correo?
mail (to) echar al correo; enviar por correo
   Have you mailed my letter? ¿Ha echado Ud. mi carta al correo?
mailbox buzón
mailman cartero
MAIN principal, esencial, mayor
   the main floor la planta baja
   the main issue la cuestión principal
   the main office la casa matriz
   the main point el punto esencial
   the main street la calle mayor
mainly principalmente; sobre todo
maintain (to) mantener; sostener; conservar
maintenance mantenimiento; conservación, entretenimiento, reparación
majestic majestuoso
majesty majestad
major comandante
MAJOR mayor, más importante, principal
majority mayoría
make hechura; forma, figura; fábrica
   What make is this car? ¿De qué marca es este coche?
MAKE (to) hacer, fabricar, producir; ocasionar; constituir; dar
   to make a good salary ganar un buen sueldo
   to make a hit producir sensación

to make a **living** ganarse la vida
to make a **mistake** equivocarse
to make a **stop** detenerse
to make **both ends meet** vivir con lo que gana
to make **friends** granjearse amigos, hacer amigos
to make **fun of** burlarse de
to make **happy** poner alegre
to make **haste** apurarse
to make **headway** adelantar
to make **into** convertir
to make **known** dar a conocer
to make **one's way** avanzar
to make **possible** hacer posible
to make **ready** preparar
to make **room** hacer lugar
to make **sad** poner triste
to make **tired** cansar
to make **use of** hacer uso de
Don't make it hard for me. No me cause tanto trabajo.
He made the best of it. Sacó el mejor partido de ello.
I cannot make it out. No puedo comprenderlo.
I cannot make up my mind. No puedo decidirme.
It makes no difference to me. No me importa.
She made a fool of him. Lo puso en ridículo.
They made up. Se reconciliaron.
make-believe (to) fingir
maker fabricante
make-up cosmético
male macho, varón
malediction maldición
malice malicia
malicious malicioso
malignant maligno, perverso
malt malta
MAN hombre
   an honest man un hombre de bien
   a statesman un hombre de estado, un estadista
   man and wife marido y mujer
   young man joven
   He's a man of the world. Es hombre de mundo.
MANAGE (to) administrar; gestionar; arreglar
   Can you manage? ¿Puede arreglárselas?
management administración, dirección
manager administrador; director; gerente
mandate mandato; encargo
mane crin, melena
maneuver maniobra
manger pesebre
mangle (to) mutilar

manhood naturaleza humana
mania manía
maniac loco *(s.)*
manicure manicura
manicurist manicurista, manicura
manifest manifiesto, proclama
manifest (to) manifestar
manifold múltiple, vario
manipulate (to) manipular
mankind humanidad
manly varonil
mannequin maniquí
MANNER manera, modo
   after this manner de este modo
   in a manner de cierto modo
   He has no manners. No tiene buenos modales.
manor fuedo; hacienda
mansion mansión
manual manual
   manual work trabajo manual
manufacture fabricación, manufactura
manufacture (to) manufacturar, fabricar
manufacturer fabricante
manure abono *(para agricultura)*
manuscript manuscrito
MANY muchos, muchas
   a great many muchísimos
   as many otros tantos
   as many as tantos como
   many-sided variado
   many things muchas cosas
   many times muchas veces
   How many? ¿Cuántos?
map mapa, carta geográfica
maple maple
marble mármol; bola *(de mármol o vidrio para jugar)*
MARCH marzo
march marcha
march (to) marchar, desfilar
   to march up avanzar
mare yegua
margarine margarina
margin margen, orilla
marginal marginal
marine marino
maritime marítimo
MARK marca, seña, señal
mark (to) señalar, marcar
   The price has been marked down. El precio fue rebajado.
MARKET mercado
   market price precio corriente, precio de mercado
   There is an open market for these goods. Hay mercado libre para estos artículos.
marketing compra o venta en el mercado; marketing, mercadotecnia; comercialización

markup aumento; subida; alza
marquis marqués
MARRIAGE matrimonio
    marriage license licencia de matrimonio
married casado
    married couple matrimonio
    to get married casarse
marrow médula, meollo
MARRY (to) casar, casarse
    She married a foreigner. Se casó con un extranjero.
    The judge married them. El juez los unió en matrimonio.
marsh pantano
marshal mariscal
martial marcial
martyr mártir
marvel maravilla, prodigio
marvel at (to) admirarse
marvelous maravilloso
masculine masculino
mask máscara
    masked ball baile de disfraces
Mass misa
mass montón, bulto
    mass production producción en serie
massage masaje
massage (to) sobar, dar masaje
massive macizo, sólido
mast mástil
master amo, dueño; principal
    master copy original
    master key llave maestra
    Master of Arts (M.A.) maestría en humanidades
masterpiece, masterwork obra maestra
MATCH fósforo, cerillos, cerilla; partida, compañero, pareja, alianza
    matchbox fosforera
    This is a good match. Este es un buen partido.
match (to) hacer juego; casar
    I want a bag to match my shoes. Quiero una bolsa que haga juego con mis zapatos.
matchless incomparable
mate consorte, compañero
material material, tela
materialist materialista
materialize (to) materializar
materially materialmente
maternal materno
maternity maternidad
    maternity hospital casa de maternidad
mathematics matemáticas
matinée matiné, función de tarde
matron matrona, ama de llaves, directora
MATTER materia; cosa; asunto; cuestión
    a matter of course cosa natural

    an important matter un asunto importante
    as a matter of fact en realidad
    I need more information on the matter. Necesito más información sobre el asunto.
    It's no laughing matter. No es cosa de risa.
    Nothing's the matter. No es nada.
    What's the matter? ¿Qué pasa?
    What's the matter with you? ¿Qué tiene Ud.?
matter (to) importar
    It doesn't matter. No importa.
mattress colchón
mature maduro
    He is a mature person. Es una persona madura.
mature (to) madurar
maturity madurez
mawkish asqueroso
maxim máxima
maximum máximo
MAY mayo
    the first of May primero de mayo
MAY poder, ser posible
    Be that as it may. Suceda lo que suceda.
    If I may say so. Si me es lícito decirlo.
    I may go to the party. Es posible que vaya a la fiesta.
    It may be. Puede ser.
    It may be true. Podrá ser verdad.
    May I? ¿Me permite Ud.?
    May I come in? ¿Puedo entrar?
maybe tal vez
mayonnaise mayonesa
mayor alcalde
maze laberinto
ME me, mí
    Come with me. Venga conmigo.
    Do it for me. Hágalo por mí.
    Do me the favor. Hágame el favor.
    He came to see me. Vino a verme.
    It makes no difference to me. Me es indiferente.
    You're telling me! ¡Me lo cuenta a mí!
meadow prado, pradera
meager magro, flaco
meal comida
mean humilde; bajo; vil; despreciable; perverso
mean (to) querer decir; significar; dar a entender
    He means well. Tiene buenas intenciones.
    What do you mean? ¿Qué quiere Ud. decir?
meaning intención, sentido
    What's the meaning of that? ¿Qué significa eso?

meaningless sin sentido
MEANS medio; medios; recursos
  by all means absolutamente
  by no means de ningún modo
  by some means de alguna manera
  by this means por este medio
meantime, meanwhile entretanto
  in the meantime mientras tanto
measles sarampión
measurable medible
MEASURE medida
  beyond measure sin medida
  in some measure en cierto modo
  standard measure medida patrón
  to take measures tomar las medidas
    necesarias
measure (to) medir
  to measure up to ponerse a la altura de
measurement medida
  The dressmaker took her measurements.
    La costurera tomó sus medidas.
MEAT carne; vianda
  meat ball albóndiga
  meat market carnicería
mechanic mecánico (*obrero*)
mechanical mecánico
mechanically mecánicamente
mechanism mecanismo
medal medalla
meddle (to) entremeterse
mediate (to) mediar, intervenir
medical médico (*adj.*)
MEDICINE medicina, remedio
medieval medieval
mediocrity mediocridad
meditate (to) meditar
meditation meditación
medium mediano, medio
  medium-sized de tamaño mediano
  I would like my steak medium-rare.
    Quisiera mi bistec medio cocido.
medley mezcla
meek manso
MEET (to) encontrar, encontrarse, conocer;
  pagar; hacer frente a; reunirse; combatir
  to go to meet salir al encuentro; ir a
    recibir
  to meet expenses hacer frente a los gastos
  to meet halfway encontrarse a medio
    camino
  to meet with encontrarse con
  Glad to meet you. Me alegro de
    conocerle.
  I hope to meet you again. Espero tener el
    gusto de verle otra vez.
  Till we meet again. Hasta otro día.
meeting mitin; reunión, junta
melancholy melancolía; melancólico
mellow maduro; suave; meloso

melody melodía
melon melón
MELT (to) derretir; disolver; fundir
member miembro
membership calidad de miembro, socio
membrane membrana
memoir memoria
memorable memorable
memorandum (memo) memorándum
  memo(randum) book memorándum
memorial conmemorativo
  Memorial Day 30 de mayo, día de los
    veteranos del ejército en los EE. UU.
memorize (to) aprender de memoria, recordar
memory memoria, recuerdo
menace amenaza
MEND (to) remendar; componer; enmendar;
  corregir
mental mental
mentality mentalidad
mentally mentalmente
mention mención
mention (to) mencionar
  Don't mention it. No hay de qué.
menu menú, lista de platos
mercantile mercantil
mercenary mercenario
merchandise mercancía
merchant comerciante
merciful misericordioso
merciless despiadado
mercury mercurio
mercy misericordia
  at the mercy of a la merced de
MERE puro; mero, mera
  by mere chance por pura casualidad
  He is a mere child. Es un mero niño.
merely solamente, simplemente
merge (to) unir, fundir
meridian meridiano, meridiana
merit mérito
merit (to) merecer
meritorious meritorio
mermaid sirena (*pez*)
MERRY alegre, feliz, festivo
  merry-go-round tiovivo
  Merry Christmas! ¡Feliz Navidad!
mess cantina de oficiales; confusión; lío
  What a mess! ¡Qué lío!
message mensaje, recado
  May I leave a message? ¿Podría dejar un
    recado?
messenger mensajero
messy desordenado
metal metal
metallic metálico
meter metro; medido, contador
  gas meter contador de gas
method método

methodical metódico
methodically metódicamente
metric métrico
  metric system sistema métrico
metropolitan metropolitano
Mexican mexicano
mezzanine entresuelo
microcomputer microcomputadora, microordenador
microfiche microfichero
microphone micrófono
microprocessor microprocesador
microwave microonda
microscope microscopio
mid medio
MIDDAY mediodía
MIDDLE medio; centro; intermedio
  about the middle of August a mediados de agosto
  in the middle en el centro
  middle-aged entrado en años
  Middle Ages Edad Media
  middle class clase media
  middle-sized de mediana estatura
midget enanillo
midnight medianoche
midshipman guardiamarina
midst medio, centro, rigor, fragor
  in our midst en medio de nosotros
  in the midst of en medio de
midstream el medio de una corriente
midsummer solsticio de verano
midway medio camino; en medio del camino
midwife partera
might poder, fuerza
mighty fuerte, potente
migrate (to) emigrar
MILD suave; moderado, leve, ligero; apacible, manso
mildew añublo, moho
mile milla
mileage mileaje, longitud en millas
military militar
MILK leche
  milk diet régimen lácteo
  milk tooth diente de leche
milkman lechero
milky lácteo
mill molino; fábrica
miller molinero
millnery sombrería
million millón
millionaire millonario
millstone muela
mimic mimo
mimic (to) remedar, imitar
mince (to) picar
  mincemeat carne picada

  mince pie pastel relleno de frutas y especias
MIND mente, entendimiento, pensamiento
  of one mind unánimes
  to have in mind pensar en; tener presente
  to have on one's mind tener en la mente
  I'll keep it in mind. Lo recordaré.
MIND (to) atender; tener cuidado
  I don't mind. Me da igual.
  Never mind. No importa.
mine mina
MINE mío(s), mía(s); el mío, la mía; los míos, las mías
  a friend of mine un amigo mío
  your friends and mine sus amigos y los míos
  This book is mine. Este libro es mío.
miner minero
mineral mineral
mingle (to) mezclar
miniature miniatura
minimize (to) reducir al mínimo
minimum mínimo
  at the minimum lo menos, el mínimo
mining minería
minister ministro, pastor
ministry ministerio
mink visón
minor menor; secundario
minority minoría
minstrel trovador, cantor
mint menta
minuet minué
minus menos
minute minuto
  any minute de un momento a otro
  minute hand minutero
  Just a minute, please. Un minuto, por favor.
  Wait a minute! ¡Aguarde un momento!
minutes minuta
miracle milagro
miraculous milagroso
MIRROR espejo
mirth júbilo, alegría
mirthful alegre
misbehave (to) portarse mal
misbehavior mal comportamiento
misbelief error; incredulidad
miscellaneous misceláneo
mischief mal, daño, agravio
mischievous travieso
misconception mala equivocación, mal entendido
miser avaro
miserable miserable, infeliz
misery miseria
MISFORTUNE desgracia
mishap contratiempo
misinterpret (to) interpretar mal

mislead (to) despistar
misplace (to) colocar mal
misprint errata, error de imprenta
mispronounce (to) pronunciar mal
misrepresent (to) desfigurar
MISS señorita
MISS (to) echar de menos; perder; errar;
    extrañar
    to miss one's mark errar el blanco
    to miss the point no comprender el
      verdadero sentido
missing extraviado
    to be missing faltar
    mission misión
    missionary misionero
    missive misiva
    misspell (to) deletrear mal
    mist niebla, neblina
    MISTAKE equivocación, error, errata
    to make a mistake equivocarse
MISTAKE (to) equivocar, errar
    I am mistaken. Estoy equivocado.
MISTER (Mr.) señor
mistletoe muérdago
mistress señora; querida
mistrust desconfianza
mistrust (to) desconfiar
misunderstand (to) entender mal
misunderstanding concepto falso;
    equivocación; malentendido
misuse (to) maltratar, usar de form a
    equivocada
mitten mitón, manopla
MIX (to) mezclar; confundir
    I am all mixed up. Estoy confundido.
mixer mezclador
mixture mezcla, mixtura
moan quejido, gemido
moan (to) gemir, lamentarse
mob chusma, multitud
mobile movible
mobilize (to) mobilizar
mobilization movilización
mock ficticio, falso, imitado
mock (to) burlar
mockery burla
mode modo, manera
model modelo, muestra
model (to) modelar
modem módem
moderate moderado, quieto, tranquilo
moderate (to) moderar; reprimir; templar;
    modificar
moderately moderadamente; módicamente
moderation moderación
moderator moderador, árbitro
MODERN moderno
    modern languages lenguas vivas, lenguas
      modernas

modernize (to) modernizar
modest modesto
modesty modestia
modify (to) modificar
moist húmedo, mojado
moisten (to) humedecer
moisture humedad
mold molde; matriz; modelo
mold (to) moldear
molding moldura
mole dique
MOMENT momento
    at any moment al momento
    for the moment por el momento
    I saw him a moment ago. Lo vi hace un
      momento.
    Just a moment! ¡Un momento!
momentarily momentáneamente
momentous trascendental, importante
monarch monarca
monarchy monarquía
monastery monasterio
MONDAY lunes
monetary monetario
MONEY dinero, moneda
    money order giro postal
    He is short of money. Anda mal de
      dinero.
    I got my money's worth out of it. Le
      saqué provecho a mi dinero.
monk monje
monkey mono, chango
monologue monólogo
monopoly monopolio
monosyllable monosílabo
monotonous monótono
monotony monotonía
monster monstruo
monstrous monstruoso, grotesco
MONTH mes
    last month el mes pasado
    next month el mes que viene
    What day of the month is it? ¿Qué día
      del mes es hoy?
monthly mensual
monument monumento
monumental monumental
MOOD disposición de ánimo; humor
    in a bad mood de mal humor
    I am not in the mood to go out. No tengo
      ganas de salir.
moody caprichoso
MOON luna
moonlight luz de la luna
moor moro; páramo
moor (to) amarrar
mooring amarra
mop frazada (para limpiar el suelo), trapeador
mop (to) fregar, trapear

moral moral, ético
morale moral, estado de ánimo
morals conducta, moralidad, ética
morbid morboso
MORE más
  more or less más o menos
  no more no más
  once more una vez más
  the more . . . the better cuanto
    más . . . tanto mejor
  I don't have any more. No tengo más.
  Would you like some more coffee?
    ¿Quiere Ud. más café?
moreover además
MORNING mañana
  tomorrow morning mañana por la mañana
  Good morning! ¡Buenos días!
morsel bocado
mortal mortal; ser humano
mortality mortalidad
mortally mortalmente
mortar mortero
mortgage hipoteca
mortification mortificación
mortify (to) mortificar
mortuary mortuorio, funerario
mosquito mosquito, mosco
moss musgo
mossy musgoso
MOST lo más, los más; el mayor número; la
    mayor parte
  at most a lo más
  for the most part generalmente, en su
    mayor parte
  most of the time las más de las veces
  most of us casi todos nosotros
mostly principalmente
moth polilla
  moth ball bola de naftalina
  moth-eaten apolillado
MOTHER madre
  mother-of-pearl nácar
  mother tongue lengua madre, primera
    lengua
motherhood maternidad
mother-in-law suegra
motherly maternal, materno
motion movimiento, moción
motive motivo, motriz
MOTOR motor
motorcycle motocicleta
motto mote
MOUNT monte; montaje, soporte; trípode
mount (to) montar
  to mount guard montar la guardia
mountain montaña
  mountain chain sierra; cadena de montañas
mountainous montañoso
mourn (to) lamentar, estar de luto

mournful triste, fúnebre
mourning lamento
  in mourning de luto
mouse ratón (también para computadoras)
mousetrap ratonera
mouth boca
mouthful bocado
movable móvil, movible
MOVE (to) mover, moverse, mudar de casa,
    mudarse, trasladar, poner en otro sitio
  She was moved to tears. Ella se
    conmovió hasta las lágrimas.
  They moved to the East Side. Se
    mudaron al lado este.
movement movimiento; maniobra; evolución
mover movedor
movies cine
moving conmovedor; mudanza
mow (to) segar
Mr. señor
Mrs. señora
Ms. señora, señorita
M.S. (Master's of Science) Maestría en
    ciencias.
MUCH mucho
  as much tanto
  as much . . . as tanto . . . como
  much the same casi lo mismo
  this much more esto más
  too much demasiado
  He has so much work. Tiene tanto trabajo.
  He is very much a businessman. Es todo
    un hombre de negocios.
  How much? ¿Cuánto?
  Thank you very much. Muchísimas
    gracias.
  This is much more important. Esto es
    mucho más importante.
mud barro, fango, lodo
muddy turbio
muffin panecillo
muffled sordo
muggy húmedo
mule mulo, mula
multimedia multimedia; informacíon
    digitalizada que combina texto, gráficos,
    imagen fija y en movimiento, así como
    sonido
multiple múltiple
multiplication multiplicación
multiply (to) multiplicar, multiplicarse
mumble (to) gruñir; refunfuñar
mumps paperas
municipal municipal
munitions municiones
mural mural
murder asesinato, homicidio
  first-degree murder homicidio premeditado
murder (to) asesinar

murderer asesino
murmur murmuración
murmur (to) murmurar
muscle músculo
muscular muscular
museum museo
mushroom seta, hongo
music música
musical musical, músico
musically musicalmente
musician músico
Muslim musulmán
muslin muselina
mussel mejillón
MUST tener que; haber que; deber
   I must confess. Debo reconocer.
   I must go. Tengo que irme.
   It must be. Debe ser.
   It must be late. Debe de ser tarde.
mustache bigote
mustard mostaza
mute mudo
mutilate (to) mutilar
mutiny insubordinación
mutton carnero
mutual mutuo
mutually mutuamente
MY mi, mis
   my books mis libros
MYSELF yo mismo(a); me, a mí, mí
   mismo(a)
   I saw it myself. Yo mismo lo vi.
mysterious misterioso
mystery misterio
myth mito, fábula

N

nail uña; clavo
nail (to) clavar
nailbrush cepillo para las uñas
naïve ingenuo, cándido
naked desnudo
NAME nombre, título
   by the name of llamado
   name day día del santo
   surname apellido
name (to) nombrar; designar
nameless anónimo
namely es decir; a saber
nap siesta
nape nuca
napkin servilleta
narcotic narcótico
narrate (to) narrar
narration narración
narrative relato

NARROW estrecho; angosto
   narrow escape escapada
   narrow-minded apocado
narrow (to) estrechar, reducir
nasal nasal
nastily puercamente, de forma sucia
nasty sucio; ofensivo
NATION nación
national nacional
nationality nacionalidad
nationalization nacionalización
nationalize (to) nacionalizar
nationally nacionalmente
native nativo; oriundo
   native country país natal
NATURAL natural, nativo
   natural history historia natural
   That's very natural. Eso es muy natural.
naturalize (to) naturalizar
naturalization naturalización
naturally naturalmente
nature naturaleza, natural
   good nature buen humor
   good-natured man de buen corazón
naughty perverso, desobediente
nausea náusea
nautical náutico
naval naval
   naval officer oficial de marina
navel ombligo
navigable navegable
navigator navegante
navy armada; marina de guerra
NEAR cerca de; cerca
   near here por aquí cerca
   It's quite near. Está muy cerca.
nearby cerca; a la mano
nearer más cerca
nearest lo más cerca
nearly casí, cerca de
nearsighted miope
NEAT esmerado, pulcro, limpio, nítido
   She is always very neat. Ella está siempre
   muy bien arreglada.
neatly nítidamente
neatness aseo, pulcritud, ordenado
necessarily necesariamente, forzosamente
necessary necesario
   to be necessary hacer falta; ser necesario
necessitate (to) necesitar
necessity necesidad
   of necessity por necesidad
neck cuello, garganta, pescuezo
   neck and neck parejos (*en una carrera*)
necklace collar, gargartilla
necktie corbata
NEED (to) hacer falta; necesitar
   to be in need estar necesitado
   to be in need of tener necesidad de

He need not go. No es necesario que él vaya.

It need not be done. No hay que hacerlo.

needful necesario

needle aguja

  needle point punta de aguja

needlework costura

negative negativo; negativa

  He gave me a negative answer. Me dio una respuesta negativa.

neglect descuido, negligencia

neglect (to) descuidar

negligée bata, negligeé

negligent negligente

negotiate (to) negociar, cambiar, agenciar

Negro negro

NEIGHBOR vecino

  next-door neighbor vecino de al lado

NEITHER ni; ningún; ninguno de los dos; ninguno

  neither he nor she ni él ni ella

  neither . . . nor ni . . . ni

  neither one ni el uno ni el otro

  neither this one nor that one ni uno ni otro

  Neither will I do it. Yo tampoco lo haré.

nephew sobrino

nerve nervio; vigor, audaz

  He had the nerve to tell it to me. Tuvo la audacia de decírmelo.

nervous nervioso

  nervous system sistema nervioso

nervously nerviosamente

nest nido

nestle (to) abrigar

net red, malla; neto, limpio

  net produce producto neto

  net profit beneficio líquido

  net surfing navegación por la red

  net weight peso neto

network sistema, red

  radio network sistema radiodifusor

neurasthenic neurasténico

neurotic neurótico

neuter neutro

neutral neutral, neutro; indiferente

neutrality neutralidad

NEVER nunca, jámas

  never again nunca más

  Better late than never. Más vale tarde que nunca.

nevermore jamás

nevertheless a pesar de eso

NEW nuevo, moderno, novicio

  new moon luna nueva

  New Year año nuevo

  What's new? ¿Qué hay de nuevo?

newly nuevamente, recién

  newlyweds recién casados

NEWS noticia, noticias

Do you know the news? ¿Sabe Ud. la noticia?

The news came over the radio. La radio dio la noticia.

newsboy vendedor de periódicos

newspaper diario, periódico

newsstand puesto de periódicos

NEXT siguiente; próximo

  next to al lado de, junto

  the next day al día siguiente; al otro día, al próximo día

  the next page la página siguiente

  (the) next time la próxima vez

  (the) next week la semana que viene, la próxima semana

  to be next seguir en turno

  What next? ¿Y ahora qué?

  Who's next? ¿Quién sigue?

nibble (to) mordisquear

NICE bonito, lindo; gentil, amable, simpático, agradable

  She is a very nice girl. Es una muchacha muy agradable.

nicely delicadamente

nick muesca

  in the nick of time en el momento

nickel níquel; moneda de 5 centavos (EE. UU.)

nickname apodo, moté

niece sobrina

NIGHT noche

  at night, by night de noche

  last night anoche

  late at night a altas horas de la noche

  tomorrow night mañana por la noche

  tonight esta noche

  Good night! ¡Buenas noches!

nightgown camisón, camisa de dormir

nightingale ruiseñor

nightmare pesadilla

nighttime noche

nimble vivo, listo, ágil

NINE nueve

NINETEEN diez y nueve

nineteenth décimonono, décimo noveno

ninetieth nonagésimo

NINETY noventa

ninth nono, noveno

NO no; ninguno, ningún, ninguna

  by no means de ningún modo

  no longer ya no

  no matter no importa

  no matter how much por mucho que

  no more no más

  no one nadie

  no other ningún otro

  No admittance. No se permite la entrada.

  No, indeed! ¡Por supuesto que no!

  No smoking. No se permite fumar.

  There is no water. No hay agua.

There's no hurry. No corre prisa.

This is no use. Es inútil.

nobility nobleza

noble noble

NOBODY nadie, ninguno

  nobody else nadie más, ningún otro

  Nobody doubts it. Nadie lo duda.

  Nobody has come. Ninguno ha venido.

nod cabeceo

nod (to) cabecear; mover; inclinar la cabeza en sentido afirmativo

NOISE ruido; sonido

  to make a noise hacer ruido

noiseless silencioso, sin ruido

noisy ruidoso

nominate (to) nombrar, designar

nomination nombramiento

nominee nombrado

nonconformist disidente, inconforme

NONE nadie, ninguno, nada

  none of that nada de eso

  none of us ninguno de nosotros

  I have none. Yo no tengo ninguno.

  This is none of your business. Esto no es asunto suyo.

nonsense tontería, disparate

noodle tallarín, fideo

nook rincón

NOON mediodía

  at noon a mediodía

NOR ni

normal normal, regular

normally normalmente

north norte

northeast noreste

northern del norte

northwest noroeste

Norwegian noruego

NOSE nariz

nostril fosa nasal, ventana de la nariz

NOT no; ni, ni siquiera

  if not si no

  not any ningún, ninguno

  not at all de ninguna manera

  not a word ni una palabra

  not even ni siquiera, ni aun

  not one ni uno solo

  not quite no del todo

  not yet todavía no

  Certainly not. Ciertamente que no.

  He did not come. No vino.

notable notable

notary public notario público

note nota; apunte; anotación

  bank note billete de banco

  musical note nota musical

  to take note tomar nota

note (to) notar; marcar; distinguir

  to note an exception marcar la excepción

notebook libreta, libro de apuntes, cuaderno

noteworthy notable

NOTHING nada, ninguna cosa

  for nothing de balde, gratis

  nothing doing nada de eso

  nothing much poca cosa

  nothing special nada de particular

  I know nothing about it. No sé nada de eso.

  It's nothing. No es nada.

  Nothing is worth that much trouble. No vale la pena preocuparse tanto.

  That's nothing to me. Eso no me importa.

NOTICE aviso, nota, observación

  on short notice con poco tiempo de aviso

  notice to the public aviso al público

  Have you read the notice? ¿Ha leído el anuncio?

notice (to) advertir, notar

  Did you notice anything strange? ¿Notó Ud. algo raro?

notify (to) notificar

notion noción; idea

  notion department mercería

notwithstanding no obstante, aun cuando

NOUN nombre; substantivo

nourish (to) alimentar

nourishment alimento; nutrición

novel novela

novelist novelista

novelty novedad

NOVEMBER noviembre

NOW ahora, bien, ya

  now and then, now and again de vez en cuando

  right now ahora mismo

  until now hasta ahora

  Is it ready now? ¿Ya está hecho?

  Let's go now. Vámonos ahora.

  Now then, tell me. Pues bien, dígame.

nowadays hoy día

nowhere en ninguna parte

nucleus núcleo

nude desnudo, nudo

nuisance incomodiad, molestia

null nulo, inválido

  null and void nulo

nullify (to) anular, invalidar

numb aterido

NUMBER número

  a number of varios

number (to) numerar

numbering numeración

numeral numeral, numerario

numerous numeroso

nun monja

nuptial nupcial

NURSE enfermera

nurse (to) criar; cuidar de

nursemaid niñera, nana
nursery cuarto de los niños; plantel
nut nuez
nutcracker cascanueces
nutrition nutrición
nymph ninfa

O

oak roble
oar remo
oat avena
    oatmeal harina de avena
oath juramento
obedience obediencia
obedient obediente
obey (to) obedecer
obituary obituario
OBJECT objeto, cosa, sujeto, propósito
object (to) oponer
objection objeción, reparo
objective objetivo
obligation obligación
    to be under obligation deber favores a
      uno
obligatory obligatorio
OBLIGE (to) obligar, agradecer
    I am deeply obliged to him. Le agradezco
      mucho.
    You will very much oblige me . . . Ud. me
      hará un gran favor . . .
obliging servical, condescendiente
oblique oblicuo
obliterate (to) borrar
oblivious olvidadizo, inconsciente de
obnoxious ofensivo, odioso, desagradable
    He is a very obnoxious person. Es una
      persona desagradable.
obscure obscuro, oscuro
obscure (to) obscurecer, oscurecer
observant observador, vigilante
observation observación
observatory observatorio
observe (to) observar
observer observador
obsession obsesión
obstacle obstáculo
obstinacy obstinación
obstinate terco, obstinado
obstruct (to) obstruir
obstruction obstrucción
obtain (to) obtener
obvious obvio, evidente
obviously evidentemente
OCCASION ocasión, caso; acontecimiento;
    oportunidad
    as occasion requires en caso necessario

    on the occasion of en ocasión de
    to take advantage of the occasion
      aprovechar la ocasión
occasional ocasional; accidental; casual; poco
    frecuente
occasionally a veces, de vez en cuando
accident occidente
occidental occidental
occult oculto
occupancy ocupación
occupant ocupante
occupation ocupación, empleo
occupied ocupado
occupy (to) ocupar, emplear
    to be occupied with ocuparse en
occur (to) ocurrir, suceder
occurrence ocurrencia, suceso
ocean océano
O'CLOCK contracción de la expresión: of the
    clock (*según el reloj*)
    at nine o'clock a las nueve
OCTOBER octubre
oculist oculista
ODD impar; raro; suelto
    an odd volume un tomo suelto
    odd number un número impar
    It's very odd. Es muy extraño.
odds diferencia
    odds and ends retazos
    The odds are against him. La suerte está
      en contra de él.
ODOR olor, aroma
OF de
    a glass of wine un vaso de vino
    a little of everything de todo un poco
    of course naturalmente
    of himself por sí mismo
    to think of pensar en
    I don't know what has become of him.
      No sé qué ha sido de él.
    I'm short of money. Estoy escaso de
      dinero.
    It's ten of one. Faltan diez para la una.
    That's very kind of you. Ud. es muy
      amable.
OFF lejos, a distancia, fuera; sin
    a day off un día libre
    off and on de vez en cuando
    off the coast cerca de la costa
    off the track despistado
    ten miles off a diez millas de aquí
    to be well off disfrutar de una posición
      desahogada, adinerado
    His story was a little off color. Su historia
      fue de mal gusto.
    Take it off the table. Quítelo de la mesa.
    Take your hat off. Quítese el sombrero.
    The cover is off. Está destapado.
    The deal is off. No va el asunto.

The off-season rates are cheaper. Los precios de la estación muerta son más baratos.

The plane took off at 8:00 A.M. El avión salió a las ocho de la mañana.

offend (to) ofender

offended (to be) resentirse, enfadarse, ofendido

offense ofensa, agravio

offensive ofensivo, desagradable; ofensiva

offer oferta, ofrecimiento, propuesta

offer (to) ofrecer, sacrificar

offering ofrecimiento, ofrenda

offhand improvisado, de repente

    I can't tell you offhand. No puedo decirle de repente.

OFFICE oficio; oficina; despacho; puesto; cargo; consulta

    office hours horas de oficina

    office work trabajo de oficina

    to be in office tener un empleo

officer oficial

official oficial; funcionario

officially oficialmente

offspring progenie, hijos, niños

OFTEN muchas veces, frecuentemente, a menudo

    as often siempre que

    not often rara vez

    How often? ¿Cuántas veces?

    It happens very often. Sucede a menudo.

oil aceite; petróleo; óleo

    oil painting pintura al óleo

    olive oil aceite de oliva

ointment ungüento

OLD viejo, antiguo

    old age vejez

    old fashioned pasado de moda

    old maid solterona

    old man viejo

    to be old enough tener bastante edad

    to be twenty years old tener veinte años

    We're old friends. Somos viejos amigos.

olive oliva, aceituna

    olive oil aceite de oliva

    olive tree olivo

omelet tortilla de huevos, omelete

omission omisión

omit (to) omitir

ON sobre, encima de, en; a, al, con, bajo, por; puesto, comenzado

    and so on y así sucesivamente; etcétera

    on an average por término medio

    on credit fiado

    on foot a pie

    on my arrival a mi llegada

    on my part por mi parte

    on my word bajo mi palabra

    on Saturday el sábado

    on that occasion en aquella ocasión

    on the contrary por el contrario

    on the left a la izquierda

    on the table sobre la mesa

    on the train en el tren

    on time a tiempo

    on the whole por lo general

    He did it on purpose. Lo hizo a propósito.

    He entered with his hat on. Entró con su sombrero puesto.

    The show is on. Ya ha empezado la función.

ONCE una vez; en otro tiempo

    all at once de una vez; en seguida

    at once cuanto antes; en seguida

    for once una vez siquiera

    once and for all una vez por todas

    once in a while de vez en cuando

    once more otra vez más

    Once upon a time there was . . . Había una vez . . . Érase una vez

ONE un; uno; solo; único

    each one cado uno

    one after the other uno tras otro

    one at a time uno por uno

    one by one uno a uno

    one day un día

    one hundred cien, ciento

    one-sided parcial, injusto

    that one ése, aquel

    the blue one el azul

    the little one el chiquillo

    this one éste

    with one accord de acuerdo común

    Give me just one. Déme uno nada más.

    One does not always think of the consequences. Uno no siempre piensa en las consecuencias.

    This is a good one. Éste es uno bueno.

onion cebolla

ONLY sólo, único; solamente; únicamente

    not only . . . but no sólo . . . sino

    Adults only. Sólo para adultos.

    He is the only child. Es el hijo único.

ooze (to) sudar, resumar, rebosar

opaque opaco

OPEN abierto; libre; franco

    in the open a campo raso/abierto

    open air aire libre

    open-hearted ingenuo, sincero

    How late does the store stay open? ¿Hasta qué hora está abierta la tienda?

    You've left the window open. Ud. ha dejado abierta la ventana.

OPEN (to) abrir

    to open up hacer accesible

    Open the window. Abra la ventana.

opening abertura, inauguración

openly abiertamente, públicamente

opera ópera

opera house teatro de la ópera
operate (to) operar, hacer funcionar
    to be operated on operarse
operation operación
    to undergo an operation operarse;
        someterse a una operación
operator operario; maquinista; telefonista,
    operadora
opinion opinión
    in my opinion a mi modo de ver
    Everyone is of that opinion. Es la opinión
        de todos.
    He holds a contradictory opinion. Piensa
        lo contrario.
opponent antagonista, contendiente
opportune oportuno
opportunity oportunidad
oppose (to) oponer, resistir
opposite opuesto
opposition oposición
oppress (to) oprimir
oppression opresión
optic óptico
optimism optimismo
optimistic optimista
option opción
optional facultativo
OR o, u
    Do you want a pencil or a pen? ¿Quiere
        un lápiz o una pluma?
oracle oráculo
oral oral, verbal
orally verbalmente
ORANGE naranja
    orange-colored anaranjado
    orange juice jugo de naranja
orangeade naranjada
oration oración
oratory oratoria
orchard huerto
orchestra orquesta
ORDER orden; pedido
    in good order en buen estado
    in order that a fin de
    till further orders hasta nueva orden
    He sent us an order for books. Nos
        mandó un pedido de libros.
order (to) ordenar, hacer un pedido
orderly ordenado, bien arreglado
ordinal ordinal
ordinance ordenanza
ordinarily ordinariamente
ORDINARY ordinario, vulgar
organ órgano
organic orgánico
organism organismo
organization organización
ORGANIZE (to) organizar
orient oriente

orient (to) orientar
oriental oriental
origin origen, principio
original original
originality originalidad
originate (to) originar
ornament ornamento
orphan huérfano
orphanage orfanato
orthodox ortodoxo
orthopedist ortopédico
oscillate (to) oscilar
ostentation ostentación
ostentatious ostentoso
OTHER otro, otra, otros, otras
    the other day el otro día
    the others los otros
    Give me the other one. Déme el otro.
otherwise de otra manera; también
OUGHT deber
    I ought to go. Debo ir.
    You ought not to. Ud. no debe.
ounce onza
OUR nuestro, nuestra, nuestros, nuestras
    our friends nuestros amigos
OURS nuestro, nuestra, nuestros, nuestras, el
    nuestro, la nuestra, etc.
    He's an old acquaintance of ours. Es un
        antiguo conocido nuestro.
    Their car is newer than ours. Su
        automóvil es más nuevo que el nuestro.
OURSELVES nosotros mismos, nosotras
    mismas; nos
OUT fuera, afuera
    out of breath sin aliento
    out of date anticuado
    out of doors fuera de casa
    out of order descompuesto
    out of place fuera de lugar
    out of print agotado
    out of respect for por respeto a
    out of season fuera de estación
    out of style fuera de moda
    out of the way apartado
    out of work sin trabajo
    to look out mirar hacia fuera, estar alerta,
        cuidarse de
    Get out of the way! ¡Afuera! ¡Quítese!
    He is out. Está afuera.
    I am glad that work is out of the way.
        Me alegro haber salido de ese trabajo.
    Out with it! ¡Fuera con ello!
    She sings out of tune. Canta fuera de
        tono.
    This store is out of my way. No paso por
        esa tienda.
    We are out of sugar. No tenemos más
        azúcar.
outbound de salida

outcast desechado
outcome resultado
outdoor(s) fuera de casa; al aire libre
    outdoor sports juegos al aire libre
outfit equipo
    She has a new outfit. Ella tiene un nuevo
        equipo.
outing paseo; caminata
outlast (to) sobrevivir a
outlaw proscrito, fugitivo, prófugo
outlet salida; desagüe
outline perfil, contorno, bosquejo, resumen,
    croquis
outline (to) bosquejar, delinear
outlook prespectiva
output producción, rendimiento
outrage atropello, ultraje
outrageous atroz
OUTSIDE externo, exterior; fuera, afuera
    on the outside externo
outspoken franco
OUTSTANDING sobresaliente, notable
    He is an outstanding person. Es una
        persona sobresaliente.
outward externo
    outward bound de ida
oval oval
oven horno
OVER sobre; encima; al otro lado de; más de;
    por; en
    all over por todas partes
    all over the world por todo el mundo
    over again otra vez
    over and over repetidas veces
    overnight durante la noche
    I'll be over in an hour. Estaré dentro de
        una hora.
    She looked all over the place without
        finding him. Recorrió todo el lugar sin
        encontrarlo.
    The work is over. Se terminó el trabajo.
    They are staying over the weekend. Se
        quedan el fin de semana.
overalls zahones, zafones, overoles,
    combinaciones
overboard al mar
    Man overboard! ¡Hombre al agua!
overcast nublado
overcoat gabán, abrigo
overcome (to) vencer; superar
overdo (to) excederse
overflow (to) rebosar
overhead arriba en lo alto
overlook (to) dominar, olvidar
    Just overlook the error. Pase por alto el
        error.
overproduction superproducción
overrate (to) encarecer
overseas ultramar

overseer inspector
oversight inadvertencia, descuido
oversize extragrande
oversleep (to) dormir demasiado
overtake (to) alcanzar
overtime fuera del tiempo estipulado
    They get paid time and a half for
        overtime. El tiempo extra se paga a
        tanto y medio.
overwhelm (to) abrumar
overwhelming irresistible
overwork trabajo excesivo
overwork (to) trabajar demasiado
OWE (to) deber; adeudar
    owing to the circumstances debido a las
        circunstancias
    to be owing ser debido
owl buho, lechuza
OWN propio, mismo; real; el suyo, la suya
    my own self yo mismo
    He did it on his own. Lo hizo
        espontáneamente.
    He killed his own brother. Mató a su
        propio hermano.
    This is your own. Esto es suyo.
own (to) poseer, ser dueño de, tener
owner amo, dueño, propietario
ox (*pl:* **oxen**) buey
oxygen oxígeno
oyster ostra, ostión

P

pace paso; portante, ritmo
pacify (to) pacificar
pack bulto, lío, paca
    I have twenty packs of cigarettes to de-
        clare at customs. Tengo veinte paquetes
        de cigarrillos que declarar en la aduana.
PACK (to) empacar, empaquetar; hacer el
    baúl; arreglar el equipaje, hacer las maletas
    I must pack tonight. Tengo que arreglar
        mi equipaje esta noche.
package bulto, paquete
packing embalaje
    We have a lot of packing to do. Tenemos
        mucho que empacar.
pact pacto
pad conjincillo, almohadilla, bloc
padding guata, relleño
paddle remo, zagual
paddle (to) impeler, manosear
paddock dehesa
pagan pagano
PAGE página; paje
page (to) enviar un mensaje por buscapersonas
pager buscapersonas; localizador

pail cubo, balde
PAIN dolor, pena
   in pain con dolor
   to be in pain tener dolor
painful penoso, dolorido
   to be painful doler
painfully dolorosamente
painless indoloro, sin dolor
painstaking cuidadoso, industrioso
paint pintura; color
   Wet paint. Pintura fresca.
PAINT (to) pintar, colorar
   to paint the town red andar de picos pardos
paintbrush brocha, pincel
painting pintura; cuadro
PAIR par, pareja
   a pair of scissors un par de tijeras
   a pair of shoes un par de zapatos
pajamas pijamas
palace palacio
palate paladar
pale pálido, descolorido
   to turn pale palidecer
paleness palidez
palette paleta
palm palma; palmera
   palm tree palmera
palsy parálisis
pamper (to) mimar, consentir
pamphlet folleto, volante
PAN cazuela, cacerola
   frying pan sartén
Panamanian panameño
pancake, hotcakes panqueque
pane vidrio, cristal de ventana
panel panel; tablero
panic pánico
pansy pensamiento
pant (to) anhelar, palpitar
pantomine mímica
pantry despensa
pants pantalones
PAPER papel; ensayo; periódico
   writing paper papel de escribir
   Have you read today's paper? ¿Ha leído
     el periódico de hoy?
paperweight pisapapel
par equivalencia, paridad
   par value valor a la par
   to be on a par with estar al par de
parachute paracaídas
parade parada
paradise paraíso
paradox paradoja
paraffin parafina
paragraph párrafo; punto y aparte
parallel paralelo
paralysis parálisis
paralyze (to) paralizar

paramount superior, supremo
parasite parásito
parasol sombrilla, parasol
PARCEL paquete, bulto
   parcel post servicio de paquetes postales
   Send it by parcel post. Mándelo como
     paquete postal.
pardon perdón, disculpe
   I beg your pardon! ¡Perdone Ud!
pardon (to) perdonar, absolver
   Pardon me! ¡Perdone Ud!
parentage parentela
parenthesis (pl.:—es) paréntesis
parents padres
parish parroquia
Parisian parisiense
PARK parque
park (to) estacionar, aparcar
   parking place estacionamiento,
     aparcamiento
parkway autopista
parliament parlamento
parliamentary parlamentario
parlor sala de recibo
parrot loro, papagayo
parsley perejil
parson cura
PART parte; lugar; papel (teatro)
   a great part of la mayor parte de
   for one's part en cuanto a uno
   parts of speech partes de la oración
   to do one's part cumplir con su
     obligación
part (to) partir, dividir
   to part the hair hacerse la raya
   I have to part from you. Tengo que
     despedirme de ustedes.
partial parcial
partially parcialmente
participant participante, partícipe
participate (to) participar
particle partícula
PARTICULAR particular, peculiar
   in particular en particular
   Do you have anything in particular to
     say? ¿Tiene algo que decir en
     particular?
particularly particularmente
parting separación, división
   to be at the parting of the roads haber
     llegado al cruce
partisan parcial; s.: partidario
partition partición; división, separación
partly en parte, en cierto modo
partner socio
partnership compañía; sociedad; consorcio
partridge perdiz
PARTY partido, partida; fiesta
   party line línea de teléfonos agrupados

He is a member of a strong political
    party. Es miembro de un partido
    político muy fuerte.
What a lovely party! ¡Qué fiesta tan
    agradable!
pass paso; pase
    passbook libro de cuenta
    passkey llave maestra
PASS (to) pasar, aprobar, ser aprobado
    to pass away fallecer
    to pass by pasar por alto
    to pass for ser reputado por
    to pass judgment pronunciar sentencia
    to pass over atravesar
    He finally passed his examination. Al fin
        fue aprobado.
    He passes for an American. Pasa por
        americano.
    Please pass the salt. Páseme la sal, por
        favor.
    We passed through Reno. Pasamos por
        Reno.
passage pasaje
passenger pasajero, viajero
passer-by transeúnte, peatón
passing que pasa; paso; pasada
passion pasión
passionate apasionado
passive pasivo; inerte
passport pasaporte
PAST pasado
    in the past en otros tiempos,
        anteriormente
PAST más allá de
    It is half-past seven. Son las siete y
        media.
    It is past ten o'clock. Ya pasa de las
        diez.
paste pasta
paste (to) pegar (as in to glue or to stick)
pastime pasatiempo; distracción
pastry pasteles, pastas
pasture pastura, pasto
pat palmada
patch remiendo
patch (to) remendar
patent patente, manifiesto
    patent leather charol
paternity paternidad; linaje
PATH senda, sendero
pathetic patético
patient paciente
patiently pacientemente
patriot patriota
patriotic patriótico
patriotism patriotismo
patrol patrulla, ronda
patron patrón
patronage patrocinio

patronize (to) patrocinar, proteger; tratar con
    condescendencia; ser parroquiano de
    (colloq.)
PATTERN modelo; patrón; muestra; molde
pause pausa, hiato
pave (to) pavimentar, empedrar
    to pave the way abrir el camino
pavement pavimento
pavillion pabellón
paw pata, zarpa
pawn (to) empeñar
    in pawn en prenda
pawnbroker prestamista, prendero
pawnshop casa de empeños, monte de piedad
pay paga, sueldo, salario
    payday día de paga
    pay-per-view pago por pase
    payroll nómina, oficina de pagos
PAY (to) pagar; prestar; hacer
    to pay a call hacer una visita
    to pay a compliment hacer un cumplido
    to pay attention prestar atención
    to pay by installments pagar a plazos
    to pay cash pagar al contado
    to pay dearly costarle caro a uno
    to pay in full pagar totalmente
    to pay off pagar por completo
    to pay on account pagar a cuenta
    to pay one's respects presentar sus respetos
payment pago, paga
pea guisante, chícharo
peace paz
peaceful pacífico
peacefully tranquilamente
peach durazno, melocotón
peacock pavo real
peak pico, cima
peal repique, estruendo
peal (to) repicar, retronar
peanut cacahuate, maní
pear pera
pearl perla
peasant campesino
pebble guijarro, china
peck (to) picotear; picar
peculiar raro; extraordinario; peculiar
peculiarity peculiaridad, particularidad
pedagogy pedagogía
pedal pedal
peddler buhonero
pedestal pedestal
pedestrian caminante, pedestre, peatón
pedigree linaje
peek (to) atisbar
peel cáscara, corteza
peel (to) pelar, mondar
peeling peladura
peerless sin par, incomparable
peevish malhumorado

peg clavija, estaca
pen bolígrafo, pluma
penal penal
penalty pena; multa
penance penitencia
pencil lápiz
    pencil sharpener sacapuntas
penetrate (to) penetrar; taladrar
penetration penetración
peninsula península
penitent contrito; s: penitente
penniless sin dinero
penny un centavo
pension pensión
pensive pensativo
penury penuria, miseria
PEOPLE gente, pueblo
    many people mucha gente
    people say ... dice la gente ...
    the Spanish people el pueblo español
pep espíritu
pepper pimienta
perceive (to) percibir
percentage porcentaje
perception percepción
percolator colador, filtro
perennial perenne, permanente, todo el año
perfect perfecto, completo
    Perfect! ¡Muy bien!
perfection perfección
perfidious perfidia
perforate (to) perforar
perform (to) ejecutar; poner por obra; llevar
    algo a cabo; desempeñar; representar
PERFORMANCE ejecución; actuación;
    funcionamiento, rendimiento,
    representación, función
    When does the performance start? ¿A
    qué hora empieza la función?
performer ejecutante
PERFUME perfume, fragancia
perfume (to) perfumar
PERHAPS quizá; tal vez; acaso
PERIOD periodo; punto final
periodical periódico
periodically periódicamente
perish (to) perecer
perishable perecedero
perjury perjurio
permanence permanencia
permanent permanente
permanently permanentemente
permission permiso, licencia
permit (to) permitir
permute (to) permutar
peroxide peróxido
perpetual perpetuo
perplexed perplejo
persecute (to) perseguir

persecution persecución
persevere (to) perseverar
persist (to) insistir, empeñarse, obstinarse
persistent persistente
PERSON persona
    in person en persona
    in the person of en lugar o
    representación de
    He is a very nice person. Es una persona
    muy agradable.
personage personaje
personal personal
    personal effects bienes o efectos
    personales
personal property bienes muebles
personality personalidad
personally personalmente
personify (to) personificar
personnel personal; s· empleados, tripulantes
perspective perspectiva
perspire (to) sudar
persuade (to) persuadir, inducir, convencer
persuasion persuasión
persuasive persuasivo
pertinent pertinente
perturb (to) perturbar
Peruvian peruano
pervade (to) penetrar, llenar
perverse perverso
pessimist pesimista (persona)
pessimistic pesimista
peso (monetary unit) moneda de varios
    países
pest pestilencia, plaga
pet animal domesticado y mimado
    pet shop tienda de animales domésticos
    She has a monkey for a pet. Tiene un
    mono domesticado.
pet favorito, domesticado
    pet name epíteto cariñoso
    English literature is his pet subject. La
    literatura inglesa es su materia favorita.
pet (to) mimar, acariciar
petal pétalo
petition petición, instancia
petroleum petróleo
petticoat enaguas
petty insignificante, trivial, sin importancia
    petty cash dinero para gastos menudos
    petty thief ladronzuelo
pew banco de iglesia
phantom fantasma, espectro
pharmacist farmacéutico
pharmacy farmacia
phase fase
Ph.D. Doctorado en Filosofía
pheasant faisán
phenomenon fenómeno
philosopher filósofo

philosophy filosofía
PHONE (*telephone*) teléfono
  I have to make a phone call. Tengo que telefonear.
  Just a minute; the phone is ringing. Un momento, que timbra el teléfono.
  What's your phone number? ¿Qué número tiene su teléfono?
  Where is the phone? ¿Dónde está el teléfono?
PHONE (to) telefonear
  Phone me one of these days. Telefonéeme un día de éstos.
  Can I phone from here? ¿Puedo telefonear de aquí?
phonetics fonética
phonograph fonógrafo
photo foto, retrato
photograph fotografía
photograph (to) fotografiar, retratar
  to be photographed retratarse
photographer fotógrafo
photography fotografía
photostatic fotostática
phrase frase
physical físico
physician médico
physics física
physiology fisiología
piano piano
pick pico
pick (to) picar; escoger
  to have a bone to pick with someone habérselas con uno
  to pick a quarrel buscar camorra, pelea
  to pick up alzar, levantar; acelerar; tomar incremento; restablecerse
  I'll pick you up at six o'clock. Vendré a recogerle a las seis.
picket piquete
pickle encurtido, pepinillo
  pickled herring arenques salados
pickpocket carterista, ratero
picnic jira, partida de campo, picnic
pictorial pictórico
PICTURE retrato, foto, cuadro, pintura, grabado
  to be in the picture figurar en el asunto
  to be out of the picture no figurar ya para nada
picture (to) imaginar, figurar
  to picture oneself imaginarse
picture book libro con fotos
picture gallery pinacoteca
picturesque pintoresco
pie pastel; empanada
  to have a finger in the pie meter cuchara en el asunto
PIECE pedazo, trozo, pieza

  a piece of furniture un mueble
  piece goods géneros que se venden por piezas
  Let me give you a piece of advice. Permítame dar a Ud. un consejo.
pier muelle, pila
pierce (to) taladrar, agujerear
piety santidad
pig puerco, cerdo
pigeon paloma
pigment pigmento
pigtail coleta, trenza
pile pila, montón
pile (to) amontonar, acumular
  The work is piling up on me. Tengo un montón de trabajo.
pilgrim peregrino, romero
pill píldora, pastilla
pillar columna, pilar
pillow almohada, cojín
pillowcase funda de almohada
pilot piloto
  pilot light mechero encendedor, piloto
pilot (to) timonear, gobernar, dirigir
pimple grano, barro, espinilla
PIN alfiler, prendedor, broche
pin (to) prender con alfileres; fijar, clavar
  to pin down acosar
  to pin one's faith on confiar absolutamente en
pinch pellizco, pizca
pinch (to) pellizcar; oprimir
  to pinch one's self privarse de lo necesario
  to be in a pinch hallarse en un aprieto
pine pino
  pine cone piña
  pine grove pinar
  pine needle pinocha
  pine tree pino
pineapple piña
pinhead cabeza de alfiler
pink rosado
pint pinta (*aproximadamente medio litro*)
pioneer explorador; promotor
pious pío
pipe pipa; tubo, caño; tubería, cañería
  pipeline oleoducto
pirate pirata
pistol pistola, revólver
pit hoyo; hueso de ciertas frutas; platea (*teatro*)
pitch brea, alquitrán; tono
  His voice has a very high pitch. Su voz es muy alta.
pitcher jarro, cántaro
pitfall hoyo, trampa
pitiful lastimoso
pitiless despiadado
PITY lástima, piedad, compasión

    out of pity por compasión
    to have pity tener piedad
    It's a pity! ¡Es una lástima!
    What a pity! ¡Qué lástima!
pity (to) compadecer
    I pity her. La compadezco.
PLACE lugar, sitio, parte, local
    in place en su lugar
    in place of en lugar de
    in the first place en primer lugar
    in the next place luego; en segundo lugar
    out of place fuera de lugar
    to take place tener lugar
    We'll meet at the usual place. Nos
      encontraremos en el lugar de
      costumbre.
place (to) colocar, poner
placid plácido
plague plaga
plaid manta escocesa, a cuadros
plain llano
PLAIN llano; simple; sencillo; franco
    a plain dress un vestido sencillo
    plain food alimentos sencillos
    plain speaking hablando con franqueza
    plain truth la pura verdad
plainly claramente
plaintiff demandante
PLAN plan; plano, proyecto
    He is making plans for his trip. Está
      haciendo planes para su viaje.
plan (to) proyectar; hacer planes; pensar
    When do you plan to leave? ¿Cuándo
      piensa Ud. irse?
plane plano, llano; *s:* aeroplano, avión
planet planeta
plank tablón, tablazón
PLANT planta; fábrica
plant (to) plantar, sembrar
plantation hacienda, plantación
planter sembrador, colono, hacendado
plaster yeso
plastic plástico
    plastic surgery cirugía plástica
plate plato; plancha; lámina, placa
    a plate of soup un plato de sopa
    soup plate plato hondo
    dinner plate plato llano
plateau meseta
plated plateado
    silver-plated plateado
platform plataforma; andén; tribuna
plausible plausible
PLAY juego; drama, representación; función,
    obra
    fair play juego limpio
PLAY (to) jugar; tocar; representar
    to play a game jugar una partida
    to play a joke hacer una broma

    to play a part representar un papel
    to play a trick on someone hacer una
      mala jugada
    to play cards jugar a los naipes
    to play the fool hacerse el tonto
    to play tricks hacer suertes
    to play on words jugar con las palabras;
      doble sentido
    What instrument do you play? ¿Qué
      instrumento toca Ud.?
playbill cartel (*teatro*); programa
player jugador; actor
playful juguetón
playgoer aficionado al teatro
playground patio de recreo, campo de
    deportes
playhouse teatro
playmate compañero de juego
playwright dramaturgo
plea argumento; ruego; súplica; alegato
plead (to) rogar; suplicar; alegrar; defender
    una causa
    to plead guilty confesarse culpable
    to plead not guilty declararse inocente
pleasant agradable; grato; simpático
please (to) gustar; agradar; complacer; dar
    gusto
    He was quite pleased. Quedó bastante
      complacido.
    I'm pleased. Estoy satisfecho.
    It doesn't please me. No me agrada.
    It pleases me. Me place. Me agrada.
    Please. Por favor.
    Please tell me. Hágame el favor de
      decirme.
    Pleased to meet you. Mucho gusto en
      conocerle.
pleasing agradable
PLEASURE placer; gusto
    at your pleasure como le plazca
    pleasure ground parque; jardín de recreo
    with pleasure con mucho gusto
pleat plisado
pledge prenda, promesa
pledge (to) prometer
    to pledge one's word empeñar su palabra
plentiful copioso, abundante
    The food is plentiful. La comida es
      abundante.
plenty abundancia
PLENTY copioso, abundante
    There is plenty of work. Hay mucho
      trabajo.
pliable flexible, doblegable
pliers tenacillas, pinzas
PLOT complot, intriga; solar; trama
plow, plough arado
plow, plough (to) arar
pluck (to) coger, arrancar, desplumar

plug enchufe
   fireplug bomba de incendio
plug (to) atarugar, tapar
plum ciruela
   plum pudding budín inglés
plumber plomero
plumbing plomería; instalación de cañerías
plump gordo, rollizo
plunder pillaje, saqueo
plunder (to) saquear, expoliar
plunge (to) zambullir, sumergir
plural plural
plus más
plywood madera tercera
poach (to) escalfar
   poached eggs huevos escalfados
pocket bolsillo
   pocket money dinero de bolsillo
pocketbook cartera, bolsa
poem poema
poet poeta
poetic poético
poetry poesía
POINT punto; punta
   on the point of a punto de
   point by point punto por punto
   point of honor cuestión de honor
   point of view punto de vista
   to the point al grano
point (to) señalar, apuntar
   to point out indicar, señalar
pointed puntiagudo; agudo
pointer indicador, índice
poise porte, aplomo, reposo
poison veneno
poison (to) envenenar
poisoning envenamiento
poisonous venenoso
poke (to) picar, atizar
   to poke the fire atizar el fuego
poker atizador
polar polar
pole polo; poste, palo
police policía (*la*)
policeman policía (*un*)
police station comisaría
policy política; norma, sistema, costumbre;
   póliza
   insurance policy póliza de seguros
   This is the policy of the house. Éste es el
      sistema de la casa.
Polish polaco
polish pulimento, lustre
   shoe polish betún, boleada
polish (to) pulir, lustrar
polite cortés
political político
politician político
politics política

poll lista electoral; votación
polluted contaminado
pollution contaminación, polución
pond laguna, charco
ponder (to) pesar, estudiar
pony jaca, caballito
poodle perro de lanas
pool piscina, alberca; charco
POOR pobre
pop (to) soltar, espetar
Pope papa
poppy adormidera, amapola
populace pueblo
popular popular
popularity popularidad
populate (to) poblar
population población
populous populoso, poblado
porch vestíbulo, portal, porche
pore poro
pork puerco, cerdo; carne de puerco
   pork chops chuletas de puerco
port puerto
portable portátil
porter mozo, portero
portion porción, parte
portrait retrato
   portrait painter retratista, pintor
pose postura, posición
pose (to) colocar, proponer
position posición
positive positivo, absoluto, explícito,
   categórico
positively positivamente, ciertamente
possess (to) poseer
possessive posesivo
possessor poseedor
possibility posibilidad
possible posible
   as soon as possible cuanto antes
possibly posiblemente, quizá
POST poste, pilar; correo; puesto; guarnición
   post card tarjeta postal
   post office correo, oficina de correos
   post-office box apartado de correos
post (to) pegar
   to post a bill poner un anuncio
postage franqueo
postage stamp sello, estampilla
postal postal
poster cartel, correo
posterior posterior
posterity posteridad
postman cartero
postmaster administrador de correos
postpaid porte pagado; franco de porte
postpone (to) diferir, aplazar
postscript postdata
postulate (to) postular

posture postura
pot marmita, puchero, olla
potato papa, patata
    fried potatoes patatas fritas, papas fritas
    mashed potatoes puré de patatas
potential potencial, posible
potentiality potencialidad, capacidad
poultry aves de corral
    poultry yard corral; gallinero
pound libra
    pound weight peso de un libra
pour (to) derramar; verter; vaciar; llover a
    cántaros
poverty pobreza
POWDER polvo; pólvora
    face powder polvos para la cara
    powder box polvera
    tooth powder polvo dentífrico
POWER poder, fuerza, potencia, energía
    civil power autoridad civil
    electric power energía el´ctrica
    horsepower caballo de fuerza
    power of attorney poder
    the Great Powers las Grandes Potencias
powerful poderoso, fuerte
practicable practicable
practical práctico, positivo
    practical joke burla; chanza
practically prácticamente; en la práctica
    He is practically dead. Está casi muerto.
practice práctica; uso; costumbre
    I lack practice. Me falta la práctica.
PRACTICE (to) practicar; ejercer
praise alabanza, elogio
praise (to) elogiar, alabar, encomiar
PRAY (to) rezar, orar
prayer rezo, oración, plegaria
    prayer book devocionario
preach (to) predicar
precarious precario
precaution precaución
precede (to) anteceder, preceder
precedent precedente
precept precepto
precinct recinto, distrito
precious precioso
precipice precipicio
precipitate (to) precipitar; acelerar
precise preciso, exacto
precisely precisamente, exactamente
precision precisión
precocious precoz
predecessor predecesor
predicament situación difícil; dificultad;
    apuro
predict (to) predecir
prediction predicción
predispose (to) predisponer
predominant predominante

predominate (to) predominar
preface prefacio, prólogo
prefer (to) preferir; elevar; exaltar; adelantar
preferable preferible
preferably preferiblemente; preferentemente
preference preferencia
preferential preferente
pregnant encinta
prejudice prevención; prejuicio; preocupación
    to be prejudiced against something tener
        prejuicio contra algo
prelate prelado
preliminary preliminar, introductorio
prelude preludio
premature prematuro
premeditate (to) premeditar
premeditation premeditación
premise premisa
premises asertos; aserciones anteriores
    on the premises en el lugar
premium premio, interés
premonition prevención, presentimiento
preoccupied preocupado
preparation preparación
prepare (to) preparar
prepay (to) pagar por adelantado
preposition preposición
prerequisite requisito previo
PRESCRIBE (to) prescribir, recetar
prescription prescripción, receta
presence presencia
    presence of mind presencia de ánimo
PRESENT presente; regalo; obsequio
    at present al presente, ahora
    for the present por ahora
    in the present al presente, actualmente
    present day actual
    the present month el actual, el corriente
        mes
    to give a present hacer un regalo, regalar
    to be present asistir, estar presente
present (to) presentar, dar a conocer, regalar
    He presented her with a coat. Le regaló
        un abrigo.
presentation presentación
presentiment presentimiento
presently luego, ya, dentro
preservation preservación
preserve (to) preservar; conservar
    preserved fruit frutas conservadas
preside (to) presidir
presidency presidencia
president presidente
PRESS prensa, imprenta
    the press la prensa
press (to) apretar; prensar; planchar; apremiar;
    instar
pressing urgente, apremiante
pressure presión, urgencia

presume (to) presumir, suponer

presumption presunción, suposición

presumptuous presuntuoso, presumido

pretend (to) fingir, pretender

pretense pretexto, excusa; pretensión; apariencia
    under false pretenses con falsas apariencias
    under pretense of con pretexto de

pretension pretensión

preterit pretérito

pretext pretexto

pretty bella, bonita, linda

pretty algo, un poco, algún tanto; bastante
    pretty good bastante bueno
    pretty much casi
    pretty much the same parecido; casi lo mismo
    pretty near bastante cerca
    pretty tired algo cansado
    pretty well medianamente
    You made a pretty mess of the business. Ud. hizo un verdadero enredo del asunto.

prevail (to) reinar; prevalecer; predominar
    to prevail over vencer, triunfar
    to prevail upon persuadir, convencer

prevalent prevalente

prevent (to) prevenir, impedir

prevention prevención

previous previo
    previous to antes de
    previous question cuestión previa
    I was unable to come because of a previous engagement. No pude venir debido a un compromiso previo.

previously previamente; de antemano

prey presa

PRICE precio
    at any price a toda costa
    price list lista de precios; tarifa
    to set a price on one's head poner a precio la cabeza de uno

priceless sin precio

prick aguijón, picadura

prick (to) punzar, picar, pinchar

pride orgullo, dignidad
    to take pride in preciarse de

priest sacerdote, cura

primarily principalmente; en primer lugar

primary primario, primero, principal, elemental; en los EE. UU., mitin de electores para elegir candidatos
    primary color color elemental
    primary school escuela primaria

prime principio, principal
    He is in the prime of life. Está en la flor de su vida.

primer cartilla

primitive primitivo, primordial

primordial primordial

prince príncipe

princely semejante; como un príncipe

princess princesa

principal principal, director de escuela

principally principalmente

principle principio
    as a matter of principle por cuestión de principios
    in principle en principio
    on general principles por regla general

print impresión; estampa; tipo de molde
    in print impreso, publicado
    out of print agotado
    small print tipo pequeño

print (to) estampar; imprimir
    printed by impreso por
    printed matter impresos

printer impresor
    color printer impresora de color
    laser printer impresora laser

printing tipografía, imprenta, impresión

print out impreso

prior anterior, precedente, previo
    prior to antes de

priority prioridad

prison cárcel, prisión

prisoner preso, prisonero

privacy retiro, reserva, retrete

PRIVATE privado; particular; personal; confidencial; reservado; secreto; soldado raso
    in private en secreto
    private affair asunto de carácter privado
    private hearing audiencia secreta
    private office despacho particular
    private school escuela particular
    private secretary secretario particular

privately privadamente, secretamente

privilege privilegio, gracia

PRIZE premio, presa, botín

pro en favor, por

probability probabilidad

probable probable

probably probablemente

probation prueba, ensayo; estar en libertad condicional

probity probidad

problem problema

problematic problemático

procedure proceder, procedimiento

proceed (to) seguir, proseguir, proceder
    Let us proceed to business. Vamos a poner manos a la obra.

PROCESS procedimiento, método; proceso; curso; causa
    in the process of en vía de
    in the process of time en el curso del tiempo

procession cortejo, procesión
proclaim (to) proclamar, promulgar, publicar
proclamation proclama, proclamación
procure (to) lograr, obtener
prodigal pródigo
prodigy prodigio
produce (to) producir, rendir
producer productor
product producto
production producción
productive productivo
profane profano
profess (to) profesar
profession profesión
professional profesional
professionally profesionalmente
PROFESSOR profesor
proficiency pericia, habilidad, proficiencia
proficient experto, perito
profile perfil
profit provecho, beneficio, lucro; ganancia
profit (to) aprovechar, servir
   to profit by sacar provecho de
profitable provechoso; útil; lucrativo
profound profundo
PROGRAM programa
PROGRESS progreso, adelanto
progress (to) progresar; adelantar; hacer
   progresos
progression progresión
progressive progresivo
prohibit (to) prohibir, impedir
   prohibited by law prohibido por la ley
prohibition prohibición
project proyecto, plan
project (to) proyectar; idear; arrojar;
   despedir
prolific prolífico
prolong (to) prolongar
prolongation prolongación
prominent prominente, saliente
   to be prominent sobresalir, ser
     prominente
promiscuous promiscuo
promise promesa
promise (to) prometer
promote (to) promover, ascender; fomentar
   He has been promoted. Ha sido
     ascendido.
promotion promoción, ascenso; fomento
   They made a big sales promotion.
     Hicieron una gran promoción de
     ventas.
prompt pronto
promptly pronto, prontamente
promptness prontitud
promulgate (to) promulgar
pronoun pronombre
pronounce (to) pronunciar

pronunciation pronunciación
proof prueba; evidencia; demostración
   to proofread leer y corregir pruebas
   There are pretty strong proofs of it.
     Existen pruebas bastante claras de
     ello.
propaganda propaganda
propagation propagación
propeller hélice
PROPER propio; conveniente; adecuado;
   correcto
   proper name nombre propio
properly propiamente, apropiadamente;
   correctamente
   This was properly done. Esto estuvo bien
     hecho.
property propiedad
   property owner propietario
prophecy profecía
prophesy (to) predecir, profetizar
prophet profeta
PROPORTION proporción
   in proportion en proporción
   out of proportion desproporcionado
proportion (to) proporcionar
proposal propuesta, proposición
propose (to) proponer
   He proposed to her. Él le propuso
     matrimonio.
proprietor dueño, propietario
prosaic prosaico
prose prosa
prosecute (to) enjuiciar, procesar
prosecution prosecución
prosecutor acusador, fiscal
prospect perspectiva; vista; probabilidad
   This looks like a very good prospect.
     Esto parece un buen prospecto.
prosper (to) prosperar
prosperity prosperidad
prosperous próspero
protect (to) proteger
protection protección
protector protector
protest protesta
protest (to) protestar
Protestant protestante
protocol protocolo
protrude (to) sobresalir
proud orgulloso
prove (to) establecer, probar; resultar
proverb refrán, proverbio
PROVIDE (to) proveer
   provided that con tal que
   to provide oneself with proveerse de
providence providencia
province provincia
provincial provinciano
provisions provisiones, víveres, comestibles

provoke (to) provocar; excitar; incitar
prudence prudencia
prudent prudente
prudish gazmoño
prune ciruela, pasa
pry (to) espiar; observar
    to pry into fisgar, curiosear
    to pry into a secret arrancar un secreto
psychological psicológico
psychology psicología
PUBLIC público
    in public en público
    public health higiene pública; salubridad
        pública
    public utility empresa de servicio público;
        utilidad pública
    "Notice to the Public" "Aviso al
        Público"
publication publicación
publicity publicidad
publish (to) publicar
publisher editor
publishing house casa editorial, casa editora
pudding pudín
puff resoplido, soplo
    powder puff borla para empolvarse
    puff of wind ráfaga
PULL (to) tirar de; tirar hacia; arrastrar
    to pull apart despedazar
    to pull in tirar hacia uno
    to pull out (off) arrancar
    to pull through salir de un apuro
    to pull up desarraigar
    Pull yourself together. Compóngase.
    You're pulling my leg. Me está tomando
        el pelo.
pulpit púlpito
pulse pulso
pump bomba
pumpkin calabaza, zapallo
pun juego de vocablos
punch punzón; ponche; golpe, puñetazo
punch (to) punzar
punctual puntual
punctuate (to) puntuar
punctuation puntuación
puncture pinchazo
punish (to) castigar
punishment castigo
pupil alumno; pupila
puppet títere, muñeco, marioneta
puppy perillo, perrito
purchase compra
purchase (to) comprar
purchaser comprador
PURE puro
purée puré
purely puramente, meramente, simplemente
purgatory purgatorio

purify (to) purificar
purple púrpura, cárdeno, morado
PURPOSE propósito; fin; objeto; intención
    for the purpose a propósito; al caso
    on purpose a propósito
    to no purpose inútilmente
    With what purpose? ¿Con qué fin?
purse bolsa, bolsillo
pursuant to de acuerdo con
pursue (to) perseguir
pursuit persecución
push impulso, empuje, aprieto
PUSH (to) empujar, apremiar
    to push back rechazar
    to push down oprimir; abatir
    to push oneself forward abrirse camino
    Don't push me! ¡No me empuje!
PUT (to) poner, colocar
    to put away poner aparte
    to put in order arreglar, ordenar
    to put off diferir, aplazar
    to put on vestir
    to put to a vote poner a votación
    to put to bed acostar
    to put to sleep poner a dormir
    to put together juntar
    to put two and two together atar cabos
    to put up for sale poner en venta
    He cannot put up with his mother-in-
        law. No puede tolerar a su suegra.
    He had another bed put in his room.
        Mandó poner otra cama en su cuarto.
    He put on weight. Él engordó.
    He puts me in a spot. Me pone en un
        aprieto.
    Please put out the lights. Apague la luz,
        por favor.
    Put on your hat! ¡Póngase el sombrero!
    Put the book back. Ponga el libro en su
        lugar.
    The doctor has put me on a diet. El
        médico me ha puesto a régimen.
    We have to put an end to it. Tenemos que
        terminarlo.
puzzle enigma; rompecabezas
puzzled (to be) estar perplejo

quack charlatán
QUAINT curioso, raro
    This is a very quaint place. Es un lugar
        muy curioso.
qualification calificación
qualify (to) calificar
QUALITY calidad, cualidad
QUANTITY cantidad

quarrel disputa, pendencia
quarrelsome pendenciero
quart cuarto de galón (*aproximadamente un litro*)
QUARTER cuarto (¼); moneda de 25 centavos (EE.UU.); Barrio, cuartal
  a quarter of an hour un cuarto de hora
  headquarters cuartel general
  It's a quarter after six. Son las seis y cuarto.
  It's a quarter to five. Son las cinco menos cuarto.
quartermaster comisario ordenador
queen reina
queer extraño, raro
  a queer person un tipo raro; homosexual
quench (to) apagar
  to quench one's thirst apagar su sed
query pregunta
QUESTION pregunta; cuestión
  question mark signo de interrogación
  to ask a question hacer una pregunta
  to be a question of tratarse de
  to be out of the question no haber ni que pensar
  May I ask you a question? ¿Me permite que le haga una pregunta?
  That's a fair question. Ésta es una pregunta legal.
  What's the question? ¿De qué se trata?
questionable discutible
questionnaire cuestionario
QUICK pronto, rápido, presto
  quick-tempered de mal genio
quicken (to) vivificar; acelerar
quickly prontamente, rápidamente; con presteza
  Come quickly. Venga pronto.
QUIET quieto, tranquilo; *s:* quietud, tranquilidad
  to keep quiet callarse
quiet (to) calmar, tranquilizar
quietly quietamente, tranquilamente
quilt edredón, covertor, colcha
quince membrillo
quinine quinina
QUIT (to) dejar, pasar, cesar de, desistir de
  to quit work dejar de trabajar
  Let's call it quits. Aquí terminamos.
QUITE bastante, más bien, muy
  quite good bastante bueno
  quite soon bastante de prisa
  quite difficult muy difícil
  quite well done muy bien hecho
  She seems quite different! ¡Parece otra!
quiver (to) temblar
quiz prueba
quota cuota

quotation citación; cita; texto citado; cotización
  quotation marks comillas
quote (to) citar

R

rabbi rabi, rabino
rabbit conejo
RACE carrera, raza
  race horse caballo de carrera
  race track pista
rack bastidor; rambla
  clothes rack perchero
rack (to) atormentar, agobiar
  to rack one's brains devanarse los sesos
racket baraúnda, raqueta
radiance brillo, esplendor
radiant radiante, radiado
radiantly con brillo
radiate (to) emitir, irradiar
radiator calorífero
radical radical
radically radicalmente
RADIO radio
  to listen to the radio escuchar la radio
  radio broadcast difusión radial
  radio broadcasting radiodifusión
  radiogram radiograma
  radio program programa radial
  radio station radioemisora, emisora
radish rábano
radium radio
rag trapo, andrajo
rage rabia; ira; furor, coraje
rage (to) rabiar, enfurecerse, enojarse
ragged andrajoso, harapiento
raid incursión
raid (to) invadir
rail baranda, riel
railing baranda, barandilla
railroad ferrocarril
  railroad car vagón ferroviario
  railroad crossing paso a nivel
railway ferrocarril
RAIN lluvia
  rain or shine que llueva o no
RAIN (to) llover
  It looks as if it's going to rain. Parece que va a llover.
rainbow arco iris
raincoat impermeable
raindrop gota de agua
rainfall aguacero; cantidad de lluvia que cae durante tiempo determinado
rainstorm aguacero, temporal
rainy lluvioso

RAISE aumento
  raise in salary aumento de sueldo
RAISE (to) levantar, alzar, elevar, aumentar,
  subir, criar, cultivar
    to raise an objection objetar; poner una
      objeción
    to raise a question hacer una pregunta
    to raise a row armar un alboroto
    to raise money reunir dinero
raisin pasa
rake rastrillo
rake (to) rastrillar
ramble (to) vagar, divagar
ranch hacienda, rancho
rancor rencor
random azar; casualidad
    at random a la ventura; al azar
range alcance, radio de acción; cadena
    mountain range sierra, cordillera
rank grado; hilera, posición
    rank and file la tropa
rank (to) clasificar, tener un grado superior
ransack (to) escudriñar
ransom rescate
rape violación; rapto
rape (to) violar, desflorar
rapid rápido
rapidity rapidez
rapture rapto; arrobamiento
RARE raro, precioso
    I like my steak rare. Me gusta el bistec
      poco cocido.
rarely raramente, rara vez
rarity rareza
rascal granuja, pícaro
rash temerario, arrebato; sarpullido
    She had a terrible skin rash. Tenía una
      erupción terrible.
raspberry frambuesa
rat rata
RATE tarifa; precio
    at any rate de todos modos
    at the rate of a razón de
    rate of exchange tipo de cambio
    rate of interest tipo de interés
    What are your rates? ¿Cuáles son sus
      precios?
RATHER más bien; un poco; algo
    rather than más bien que
    I'd rather go than stay. Preferiría ir que
      quedarme.
    It's rather expensive. Es un poco caro.
    I would rather not. Preferiría no.
ratio proporción, razón
ration ración
rational racional
rationalize (to) racionalizar
rationally racionalmente
rationing racionamiento

rattle sonajero, cascabel
rattle (to) hacer sonar; atolondrar
rave (to) delirar, desvariar
    to rave about delirar por
raven cuervo
ravish (to) arrebatar; encantar
ravishing arrebatador
RAW crudo
    in a raw state en bruto
    raw materials materias primas
    raw meat carne cruda
rawhide de cuero duro
ray rayo
rayon rayón
razor navaja
    electric razor rasuradora eléctrica
    razor blade hoja de afeitar
    safety razor maquinilla de afeitar
reach alcance; extensión; distancia
    beyond one's reach fuera del alcance de
      uno
    within one's reach al alcance de uno
REACH (to) alcanzar; llegar a, llegar hasta
    to reach out one's hand extender la mano
    I was unable to reach you by telephone.
      No pude communicarme con Ud. por
      teléfono.
react (to) reaccionar
reaction reacción
reactionary reaccionario
READ (to) leer; descifrar
    to read proofs corregir pruebas
    I can read your mind. Puedo leer su
      pensamiento.
    I have to read this translation over.
      Tengo que leer esta traducción otra
      vez.
    I read myself to sleep. Me duermo
      leyendo.
    The text reads thus. El texto dice así.
readable legible
reader lector
reading lectura
reading room sala de lectura
READY listo, pronto, preparado, dispuesto
    Everything is ready. Todo está listo.
ready-made confeccionado; ya hecho
    ready-made clothes ropa hecha
REAL real, verdadero
    real estate bienes raíces
    It was a real pleasure. Fue un verdadero
      placer.
realism realismo
realistic natural, vivo
reality realidad
realization realización, comprensión
REALIZE (to) darse cuenta; hacerse cargo;
  llevar a cabo, realizar, obtener
    to realize a danger darse cuenta del peligro

to realize a profit obtener un beneficio; lograr un provecho
I can't realize what has happened. No me doy cuenta de lo que ha pasado.
REALLY en verdad, realmente, verdaderamente
   Really! ¡De veras!
reap (to) segar, cosechar
reaper segador; segadora mecánica
reappear (to) reaparecer
rear parte posterior
REAR de atrás, trasero, posterior
   rear admiral contralmirante
   rear guard retaguardia
REASON razón, juicio, causa
   by reason of con motivo de
   for this reason por esto
   without reason sin razón
reason (to) razonar, raciocinar
reasonable razonable; módico
reasonably razonablemente
reasoning razonamiento
rebel rebelde
rebel (to) rebelarse
rebellion rebelión
rebellious rebelde, refractario
RECALL (to) recordar; anular; revocar
   to recall to mind recapacitar
recapture (to) represar
receipt recibo, cobranza
   receipt book registro de recetas
   on receipt of al recibo de
   to acknowledge receipt acusar recibo
RECEIVE (to) recibir, admitir, hospedar
receiver receptor; recibidor, recipiente
RECENT reciente
recently recientemente
reception recepción, acogida
receptive receptivo
recess depresión, suspensión
recipe receta
recipient destinario
reciprocal recíproco, mutuo
reciprocally recíprocamente
reciprocate (to) alternar, ser recíproco
reciprocity reciprocidad
recital recitación, relación
recitation recitación
reckless temerario
recklessly temerariamente
reckon (to) contar, enumerar
reckoning cuenta
reclaim (to) reclamar
reclamation reclamación
recline (to) reclinar, recostar
recognition reconocimiento
RECOGNIZE (to) reconocer
recollect (to) recordar
recollection recuerdo

recommend (to) recomendar
recommendation recomendación
reconcile (to) reconciliar
reconciliation reconciliación
reconstruct (to) reedificar
RECORD registro, acta; disco, record; constancia; comprobante
   on record registrado
record (to) grabar
recorder registrador, archivero
   tape recorder grabadora de sonido
records datos, memoria, archivo, anales
RECOVER (to) recobrar, recuperar
recovery restablecimiento, recuperación
recreate (to) crear de nuevo; recrear
recreation recreación, recreo
recruit recluta, novicio
rectify (to) rectificar, corregir
recuperate (to) restablecerse, recuperarse
RED rojo; colorado; encarnado
   Red Cross Cruz Roja
   red-handed cojido en el hecho, sorprendido
   redhead pelirroja
   red-hot candente
   red pepper pimentón
   red tape burocracia
   red wine vino tinto
redeem (to) redimir, desempeñar
reduce (to) reducir, minorar; rebajar
reduction reducción, rebaja
reed caña, cañuela
reef arrecife
reel carrete; tambor; película de cine
re-enforce (to) reforzar, fortalecer
refectory refectorio
REFER (to) referir, remitir, dirigir, recurrir
   to refer to recurrir a; acudir
referee árbitro
reference referencia
   in reference to respecto de
   reference book libro de referencia
   reference mark llamada
referendum referéndum, plebiscito
refill (to) rellenar, reenvasar
refine (to) refinar, purificar
refined fino, culto
   He is a very refined person. Es una persona muy fina.
refinement cortesía; cultura; esmero
refinery refinería
reflect (to) reflejar; reflexionar
   to reflect upon desprestigiar
reflection reflejo; reflexión
reflex reflejo
reflexive reflexivo
reflexively reflexivamente
reform reforma
reform (to) reformar, reformarse

refrain (to) refrenarse; abstenerse de
refresh (to) refrescar, renovar
   a refreshing drink refresco
   to refresh one's memory recordar
refreshment refresco
refrigerator refrigeradora, nevera
refuge refugio, asilo
refugee refugiado, asilado
refund devolución, restitución
refund (to) restituir, reintegrar
refusal negativa
refuse (to) rehusar
refute (to) refutar, rebatir
regain (to) recobrar, recuperar
REGARD consideración, respeto
   in regard to en cuanto a, respecto a
   in this regard en este respecto
   with regard to con respecto a
   without any regard for sin hacer caso de
regard (to) estimar, considerar, mirar
regarding relativo a, respecto de,
   concerniente a
regardless of a pesar de
regards recuerdos, memorias, afectos
   to give one's regards dar memorias
   with my best regards con mis amistosos
      saludos
regime régimen
regiment regimiento
region región
register registro
register (to) inscribir, registrar
   registered letter carta certificada
REGRET pesar, pena, remordimiento
regret (to) sentir, deplorar, lamentar
   I regret it. Lo siento.
   I regret that . . . Siento que . . .
regretful pesaroso
regular regular, normal
regularity regularidad
regularly regularmente
regulate (to) regular, regularizar
regulation reglamento, regla, regulación,
   reglamentación
rehearsal ensayo
rehearse (to) ensayar
reign reinado
reign (to) reinar
reinforce (to) armar, reforzar
reinforced concrete hormigón armado
reinforcement armadura
reiterate (to) reiterar
reject (to) rechazar, recusar, rehusar
rejoice (to) alegrar, regocijarse
rejoicing regocijo
rejoin (to) reunirse con; volver a la compañía
relapse recaída, reincidencia
relapse (to) recaer, reincidir
RELATE (to) relatar, contar, narrar

everything relating to cuanto se relaciona
   con
   to be related estar emparentado;
      relacionarse
relation relación; referencia; narración
   in relation to con relación a, respecto a
relationship relación
relative relativo; pariente
relax (to) relajar, aflojar, mitigar
relaxation flojedad, descanso
RELEASE (to) soltar, relevar, exonerar,
   descargar
reliability confianza
reliable digno de confianza
relic reliquia; vestigio
relief alivio, socorro; relevo
relieve (to) aliviar, socorrer, auxiliar
religion religión
religious religioso
religiously religiosamente
relinquish (to) abandonar, dejar
relish gusto, apetencia
relish (to) saborear, gustar de
reluctance renuencia, mala gana, disgusto
   with reluctance de mala gana
reluctant maldispuesto
reluctantly de mala gana
rely on (to) confiar en, contar con
REMAIN (to) quedar, restar, faltar
   to remain silent callar, guardar silencio
   to remain undone quedar sin hacer
remains restos, sobras
REMARK observación; advertencia; nota
   to make a remark hacer un comentario
remarkable notable, interesante
remarkably notablemente
remedy remedio
remedy (to) remediar
REMEMBER (to) recordar, acordarse, tener
   presente; mentar
   I don't remember. No me acuerdo.
   Remember me to him. Déle mis
      recuerdos.
remembrance memoria, recuerdo
remind (to) recordar
reminder recordatorio, recuerdo; advertencia
remit (to) remitir; enviar
remittance remesa; giro; letra de cambio
remnant remanente
REMORSE remordimiento
remote remoto, apartado
remote control mando a distancia
removable removible
removal remoción; acción; desposición
remove (to) mudar; trasladar; cambiar;
   deponer; destituir
remunerate (to) remunerar
render (to) volver, poner, hacer
   to render assistance prestar auxilio

    to render justice hacer justicia
renew (to) renovar, rehacer
renewal renovación, renuevo
renounce (to) renunciar, rechazar
renovate (to) renovar, rehacer
renovation renovación
RENT renta, alquiler
    for rent se alquila
rent (to) alquilar, arrendar
reorganization reorganización
repair reparación, prórroga
    Closed for repairs. Cerrado por
    reparaciones.
repair (to) reparar, componer
repay (to) pagar, recompensar
repeal (to) derogar, revocar
repeat (to) repetir, repasar, ensayar
repeated repetido, reiterado
repeatedly repetidamente
repel (to) repeler, resistir
repellent repelente
repent (to) arrepentirse
repertory repertorio; colección
repetition repetición
repetitious redundante
replace (to) reemplazar
replica replegado
reply respuesta, contestación
reply (to) contestar, responder
REPORT relación; informe; parte
    to give a report dar un informe
    He gave a complete report of the
    situation. Hizo un informe completo
    de la situación.
report (to) informar; dar parte; denunciar
    it is reported se dice; corre la voz
    to report on the progress of dar cuenta de
    la marcha de
    He had to report to headquarters. Tuvo
    que presentarse al cuartel.
reporter reportero, periodista
reprehensible reprensible
represent (to) representar
representation representación
representative representante; agente; diputado
reprimand (to) reprender
reprint reimpresión
reproach censura, reproche
reproach (to) reprochar, censurar
reproduce (to) reproducir
reproduction reproducción
reprove (to) reprobar, culpar, censurar
reptile reptil
republic república
repugnant repugnante
repulsion repulsión
reputable honroso, de buena reputación
reputation reputación, fama
request súplica, ruego, petición

    at the request of, by request of en
    demanda de
request (to) pedir, rogar
require (to) requerir
requirement requisito, estipulación
rescue rescate, salvamento
rescue (to) rescatar, salvar, librar
research investigación
resemblance semejanza, parecido
resemble (to) parecerse a
    She resembles her mother. Se parece a su
    madre.
resent (to) resentirse de, ofenderse por
resentful resentido, agraviado
reservation reservación
    I have a hotel reservation for next week.
    Tengo una reservación en el hotel para
    la semana que viene.
reserve reserva
    without reserve sin reserva; sin excepción
    Speak without reserve. Hable con
    franqueza.
reserve (to) reservar; guardar
reserved reservado, circunspecto
reservoir depósito
reset (to) montar de nuevo
reside (to) residir, morar
residence residencia
resident residente
residential residencial
    residential section barrio residencial
resign (to) dimitir; renunciar
    to resign oneself resignarse
resignation dimisión; renuncia; resignación
resist (to) resistir; rechazar; oponerse; negarse a
resistance resistencia
resolute resuelto
resolution resolución
resolve (to) resolver
resort concurso, concurrencia
    summer resort concurso de verano
resound (to) repetir, repercutir
resource recurso
RESPECT respecto; respeto
    in all respects en todos sentidos
    in every respect en todo sentido
    in respect to tocante a, con respecto a
    in some respect en cierto sentido
    in this respect a este respeto
    with due respect con todo respeto
    with respect to tocante a; con respeto a
respect (to) respetar
respectable respetable
respected considerado
respectful respetuoso
respective to con respeto a
respiration respiración, respiro
respite tregua; espera; pausa
resplendent resplandeciente

respond (to) responder; corresponder; obedecer
respondent respondiente; demandado
response respuesta
responsibility responsabilidad
  on your responsibility bajo su responsabilidad
responsible responsable
  I'll hold you responsible for it. Lo haré a Ud. responsable de ello.
REST resto, descanso, reposo
  at rest en reposo
  without rest sin descanso
  A rest will do him good. Le sentará muy bien un descanso.
rest (to) reposar, descansar
  I have to rest for a while. Tengo que descansar un rato.
restaurant restaurante
restful sosegado, tranquilo
restitution restitución, pago
restless inquieto
restore (to) restaurar; reponer
restrain (to) refrenar; reprimir
restriction restricción
rest room servicio sanitario, retrete
result resultado, resulto
result (to) resultar
  to result in venir a parar
resume (to) resumir; reasumir
RETAIL venta al por menor; menudeo
  retail price precio al menudeo
retail (to) vender al por menor, menudeo
retain (to) retener; conservar
retaliate (to) vengarse
reticence reticencia
retire (to) retirarse, jubilar
  I am going to retire now. Voy a dormir.
  He will retire from business next year. Va a retirarse de los negocios el año que viene.
retired retirado; apartado
  retired life vida retirada
  to put on the retired list dar el retiro
retort (to) replicar
retrace (to) seguir, repasar
  to retrace one's steps volver sobre sus pasos
retract (to) retractar; retirar
retreat retiro; retrata
retrospect mirada retrospectiva
RETURN vuelta, regreso, regresa, respuesta
  by return mail a vuelta de correo
  in return a cambio
  return trip viaje de vuelta
  Many happy returns! ¡Feliz cumpleaños!
RETURN (to) volver, regresar, devolver
  to return a book devolver un libro
  to return a favor corresponder a un favor

He just returned home. Acaba de regresar a casa.
reveal (to) revelar, divulgar
revelation revelación
revenge (to) vengar, vindicar
revenue rentas públicas
revere (to) reverenciar, venerar
reverence reverencia
reverent reverente
reverse inverso, invertido; opuesto; contrario, reversa
  The car is in reverse. El coche está en reversa.
reverse (to) invertir
reversible versátil, reversible
revert (to) retroceder
REVIEW revista; examen; análisis; revisión
review (to) revisar, pasar revista, revistar
revise (to) revisar
  revised version traducción corregida
revision revisión
revival renacimiento; representación de obras antiguas
revive (to) hacer revivir, resucitar
revocation revocación
revoke (to) revocar
revolt rebelión
revolt (to) rebelarse
revolting odioso, repugnante
revolution revolución
revolve (to) girar; dar vueltas
revolver revólver
REWARD premio, recompensa
reward (to) recompensar
rhetoric retórica
rheumatism reuma, reumatismo
rhyme rima, verso, poesía
  without rhyme or reason sin ton ni son
rhyme (to) rimar
rhythm ritmo, cadencia
rib costilla
ribbon cinta
RICE arroz
  chicken and rice arroz con pollo
rich rico
  This food is very rich. Esta comida es muy buena.
richly ricamente
rid desembarazar, librar
  to be rid of estar libre de
riddance libramiento; zafada
riddle acertijo, adivinanza, enigma
RIDE paseo en coche; paseo a caballo
  I'll give you a ride. Le daré una vuelta.
  Let's go for a ride. Vamos a pasear en coche.
RIDE (to) cabalgar, montar a caballo; ir en coche; pasear en automóvil
  to ride horseback montar a caballo

rider caballero; jinete; persona que va en coche o bicicleta
ridge cordillera
ridiculous ridículo
riding paseo a caballo o en coche
   riding horse caballo de silla
rifle rifle, fusil
RIGHT *(s.)* derecho
   by right por derecho
   to be in the right tener razón
   to have a right tener derecho
   to keep to the right seguir por la derecha
   to the right a la derecha
RIGHT derecho; recto; justo; correcto; adecuado
   at the right time a buen tiempo
   right or wrong bueno o malo
   the right man el hombre adecuado
   the right time la hora exacta
   to be right tener razón
   Is this right? ¿Está bien esto?
   It's not right. No es justo.
   It's right. Está bien. Es justo.
RIGHT bien, rectamente, justamente, correctamente, propiamente, mismo
   all right bien, conforme
   right along sin cesar
   right away inmediatamente, en seguida
   right here aquí mismo
   right in the middle en plena actividad
   right now ahora mismo, al instante
   Go right ahead. Siga todo derecho.
rightful legítimo
rightly rectamente
rigid rígido
rigor rigor; inflexibilidad
rim borde
rind hollejo, corteza
RING anillo; arena
   bullring plaza de toros, ruedo
   ring finger dedo anular
   Give me a ring tomorrow. Déme una llamada mañana.
RING (to) tocar, sonar
   The telephone is ringing. Suena el teléfono.
rink pista de patinaje
rinse (to) enjuagar; aclarar
riot motín
rioter alborotador
rip (to) rasgar; romper
RIPE maduro
ripen (to) madurar
RISE subida, alza
   sunrise salida del sol
RISE (to) subir, ascender, levantarse; salir; sublevarse; alzar; aumentar
risk riesgo
risk (to) arriesgar

ritual ritual, ceremonial
rival rival
RIVER río
roach cucaracha
ROAD camino
   main road camino principal
   to be on the road viajar de pueblo en pueblo
roam (to) vagar, andar errante
roar (to) rugir, bramar
roast asado
   roast beef carne de res asada, rosbif
   roast chicken pollo asado
roast (to) asar
ROB (to) robar
   I was robbed of my money. Me robaron mi dinero.
robber ladrón
robbery robo
robe manto, túnica; bata
robust robusto, vigoroso
rock roca, peña, peñasco
rock (to) mecer
rocket cohete, volador
rocking chair mecedora
rocky rocoso, peñascoso, rocalloso
rod vara, varilla
rogue bribón, pícaro, pillo
roguish picaresco
roll rollo, lista; panecillo
roll (to) rodar, arrollar, enrollar
   to roll up enrollar
roller rodillo, tambor
   roller skate patín de ruedas
Roman romano
romance romance, novela
   romance languages lenguas romances
romantic romántico
ROOF techo
ROOM cuarto, pieza, habitación, lugar, sitio; espacio
   Inside room cuarto interior
   to make room hacer lugar
   There's no room for doubt. No cabe duda.
   There's not enough room. No hay suficiente espacio.
roommate compañero(a) de cuarto
rooster gallo
ROOT raíz
root (to) arraigar
rope cuerda, cordel
   to be at the end of one's rope estar sin recursos
rosary rosario
rose rosa
rosebud pimpollo, capullo, botón
rosebush rosal
rosy rosado

rot (to) pudrirse
rotary giratorio, rotativo
rotate (to) girar; dar vueltas; alternar
rotation rotación, giro, turno
rotten podrido, putrefacto
rouge colorete
ROUGH áspero, rudo, tosco, grosero
    a rough guess a ojo
    rough copy borrador
    diamond in the rough diamante en bruto
    rough sea mar alborotado
round tanda; vuelta
ROUND rendondo; alrededor, a la redonda
    all year round todo el año
    a round table una mesa redonda
    roundabout a la redonda
    round number número redondo
    round sum suma redonda
    round trip viaje de ida y vuelta
    three miles around tres millas a la
        redonda
round (to) redondearse, dar vuelta
    to round up recoger; juntar
rouse (to) despertar, animar, excitar
rout rota, derrota
route ruta, vía, camino, curso, itinerario
routine rutina
ROW fila, hilera
    in a row en fila
    She was seated in the third row. Estaba
        sentada en la tercera fila.
row riña
row (to) remar
rowboat bote de remos
royal real
royalty soberanía, realeza
rub (to) frotar, raspar, restregar
    to rub away (off) quitar frotando
    to rub out borrar
    Don't rub it in! ¡No me lo recuerdes!
RUBBER goma, caucho
    rubber band goma, elástico
    rubber cement pasta de caucho y azufre
    rubbers chanclas, zapatos de goma
rubbing fricción
rubbish basura
ruby rubí
rudder timón, remo
rude rudo, brusco, descortés, tosco, chabacano
rudeness descortesía, grosería
ruffle (to) rizar, fruncir
RUG alfombra, tapete
ruin ruina, caída, devastación
ruin (to) arruinarse, decaer
ruinous ruinoso
RULE regla, norma; reinado, dominio
    as a rule por lo general
    rules and regulations reglamento
    to be the rule ser la regla

These are the rules of the game. Éstas
    son las reglas del juego.
rule (to) gobernar, mandar, rayar; disponer,
    determinar, establecer una regla
ruler gobernante; regla
rum ron
rumor rumor
run carrera, curso, marcha
    in the long run a la larga
RUN (to) correr; andar, funcionar
    to run across tropezar con
    to run after perseguir
    to run a race correr una carrera
    to run away escapar, huir
    to run into chocar con, topar con
    to run over derramarse, atropellar
    to run the risk of correr el riesgo de
    to run up and down correr de una parte a
        otra
    to run wild desenfrenarse
    He feels run down. Se siente agotado.
    He was running a great danger. Estaba
        corriendo un gran peligro.
    We are running short of merchandise.
        Se nos escasea la mercancía.
    We ran out of gas. Se nos acabó la
        gasolina.
runner corredor
running corriente
    running board estribo *(tren, coche)*
    running expenses gastos corrientes
    running water agua corriente
    three days running tres días seguidos
runway pista
rupture rompimiento
rural rural, campesino
rush prisa, precipitación
    I am in a rush. Tengo mucha prisa.
RUSH (to) ir de prisa; apresurarse
    rush hour hora punta
    to rush in entrar precipitadamente
    to rush through ejecutar de prisa
    He just rushed out. Salió a escape.
Russian ruso
rust moho, herrumbre, oxidación
rust (to) enmohecer, aherrumbrarse, oxidarse
rustle (to) susurrar
rusty mohoso, herrumbroso, oxidado
rye centeno

S

sack saco, bolsa
sacred sagrado
sacrifice sacrificio
sacrifice (to) sacrificar
SAD triste

sadden (to) entristecer
saddle silla de montar
   saddle horse silla de caballo
saddle (to) ensillar
sadly tristemente
sadness tristeza
safe caja fuerte, caja de caudales
SAFE seguro, salvo, ileso; sin peligro; sin riesgo
   safe and sound sano y salvo
safeguard salvaguardia
safeguard (to) guardar, proteger
safely seguramente, sin peligro
SAFETY seguridad, protección
   for safety's sake para mayor seguridad
   safety belt cinturón de seguridad
   safety razor maquinilla de afeitar
   safety zone zona de seguridad
sail vela; buque de vela, velero
sail (to) darse a la vela, zarpar, navegar
sailboat bote de vela
sailing salida; navegación
   sailing orders orden de salida
sailor marinero, marino
saint santo
   Saint Valentine's Day día de San Valentín
      (14 de febrero)
SAKE causa, motivo, amor, bien, consideración
   for God's sake por Dios
   for mercy's sake por misericordia
   for the sake of por causa de
   for the sake of brevity por brevedad
   for the sake of peace por amor a la paz
   for your sake por Ud., por su bien
salad ensalada
SALARY sueldo, salario
SALE venta
   auction sale almoneda, subasta
   for sale de venta
salesclerk vendedor, dependiente
salesgirl vendedora
salesman vendedor
saleswoman vendedora
salmon salmón
salt sal
   salt mine mina de sal
   salt shaker salero
   salt water agua de mar
salt (to) salar
salted salado
salutary saludable
salutation salutación
salute (to) saludar
SAME mismo, propio, igual
   all the same todo es uno
   much the same casi lo mismo
   the same lo mismo, el mismo, la misma,
      los mismos, las mismas, otro tanto

   the same as lo mismo que
   It's all the same to me. Me da igual.
sample muestra
sample (to) sacar una muestra
sanction sanción
sanctity santidad
sanctuary santuario
sand arena
   sandpaper papel de lija
sandal sandalia, abarca
sandwich emparedado, sandwich
sandy arenoso
sane sano
sanitarium sanatorio
sanitary sanitario
sanitation saneamiento
sanity cordura, juicio sano
sap savia; zapa
sarcasm sarcasmo
sarcastic sarcástico
sardine sardina
satellite satélite
satin raso, satén
satire sátira
satisfaction satisfacción
satisfactorily satisfactóriamente
satisfactory satisfactorio
satisfied satisfecho
satisfy (to) satisfacer
saturate (to) saturar
SATURDAY sábado
sauce salsa
saucer platillo
sausage salchicha, chorizo
savage salvaje; silvestre
save salvo, excepto; sino, a menos que, a no
   ser que
SAVE (to) salvar, librar; economizar,
   ahorrar
save (to) almacenar (on a computer)
   to save face guardar las apariencias
savings ahorros, economías
savings bank caja de ahorros
savior salvador
savor sabor
savory sabroso, apetitoso
saw sierra, serrucho
sawdust aserrín
SAY (to) decir, recitar
   it is said se dice
   that is to say es decir, esto es
   to say the least por lo menos
saying dicho, proverbio; adagio; refrán
   as the saying goes según el adagio
scaffold andamio
scald (to) escaldar
SCALE escala; platillo (de una balanza),
   balanza, báscula; escama
   on a large scale en gran escala

on a small scale en pequeña escala
scales pesa, báscula
scallop venera
scalp cuero, cabelludo
scan (to) escudriñar
scandal escándalo
scandalize (to) escandalizar
scandalous escandaloso
scanner escaner (computer)
scant (to) escatimar
scanty escaso
scar cicatriz
SCARCE raro, escaso
scarcely apenas, escasamente, con dificultad
scarcity escasez
scarecrow espantajo
scarf bufanda, chalina
scarlet escarlata
scatter (to) esparcir, regar
scatterbrain cabeza de chorlito, atolondrado
scene escena
scenery vista, paisaje
scent aroma, olor
schedule programa; cuadro, lista; horario
   The plane won't leave on schedule. El
      avión no saldrá de acuerdo con el
      horario.
schedule (to) hacer el programa
   The plane is scheduled to arrive at
      twelve. La hora de llegada del
      aeroplano es a las doce.
scheme plan, proyecto, designio; ardid, treta
scholar escolar, letrado
scholarship beca
scholastic escolástico
SCHOOL escuela
   schoolbook texto de escuela
   schoolmate condiscípulo
   schoolroom aula
   schoolteacher maestro de escuela
science ciencia
scientific científico
scientist hombre o mujer de ciencia
scissors tijeras
scold (to) regañar
scoop pala; excavación; cuchara
scope alcance
scorch (to) quemarse
SCORE muesca, veintena; tantos, partitura
   (música)
   on that score a ese respecto
   scores of people mucha gente
   What's the score? ¿Cuál es la cuenta?
score (to) marcar los tantos; llevar la cuenta;
   apuntarse uno un tanto, ganar un tanto
   to score a point ganar un punto
scorn desdén, deprecio
scorn (to) despreciar, desdeñar
scornful despreciativo, desdeñoso

Scot, Scotsman escocés
Scotch, Scottish escocés
scour (to) fregar, estregar
scramble (to) arrebatar, hojear
   scrambled eggs huevos revueltos
scrap fragmento, pedacito
scrape (to) raspar
scratch rasguño, arañazo, raspadura, raya
scratch (to) rascar, rasguñar, arañar; rayar
scream (to) chillar, gritar
screen biombo, mampara; tela metálica,
   rejilla; pantalla; cortina, barrera (computer,
   TV, movie)
screen (to) cribar, cerner; ocultar
screw tornillo, rosca
screwdriver destornillador, desarmadore
scribble (to) escribir de prisa
Scriptures Escritura
scrub (to) fregar, estregar
scruple escrúpulo
scrupulous escrupuloso
scrutinize (to) escudriñar
sculpt esculpir
sculptor escultor
sculpture escultura
SEA mar, océano
   at sea en el mar
   beyond the sea allende al mar
   to be seasick estar mareado
   We'll go by sea. Iremos por mar.
sea captain capitán de buque
seagull gaviota
seal sello; foca
seal (to) sellar; lacrar (wax)
seam costura
seaman marinero
seamstress costurera
seaplane hidroavión
seaport puerto de mar
search busca, búsqueda; pesquisa,
   investigación; registro
   in search of en busca de
search (to) buscar; registrar; explorar; indagar,
   inquirir, investigar
   to search after indagar, preguntar por
   to search for buscar, procurar
SEASON estación; temporada; sazón
   a season ticket un billete de abono por
      temporada
   in season en temporada
   out of season fuera de estación
   to be in season ser de la estación
season (to) sazonar; condimentar
seasonable oportuno, de temporada
seasoning condimento
SEAT asiento, sitio
   back seat asiento trasero
   front seat asiento delantero
   to take a seat tomar asiento

Have a seat! ¡Tome Ud. asiento!
Is this seat taken? ¿Está ocupado este asiento?
seclude (to) apartar
seclusion reclusión
SECOND segundo, secundario
   on second thought después de pensarlo bien
   second class de segunda clase
   secondhand usado
   second-rate segunda categoría
   second year el segundo año
   She lives on the second floor. Ella vive en el segundo piso.
   The car is in second gear. El coche está en segunda velocidad.
   Wait a second! ¡Espere un instante!
secondary secundario
secondly en segundo lugar
secrecy secreto, reserva
secret secreto
   in secret en secreto
secretary secretario
   private secretary secretario particular
section sección, división
secure seguro, firme
secure (to) asegurar, conseguir
securely seguramente, firmemente
security seguridad, aseguramiento
seduce (to) seducir
SEE (to) ver
   to see about averiguar
   to see a thing through llegar uno hasta el fin de una cosa
   to see fit creer conveniente
   to see the point caer en cuenta
   to see one's way clear ver el modo de hacer algo
   He saw me home last night. Me acompañó a casa anoche.
   I have to see a friend off. Tengo que ir a despedirme de una amiga.
   I'll see to it. Voy a cuidarme de ello.
   It was worth seeing. Aquello era digno de verse.
   Let's see. A ver.
   See? ¿Sabe? ¿Comprende?
   Seeing is believing. Ver y creer.
   See page . . . Véase la página . . .
   See you later. Hasta luego.
   We see each other quite often. Nos vemos con frecuencia.
seed semilla, simiente
seeing vista, visión
seek (to) buscar
   to seek after tratar de obtener
seem (to) parecer, figurarse
   It seems . . . Parece . . .
   It seems to me . . . Me parece . . .
segregate (to) segregar

seize (to) agarrar; coger; prender; apoderarse de; darse cuenta de, comprender
   to be seized with sobrecogerse
SELDOM rara vez, raramente
select selecto, escogido
select (to) elegir, escoger
selection selección
SELF mismo, por sí mismo; sí, se
   by himself por sí mismo
   herself ella misma, se
   himself él mismo, se
   itself ello mismo, se
   my other self mi otro yo
   myself yo mismo, me
   oneself uno mismo, se
   ourselves nosotros mismos, nos
   themselves ellos mismos, se
   yourself tú mismo, te; usted mismo
   yourselves vosotros mismos, os
   He only thinks of himself. No piensa más que en sí mismo.
   I'll do it myself. Yo mismo lo haré.
   I shave myself. Yo mismo me afeito.
   Wash yourself. Lávate.
   You're fooling yourself. Te estás engañando a ti mismo.
self-centered egocéntrico
self-confidence confianza en sí mismo
self-conscious cohibido, tímido; consciente de sí mismo
self-control dominio sobre sí mismo
self-defense defensa propia
self-determination autonomía, independencia
self-evident patente, claro
selfish egoísta
selfishness egoísmo
self-made man hombre que se ha hecho por sus propios esfuerzos
self-possession serenidad
self-preservation propia conservación
self-reliance confianza en sí mismo, independiente
self-respect respeto a sí mismo
self-service autoservicio
self-sufficient autosuficiente, suficiente en sí mismo, apto
SELL (to) vender
   to sell at auction vender en subasta
   to sell for cash vender al contado
   to sell in bulk vender a ojo
   to sell on credit vender a crédito
   to sell retail vender al por menor
   to sell wholesale vender al por mayor
   He is sold on the idea. Está convencido.
   The merchandise is sold out. La mercancía está vendida.
seller vendedor
semester semestre
semiannual semestral

semicircle semicírculo
semicolon punto y coma
seminar curso de estudio superior para un
   grupo de estudiantes, seminario
seminary seminario; colegio
senate senado
senator senador
SEND (to) enviar, despachar, mandar, expedir
   to send an e-mail enviar correo
     electrónico
   to send away despedir; echar a la calle
   to send back devolver
   to send for enviar por
   to send in hacer entrar
   to send word mandar recado
   Did you send for me? ¿Me ha mandado
     Ud. llamar?
   Send it to my house. Mándemelo a casa.
sending despacho
senior mayor, de mayor edad, más antiguo;
   estudiante del último año en un colegio
   Jones, Sr. Jones padre
sensation sensación; entusiasmo
sensational sensacional
SENSE sentido
   common sense sentido común
   the senses los sentidos
   to be out of one's senses haber perdido el
     juicio
   to make sense tener sentido
sense (to) sentir
sensibility sensibilidad
sensible sensato, razonable
sensibly cuerdamente, sensatamente
sensitive sensitivo, sensible
sensual, sensuous sensual
sentence oración; sentencia
sentence (to) sentenciar, condenar
sentiment sentimiento
sentimental sentimental
separate separado, aparte
   under separate cover por separado
separate (to) apartar, separar
separately separadamente
separation separación
SEPTEMBER septiembre
sequence serie, orden de sucesión
serene sereno
serenity serenidad
sergeant sargento
serial de serie, de orden; por partes, por
   entregas; en episodios, en serie
SERIES serie
   in series en serie
   World Series Serie Mundial
SERIOUS serio; grave
seriously seriamente, gravemente
seriousness seriedad, gravedad
sermon sermón

servant criado, sirviente; criada, sirvienta,
   muchacha
SERVE (to) servir
   to serve as servir de
   to serve notice notificar; hacer saber; dar
     aviso
   to serve one's turn bastar, ser suficiente
   to serve the purpose venir al caso
   It serves you right. Bien se lo merece.
service servicio
   at your service servidor; a sus órdenes
   to be of service ser útil; servir
session sesión
SET juego, surtido
   set of china servicio de porcelana
   set of dishes vajilla
   set of teeth dentadura
   tea set juego de té
SET (to) poner, colocar, instalar, asentar,
   establecer; ponerse (astro)
   to set a price on fijar precio a
   to set aside dar de mano, apartar
   to set back atrasar
   to set free poner en libertad
   to set in order arreglar, poner en orden
   to set one's mind on aplicarse a
   to set on fire pegar fuego a, encender
   to set out partir
   to set the table poner la mesa
   to set to work poner manos a la obra
   The sun sets in the west. El sol se pone
     en el oeste.
setback retroceso
setting puesta de un astro; escenario
SETTLE (to) arreglar, ajustar, saldar (un
   asunto); instalarse, fijar (su residencia),
   establecerse; posarse, asentarse
   to settle an account saldar una cuenta
   to settle down asentarse
   to settle upon dar en dote
settlement acuerdo, arreglo; colonia, caserío;
   colonización
set-up arreglo, acuerdo
SEVEN siete
SEVENTEEN diecisiete
seventeenth diecisieteavo
seventh séptimo
seventieth setentavo
SEVENTY setenta
SEVERAL varios, diversos
   several times varias veces
severe severo
severity severidad
sew (to) coser
sewer cloaca
sewing costura
sewing machine máquina de coser
sex sexo
shabby usado, gastado

SHADE sombra; matiz, tinte
shadow sombra *(proyectada por un objeto);* aparecido
    not a shadow of a doubt ni sombra de duda
shady sombreado, umbroso
shake sacudida, temblor; apretón de manos
shake (to) sacudir; temblar; estrechar; cabecear; mover
    to shake hands darse la mano
    to shake in one's shoes temblar de miedo
    to shake one's head mover la cabeza
    to shake with laughter desternillarse
SHALL *1. auxiliar que se usa en el inglés británico para formar el futuro (Véase **will** para el futuro en el inglés americano.)*
    I shall go tomorrow. Iré mañana.
    We shall do it. Lo haremos.
    2. Se usa para expresar promesa o determinación.
    He shall not come again. No volverá nunca.
    *3. Se usa con **we** para hacer sugestiones.*
    Shall we go out? ¿Vamos a salir?
shallow bajo, somero, vadoso
shame vergüenza
    Shame on you! ¡Qué vergüenza!
shame (to) avergonzar
shameful vergonzoso
shameless desvergonzado, sin vergüenza
shampoo champú
shampoo (to) dar champú, lavar la cabeza
SHAPE forma, figura, molde
shape (to) formar, dar forma
share porción, parte; acción
share (to) partir, repartir; participar, tomar parte en
    to share alike tener una parte igual
shareholder accionista
shark tiburón
sharp aguda, puntiagudo, afilado, cortante
    a C-sharp un do sostenido
    a sharp answer una respuesta áspera
    a sharp curve una curva muy pronunciada
    a sharp pain un dolor punzante
    at two o'clock sharp a las dos en punto
    sharp-witted perspicaz
sharpen (to) afilar, aguzar
sharpener amolador, afilador
sharply prontamente
shatter (to) destrozar, hacer pedazos, hacer añicos, romperse, hacerse añicos
shave afeitada
SHAVE (to) afeitar, rasurar; afeitarse, rasurarse
shaving afeitada, rasura
    shaving brush brocha de afeitar
    shaving cream crema de afeitar
shawl chal, mantón
SHE ella

she-cat gata
she-goat cabra
sheaf gavilla, haz
shear (to) tonsurar, rapar; esquilar; trasquilar
shears tijeras grandes; cizallas
sheath vaina
shed cobertizo; cabaña; barraca
shed (to) verter, quitarse; derramar
sheep oveja, carnero
sheer puro, claro
sheet sábana; hoja, pliego
shelf estante, anaquel
shell concha; cáscara; granada
shelter refugio, abrigo, asilo
shelter (to) guarecer; albergar; refugiar; poner al abrigo; poner a cubierto
shepherd pastor
sherbet sorbete
sheriff jefe de la policía de un condado
sherry vino de Jerez
shield escudo, resguardo, defensa
shield (to) defender, amparar, resguardar
shift cambio; tanda, turno de trabajo
shift (to) cambiar
SHINE (to) brillar; limpiar, lustrar, dar lustre
    The sun shines. El sol brilla.
shining brillante, radiante, reluciente
shiny lustroso, brillante
SHIP buque, barco
    merchant ship buque mercante
ship (to) embarcar; enviar, despachar
shipmate camarada de a bordo
shipment embarque; envío, despacho; cargamento
shipping envío, despacho
shipwreck naufragio; desastre
shipyard astillero
SHIRT camisa
    shirt store camisería
    sport shirt camisa de deporte
shiver escalofrío, temblor
SHIVER (to) titiritear, temblar
shock choque, sacudida; sobresalto, emoción
shock (to) sacudir, dar una sacudida; chocar, ofender; conmover, escandalizar
shocking espantoso; horrible; chocante
SHOE zapato; herradura
    a pair of shoes un par de zapatos
    patent-leather shoes zapatos de charol
    shoelaces cordones para los zapatos
    shoe polish betún; crema para los zapatos
    shoe store zapatería
    I should not like to be in her shoes. No me gustaría estar en su pellejo.
    These shoes are too tight. Estos zapatos me aprietan mucho.
    Would you like a shoeshine? ¿Quiere que le limpien los zapatos?
shoeblack limpiabotas, bolero

shoemaker zapatero

shoot (to) tirar, disparar, fusilar

    He shot at his enemy. Disparó contra su enemigo.

    He was shot and killed during the war. Fue matado a tiros durante la guerra.

shooting tiro, tiroteo

    shooting star estrella fugaz

SHOP tienda, almacén

    to open a shop poner tienda

shop (to) hacer compras; ir de tiendas

    to go shopping ir de compras

shore costa

    They go to the seashore during the weekends. Van a la playa durante los fines de semana.

SHORT corto; bajo; breve; escaso

    a short time ago hace poco

    for short para abreviar

    in a short while dentro de poco

    in short en suma

    on short notice con poco tiempo de aviso

    short circuit corto circuito

    short cut atajo

    short story cuento corto

    to be short estar escaso, escacez

    I am short of money. Estoy escaso de dinero.

shortage merma

shortcake torta de fruta

shorten (to) acortar, abreviar

shortening acortamiento; disminución; manteca

shorthand taquigrafía

shortly presto; en breve

shorts calzoncillos

shortsighted miope

shot tiro; disparo; balazo

    within gunshot a tiro de fusil

SHOULD *1. auxiliar que se usa en el inglés británico para formar el condicional (Véase WOULD para el condicional en el inglés americano).*

    If I should come, he would meet me. Sí yo viniera, iría a recibirme.

    2. deber

    I should go. Yo debería ir.

    The window should be left open. Debe dejarse abierta la ventana.

    Things are not as they should be. No están las cosas como debieran.

    We should do it. Nosotros deberíamos hacerlo.

    You should tell him. Ud. debería decirle.

shoulder hombro

    shoulder blade omoplato

    shoulder strap dragona

    shoulder to shoulder hombro a hombro

shout grito

shout (to) gritar; vocear

shove empujón; empellón

shove (to) empellar

shovel pala

SHOW exposición; espectáculo; función; apariencia; ostentación; boato

    showcase vitrina

    show window escaparate, vidriera

    That was a very good show. Fue un buen espectáculo.

SHOW (to) mostrar, enseñar; demonstrar, probar

    to show off hacer alarde

    to show someone in hacer entrar

    to show to the door acompañar a la puerta

    to show up presentarse, parecer

    Can you show us how to do it? ¿Puede mostrarnos cómo se hace?

    The maid showed us in. La criada nos hizo entrar.

shower aguacero, ducha, regadera; bañarse

    shower *(party)* fiesta para dar regalos

    to take a shower darse una ducha

shred (to) picar, desmenuzar

shrewd perspicaz, sagaz, astuto

shrill agudo; penetrante

shrimp camarón

shrine relicario, altar

shrink (to) encogerse; contraerse; mermar

    to shrink from amilanarse; huir de; apartarse de

shroud mortaja; cubierta

shrub arbusto

shudder (to) estremecerse; temblar

shuffle (to) barajear *(barajas)*; arrastrar *(pies)*

SHUT (to) cerrar, encerrar

    to shut in encerrar

    to shut out cerrar la puerta a uno; excluir

    to shut up hacer callar

shutter cerrador; persiana; obturador

SHY tímido, corto

shy off (to) asustarse

SICK malo, enfermo

    to feel sick sentirse enfermo

    to feel sick to one's stomach tener náuseas

    He is very sick. Está muy malo.

sickness enfermedad

    seasickness mareo

SIDE lado, costado

    on all sides por todos lados

    on the other side of the street al otro lado de la calle

    on this side de este lado

    side by side lado a lado

    (the) **wrong side out** al revés

sideboard aparador

sidelong lateral, de lado

sidewalk acera, pavimento, banqueta

side with (to) unirse con, poner ser de parte de
sieve cedazo, tamiz, criba
sift (to) cerner, cribar
sigh suspiro
sigh (to) suspirar
SIGHT vista, aspecto
  at first sight a primera vista
  to be a sight parecer un adefesio
  What a sight! ¡Qué espectáculo!
sightseeing acto de visitar puntos de interés
sign seña, señal; letrero, rótulo; aviso
sign (to) firmar
  Please sign the check. Tenga la bondad de firmar el cheque.
signal señal, seña
  signal light fanal, faro, semáforo
  signal corps cuerpo de señales
signal (to) señalar, distinguir
signatory firmante, signatorio
signature firma, rúbrica
signboard tablero de anuncios
significance significación, importancia
significant significado, expresivo
signpost señal
silence silencio
silence (to) hacer callar
  Silence means consent. Quien calla otorga.
silent silencioso, callado
  to be silent callarse
silently silenciosamente
silk seda
  silkworm gusano de seda
silly necio, tonto
SILVER plata, monedas de plata
  silver paper papel plateado
  silver-plated plateado
  silver wedding bodas de plata
silversmith platero
silverware vajilla de plata
similar similar, semejante
similarity semejanza
similarly semejantemente
simmer (to) hervir a fuego lento
SIMPLE simple, sencillo
  simple-minded cándido
simpleton simplón
simplicity sencillez
simplify (to) simplificar
simply sencillamente; puramente; simplemente
simulate (to) simular, fingir
simultaneous simultáneo
sin pecado, culpa
SINCE hace, desde entonces, después; puesto que, ya que
  ever since desde que
  I have not seen him since last year. Hace un año que no lo veo.

  Since I don't smoke. I don't buy tobacco. Puesto que no fumo, no compro tabaco.
sincere sincero
sincerely sinceramente
  sincerely yours su seguro servidor (S.S.S.)
sincerity sinceridad
SINFUL pecaminoso
SING (to) cantar
  to sing out of tune desafinar
singer cantante, cantor
singing canto
SINGLE solo; soltero
  single room habitación individual
  He did not say a single word. No dijo ni una sola palabra.
singular singular
sink lavado; fregadero
sink (to) hundir, echar a pique
sinner pecador
sip sorbo
sip (to) tomar a sorbos
SIR señor, caballero
  Dear Sir: Muy señor mío:
siren sirena
sissy afeminado
SISTER hermana
sister-in-law cuñada
SIT (to) sentar, sentarse
  to sit by sentarse al lado de
  to sit down at the table sentarse a la mesa
  to sit still estar quieto
  Let's sit down here. Sentémonos aquí.
  Sit down in this armchair. Siéntese Ud. en esta butaca.
site sitio, situación
sitting room sala
situate (to) situar; fijar
situation situación
SIX seis
SIXTEEN dieciseis
sixteenth décimo sexto
sixth sexto
sixtieth sesentavo
SIXTY sesenta
SIZE tamaño, medida, talla
  What size do you wear? ¿Qué talla usa Ud.?
  What size is it? ¿De qué tamaño es?
sizzle (to) chamuscar, freír
  sizzling steak biftec acabado de freír
skate patín
  ice skate patín de hielo
  roller skate patín de ruedas
skate (to) patinar
skeleton esqueleto
skeptic escéptico
skeptical escéptico
sketch bosquejo, dibujo

sketch (to) bosquejar, esbozar
ski esquí
ski (to) esquiar
skid (to) patinar
skill destreza, habilidad
skillful diestro, experto, hábil
skim (to) desnatar; espumar; rasar
  skim milk leche desnatada
SKIN piel
skinny flaco
skip (to) saltar, omitir
  Skip it! ¡Olvídalo!
SKIRT falda
skull cráneo
SKY cielo, firmamento
  sky-blue azul celeste
skyscraper rascacielos
slacks pantalones
slam (to) cerrarse de golpe, aventar
  Please don't slam the door. Por favor, no tire la puerta.
slander calumnia
slang caló, jerga, coloquial
slant declive
slap palmada, bofetada
slap (to) dar una bofetada
slate pizarra
slaughter matanza
slaughterhouse matadero
slave esclavo
slavery esclavitud
slay (to) matar
sled trineo pequeño
sleep sueño
  I need some sleep. Necesito dormir un poco.
SLEEP (to) dormir
  to go to sleep irse a dormir, acostarse
  to sleep soundly dormir profundamente
sleeping car coche dormitorio
sleepwalker sonámbulo
sleepy soñoliento
  to be sleepy tener sueño
sleeve manga
  sleeveless sin mangas
sleigh trineo
slender delgado, esbelto
slice tajada, rebanada
slice (to) rebanar; cortar en rebanadas
slide tapa corrediza; plano inclinado, falla
slide (to) resbalar, deslizarse
slight ligero, leve
slightly ligeramente
slim delgado; delicado
sling honda
slip resbalón; deslizamiento; fondo
  slip of the pen error de pluma
  slip of the tongue lapsus linguae
SLIP (to) resbalar, resbalarse; deslizar

  to slip away escabullirse, deslizarse
  to slip one's mind irse de la memoria
slipper zapatilla, babucha
slippery resbaladizo, resbaloso
slit rajar, hender
slope pendiente, declive, inclinación
sloppy mojado
slot muesca, ranura
SLOW lento, despacio; lentamente
  to be slow atrasar; ser lento
  My watch is slow. Mi reloj atrasa.
slowly lentamente, despacio
  Drive slowly. Conduzca despacio.
  Go slowly. Vaya despacio.
slowness lentitud, morosidad
sluggish perezoso
slum barrio bajo
slumber sueño ligero
slumber (to) dormitar
slur (to) menospreciar, farfullar
sly astuto
SMALL pequeño, chico, menor
  small change suelto
  small talk chistes
smallness pequeñez
smallpox viruela
SMART inteligente, listo, vivo; elegante
smash (to) romper, quebrar
smear (to) untar, tiznar
smell olfato, olor
smell (to) oler
smile sonrisa
smile (to) sonreír
  to smile at (on, upon) sonreír
smoke humo; cigarrillo
  Have a smoke. Tome un cigarrillo.
smoke (to) humear; fumar
  No smoking. Se prohíbe fumar.
smoker fumador
smoking acción de fumar
  No smoking allowed. Se prohíbe fumar.
smoky humeante, con humo
smooth liso, llano, suave
  smooth surface superficie lisa
  smooth-tongued meloso, lisonjero
  smooth wine vino suave
smother (to) ahogar, sofocar
smug presumido
smuggle (to) pasar de contrabando
snack bocadillo
  to have a snack tomar un bocadillo
snail caracol
snake serpiente, culebra
snap chasquido, estallido
snap (to) chasquear
  to snap off abrirse de golpe
snapshot fotografía instantánea
snare trampa, armadijo
snatch (to) arrebatar, agarrar

sneak in (to) entrarse a hurtadillas
sneer (to) echar una mirada despectiva
sneeze estornudo
sneeze (to) estornudar
sniff (to) olfatear *(perros);* aspirar
snip (to) tijeretear
snob snob, presumido
snore (to) roncar
SNOW nieve
    snow-white blanco claro
snow (to) nevar
snowball pelota de nieve
snowfall nevada
snowflake copo
snowstorm tormenta de nieve
snowy nevado
snuff (to) olfatear; despabilar
snug cómodo, abrigado
SO así, tal; de modo que; pues; tanto
    and so forth y así sucesivamente
    at so much a yard a tanto la yarda
    if so si es así
    Mr. So-and-So el señor Fulano de tal
    not so good as no tan bueno como
    so far as I know que yo sepa
    so many tantos, tantas
    so much tanto
    so much the better tanto mejor
    so much the worse tanto peor
    so-so así, así
    so that para que, de modo que
    so then conque
    so to speak por decirlo así
    ten dollars or so cosa de diez dólares
    He is rich and so is she. Él es rico y ella también.
    I am so sorry! ¡Lo siento tanto!
    I hope so. Así lo espero.
    Is that so? ¿De veras?
    I think so. Lo creo.
    So be it. Así sea.
    That is so. Así es. Eso es.
soak (to) empapar
soap jabón
sob sollozo
sob (to) sollozar
sober sobrio
sociable sociable
social social
    social work labor social
socialism socialismo
society sociedad
sock calcetín
socket portalámpara
    eye socket órbita
soda soda
    soda fountain fuente de soda
    soda water gaseosa; agua de Seltz
sofa sofá

SOFT blando; suave
    soft-drink refresco
    soft-boiled eggs huevos tibios
soften (to) ablandar
softly suavemente
softness suavidad
software programas de computación
soil tierra
soil (to) ensuciar
solar solar
soldier soldado
sole suela; planta
SOLE único, solo
    He is the sole heir. Él es el único heredero.
solemn solemne
solemnity solemnidad
solicit (to) solicitar
solicitude solicitud
solid sólido
    solid color color entero
solidify (to) solidificar
solidity solidez
solidly sólidamente
solitary solitario
solitude soledad
soloist solista
soluble soluble
solution solución
solve (to) resolver
SOME algo de; un poco; alguno; unos; unos cuantos
    at some time or other un día u otro
    for some reason por algo
    in some way en algo
    Bring me some cigars. Tráigame unos puros.
    Give me some water. Déme agua.
    He owes me some two hundred dollars. Me debe unos dos cientos dólares.
    Here are some of his books. Aquí estan algunos de sus libros.
    I have some left. Me sobra algo.
    Some *(people)* **think so.** Hay quienes piensan así.
SOMEBODY alguien, alguno
    somebody else algún otro
SOMEHOW de algún modo
SOMEONE alguien, alguno
SOMETHING alguna cosa, algo
    something else otra cosa; alguna otra cosa
SOMETIME algún día, en algún tiempo
    Call me up sometime. Llámame alguna vez.
SOMETIMES algunas veces, a veces
    He is sometimes late. A veces llega tarde.
SOMEWHAT algún tanto, un poco
    He is somewhat busy. Está algo ocupado.
SOMEWHERE en alguna parte

somewhere else en alguna otra parte
SON hijo
son-in-law yerno
SONG canto, canción
songbook cancionero
SOON presto, pronto, prontamente; a poco
   as soon as tan pronto como
   as soon as possible lo más pronto
    posible
   sooner or later tarde o temprano
   the sooner the better mientras más pronto
    mejor
   How soon will you finish? ¿Cuánto
    tiempo tardará Ud. en terminar?
   I'll see you soon. Hasta muy pronto.
soothe (to) aliviar, calmar, tranquilizar
sophisticated sofisticado
sordid vil, bajo, sórdido
sore llaga, dolor
SORE dolorido, enconado; resentido
   sore throat mal de garganta
sorrow pesar, tristeza
   to my sorrow con gran sentimiento mío
sorrowful pesaroso, afligido
SORRY triste; afligido
   to be sorry sentir
   I feel sorry for her. La compadezco.
   I'm very sorry. Lo siento muchísimo.
   You will be sorry. Le pesará.
SORT clase, especie; manera, forma
   all sorts of people toda clase de gente
   a sort of una especie de
   nothing of the sort nada de eso
   What sort of person is he? ¿Qué tipo de
    persona es?
soul alma; espíritu
   upon my soul por vida mía
SOUND sonido; son; sonda
SOUND sano, robusto, bueno
   safe and sound sano y salvo
   sound judgement juicio cabal
   sound sleep sueño profundo
sound (to) sonar, resonar
soundproof prueba de sonido
soup sopa
   soup plate sopero, plato hondo
   vegetable soup sopa de legumbres
SOUR agrio, ácido
   sour cream crema agria
source fuente
   to know from a good source saber de
    buena tinta.
SOUTH sur, sud
   the South Pole el polo sur
southeast sudeste
southern meridional, del sur
southwest sudoeste
souvenir recuerdo
sovereign soberano

sow (to) sembrar
sowing siembra
SPACE espacio, lugar, intervalo
   space shuttle nave espacial, astronave,
    vehículo espacial
   Please type it double-spaced. Escríbalo a
    doble espacio.
   There is no space left. Ya no hay lugar.
space (to) espaciar; interlinear
spacious espacioso, amplio, vasto
spade laya, pala; espada *(baraja)*
   to call a spade a spade llamar al pan pan
    y al vino vino
spaghetti fideos
Spaniard español
Spanish español
   Spanish American hispanoamericano
   Do you speak Spanish? ¿Habla Ud.
    español?
spank (to) zurrar, dar nalgadas
SPARE disponible, sobrante; de respeto, de
   repuesto
   spare money dinero de reserva
   spare parts repuestos, refacciones
   spare room cuarto de sobra
   spare time horas de ocio
   spare tire neumático de repuesto
spare (to) ahorrar, economizar; escatimar; ser
   frugal; perdonar
   I was spared the trouble of doing it. Me
    ahorré la molestia de hacerlo.
   They have money to spare. Tienen dinero
    de sobra.
   They spared his life. Le perdonaron la
    vida.
sparingly escasamente, parcamente,
   frugalmente, rara vez
spark chispa
   spark plug bujía
spark (to) echar chispas; chispear
sparkle centelleo, destello
sparrow gorrión
SPEAK (to) hablar
   to speak for hablar en favor de; hablar de
    parte de alguien
   to speak for itself ser evidente
   to speak one's mind decir uno lo que
    piensa
   to speak out hablar claro
   to speak to hablar a
   to speak up hablar, decir
speaker orador
spear lanza
spearmint menta verde
SPECIAL especial, particular
   special delivery entrega inmediata; entrega
    urgente
   special delivery stamp sello de urgencia
specialist especialista

specialize (to) especializar; tener por especialidad; estar especializado

specially especialmente, particularmente; sobre todo

speciality especialidad

species especie

specifically específicamente

specify (to) especificar

specimen espécimen, muestra

spectacle espectáculo

spectator espectador

speculate (to) especular, meditar

speculation especulación

speculative especulativo

SPEECH habla, palabra, discurso, disertación
    to make a speech pronunciar un discurso

speechless mudo, sin habla

speed velocidad, rapidez
    at full speed a toda velocidad
    speed limit velocidad máxima

speed (to) acelerar, apresurar, dar prisa; apresurarse, darse prisa

speedy veloz, rápido

spell (to) deletrear

spelling deletreo; ortografía
    spelling book cartilla

SPEND (to) gastar; expender; consumir; agotar
    to spend the night pasar la noche
    to spend time emplear el tiempo
    I'll spend the winter in Florida. Pasaré el invierno en la Florida.

spender gastador

spendthrift pródigo, derrochador

sphere esfera

spice especie

spick-and-span limpio

spicy picante

spider araña

spill (to) derramar, esparcir

spin giro, vuelta; barrena

spin (to) hilar; girar, dar vueltas; tornear

spinach espinaca

spinal espinal

spindle huso, broca

spine espinazo, espina dorsal

spiral espiral

spirit espíritu

spirited brioso, vivaz

spiritual espiritual

spit asador, espeto, espetón; saliva

spit (to) escupir

spite rencor, despecho
    in spite of a pesar de

spiteful rencoroso

splash salpicadura, chapoteo

splash (to) salpicar, chapotear

spleen esplín

splendid espléndido, magnífico

Splendid! ¡Espléndido!

splendor esplendor

splice (to) ayustar

split hendido, partido; dividido

SPLIT (to) hender, partir; dividir
    to split hairs pararse en pelillos
    to split one's sides with laughter morirse de risa
    to split the difference compartir la diferencia
    to split up repartir, dividir

SPOIL (to) echar a perder, dañar, estropear; estropearse, dañarse, echarse a perder; pudrirse
    to spoil a child mimar demasiado a un niño

sponge esponja

sponsor fiador; padrino; patrocinador

sponsor (to) patrocinar, fomentar, apadrinar; costear un programa de radio

spontaneity espontaneidad

spontaneous espontáneo

spool carrete, carretel

SPOON cuchara
    teaspoon cucharilla, cucharita
    tablespoon cuchara

spoonful cucharada

SPORT deportivo, de deporte
    sport shirt camisa de deporte

sports deportes

sportsman deportista

SPOT mancha; borrón; sitio, lugar, paraje; apuro; aprieto
    on the spot allí mismo, en el mismo lugar
    He has a spot on his coat. Tiene una mancha sobre su saco.
    This is a very good spot for fishing. Éste es un lugar muy bueno para pescar.

spotless inmaculado

spouse esposo, esposa

sprain torcedura, distensión

sprain (to) torcerse, distenderse

spray rociada, rocío; espuma del mar

spray (to) pulverizar, rociar

sprayer pulverizador

spread difusión

SPREAD (to) propalar, difundir; divulgar; esparcir; desparramar; tender; extender; desplegar; abrir; untar
    She spreads peanut butter on rye bread. Unta mantequilla de cacahuete en pan de centeno.
    The news is spreading very quickly. La noticia se esparce rápidamente.
    Who spread this rumor? ¿Quién difundió este rumor?

SPRING primavera; manantial, fuente; salto, resorte, muelle

bedspring bastidor, resorte
spring (to) saltar, brincar
   to spring at lanzarse sobre; saltar
sprinkle (to) rociar; polvorear
sprout (to) brotar
spur espuela
   on the spur of the moment
     impulsivamente
spy espía
spy (to) espiar
squad escuadra; pelotón
squadron escuadrón; escuadra, flotilla
squander (to) malgastar
SQUARE cuadrado; plaza
   square deal equidad
   to get square with vengarse de
squash calabaza
squeak (to) chirriar, rechinar
squeeze (to) exprimir, apretar
   to squeeze out hacer salir
squirrel ardilla
stab puñalada
stab (to) apuñalar, dar de puñaladas
stable estable; *s:* establo
stack niara, rima
stadium estadio
STAFF palo, asta; báculo, bastón; bastón de
   mando; jalón de mira; personal; plana
   mayor, estado mayor
   editorial staff cuerpo de redacción
   office staff personal de oficina
   staff officer oficial de estado mayor
stag ciervo, venado; hombre solo
   a stag party una fiesta de hombres solos
stage etapa; escenario, tablas
   by stages por etapas
stage (to) representar, poner en escena
stagecoach diligencia
stagnant estancado
stain mancha
stain (to) manchar
   stained glass vidrio de color
stainless limpio, inmaculado
   stainless steel acero bruñido
stair escalón, peldaño
staircase escaleras
stake estaca, piquete
   at stake comprometido
   His honor is at stake. Le iba en ello el
     honor.
stake (to) estacar, poner estacas; jugar,
   aventurar, arriesgar
   to stake all jugarse el todo por el todo
stale añejo, rancio
stall casilla de establo
stammer (to) tartamudear
STAMP sello, estampilla; timbre
   postage stamp sello de correo
stamp (to) estampar, sellar; poner un sello

stand puesto; tribuna; mesita; velador, estante,
   pedestal, soporte
newsstand puesto de periódicos
STAND (to) poner derecho, colocar, poner de
   pie, ponerse, estar de pie; resistir, hacer
   frente; aguantar, sufrir, pararse
   to stand a chance tener probabilidades
   to stand by atenerse a
   to stand for estar por, favorecer
   to stand in line hacer cola
   to stand in the way cerrar el paso
   to stand off mantenerse a distancia
   to stand one's ground resistir
   to stand on one's feet valerse de sí
     mismo
   to stand out resaltar, sobresalir
   to stand out of the way hacerse a un
     lado
   to stand still no moverse; estarse quieto
   to stand the test pasar la prueba
   to stand together mantenerse unidos
   to stand up levantarse, ponerse de pie
   to stand up for sacar la cara por
   He stood me up. Me dejó plantado, -a.
   I am standing. Estoy de pie.
   I can't stand him. No lo puedo aguantar.
   Stand by! ¡Prepárese!
   Stand back! ¡Atrás!
   Stand up! ¡Levántese!
standard norma; tipo; pauta; patrón;
   estandarte
   standard of living nivel de vida
   standard price precio corriente
   gold standard patrón de oro
standing en pie, erecto, de pie
standpoint punto de vista
star estrella, astro
   the Stars and Stripes las Estrellas y las
     Franjas *(la bandera americana)*
starch almidón
starch (to) almidonar
stare (to) clavar la vista
   to stare one in the face echar en cara
stark tieso, rígido
start principio, comienzo; partida, salida,
   arranque
   to get a good start tomar la delantera
START (to) comenzar, principiar; partir; salir;
   ponerse en marcha; arrancar
   to start off partir, ponerse en marcha
   to start out principiar a
   to start up salir de repente
startle (to) espantar, alarmar
starvation hambre, inanición
starve (to) morir de hambre
STATE estado, condición, situación
   in a state of en estado de
state (to) decir; expresar, declarar, manifestar;
   afirmar

statement declaración, manifestación, exposición, relación; informe, memoria; cuenta, estado de cuenta
stateroom camarote
statesman estadista, hombre de estado
static estático
STATION estación; situación, puesto
    police station estación de policía
    railroad station estación de ferrocarril
    station master jefe de estación
stationary estacionario, fijo
stationery papel para cartas, efectos de escritorio
stationery store papelería
statistics estadística
statue estatua, imagen
stay estancia; permanencia; residencia
STAY (to) quedar, quedarse; parar; detenerse; hospedarse; aplazar; suspender
    to stay away estar ausente; no volver
    to stay in quedarse en casa
    to stay in bed guardar cama
    He's staying at the Waldorf Astoria. Para en el Waldorf Astoria.
    I stayed up all night. Velé toda la noche.
    You'd better stay away from this. Mejor te mantienes lejos de esto.
steadfast constante; determinado
steadily constantemente, con constancia
steady firme; fijo; estable; constante
steak biftec, bistec
steal (to) robar
    They've stolen my watch. Me han robado el reloj.
steam vapor
steamboat vapor
steam engine máquina de vapor
steamer buque de vapor
steamship buque de vapor
    steamship line compañía de vapores
steel acero
steep empinado, escarpado
steer (to) guiar, conducir, gobernar
steering wheel rueda del timón, volante
stem tallo; raíz *(gram.)*
stenographer taquígrafo
stenography taquigrafía, estenografía
STEP paso; escalón, peldaño
    flight of steps tramo
    step by step paso a paso
    to be in step llevar el paso
    to be out of step no llevar el paso
    Watch your step. Mire Ud. donde pisa.
step (to) dar un paso, pisar, andar, caminar
    to step aside hacerse a un lado
    to step back retroceder
    to step down bajar, descender; disminuir
    to step forth avanzar
    to step in entrar, visitar; meterse, intervenir

    to step on pisar
    to step out salir
    to step up subir
    Do not step on the grass. No pisar el pasto.
stepbrother hermanastro, medio hermano
stepchild hijastro
stepdaughter hijastra
stepfather padrastro
stepladder peldaño
stepmother madrastra
stepsister hermanastra
stepson hijastro
sterile estéril
sterilize (to) esterilizar
stern austero, severo; popa
stew guisado, estofado
    beef stew guisado de res
steward camarero
stewardess camarera
STICK palo, garrote; bastón
stick (to) apuñalar; clavar, hincar; pegar; fijar, prender, perseverar
    to stick by solidarizarse con, apoyar
    to stick out sacar; asomar
    to stick up atracar
    to stick up for defender
    He sticks to his ideas. Se mantiene en sus ideas.
sticky pegajoso
STIFF tieso, duro, rígido, estirado, afectado; ceremonioso; fuerte; caro
    stiff collar cuello planchado
    stiff neck tortícolis
    stiff-necked terco, obstinado
    He is a very stiff person. Él es una persona muy rígida.
stiffen (to) endurecer(se), atiesar(se), arreciar, enconarse, obstinarse
stiffness rigidez, dureza
STILL quieto, inmóvil, tranquilo
    still life naturaleza muerta
    still water agua estancada
    to stand still estarse inmóvil
    Be still! ¡Cállate!
STILL aun, aún; todavía; hasta ahora; no obstante
    She's still sleeping. Está durmiendo todavía.
stillness calma, quietud
stimulate (to) estimular
sting aguijón; picadura
sting (to) picar; pinchar
stingy avaro, tacaño
stink (to) heder
stipulate (to) estipular
stipulation estipulación
stir (to) agitar; revolver
    to stir the fire atizar el fuego

to stir up conmover, excitar
stirrup estribo
stitch puntada; basta
stitch (to) coser, embastar, bastear
STOCK surtido, existencias, mercancías; acción; valores, acciones; caja; raza
    stock company sociedad anónima
    stock market bolsa
    in stock en existencia
    out of stock agotado
stocking media, calceta
stomach estómago
STONE piedra; hueso (de unas frutas)
stool taburete, banqueta
stoop (to) agacharse; humiliarse
stop parada
STOP (to) parar, pararse, detener, detenerse; hacer alto; quedarse
    to stop at detenerse en; poner reparo
    to stop over detenerse durante el viaje; quedarse
    to stop payment suspender el pago
    to stop raining dejar de llover
    to stop short parar en seco
    to stop talking dejar de hablar
    Stop! ¡Alto!
    Stop a minute. Deténgase un instante.
    Stop that now! ¡Basta!
stoppage tupido
storage almacenaje
STORE tienda
    department store almacén, tienda de variedades, bazar
    What time do the stores open? ¿A qué hora abren las tiendas?
stork cigüeña
storm tempestad, tormenta
stormy tempestuoso
STORY historia, cuento, historieta; embuste; piso
    as the story goes según se dice
    detective story cuento de detectives
    short story cuento corto
    storyteller narrador de cuentos; embustero (colloqial)
stout corpulento, gordo
stove estufa
STRAIGHT derecho, recto
    straight line línea recta
    Go straight ahead. Vaya todo seguido.
straighten (to) enderezar, poner en orden
straightforward derecho; recto; franco; íntegro, honrado
strain tensión; esfuerzo
STRAIN (to) colar; cansar; esforzarse
    to strain the voice forzar la voz
    Don't strain yourself. No se canse Ud.
strainer colador
strait estrecho

strand costa; cordón, cuerda
STRANGE extraño, raro; desconocido
    strange face cara desconocida
strangeness extrañeza, rareza
stranger extraño, desconocido, extranjero
strap correa
strategic estratégico
strategy estrategia
straw paja
    straw hat sombrero de paja
    This is the last straw. Es el colmo.
strawberry fresa
    strawberry shortcake pastel de fresas con crema
streak rayo (luz); lista, raya
stream corriente de agua; río; arroyo
    against the stream contra la corriente
    downstream corriente abajo
    upstream corriente arriba
streamline líneas aerodinámicas
STREET calle
    street crossing cruce de calle
    street intersection bocacalle
streetcar tranvía
STRENGTH fuerza, vigor
    on the strength of fundándose en
    to gain strength cobrar fuerzas
strengthen (to) fortalecer, reforzar
strenuous extenuante
stress acento; estrés
STRESS (to) acentuar, dar énfasis
stretch (to) estirar, extender, ensanchar; dar de sí
    to stretch oneself desperezarse
    to stretch out estirar, alargar
stretcher camilla
strict estricto, rígido; exacto
strictly estrictamente, exactamente
stride paso largo
stride (to) andar a trancos
strike huelga
STRIKE (to) golpear, pegar, chocar, ponerse en huelga
    to strike against chocar con
    to strike a match encender un fósforo
    to strike at atacar, acometer
    to strike back dar golpe por golpe
    to strike home dar en el vivo
    to strike one as funny hacer gracia
    to strike out borrar, tachar
striking que sorprende, sorprendente; llamativo
string cuerda, cordel
string bean habichuela
strip tira; lonja; lista
strip (to) desnudar, quitar
stripe lista, raya, banda
stripe (to) rayar
strive (to) esforzarse

stroke golpe; ataque, apoplejía
   stroke of a pen plumada, plumazo
stroll paseo, vuelta
   to go for a stroll dar una vuelta
stroll (to) pasear(se)
stroller vagabundo, paseador
STRONG fuerte, poderoso
stronghold fortificación
structure estructura
struggle disputa, contienda, pugna, lucha
struggle (to) luchar
stub tocón, cepa
stubborn obstinado, terco
stubborness obstinación
STUDENT estudiante
studio estudio
studious estudioso
study estudio
study (to) estudiar
STUFF tela, paño, género; cosa, chismes,
   muebles
   I have so much stuff to carry. Tengo
      muchísimas cosas que llevar.
stuff (to) henchir, llenar, rellenar
   stuffed crabs cangrejos rellenos
stumble (to) tropezar
stump tocón, cepa
stun (to) aturdir
stunning magnífico, excelente
   You look stunning in that dress. Luces
      espléndida con ese vestido.
stupefaction estupefacción
stupefied estupefacto
stupendous estupendo
stupid estúpido
   to be stupid ser estúpido
stupidity estupidez
stupor estupefacción, estupor
sturdy fuerte, robusto
stutter (to) tartamudear
STYLE estilo, modo, moda
   This is the new style. Ésta es la nueva
      moda.
subconscious subconsciente
subdue (to) someter, extirpar, subyugar
subject sujeto, materia, asunto, tema
subject (to) sujetar, someter
subjective subjetivo
subjugate (to) subyugar
subjunctive subjuntivo
sublet (to) subarrendar, subrentar
sublime sublime
submarine submarino
submission sumisión
submit (to) someter, someterse
subordinate subordinado
subscribe (to) subscribir(se)
subscriber abonado, subscriptor
subscription subscripción; cantidad subscrita

subsequent subsiguiente, ulterior
subsequently posteriormente,
   subsiguientemente
subside (to) apaciguarse
subsistence existencia, subsistencia
substance substancia
substantial substancial
substantiate (to) verificar, justificar
substantive substantivo
substitute substituto
substitution substitución
subtitle subtítulo; título de escena
   cinematográfica
subtle sutil, delicado
subtract (to) quitar, restar, substraer
SUBURB suburbio, arrabal, colonias
SUBWAY subterráneo, metro
SUCCEED (to) suceder; salir bien; tener buen
   éxito
   to succeed in tener buen éxito en; lograr
success éxito, buen resultado
   I wish you a lot of success. Le deseo
      mucho éxito.
successful próspero
successfully con buen resultado
successive sucesivo
successor sucesor
succinct sucinto, breve
succotash mezcla de maíz y habas
SUCH tal, semejante
   in such a way de tal modo
   no such thing no hay tal
   such as tal como
   It's such an interesting story. Es una
      historia tan interesante.
suck (to) chupar, mamar
sucker lechón, chupador
SUDDEN súbito, apresurado
   all of a sudden de repente
suddenly súbitamente, repentinamente, de
   pronto
sue (to) demandar; poner pleito
suede gamuza
suffer (to) sufrir
suffering sufrimiento, padecimiento
suffice (to) bastar, ser suficiente
sufficient suficiente
suffix sufijo
suffocate (to) sofocar, asfixiar
SUGAR azúcar
   sugar bowl azucarero
   sugar cane caña de azúcar
   sugar mill ingenio
suggest (to) sugerir, insinuar
suggestion sugestión
suicide suicidio
   to commit suicide suicidarse
SUIT traje; causa, pleito; palo
   ready-made suit traje hecho

suit made to order traje a la medida
  to bring suit entablar juicio
SUIT (to) cuadrar, convenir, acomodar; venir, ir bien, sentar; satisfacer; agradar
  to suit one's self hacer uno lo que le guste
suitable adecuado, apropiado
suitably adecuadamente, convenientemente
suitcase maleta, valija
SUITE serie, juego, acompañamiento
  suite of rooms serie de piezas
sulfur (sulphur) azufre
sulk (to) amorrar
sullen hosco, adusto, murrio
sultan sultán
sum suma
  in sum en suma
  sum total suma total
summarize (to) resumir
summary sumario
SUMMER verano
  summer resort lugar de veraneo
  summertime estío
summit cima, cumbre, cúspide
summon (to) citar, emplazar, requerir, convocar
summons citación
sum up (to) resumir, recapitular
sumptuous suntuoso
SUN sol, luz de sol
  sun bath baño de sol
  to take a sun bath tomar un baño de sol
sunbeam rayo de sol
sunburn quemadura de sol
sunburned, sunburnt tostado por el sol
  to get sunburned tostarse por el sol
sundae helado con nata batida y frutas
SUNDAY domingo
sunlight luz del sol
sunny de sol, asoleado; alegre, risueño
sunrise salida de sol, amanecer
sunset puesta de sol
sunshine luz solar
  in the sunshine al sol
sunstroke insolación
suntan bronceado
superb soberbio, grandioso
superficial superficial
superfluous superfluo
superintendent superintendente
superior superior
superiority superioridad
supermarket supermercado
supernatural sobrenatural
superstition superstición
superstitious supersticioso
supervise (to) supervisar
supper cena
  to have supper cenar
supplement suplemento
supply abastecimiento; surtido; oferta

supply and demand oferta y demanda
SUPPLY (to) abastecer, proveer, surtir
  The army supplies the soldiers with uniforms. El ejército provee a los soldados con uniformes.
support apoyo, sostén; sustento, manutención
  in support of en favor de
support (to) sostener, apoyar; mantener
supporter mantenedor, defensor
suppose (to) suponer
  He is supposed to be rich. Se cree que es rico.
  He is supposed to be there tomorrow. Debo estar allí mañana.
supposition suposición, supuesto
suppress (to) suprimir
suppression supresión
supreme supremo, sumo
  Supreme Court Corte Suprema
SURE cierto, seguro
  to be sure estar seguro
  Be sure to . . . No deje de . . .
surely seguramente, ciertamente, indudablemente
surety garantía, seguridad
surf the net patinaje sobre las olas de la Red.
surge oleada
surgeon cirujano
surgery cirugía
surgical quirúrgico
surname apellido
surprise sorpresa; extrañeza
surprise (to) sorprender
surprising sorprendente
surprisingly sorprendentemente
surrender rendición, entrega
surrender (to) rendir(se), entregar(se), ceder
surround (to) cercar, rodear
surrounding circunvecino
surroundings inmediaciones, alrededores; medio ambiente
survey examen, estudio; inspección; levantamiento
survey (to) examinar, estudiar; reconocer, inspeccionar; levantar un plano
survival supervivencia
survive (to) sobrevivir
survivor sobreviviente
susceptible susceptible
suspect persona sospechosa
suspect (to) sospechar
suspend (to) suspender
suspenders tirantes
suspicion sospecha
suspicious sospechoso, desconfiado, suspicaz
sustain (to) sostener, aguantar
swallow trago; golondrina
swallow (to) tragar

swamp pantano, ciénaga
swan cisne
swap (to) cambiar, permutar
swarm enjambre
swarm (to) enjambrar, pulular, bullir, hormiguear
swear (to) jurar, tomar, prestar juramento
   to swear by jurar por; poner confianza implícita en
sweat sudor
sweat (to) sudar
sweater suéter, chaqueta de punto
Swedish sueco
sweep (to) barrer
SWEET dulce, bonito, lindo, amable
   sweet potato batata, camote
   to have a sweet tooth ser goloso
   She's very sweet. Ella es muy dulce.
sweetheart querido(a); novio(a)
sweetness dulzura
swell excelente, magnífico, estupendo
swell (to) hinchar, subir, crecer
swelling hinchazón
SWIFT rápido, veloz
swiftly velozmente, rápidamente
SWIM (to) nadar
   Can you swim? ¿Sabe Ud. nadar?
swimmer nadador
swimming natación
swimming pool piscina, alberca
swindle (to) petardear, estafar
swine marrano, puerco
swing columpio, balanceo, oscilación
   in full swing en pleno apogeo
swing (to) columpiar, mecer; oscilar
Swiss suizo
switch interruptor, apagador; conmutador, cambiavía, aguja de cambio; cambio
switch (to) azotar, fustigar; desviar, apartar; cambiar
switchboard cuadro de distribución; cuadro conmutador
sword espada
syllable sílaba
symbol símbolo
symmetrical simétrico
sympathetic afín, simpático, que simpatiza
sympathize (to) simpatizar
sympathy simpatía
symphonic sinfónico
symphony sinfonía
   symphony orchestra orquesta sinfónica
symptom síntoma
synagogue sinagoga
synonym sinónimo
synthetic sintético
syrup jarabe, almíbar
system sistema
systematic metódico, sistemático

T

TABLE mesa; tabla
   table of contents índice
   to clear the table levantar la mesa
   to set the table poner la mesa
   to sit down at the table sentarse a la mesa
tablecloth mantel
tablespoon cuchara
tablet tabla, tableta, pastilla; lápida
tableware servicio de mesa
tack puntilla; hilván, tachuela
tack (to) clavar con tachuelas
tackle aparejo
   fishing tackle avíos de pescar
tackle (to) agarrar, asir
tact tacto
tactful cauto, mañoso
tactics táctica
tactless falta de tacto
tag herrete, marbete, marca, etiqueta
tail cola
   tail light farol trasero
   Heads or tails? ¿Cara o cruz?
tailor sastre
   tailor made de sastrería
take toma; cogida
TAKE (to) tomar; coger; asir, agarrar; considerar
   breath-taking emocionante *(que corta el aliento)*
   to take a bath bañarse
   to take a bite comer algo
   to take account of tomar en cuenta
   to take advantage of aprovecharse
   to take advice hacer caso, tomar consejo
   to take a fancy to prendarse de
   to take after parecerse
   to take a liking to coger cariño a
   to take a look at echar un vistazo
   to take a nap dormir la siesta
   to take an oath prestar juramento
   to take apart desarmar *(una máquina)*
   to take a picture sacar un retrato, foto
   to take a step dar un paso
   to take a stroll dar una vuelta
   to take a trip hacer un viaje
   to take away quitar, llevarse
   to take a walk dar un paseo
   to take back retractarse
   to take care of cuidar de
   to take chances correr el riesgo
   to take charge of encargarse de
   to take down tomar nota de
   to take effect surtir efecto
   to take for granted dar por sentado
   to take from quitar de
   to take to heart tomar a pecho

to take into consideration tomar en cuenta
to take it easy no apurarse
to take it out on desquitarse con otro
to take leave despedirse
to take note tomar nota
to take notice advertir
to take off despegar *(un avión)*
to take one's clothes off quitarse la ropa
to take one's shoes off descalzarse
to take one's time tomarse el tiempo
to take out sacar
to take pains cuidar, esmerarse
to take part tomar parte
to take place suceder, ocurrir
to take possession of apoderarse
to take refuge refugiarse
to take time tomar tiempo
to take up a subject abordar un tema
to take upon oneself encargarse de
to take up room ocupar espacio
Don't take it that way. No lo tome Ud. en ese sentido.
He took it as a joke. Lo tomó a broma.
I'll take a copy of this magazine. Tomaré un ejemplar de esta revista.
I'll take you up on that. Le cojaré la palabra.
Let's take a taxi. Tomemos un taxi.
Take it easy. Tómelo con calma.
Take it or leave it. Tómelo o déjelo.
Take my word for it. Créame Ud.
Take your hat off. Quítese el sombrero.
talcum talco
TALE cuento; chisme
fairy tale cuento de hadas
talent talento; capacidad; ingenio
talented talentoso
talk conversación; charla; discurso; comidilla; rumor
Let's have a talk. Vamos a platicar juntos.
TALK (to) hablar, platicar, charlar, conversar; decir
to talk back replicar
to talk to hablar a
He talked her out of it. La disuadió.
He talks nonsense. Dice disparates.
Let's talk it over. Vamos a discutirlo.
She talked me into it. Me convenció.
We talked business. Hablamos de negocios.
talkative locuaz, hablador
TALL alto, grande
tallness altura, estatura
tame domesticado, amansado, dócil
tame (to) domar, domesticar
tan atezado, tostado; color de canela; café claro
tan (to) curtir, atezarse, tostarse
tangerine mandarina

tangle (to) enredar, embrollar
tank tanque, cisterna; depósito
tap canilla, espita
tap (to) horadar; tocar o golpear suavemente
tape cinta; tira de tela o de papel o de metal
adhesive tape esparadrapo, tela adhesiva
tape measure cinta para medir
tapestry tapiz, tapicería
tar alquitrán, brea
tardy tardío, moroso, lento
target blanco, objetivo
to hit the target dar en el blanco
tariff tarifa
tarnish (to) deslustrar, manchar, empañar
tart acre, ácido, picante; *s:* tarta
task tarea, faena, labor
taste gusto, sabor
in bad taste de mal gusto
in good taste de buen gusto
to have a taste for tener gusto por
TASTE (to) gustar, saborear, probar; saber a, tener gusto a
Taste it. Pruébelo.
The soup tastes of onion. La sopa sabe a cebolla.
tasteful sabroso; de buen gusto
tasteless insípido; de mal gusto
tavern taberna
TAX impuesto, contribución
income tax impuesto sobre la renta
tax collector recaudador de impuestos
tax evasion evasión de impuestos
tax rate tarifa de impuestos
tax (to) cobrar impuestos; imponer contribuciones
taxable sujeto a impuestos
taxation imposición
taxi, taxicab taxi; coche *(de alquiler)*
taxpayer contribuyente
TEA té
tea bag paquete de té
TEACH (to) enseñar, instruir
teacher maestro
teaching enseñanza
teacup taza para té
teakettle olla para calentar agua
TEAM pareja, tronco; equipo
teamwork trabajo coordinado
teapot tetera
tear lágrima
tear (to) desgarrar, rasgar, romper
to tear down demoler
to tear one's hair arrancarse los cabellos
to tear to pieces despedazar
to tear up arrancar
tease (to) tomar el pelo
teaspoon cucharita
teaspoonful cucharadita
technical técnico

technique técnica
tedious aburrido, cansado
teeth dientes *(pl. de "tooth")*
telecommunications telecomunicaciones
telegraph telégrafo
telegraph (to) telegrafiar
telemarketing telemercado
TELEPHONE teléfono
   telephone booth cabina telefónica
   telephone call llamada telefónica
   telephone directory guía telefónica,
      directorio telefónico
   telephone exchange central telefónica
   telephone operator telefonista
   You're wanted on the telephone. Le
      llaman por teléfono.
   What's your telephone number? ¿Qué
      número tiene su teléfono?
   Where's the telephone? ¿Dónde está el
      teléfono?
TELEPHONE (to) telefonear, llamar por
   teléfono
   Can we telephone from here? ¿Se puede
      telefonear desde aquí?
telescope telescopio
television televisión
telex telex
TELL (to) decir, contar, relatar; referir
   to tell a story contar un cuento
   Do what you are told. Haz lo que te digan.
   Please tell me. Dígame, por favor.
   Tell it to him. Cuénteselo a él.
   Tell it to the Marines. A otro perro con
      ese hueso.
   Who told you so? ¿Quién le dijo eso?
temper genio, carácter
   bad temper mal genio
   to lose one's temper perder la paciencia
temperament genio
temperature temperatura
tempest tempestad
temple templo; sien
temporarily provisionalmente, temporalmente
temporary provisorio, temporal, interino
temporize (to) contemporizar
tempt (to) tentar
temptation tentación
tempting tentador
TEN diez
tenacious tenaz, porfiado
tenacity tenacidad
tenant inquilino
tendency tendencia
TENDER tierno
   tender-hearted compasivo
tenderly tiernamente
tennis tenis
   tennis court cancha de tenis
tenor tenor; contenido

tense tenso
tension tensión
tent tienda de campaña
tentative tentativa
tenth décimo
tepid tibio, templado
TERM término; plazo, especificaciones,
   condiciones, estipulaciones
   in terms of en concepto de
   on no terms por ningún concepto
   to be on good terms with estar en buenas
      relaciones con
   to bring to terms imponer condiciones
   to come to terms llegar a un acuerdo,
      convenir
   On what terms? ¿En qué términos?
TERMINAL término, estación terminal, final
   de trayecto; terminal, borne
terminal terminal, final, último
terminus término, fin
terrace terraza
terrible terrible, espantoso
   How terrible. ¡Qué espantoso!
terribly espantosamente, terriblemente
territory territorio
terror terror, espanto
TEST prueba, ensayo, examen, análisis
test (to) ensayar, probar, analizar
testify (to) atestiguar, testificar, declarar
testimony testimonio
text texto
textbook libro de texto
texture textura
THAN que
   fewer than menos que
   more than that más que eso
   She's older than I. Ella es mayor que yo.
THANK (to) agradecer, dar las gracias
   Thank you. Gracias.
thankful agradecido
thanks gracias
   thanks to gracias a
THAT *(dem.)* ese, esa; aquel, aquella; ése, ésa,
   eso; aquél, aquélla, aquello
   and all that y cosas por el estilo
   that is to say es decir
   that man ese hombre
   that's how así es como es
   that way por allí
   that woman esa mujer
   Let it go at that. Déjelo correr.
   That may be. Es posible.
   That's all. Eso es todo.
   That's it. Eso es.
   That's something else *(again)*. Eso ya es
      otro cantar.
   That's that. Eso es lo que hay.
   That's the one. Ése es.
THAT *(pron. rel.)* que, quien, el cual, la cual

that which el que
the books that are widely read los libros
  que se leen mucho
THAT *(adv.)* tan, así de
  not that far no tan lejos
  that big así de grande
  that many tantos
  that much tanto
THAT *(conj.)* que, para que
  in order that para que; de modo que
  save that salvo que
  so that de modo que; de suerte que; para
    que
  Tell them that you are not coming.
    Dígales que Ud. no viene.
thaw (to) deshelar, derretir(se)
THE el, la, lo; los, las
  the sooner the better cuanto más pronto,
    mejor
  The less you speak, the better. Cuanto
    menos hable Ud., mejor.
  The more she spoke, the more they were
    convinced. Mientras más hablaba, más
    los convencía.
theater teatro
theatrical teatral
theft hurto, robo
THEIR su, suyo, suya; de él, de ella; sus,
  suyos, suyas; de ellos, de ellas
  These are their books. Estos libros son
    los suyos.
THEIRS el suyo, la suya; los suyos, las suyas;
  de ellos, de ellas
  an acquaintance of theirs un conocido
    suyo
THEM los, las; ellos, ellas
  I'll give them to you. Se los daré.
theme tema, asunto
themselves ellos mismos, ellas mismas; sí
  mismos
THEN entonces; en aquel tiempo; a la sazón
  and then y entonces
  but then si bien es cierto que
  by then para entonces
  just then entonces
  now and then de vez en cuando
  And what then? ¿Y entonces qué?
theology teología
theoretical teórico
theory teoría
THERE allí, allá, ahí
  over there por allí; allá
  there in Spain allá en España
  there is hay
  Go there. Vaya allá.
  I was there. Yo estuve allí.
  Put it there. Ponlo ahí.
  She lives there. Ella vive allí.
  There! ¡Toma! ¡Vaya!

There she goes. Ahí va.
There you are. Eso es todo.
thereabouts por ahí, por allí, cerca de allí
thereafter después de eso, conforme
thereby con eso, de tal modo
therefore por esto, por lo tanto, por
  consiguiente
therein allí, dentro
thereupon sobre de él, por lo tanto
thermometer termómetro
THESE estos, estas; éstos, éstas
thesis tesis
THEY ellos, ellas
THICK espeso; tupido, denso; grosero, grueso
  thick-headed torpe
  three inches thick tres pulgadas de
    espesor
thickness grueso, espesor, grosor
thief ladrón
thigh muslo
thimble dedal
THIN flaco; delgado, esbelto
THING cosa, objeto
  above all things sobre todas las cosas
  as things stand como están las cosas
  no such thing no hay tal
THINK (to) pensar; creer, opinar
  as you think fit como Ud. quiera
  to think it over pensarlo
  to think nothing of no dar importancia a
  to think of pensar en, pensar de
  to think twice reflexionar mucho
  I don't think so. Creo que no.
  I think so. Creo que sí.
thinness delgadez, flacura
THIRD tercero
  Third World Tercer Mundo
  a third person un tercero
  thirdly en tercer lugar
thirst sed
  to be thirsty tener sed
THIRTEEN trece
thirteenth décimotercio
thirtieth treintavo
THIRTY treinta
THIS este, esta; éste, ésta; esto
  this and that esto y aquello
  this morning esta mañana
  this one and that one éste y aquél
thorn espina
thorough entero, cabal, minucioso, perfecto
thoroughfare vía pública, calle, carretera
  No thoroughfare. Se prohibe el paso.
thoroughly enteramente, cabalmente
THOSE esos, esas; aquellos, aquellas; ésos,
  ésas; aquéllos, aquéllas
THOUGH aunque; sin embargo; no obstante;
  si bien; bien que
  as though como si

even though aún cuando
thought pensamiento
  to give thought to pensar en
thoughtful pensativo, precavido; atento, considerado
  It's very thoughtful of you. Ud. es muy atento.
thoughtfully cuidadosamente, con precaución
thoughtfulness reflexión, meditación, atención, previsión
thoughtless inconsiderado, descuidado, insensato
thoughtlessly descuidadamente, sin reflexión
THOUSAND mil, millar
thousandth milésimo
thread hilo
thread (to) enhebrar
threat amenza
threaten (to) amenazar
THREE tres
threefold triple
threshold umbral, tranco
thrift economía, frugalidad
thrifty frugal, económico
thrill emoción, estremecimiento
thrill (to) emocionarse, estremecerse, temblar
thriller obra policiaca
thrive (to) medrar, prosperar
THROAT garganta
  sore throat dolor de garganta
  I have a sore throat. Me duele la garganta.
throne trono
THROUGH continuo, directo
  a through train un tren directo
THROUGH a través, de parte en parte, de un lado a otro; enteramente, completamente; por, por entre, a través, por medio de, por conducto de, mediante
  through and through enteramente
  through his influence mediante su influencia
  through the door por la puerta
  through the strainer a través del colador
  through the trees por entre los árboles
  to be through haber terminado
  I am through with this. No tengo más que ver con esto.
  I'm wet through and through. Estoy mojado hasta los huesos.
throughout durante todo, en todo, a lo largo de; de parte a parte; desde el principio hasta el fin; en todas partes
THROW echar, tirar
  to throw away tirar, arrojar
  to throw light on aclarar
  to throw out echar fuera, arrojar
thumb pulgar
thumbtack chinche, alfiler

thunder trueno
thunder (to) tronar
  It's thundering. Truena.
thunderbolt rayo, centella
thunderclap tronada
thundershower aguacero con truenos y relámpagos
thunderstorm tronada
THURSDAY jueves
THUS así; de este modo; en estos términos; como sigue
  thus far hasta aquí, hasta ahora
ticker indicador eléctrico automático de cotizaciones y noticias
TICKET billete, boleto
  round-trip ticket billete de ida y vuelta
  ticket agent taquillero, boletero
  ticket window taquilla
tickle (to) hacer cosquillas
tickling cosquillas
ticklish cosquilloso, quisquilloso; delicado, difícil
TIDE marea
  high tide pleamar, plenamar
  low tide bajamar
tidy limpio, aseado
TIE lazo; atadura; nudo; traviesa; corbata
  family ties lazos de familia
tie (to) atar, amarrar
  to tie up impedir
  I was tied up at the office, and so I could not come. Estuve ocupado en la oficina por lo tanto no pude venir.
tie-up paralización *(de la industria, tráfico, etc.)*
tiger tigre
tight apretado; muy ajustado, bien cerrado
  This dress is very tight. Este traje está muy ajustado.
tighten (to) apretar
tights calzas atacadas
tile azulejo, losa, baldosa; teja
  tile roof tejado de tejas
TILL hasta, hasta que
  till further notice hasta nueva orden
  till now hasta ahora
till (to) cultivar, laborar, labrar
timber madera
TIME tiempo; hora; vez; época
  a long time ago hace mucho tiempo
  any time a cualquier hora
  at no time jamás
  at the proper time en el momento oportuno
  at the same time al mismo tiempo
  at this time ahora, al presente
  at this time of the day a estas horas
  at times a veces
  for the time being por ahora

from time to time de vez en cuando
in an hour's time en una hora
in no time en un instante
one at a time uno a la vez
on time a tiempo
some time ago tiempo atrás
spare time tiempo desocupado, libre
the first time la primera vez
time and again una y otra vez
to take time tomarse tiempo
Be on time. Sea puntual.
Have a good time! ¡Que se divierta!
I have plenty of time. Tengo tiempo de sobra.
It's been a long time. Hace mucho tiempo.
There's no time to waste. No hay tiempo que perder.
Time is money. El tiempo es oro.
What time is it? ¿Qué hora es?
We had a good time. Pasamos un buen rato.
timely oportunamente; a buen tiempo
timid tímido
timidity timidez
timing regulación de tiempo
tin lata
    tin can lata
    tin foil hoja de estaño
    tin plate hoja de lata
tincture tintura, pintura
    tincture of iodine tintura de yodo
tinsel oropel
tint tinte
tint (to) teñir, colorar
tiny chiquito, menudo
tip punta, extremidad; cabo; propina; soplo, delación
tip (to) ladear, inclinar; dar una propina; prevenir, precaver, delatar
    to tip off soplar
tipsy chispado, tomado
tiptoe punta del pie
    on tiptoe en puntillas
tire neumático, llanta, rueda
    flat tire pinchazo, neumático desinflado
tire (to) cansar, aburrir
    to tire out reventar de cansancio
tired cansado
    tired out reventado de cansancio
    to become tired cansarse
tiredness cansancio, fatiga
tireless incansable, infatigable
tiresome tedioso, cansado
tissue tejido; gasa, tisú
    tissue paper papel de seda
title título
    title page portada
TO a, para, de, por, hasta que

from house to house de casa en casa
good to eat bueno para comer
in order to a fin de, para
letters to be written cartas por escribir
ready to go listo para marcharse
the road to Washington la carretera a Washington
to and from de un lado a otro
to be done por hacerse
to give to dar a
to go to ir a
to speak to hablar a
to this day hasta ahora
He is a friend to the poor. Es amigo de los pobres.
He was ambassador to Spain. Fue embajador en España.
I have something to do. Tengo algo que hacer.
I have to go. Tengo que irme.
I'm going to New York. Voy a Nueva York.
It belongs to him. Pertenece a él.
It costs three to four dollars. Cuesta de tres a cuatro dólares.
It's five to three. Son las tres menos cinco.
It's time to leave. Es hora de partir.
toad sapo
toast tostada, pan tostado
toast (to) tostar; brindar por
toaster tostador, parrilla
tobacco tabaco
    tobacco shop estanco, cigarrería, tabaquería
today hoy
    a week from today de hoy en ocho días
toe dedo del pie
TOGETHER juntos, juntamente, a un tiempo, simultáneamente
    to call together reunir, congregar
    together with junto con, en compañía de
    Let's go together. Vamos juntos.
toil trabajo, pena; angustia, fatiga, afán
toil (to) trabajar asiduamente, afanarse
toilet excusado, retrete; tocado, servicio, wáter
    toilet paper papel higiénico
    toilet set juego de tocador
token señal, recuerdo, ficha
    as a token of en señal de
tolerable tolerable
tolerance tolerancia
tolerant tolerante
tolerate (to) tolerar
toll peaje, pago
    toll bridge puente de peaje, pago
toll (to) apagar, tocar *(campana)*
tomato tomate
    tomato juice jugo de tomate**

tomb tumba, sepulcro
tombstone piedra sepulcral
tomcat gato
TOMORROW mañana
    day after tomorrow pasado mañana
    tomorrow afternoon mañana por la tarde
    tomorrow morning mañana por la
        mañana
    tomorrow night mañana por la noche
    tomorrow noon mañana al mediodía
ton tonelada
tone tono
tone down (to) suavizar el tono
tongs tenazas, alicates
TONGUE lengua, espiga
    to hold one's tongue callarse
    tongue-tied con frenillo
tonic tónico
tonight esta noche, a la noche
tonsil amígdala, anginas
TOO demasiado; también, además
    not too good no muy bueno
    one dollar too much un dólar de más
    too many demasiados, muchos
    too much demasiado, excesivo
    He's too good. Es muy bueno.
    I am only too glad to do it. Lo haré con
        muchísimo gusto.
    It's too bad. Es lástima.
    It's too early yet. Es demasiado temprano
        aún.
    That's too little. Eso es muy poco.
    That's too much. Eso es demasiado.
    Are you going too? ¿Va Ud. también?
    You have gone a little too far. Ud. se ha
        excedido un poco.
tool herramienta, instrumento
TOOTH, teeth diente
    toothache dolor de muelas
    toothbrush cepillo de dientes
    toothpaste pasta dentífrica, dental
    toothpick palillo, mondadientes
TOP cima, cumbre; copa, la parte superior, la
    parte de arriba, superficie; cabeza,
    pináculo; trompo
    at the top a la cabeza, en la cumbre
    at top speed a todo correr
    from top to bottom de arriba abajo
    from top to toe de pies a cabeza
    on top of encima de, sobre
    the top of the mountain la cumbre de la
        montaña
    top hat chistera, sombrero de copa
top (to) sobrepujar, aventajar, exceder, llegar a
    la cima
    to top off coronar, rematar, dar cima
topcoat gabán
topic asunto, materia, tema
torch antorcha

torment tormento
torpedo torpedo
    torpedo boat torpedero
torrent torrente
torrid tórrido
    torrid zone zona tórrida
tortoise tortuga
    tortoise shell carey
torture tortura, tormento
torture (to) torturar, atormentar
toss (to) tirar, lanzar
    to toss aside echar a un lado
    to toss up jugar a cara o cruz
tot chiquitín
total total
    sum total suma total
totally totalmente
touch contacto
    in touch with en relación con, en
       comunicación con
TOUCH (to) tocar
    Don't touch! ¡No toques!
touching patético, conmovedor
touchy quisquilloso
tough duro, fuerte; difícil, penoso
toughen (to) endurecer(se)
toughness endurecimiento, rigidez
tour viaje, gira
    tour guide guía de turismo
tour (to) recorrer, viajar por
tourism turismo
    touring agency agencia de turismo
    touring car coche de turismo
    tour guide guía de turismo
tourist turista
tournament torneo
tow (to) remolcar
TOWARD(S) hacia, para con, tocante
    his attitude towards me su actitud
       conmigo
    to go toward *(a place)* ir hacia *(un lugar)*
towel toalla
    bath towel toalla de baño
    face towel toalla para la cara
    hand towel toalla para las manos
tower torre
TOWN ciudad, pueblo
    home town ciudad, natal
    town hall ayuntamiento
toxic tóxico
toy juguete
TRACE indicio, huella, pista
trace (to) trazar; seguir la pista
TRACK huella; vía, rieles; andén
    off the track desviado
traction tracción
tractor tractor
TRADE comercio, negocio
    trade mark marca de fábrica

trade name razón social
trade union sindicato
trading comercio
tradition tradición
traditional tradicional
traffic circulación; tránsito, tráfico
    The traffic is very slow. El tránsito es
      muy lento.
tragedy tragedia
tragic trágico
trail rastro, pista
trail (to) arrastrar, remolcar
trailer carro remolcado
TRAIN tren
    train conductor cobrador
train (to) entrenar, adiestrar, instruir
training preparación, entrenamiento
traitor traidor
tramp vago, vagabundo
tranquil tranquilo
transaction desempeño, gestión
transatlantic transatlántico
transcribe (to) transcribir, copiar
transcript trasunto
transfer transferencia, traspaso; transbordo
transfer (to) transferir, transbordar; trasladar
transform (to) transformar(se)
transformation transformación
transfusion transfusión
    blood transfusion transfusión de sangre
transgress (to) transgredir, violar
transient transeúnte, peatón
transit tránsito; trámite
transition tránsito, transición
translate (to) traducir
translation traducción
translator traductor
transparent transparente
transport transporte
transport (to) transportar
transportation transporte
transpose (to) transponer
trap trampa
    to be caught in the trap caer en la
      trampa
trap (to) atrapar
trash basura
TRAVEL viaje
    travel agency agencia de turismo
travel (to) viajar
traveler viajero, viajante
tray bandeja, charola
treacherous traidor, alevoso
treachery traición
tread pisada
tread (to) pisar, pisotear
treason traición
treasure tesoro
treasurer tesorero

treasury tesorería
    Treasury Department Ministerio de
      Hacienda
treat solaz, placer
treat (to) tratar, convidar, invitar
    to treat a patient tratar a un enfermo
    to treat well dar buen trato
treatment trato, tratamiento
treaty tratado
TREE árbol
tremble (to) temblar
trembling temblor
tremendous tremendo, inmenso
trench zanja; trinchera
trend tendencia, giro, rumbo
trespass (to) violar, traspasar
TRIAL prueba, ensayo; juicio
    on trial a prueba
triangle triángulo
tribe tribu
tribunal tribunal
TRICK treta, artificio, jugada, artimaña;
    truco; juego de manos; maña; destreza
    He played a trick on me. Me hizo una
      jugarreta.
    That'll do the trick. Eso va a resolver el
      problema.
trick (to) engañar, trampear
tricky falso, tramposo
trifle friolera, bagatela
trim (to) adornar; podar, cortar ligeramente
trimming adorno, decoración
trinket bujería, chuchería
trio trío
TRIP viaje; traspié, tropezón, zancadilla
    one-way trip viaje de ida
    round trip viaje de ida y vuelta
    to take a trip hacer un viaje
trip (to) tropezar, hacer una zancadilla
triple triple
triumph triunfo
triumph (to) triunfar
triumphant triunfante
trivial trivial
trolley car tranvía
troop tropa; compañía *(de actores)*
trophy trofeo
tropics trópicos
tropic(al) tropical
trot (to) trotar
TROUBLE preocupación, pena; dificultad;
    molestia; apuro, aprieto; disgusto,
    desavenencia; mal, enfermedad
    not to be worth the trouble no valer la
      pena
    to be in trouble estar en apuro
    to cause trouble causar molestia
    I am sorry to give you so much trouble.
      Siento darle a Ud. tanta molestia.

I have stomach trouble. Tengo mal de estómago.

It's no trouble at all. No es ninguna molestia.

trouble (to) molestar, importunar; preocupar, afligir

    Don't trouble yourself. No se moleste Ud.

troublesome molesto, embarazoso

trousers pantalones

trout trucha

truck camión

TRUE cierto, exacto, verdadero, fiel

    He is a true friend. Es un amigo verdadero.

    It's true. Es verdad.

truly verdaderamente, sinceramente

    Very truly yours Sinceramente; De Ud. atto. y SS.

trump triunfo *(naipes)*

trump (to) matar con un triunfo *(en los naipes)*

trumpet trompeta, clarín

trunk cajuela; cofre; baúl

    swimming trunks calzones para bañarse

TRUST confianza, fe

    in trust en depósito

    on trust al fiado

trust (to) tener confianza, confiar, fiar

    He trusted his secret to his brother. Le confió un secreto a su hermano.

    I don't trust him. No me fío de él.

    I trust him. Le tengo confianza.

trustworthy digno de confianza

TRUTH verdad

    the plain truth la pura verdad

    He is not telling the truth. No dice la verdad.

truthful verídico, verdadero

truthfulness veracidad

TRY (to) probar, tratar de, esforzarse

    to try hard hacer lo posible por

    to try on clothes probarse ropa

    He tried his luck. Probó su fortuna.

    Try to do it. Trate de hacerlo.

tryout prueba de la capacidad

tub cuba, batea, palangana

    bathtub tina, bañera

tube tubo

TUESDAY martes

tug (to) arrastrar

    tugboat remolcador

tuition precio de la instrucción; enseñanza

tulip tulipán

tumble (to) caer; voltear

tumult tumulto

tuna (tunafish) atún

TUNE tonada, tono, melodía

    to be out of tune desafinar

tune (to) afinar, entonar, sintonizar

    to tune in sintonizar

tunnel túnel

turf césped, pasto

Turk turco

Turkey Turquía

turkey pavo

Turkish turco

turmoil tumulto

TURN turno; vuelta, giro, favor

    by turns por turnos

    in turn a su turno

    to take turns turnarse

    It's my turn now. Ahora me toca a mí.

TURN (to) dar vuelta; girar, volver, doblar, torcer; ponerse, volverse

    to turn a cold shoulder desairar

    to turn against predisponer en contra

    to turn around dar vuelta a

    to turn back volver atrás

    to turn down rehusar

    to turn into convertir en, cambiar en

    to turn off cerrar la llave *(del gas, vapor, etc.)*

    to turn off the light apagar la luz

    to turn off the water cortar el agua

    to turn one's back on voltear la espalda a

    to turn on the light encender la luz

    to turn on the water dejar correr el agua

    to turn out to be resultar

    to turn over transferir, entregar; volcar, tumbarse, volver

    to turn sour agriarse

    to turn to recurrir a

    to turn up aparecer, poner más alto; resultar, acontecer

    to turn upside down poner patas arriba

    My head turns. Se me va la cabeza.

    Please turn the page. Por favor, pase una hoja. Voltéese.

    The road turns to the left. El camino tuerce hacia la izquierda.

    This is the turning point. Esto es el punto decisivo.

turnip nabo

turnover vuelta

    apple turnover una clase de pastel de manzana

turnpike camino de peaje

turnstile torniquete

turpentine trementina

turtle tortuga

tutor tutor, preceptor

tuxedo smoking

tweezers tenacillas

twelfth duodécimo

TWELVE doce

twentieth vigésimo

TWENTY veinte

twice dos veces

twilight crepúsculo

twin gemelo, mellizo
    twin brother hermano gemelo
    twin brothers mellizos
twinkle (to) centellear, chispear
twist (to) torcer, retorcer
twitter (to) gorjear los pájaros
TWO dos
    a two-volume novel una novela de dos
    volúmenes
    two by two dos a dos
    two-sided de dos lados
twofold doble
type tipo
    Do you have something of this type?
    ¿Tiene algo de este tipo?
type (to) escribir a máquina
    I have to type a letter. Tengo que escribir
    una carta a máquina.
typewriter máquina de escribir
    portable typewriter máquina de escribir
    portátil
    typewriter ribbon cinta para la máquina
    de escribir
typical típico
typist mecanógrafa
tyrannical tiránico
tyranny tiranía
tyrant tirano

U

ugly feo
ulcer úlcera
ultimate último, final
umbrella paraguas
umpire árbitro
unable incapaz
    I was unable to go. Me fue imposible ir.
unabridged íntegro, completo
unaccompanied solo
unaccustomed desacostumbrado
unacquainted desconocido
    to be unacquainted with no conocer
unanimous unánime
unapproved desaprobado
unaware desprevenido, de sorpresa,
    inadvertidamente, sin pensar
    to be unaware of no saber
unbalanced desequilibrado
unbearable insoportable
unbutton (to) desabrochar
unceasingly incesantemente
uncertain incierto
uncertainty incertidumbre
unchangeable inmutable
UNCLE tío
unclean sucio

uncomfortable incómodo, molesto,
    indispuesto
    to feel uncomfortable estar incómodo
uncommon excepcional, extraño
unconcerned indiferente
unconditional absoluto
unconquered invicto
unconscious inconsciente
uncontrolled sin freno
unconventional despreocupado
uncouth tosco
uncover (to) destapar
undeniable innegable
UNDER bajo, debajo (de); menos de
    under age menor de edad
    under arms axilas
    under consideration en consideración
    under contract bajo contrato
    under cover a cubierto
    under obligation deber favores
    under one's nose en las barbas de uno
    under penalty of Bajo pena de
    under the circumstances en las
    circunstancias
    under the table debajo de la mesa
    under way en camino
underclothes ropa interior
underestimate (to) menospreciar
undergo (to) someterse a, pasar por; sufrir
    to undergo an operation operarse
undergraduate estudiante que no se ha
    graduado aún de universidad
underground subterráneo
underline (to) subrayar
underneath bajo, debajo (de)
underpaid mal pagado
undersell (to) vender a bajo precio o a menor
    precio que
UNDERSTAND (to) comprender, entender;
    estar de acuerdo
    Do you understand Spanish? ¿Entiende
    Ud. español?
    That's easy to understand. Eso es fácil
    de comprender.
understanding entendimiento, modo de ver;
    acuerdo, inteligencia
    to come to an understanding llegar a una
    inteligencia
understood entendido, sobreentendido,
    convenido
    to be understood sobreentenderse
    That's understood. Está entendido.
understudy reemplazo
undertake (to) emprender; comprometerse a
undertaker empresario de pompas fúnebres
undertaking empresa; compromiso, promesa
undertone voz baja
undervalue (to) subestimar
underwear ropa interior

underworld bajo mundo
undignified indecoroso
undisturbed imperturbado
undivided indiviso
UNDO (to) deshacer, desatar; anular
    to be undone estar perdido
    to leave nothing undone no dejar nada
      por hacer
undress (to) desnudar
undressed desnudo
undue indebido, excesivo
unduly indebidamente
unearth (to) desenterrar
uneasiness malestar, inquietud, desasosiego
uneasy inquieto; molesto; incómodo;
    desasosegado
uneducated indocto, ignorante
unemployed sin empleo
unequal desigual
unequivocal inquívoco
uneven desigual, irregular; impar
uneventful quieto, tranquilo
unexpected inesperado
UNFAIR injusto, doble, falso
unfaithful infiel
unfamiliar poco familiar
unfasten (to) desatar, desligar
unfavorable desfavorable
unfinished sin acabar
unfit inadecuado, impropio; inepto, incapaz
unfold (to) desenvolver, desplegar, descubrir;
    revelar, mostrar
unforeseen imprevisto, inesperado
unforgettable inolvidable
UNFORTUNATE desgraciado, desdichado
unfortunately por desgracia,
    desgraciadamente
unfurnished sin muebles, desamueblado, no
    amueblado
    Unfurnished apartment for rent.
      Apartamiento sin muebles para
      alquiler.
ungrateful desagradecido, ingrato
unguent ungüento
unhandy incómodo
unhappily desgraciadamente
UNHAPPY infeliz, desdichado
unharmed ileso
unhealthy insalubre
unheard desconocido
    unheard of inaudito
unholy impío
unhurt ileso, incólume
uniform uniforme
    dress uniform uniforme de gala
uniformity uniformidad
unify (to) unificar
unimportant insignificante
uninterrupted continuo

UNION unión, concordia
unique raro, original
unit unidad
unite (to) unirse
unity unidad; unión
universal universal
universe universo
university universidad
unjust injusto
unkind despiadado; tosco, duro
unknown desconocido, ignoto
unlawful ilegal, ilícito
UNLESS a no ser que, a menos que, si no
    I won't come unless you call me. No
      vendré a menos que tú me llames.
UNLIKE diferente, distinto
unlikely improbable, inverosímil
    This is very unlikely. Esto es muy
      improbable.
unload (to) descargar
unlock (to) abrir *(una cerradura)*
UNLUCKY desgraciado, desafortunado, de
    mala suerte
unmarried soltero
unmentionable que no debe mencionarse
unmoved impasible, inmutable, frío
unnatural contranatural, forzado
unnecessary innecesario
unobservant inobservante
unoccupied desocupado
unofficial no oficial
unpack (to) desempaquetar
unpaid no pagado, sin pagar
unpleasant desagradable
unprepared desprevenido, desapercibido
unquestionable indiscutible, indisputable
unreasonable sin razón, desrazonable,
    irrazonable
unreliable informal
unruly ingobernable, indócil
unsatisfactory inaceptable
unsatisfied descontento
unscrupulous poco escrupuloso
unseen invisible
unselfish desinteresado
unsettled revuelto, turbio, variable, inestable,
    pendiente
unstable inestable
unsteady inestable, inconstante, inseguro
unsuccessful infructuoso, sin éxito,
    desafortunado
unsuitable impropio, inadecuado
untidy desarreglado, desaseado
untie (to) desatar
UNTIL hasta; hasta que
    Until we meet again. Hasta la vista.
unto a, en, dentro; hacia
untrained indócil, indisciplinado, inexperto
untrimmed sin adornos

untrue falso
unusual raro, extraordinario
unveil (to) descubrir
unwelcome mal acogido
unwell indispuesto
unwilling maldispuesto, renuente
    to be unwilling no estar dispuesto
unwillingly de mala gana
unwind (to) desenredar
unwise imprudente, indiscreto
unworthy indigno
unwritten no escrito, en blanco
UP arriba, en lo alto, hacia arriba; en pie, de pie
    one flight up en el piso de arriba
    this side up este lado hacia arriba
    to go up subir
    to go upstairs subir
    to walk up and down ir de un sitio para
        otro
    up and down arriba y abajo
    ups and downs altibajos
    up the river río arriba
    up to hasta
    up to anything dispuesto a todo
    up-to-date al día, moderno
    up to date hasta la fecha
    He is up against it. Se halla en apuros.
    She is up to something. Está tramando algo.
    She's not up yet. Todavía no se ha
        levantado.
    The time is up. Ya es tiempo.
    What's up? ¿Qué pasa?
uphill cuesta arriba
uphold (to) sostener; defender
upholster (to) tapizar
upkeep conservación
uplift (to) levantar, elevar
upload subir, cargar, transferir información
    por Internet
UPON sobre, encima
    upon my honor a fe mía
    upon my word bajo mi palabra
UPPER superior, alto
    the upper floor el piso de arriba
    upper lip labio superior
uppermost lo más alto
upright vertical; derecho, recto, justo
uprising levantamiento, sublevación
upset (to) trastornar, perturbar, desarreglar
    She is upset about the news. Ella está
        perturbada por las noticias.
upside parte superior; lo de arriba
    upside down patas arriba
upstairs arriba, en el piso de arriba
upstream río arriba
uptown en la parte alta de la ciudad
upwards hacia arriba
uranium uranio
urchin erizo; bribonzuelo

urge impulso, instinto
urge (to) instigar, impeler
urgent urgente
US nosotros, nos, para nosotros
usage uso
USE uso
    in use en uso
    of no use inútil
    to be of no use no servir
    to make use of hacer uso de
    For internal use. Para uso interno.
    It's no use. Es inútil.
    What's the use? ¿Para qué?
USE (to) usar, servirse de, hacer uso de; soler;
    acostumbrar
    to use one's own judgment obrar uno
        conforme le parezca
    to use up consumar, gastar
    I'm used to it. Estoy acostumbrado.
    I used to see her every day. Solía verla
        todos los días.
used usado
    used clothes ropa usada
USEFUL útil, provechoso
useless inútil, inservible
user consumidor
usher acomodador
usual usual, común, general, ordinario
    as usual como de costumbre
usually usualmente, ordinariamente, de
    costumbre, por lo común, por lo general,
    comunmente
    I usually get up early. Por lo general, me
        levanto temprano.
utensil utensilio
    kitchen utensils utensilios de cocina
utility utilidad
utilize (to) utilizar
utmost extremo, sumo, mayor
    to the utmost hasta no más
    to do one's utmost hacer una cuanto pueda
utter total, entero
utter (to) proferir, articular
utterly totalmente, completamente

V

vacancy vacante
    There is no vacancy. No hay vacantes.
vacant vacío, desocupado
vacate (to) evacuar, dejar vacío
VACATION vacación
vaccinate (to) vacunar
vaccine vacuna
vacuum vacío
    vacuum cleaner aspiradora
vagabond vagabundo

vague vago
vain vano, vanidoso
    in vain en vano
vainly vanamente
valentine misiva o regalo enviado el día de
    San Valentín *(14 de febrero)*
valet criado
valiant valeroso
valid válido, justo
valise maleta
valley valle
valor valor, fortaleza
valuable valioso
VALUE valor; justiprecio, valuación, aprecio,
    estimación
value (to) valuar, tasar; preciar, apreciar, tener
    en mucho
valve válvula
van furgón de equipajes
    moving van camión de mundanzas
vanilla vainilla
vanish (to) desvanecerse, desaparecerse
vanity vanidad
    vanity set neceser
vanquish (to) vencer
vantage ventaja
vapor vapor, niebla, bruma
variable variable
variation variación
VARIETY variedad
various varios, diverso
varnish (to) barnizar
vary (to) variar
vase vaso, jarrón
vaseline vaselina
vast vasto, inmenso, enorme, grandísimo
vault bóveda, cúpula
veal ternera
    veal cutlet chuleta de ternera
VEGETABLE planta, vegetal, legumbre,
    verdura
    vegetable garden huerta
    vegetable soup sopa de legumbres
vegetarian vegetariano
vegetation vegetación
vehement vehemente
vehicle vehículo
veil velo, mantilla
veil (to) velar, encubrir
vein vena
velvet terciopelo
venerable venerable
venetian blinds persianas, celosías
venison carne de venado
venom veneno
venomous venenoso
ventilate (to) ventilar
ventilation ventilación
venture riesgo, ventura

    at a venture a la ventura
venture (to) aventurar, arriesgar
verb verbo
verdict veredicto, sentencia
verify (to) verificar
versatile versátil
verse verso, poesía
version versión, traducción
    This is the English version. Ésta es la
        versión inglesa.
vertical vertical
VERY muy, mucho, mucha
    the very man el mismo hombre
    the very thought el solo pensamiento
    very many muchísimos, muchísimas
    very much mucho, muchísimo
    very much obliged muy agradecido
    very much so en sumo grado
    He came very early in the morning. Vino
        muy de mañana.
    Thank you very much. Muchísimas
        gracias.
    Very well, thank you. Muy bien, gracias.
vessel vasija, vaso; buque
vest chaleco
vestibule vertíbulo
veteran veterano
veterinarian, veterinary veterinario
veto veto
veto (to) poner el veto, prohibir, rechazar
vex (to) molestar, irritar
vexation molestia, enfado
via por, por la vía de
vibrate (to) vibrar, blandir
vibration vibración
vicar vicario
vice vicio; vice
    vice-consul vicecónsul
    vice-president vicepresidente
vice versa vice-versa
vicinity vecindad
vicious malvado, depravado
    vicious circle círculo vicioso
victim víctima
victor vencedor
victorious victorioso
victory victoria
video video
    video recorder, VCR grabadora de video,
        VCR
VIEW vista, perspectiva, panorama
    bird's-eye view vista de pájaro
    in view of en vista de
    point of view punto de vista
    There's a nice view from here. Hay una
        hermosa vista desde aquí.
    What a view! ¡Qué vista!
view (to) mirar, ver, contemplar
vigil vigilia

vigilant vigilante
vigor brío, vigor
vigorous vigoroso
vile vil, bajo
villa casa de campo
VILLAGE aldea, pueblo, pueblecito
villager aldeano
villain villano
vindicate (to) vindicar
vine parra
vinegar vinagre
vineyard viña
vintage vendimia
violate (to) violar
violation violación
violence violencia
violent furioso, violento
violet violeta
violin violín
violinist violinista
violoncello violoncelo
viper víbora
virgin virgen
virtual virtual
virtue virtud
    by virtue of en virtud de
virtuous virtuoso
virus virus
visa visa, visado
visibility visibilidad
visible visible
vision visión
visit visita
    to pay a visit hacer una visita
VISIT (to) visitar
visitor visitante
visual visual
vital vital
vitamin vitamina
vivacious vivo, vivaz
vivid vivo, vívido
vocabulary vocabulario
vocal vocal
    vocal cords cuerdas vocales
vocation vocación
VOICE voz
    in a very loud voice en voz muy alta
    to be in voice estar en voz
    to raise one's voice alzar la voz
    voice mail correo electrónico, correo de voz
    He has a very good voice. Tiene muy
        buena voz.
voice (to) expresar, proclamar
VOID vacío; nulo, inválido
    null and void sin valor ni fuerza
volcano volcán
volt voltio
voltage voltaje
volume volumen; tomo

voluntary voluntario
volunteer voluntario
vomit (to) vomitar
vote voto, sufragio
vote (to) votar
voter votante
vouch (to) atestiguar
    to vouch for responder de
voucher comprobante, recibo
vow voto, promesa
vow (to) hacer promesa, hacer voto
vowel vocal
voyage viaje por mar
VULGAR vulgar, común
vulture buitre

W

wade (to) vadear
    to wade through the mud andar por el
        barro
wafer oblea, barquillo
waffle barquillo
    waffle iron barquillero
wage (to) emprender
    to wage war hacer guerra
wager apuesta
wager (to) apostar
WAGE(S) sueldo, paga, jornal
    daily wages jornal
    monthly wages sueldo mensual, salario
    wage earner jornalero, trabajador
wagon carro, furgón, vagón
WAIST cintura
WAIT (to) esperar, aguardar
    to keep waiting hacer esperar
    to wait on atender a, despachar
    Ask him to wait. Dígale que espere.
    Wait for me. Espéreme.
waiter mozo, camarero, mesero
waiting espera
    waiting room sala de espera
waitress moza, camarera
WAKE (to) despertar(se)
    to wake up despertar, llamar
    Wake me (up) at seven. Despiérteme a las
        siete.
    I woke up at seven. Me desperté a las
        siete.
WALK paseo, modo de andar
    to take a walk dar un paseo
WALK (to) andar, caminar
    to walk arm in arm ir del brazo
    to walk away marcharse
    to walk down bajar
    to walk out salir
    to walk up subir

to walk up and down pasearse
It's too far to walk. Es demasiado lejos
    para ir andando.
walking paseo, acción de pasear
    to go walking ir de paseo
    walking cane bastón
WALL muro, pared, muralla
    wallpaper papel de empapelar, papel tapiz
wallet cartera
walnut nuez
    walnut tree nogal
waltz vals
waltz (to) valsar
wander (to) vagar, perderse, extraviarse,
    divagar, delirar
wanderer vagabundo
want necesidad, falta, carencia
    for want of por falta de
    to be in want estar necesitado
WANT (to) necesitar, tener necesidad de,
    querer, desear
    Cook wanted. Se necesita una cocinera.
    Don't you want to come? ¿No quiere Ud.
    venir?
    What do you want? ¿Qué quiere Ud.?
wanting defectuoso, deficiente; necesitado
    to be wanting faltar, desear algo
WAR guerra
    World War II la Segunda Guerra Mundial
    to declare war declarar la guerra
WARD sala, pabellón; barrio, distrito; pupilo
warden guardián, celador, carcelero, director
ward off (to) parar, detener, desviar
wardrobe guardarropa, armario, ropero
    wardrobe trunk baúl, ropero
warehouse almacén, depósito
wares mercancías, mercadería, géneros o
    artículos de comercio
warfare guerra
warlike belicoso, de guerra
WARM caliente, cálido, caluroso
    warm water agua caliente
    I am warm. Tengo calor.
    It's warm. Hace calor.
warm (to) calentar
    to warm over recalentar
    to warm up calentarse
warmly calurosamente, cordialmente
warmth calor, ardor
warn (to) advertir, prevenir, avisar
warning advertencia, prevención, aviso;
    lección, escarmiento
    to give warning prevenir, advertir
warp (to) torcerse, encorvar
warrant autorización, mandamiento
warrant (to) garantir, responder, garantizar
warrior guerrero
warship buque de guerra
wash lavado, ropa sucia; ropa lavada

washbasin palangana
washstand lavabo
WASH (to) lavar
    to wash one's hands lavarse las manos
    washing machine máquina de lavar
wasp avispa
waste despilfarro, derroche, desperdicio
WASTE (to) malgastar, desperdiciar; perder,
    gastar
    to waste one's time perder uno el tiempo
    to waste away malgastar
wastebasket cesto de los papeles, papelera
wastepaper desperdicio de papel
WATCH reloj; guardia
    wrist watch reloj de pulsera
    to be on the watch estar alerta
    to wind a watch dar cuerda a un reloj
WATCH (to) vigilar
    to watch one's step tener cuidado
    to watch out tener cuidado con
    to watch over guardar, vigilar
watchful alerta, vigilante, despierto
watchmaker relojero
watchman vigilante, sereno, guardián
watchword santo y seña; consigna, lema
WATER agua
    drinking water agua potable
    fresh water agua fresca
    hot water agua caliente
    lukewarm water agua tibia
    mineral water agua mineral
    running water agua corriente
    soda water agua de soda, gaseosa
    soft water agua delgada
    toilet water colonia, agua de colonia
    to make one's mouth water hacer la boca
    agua
    water bag bolsa para agua
    water faucet grifo
    water front litoral; la sección del puerto
    water power fuerza hidráulica
water (to) regar; mojar, humedecer
waterfall cascada, catarata
watermelon sandía
waterproof impermeable
WAVE ola; onda, ondulación
    long wave onda larga
    short wave onda corta
    sound wave onda sonora
    wave length longitud de onda
WAVE (to) ondular; flotar; hacer señas; agitar
    to wave one's hand hacer señas con la
    mano
waver (to) vacilar, titubear; cejar, ceder
wavering irresoluto, vacilante
waving ondulación
wavy ondulado
wax cera
    wax candle vela de cera

wax paper papel encerado
wax (to) encerar
WAY camino, vía, ruta, modo, manera
  across the way al otro lado
  all the way en todo el camino
  any way de cualquier modo
  by the way a propósito
  by way of por la vía de
  in no way de ningún modo
  in some way or other de un modo u otro
  in such a way de tal manera
  in this way de este modo
  on the way en ruta; de camino
  out of the way fuera de camino
  the other way around al contrario
  this way así
  to give way ceder
  to have one's way salirse con la suya
  under way en camino, en marcha
  way off muy lejos
  ways and means medios y arbitrios
  Do it any way. Hágalo de cualquier modo.
  Show me the way. Indíqueme el camino.
WE nosotros, nosotras
  we Americans nosotros los
    norteamericanos
WEAK débil
  weak-headed de inteligencia escasa
weaken (to) debilitar
weakness debilidad, flaqueza
WEALTH riqueza, bienes
wealthy rico, adinerado
weapon arma
wear uso, desgaste
  evening wear traje de noche
  wear and tear deterioro normal
WEAR (to) llevar, usar, llevar puesto, poner
  to wear down cansar; fastidiar
  to wear off gastarse; borrarse
  to wear out apurar mucho
  to wear well durar
  I feel completely worn out. Me siento
    muy cansada.
  I like the blouse she's wearing. Me gusta
    la blusa que lleva puesta.
  Which dress will you wear tonight?
    ¿Qué vestido te vas a poner esta
    noche?
weariness cansancio, hastío, aburrimiento
wearing apparel ropa, prenda de vestir
weary cansado, hastiado, fastidiado
weary (to) cansar, hastiar, molestar
WEATHER tiempo
  bad weather mal tiempo
  nice weather buen tiempo
  weather bureau oficina meteorológica
  weather conditions condiciones
    meteorológicas
  weather forecast pronóstico del tiempo

  weather report boletín meteorológico
  How's the weather? ¿Qué tiempo hace?
  It looks as if the weather will change.
    Parece que el tiempo va a cambiar.
  The weather is bad. Hace mal tiempo.
  The weather is clearing up. El tiempo se
    está despejando.
  The weather is fine. Hace buen tiempo.
weave (to) tejer; tramar
web tela, tejido, *(universo WWW en su conjunto)*
  spider web telaraña
WEDDING boda, nupcias
  wedding cake pastel de boda
  wedding dress traje de boda
  wedding present regalo de boda
  wedding ring anillo de matrimonio
wedge cuña
WEDNESDAY miércoles
weed maleza, mala hierba
WEEK semana
  a week from tomorrow de mañana en
    siete días
  in a week or so en una semana más o
    menos, dentro de una semana más o
    menos
  last week la semana pasada
  next week la semana que viene
  weekday día de trabajo
  I go to the movies every week. Voy al
    cine todas las semanas.
  I saw him a week ago. Lo vi hace una
    semana.
weekend fin de semana
weekly semanario; semanalmente, por semana
  weekly publication semanario
weep (to) llorar
  to weep for llorar por, llorar de
WEIGH (to) pesar; levar *(anclas);* reflexionar
  to weigh down sobrepujar
WEIGHT peso, carga
  gross weight peso bruto
  net weight peso neto
  to be worth its weight in gold valer su
    peso en oro
  weights and measures pesos y medidas
weighty de peso, serio, importante
weird misterioso
welcome bienvenida
WELCOME (to) dar la bienvenida
  You are welcome to it. Está a su
    disposición.
  You're welcome. No hay de qué. *(Se usa*
    como respuesta a "Thank you.")
welfare bienestar, obra de beneficiencia,
  asistencia social
well pozo
WELL bien, bueno
  as well as así como
  to be well estar bien

very well muy bien
well and good bien está
well-being bienestar
well-bred bien educado
well-done bien hecho
well enough bastante bien
well-known bien conocido
well-timed oportuno
well-to-do acomodado, rico
I am quite well. Estoy muy bien.
I don't feel well. No me siento bien.
Very well! ¡Está bien!
Well! ¡Cómo!
Well, well! ¡Vaya! ¡Qué cosa!
WEST oeste, occidente
western occidental
westward(s) hacia occidente
WET mojado, húmedo
wet (to) mojar
whale ballena
wharf muelle
WHAT qué
    what if y si, y qué importa
    I wonder what time is it? ¿Qué hora
      será?
    So what? ¿Pues y qué?
    What about? ¿Qué le parece?
    What a surprise! ¡Qué sorpresa!
    What else? ¿Qué más?
    What for? ¿Para qué?
    What if she should refuse? ¿Y si ella
      rehusa?
    What of it? ¿Y eso qué importa?
    What's going on? ¿Qué pasa?
    What's that? ¿Qué es eso?
whatever cualquier cosa que, sea lo que fuere
    whatever reasons he may have sean
      cuales fueran las razones que tenga
    whatever you like lo que Ud. quiera
wheat trigo
wheel rueda
    steering wheel volante
    wheel chair silla de ruedas
wheelbarrow carretilla
WHEN cuando, cuándo
    Since when? ¿Desde cuándo?
    Until when? ¿De cuándo acá?
whenever cuando quiera, siempre que, en
    cualquier tiempo que sea
    whenever you like cuando Ud. quiera
WHERE donde, dónde, adonde, en donde, por
    donde, de donde
    Where are you from? ¿De dónde es Ud.?
    Where are you going? ¿Adónde vas?
whereabout(s) en qué lugar, paradero
    I don't know his whereabouts. No sé
      dónde se encuentra.
whereas considerando
whereby por lo cual, por lo que, con lo cual

wherever dondequiera que
WHETHER si, sea que, que
    whether he likes it or not que quiera o
      que no quiera
    whether or not de un modo u otro
    I doubt whether he is coming. Dudo que
      venga.
WHICH cual, cúal, que, qué; el cual, la cual,
    lo cual; los cuales; las cuales
    all of which todo lo cual
    both of which ambos
    Which book? ¿Qué libro?
    Which of these? ¿Cúal de éstos?
    Which way? ¿Por dónde?
whichever cualquiera
WHILE instante, momento, rato
    a little while un ratito
    a little while ago hace poco rato
    for a while por algún tiempo
    once in a while de vez en cuando
    to be worth while valer la pena
while mientras, mientras que, a la vez que
    He came in while I was reading. Entró
      mientras leía.
whim capricho, fantasía
whimsical caprichoso
whip látigo, azote
whip (to) azotar, dar latigazos; batir
    whipped cream nata batida
whirl giro, rotación
whirl (to) dar vueltas, girar
whirlpool remolino, vorágine
whirlwind torbellino
whisper cuchicheo, susurro
whisper (to) cuchichear, susurrar
    to whisper in someone's ear decir al oído
whistle silbido
whistle (to) silbar
WHITE blanco
    White House La Casa Blanca (casa del
      presidente de los EE. UU.)
    white lie mentirilla
    white of an egg clara de huevo
whiten (to) blanquear
WHO quién, quiénes, qué; el que, la que, los
    que, las que
    Who is he? ¿Quién es?
    Who's speaking? ¿Quién habla?
    Who's there? ¿Quién es?
whoever quienquiera, cualquiera
WHOLE todo, entero, integral
    on the whole en conjunto, en general
    the whole todo el
    whole number número entero
    whole-wheat bread pan de trigo entero
wholehearted sincero, de todo corazón;
    enérgico, activo
wholesale (al) por mayor
wholesome sano

wholesome food alimento sano
wholly totalmente, enteramente
WHOM a quién, a quiénes
  To whom is it going? ¿Para quién es?
  Whom are you looking for? ¿A quién busca Ud.?
WHOSE cuyos(s), cuya(s); de quién(es)
  Whose book is this? ¿De quién es este libro?
WHY por qué
  the why and the wherefore el porqué y la razón
  I don't know why. No sé por qué.
  Why, certainly! ¡Por supuesto!
  Why not? ¿Por qué no?
wicked mala, malvado, perverso
wickedness maldad, iniquidad
WIDE ancho, vasto, extenso
  two inches wide dos pulgadas de ancho
  wide open abierto de par en par
wide-awake muy despierto, alerta, vivo
widen (to) ensanchar, extender, ampliar
widespread divulgado, esparcido
widow viuda
widower viudo
WIFE esposa, señora, mujer
wig peluca
WILD salvaje; silvestre; descabellado, desenfrenado
wilderness desierto
WILL voluntad; testamento
  against one's will contra la voluntad de uno
  at will a voluntad, a discreción
  will power fuerza de voluntad
WILL (to) 1. auxiliar para formar el futuro de las segundas y terceras personas.
(Véase **SHALL** en el inglés británico.)
  Will you go? ¿Irá Ud.?
  She will forget. Ella olvidará.
  2. verbo defectivo: querer, desear
  I won't do it, but she will. Yo no lo haré, pero ella sí.
  Will you do me a favor? ¿Me quiere Ud. hacer un favor?
  Will you tell me the time? ¿Me hace Ud. el favor de decirme la hora?
  3. testar, hacer testamento
  He willed his estate to his nephews. Hizo su testamento en favor de sus sobrinos.
willing dispuesto, gustoso, pronto, inclinado
  God willing Dios mediante
  to be willing estar dispuesto, querer
willingly de buena gana, gustosamente
willingness buena voluntad, buena gana
willow sauce
  weeping willow sauce llorón
WIN (to) ganar, vencer, prevalecer, lograr
  to win out salir bien, triunfar

  I won the bet from him. Le gané la apuesta.
  They won two to nothing. Ganaron por dos tantos a cero.
WIND viento
  wind instrument instrumento de viento
  Something is in the wind. Se trama algo.
  The wind blows. El viento sopla.
WIND (to) devanar, enrollar
  to wind up concluir, acabar
  to wind a watch dar cueda a un reloj
windmill molino de viento
WINDOW ventana
  windowpane vidrio de la ventana
  window shade transparente, visillo
  window shutter persiana, solera
windshield parabrisas
  windshield wiper limpiavidrios para parabrisas
windy ventoso
  to be windy hacer viento
WINE vino
  red wine vino tinto
  white wine vino blanco
wing ala; bastidor *(teatro)*
  under one's wing bajo la protección de uno
wink guiño, cerrar de ojos
  not to sleep a wink no pegar los ojos
wink (to) guiñar
winner ganador
WINTER invierno
  winter clothes ropa de invierno
  wintertime invierno
wipe (to) limpiar frontando, secar, enjugar
  to wipe off borrar, cancelar
  to wipe out arrasar, extirpar, destruir
WIRE alambre; telegrama
  barbed wire alambre de púa
  wire fence alambrado
wire (to) telegrafiar
wisdom sabiduría, juicio; sentido común
  wisdom tooth muela del juicio
WISE sabio; juicioso, prudente
  the Wise Men los Tres Reyes Magos
WISH deseo
  to make a wish formar un deseo
  wishbone espoleta *(hueso de la suerte)*
WISH (to) desear, querer
  I wish you luck. Le deseo suerte.
  We will go wherever you wish. Iremos donde quiera.
wistful anhelante
WIT ingenio, agudeza, sal
  to be out of one's wits estar fuera de su juicio
witch bruja
witch hazel loción de carpe, hamamelis
WITH con, en compañía de; de

coffee with milk café con leche
identical with idéntico a
the girl with the red dress la chica del
vestido rojo
to fill with llenar de
to speak with caution hablar con prudencia
to struggle with luchar, contra
to touch with the hand tocar con la mano
with the exception of a excepción de
She came with a friend. Vino con un
amigo.
That always happens with friends. Eso
ocurre siempre entre amigos.
withdraw (to) retirar, retirarse, replegarse,
retractarse de
withdrawal retirada
wither (to) marchitar, deslucir
withhold (to) detener, impedir
WITHIN dentro de; a poco de, cerca de
from within de adentro
within a short distance a poca distancia
within a week dentro de una semana
within one's reach al alcance de uno
WITHOUT sin; fuera, afuera, por fuera, de la
parte de afuera
tea without sugar té sin azúcar
within and without dentro y fuera
without doubt sin duda
without fail sin falta
without noticing it sin advertirlo
I did it without thinking. Lo hice sin
pensar.
witness testigo
to be a witness of ser testigo de
witness (to) presenciar, ver; declarar,
atestiguar, dar testimonio, servir de testigo
witticism rasgo de ingenio; chiste
witty ingenioso, ocurrente, gracioso, salado
a witty remark una agudeza
She's very witty. Es muy salada.
woe dolor, pena
wolf lobo
WOMAN mujer
woman of the world mujer de mundo
woman voter electora
woman writer escritora
WONDER maravilla
the Seven Wonders of the World las siete
maravillas del mundo
WONDER (to) sorprenderse, admirarse,
maravillarse; preguntarse
to wonder about extrañarse
to wonder at maravillarse de
I wonder! ¡Si será cierto!
I wonder what she wants. ¿Qué querrá?
I wonder whether it's true. Yo me
pregunto si será verdad.
I wonder why? ¿Por qué será?
wonderful estupendo, admirable, maravilloso

wonderland mundo fantástico
WOOD madera; monte, bosque
wood carving talla en madera
firewood leña
woodcutter leñador
wooden de madera
woodwork maderaje
WOOL lana
woolen de lana
WORD palabra
by word of mouth de palabra
in other words en otros términos
in so many words en esas mismas palabras
on my word bajo mi palabra
to leave word dejar recado
too funny for words lo más gracioso del
mundo
to send word mandar decir
word for word palabra por palabra
word processor el procesador de textos; la
computadora, el ordenador
He gave his word of honor. Dio su
palabra de honor.
He took the words right out of my
mouth. Me quitó la palabra de la boca.
I don't understand a word. No entiendo
ni una palabra.
I should like to have a few words with
you. Desearía hablar dos palabras
con Ud.
WORK trabajo, labor; obra
out of work sin trabajo
to be at work estar en el trabajo
work of art obra de arte
WORK (to) trabajar, funcionar; explotar;
tallar; elaborar, fabricar
to work out resolver; llevar a cabo; salir
bien, tener éxito
The machine doesn't work. La máquina
no funciona.
worker obrero, trabajador
working trabajo, funcionamiento
working day día de trabajo
workman obrero, trabajador
workshop taller
WORLD mundo
all over the world por todo el mundo
world-wide mundial
World War Guerra Mundial
to feel on top of the world estar eufórico
worldly mundano, de mucho mundo
World Wide Web (www) telaraña o web
mundial
worm gusano
worn-out rendido
worn-out clothes ropa usada
I'm worn out. Estoy rendido.
worry preocupación, cuidado, ansiedad
WORRY (to) preocupar(se), inquietar(se)

to be worried estar preocupado

Don't worry. No se preocupe.

WORSE peor

    so much the worse tanto peor

    to get worse empeorarse

    to take a turn for the worse empeorar

    worse and worse de mal en peor

    worse than ever peor que nunca

    The situation has changed for the worse. La situación ha empeorado.

worship culto, adoración

worship (to) adorar, venerar

worst pésimo, malísimo, peor

    at worst en el peor de los casos

    if worst comes to worst si sucediera lo peor

    the worst lo peor, lo más malo

    to have the worst of it salir perdiendo

WORTH valor, mérito

    to be worth while valer la pena

    He's worth a lot of money. Tiene mucho dinero.

    It's worth the money. Eso vale su precio.

    It's worth trying. Vale la pena intentarlo.

    What's it worth? ¿Cuánto vale?

worthless inútil, inservible, sin valor

    to be worthless ser inútil

worth-while que vale la pena

worthy digno, merecedor

WOULD 1. auxiliar para formar el condicional.

    He wouldn't go if he could help it. No iría si pudiera evitarlo.

    It would be possible. Sería posible.

    She would like to come. Quisiera venir.

    Would you go? ¿Iría Ud.?

    2. querer.

    I wish she would come. Quisiera que viniera.

    I would like to ask you a favor. Quisiera pedirle un favor.

    She wouldn't come. No quiso venir.

    Would it be wise to do it? ¿Sería indicado hacerlo?

wound herida

wound (to) herir

wrap (to) envolver

    to be wrapped up in estar envuelto en

    wrapping paper papel de envolver

wrapper envoltura

wreath corona

wreck naufragio; ruina

wreck (to) desbaratar; hacer naufragar; arruinar

wrench torcedura, llave inglesa

wrench (to) arrancar, torcer, dislocar, sacar de quicio

    to wrench one's shoulder torcerse el hombro

wrestle (to) luchar

wrestler luchador

wretch, wretched infeliz, desventurado

wring (to) torcer, retorcer, estrujar, escurrir

    to wring out exprimir, escurrir

wrinkle arruga

wrinkle (to) arrugar

    to wrinkle one's brow fruncir las cejas

wrist muñeca

    wrist watch reloj de pulsera

WRITE (to) escribir

    to write down poner por escrito; anotar

    Write clearly. Escriba claro.

writer escritor, autor

write-up crítica; artículo *(prensa)*

    This play had a very good write-up. Esta obra tuvo una crítica muy buena.

writing escritura, escrito

    in one's own writing de su puño y letra

    in writing por escrito

    to put in writing poner por escrito

    writing desk escritorio

    writing paper papel de escribir

WRONG incorrecto, falso, erróneo, injusto; mal; *s:* mal, daño; injuria, injusticia; agravio

    the knowledge of right and wrong el conocimiento del bien y del mal

    to be wrong no tener razón

    to do wrong hacer daño

    wrong side out al revés

    I took the wrong road. Me equivoqué de camino.

    Something is wrong with him. Le pasa algo.

    Something is wrong with the engine. El motor no funciona bien.

    That's wrong. Eso está mal.

    You are wrong. Ud. no tiene razón.

X

X-rays rayos X

Xmas abreviación de **Christmas** (Navidad)

Y

yacht yate

yam batata, ñame

yard yarda, vara; patio; corral

    navy yard base naval

yarn hilo

yawn bostezo

yawn (to) bostezar

YEAR año

all year round todo el año
last year el año pasado
many years ago hace muchos años
Happy New Year! ¡Feliz año nuevo!
I am thirty years old. Tengo treinta años.
It happens once a year. Ocurre una vez al año.
What year did it happen? ¿En qué año ocurrió?
yearbook anuario
yearly anual; anualmente, todos los años, cada año
yearn (to) anhelar
yeast levadura
yell grito
yell (to) gritar, chillar
YELLOW amarillo
yellow fever fiebre amarilla
YES sí
YESTERDAY ayer
day before yesterday anteayer
YET todavía, aún; sin embargo, con todo
as yet hasta ahora, hasta aquí
not yet aún no, todavía no
I don't know it yet. Todavía no lo sé.
yield rendimiento, provecho
yield (to) rendir, producir, ceder
yoke yugo; yunta de bueyes
yolk (egg yolk) yema de huevo
yonder allí, allá
YOU tú; usted, ustedes, vosotros, vosotras; te, lo(s), la(s), os; a ti, le(s), a usted(es), a vosotros
YOUNG joven; tierno
to look young verse joven
young lady señorita
young man joven

young people jóvenes
She is still very young. Todavía es muy joven.
youngster jovencito, chiquillo
YOUR tu, tus; su, sus; vuestro(s), vuestra(s); de usted(es)
Here is your book. Aquí está su libro.
YOURS tuyo(s), tuya(s); suyo(s), suya(s); vuestro(s), vuestra(s); el tuyo (vuestro, suyo); la tuya (vuestra, suya), etc.; de ti, de usted, de ustedes, de vosotros
a friend of yours un amigo tuyo
Yours sincerely Su seguro servidor (S.S.S.)
This book is yours. Este libro es tuyo.
YOURSELF tú mismo, usted mismo; te, se
Wash yourself. Lávate.
yourselves ustedes mismos, vosotros mismos; os, se
youth juventud
youthful juvenil
Yuletide Pascua de Navidad

Z

zeal celo, fervor
zealous celoso; entusiasta
zero cero
zest entusiasmo
zinc zinc
zipper cremallera, cierre de relámpago
zodiac zodíaco
zone zona
zoo jardín zoológico
zoological zoológico
zoology zoología

LISTA DE NOMBRES PROPIOS

Adolf Adolfo
Albert Alberto
Alexander Alejandro
Alfred Alfredo
Alice Alicia
Andrew Andrés
Ann, Anne, Anna Ana
Anthony Antonio
Arthur Arturo

Bernard Bernardo

Carmen Carmen
Caroline Carolina
Catherine, Katharine Catalina
Charles Carlos
Charlotte Carlota
Christopher Cristóbal
Clara, Claire Clara

Edward Eduardo
Elizabeth Isabel
Ellen Elena
Emily Emilia
Emmanuel Emanuel
Ernest Ernesto
Eve, Eva Eva

Francis Francisco
Frederick Federico

George Jorge

Helen Elena
Henry Enrique

James Jaime, Diego, Santiago
Jane, Jean Juana
Jennie Juanita
Joe Pepe

Joan Juana
John Juan
Joseph José
Josephine Josefa, Josefina
Julie, Julia Julia
Jules, Julius Julio

Lawrence, Laurence Lorenzo
Leon, Leo León
Leonard Leonardo
Lewis, Louis Luis
Louise Luisa

Margaret, Margery Margarita
Martha Marta
Marie María
Mary María
Maurice Mauricio
Michael Miguel

Paul Pablo
Peter Pedro
Philip Felipe

Ralph Raúl
Raphael Rafael
Raymond Reimundo, Ramón
Richard Ricardo
Robert Roberto
Rosalie Rosalía
Rose Rosa
Rudolph Rodolfo

Susan, Susanna Susana

Theresa Teresa
Thomas Tomás

Vincent Vicente
Violet, Viola Violeta

William Guillermo

Xavier Javier

LISTA DE VOCABLOS GEOGRÁFICOS

Africa África
Asia Asia
Atlantic Atlántico
Australia Australia

Belgium Bélgica
Bolivia Bolivia
Brazil Brasil

Caribbean Caribe
Castile Castilla
Catalonia Cataluña
Central America América Central
Chile Chile
China China
Colombia Colombia
Commonwealth of Independent States (CIS) Comunidad de Estados Independientes
Costa Rica Costa Rica
Cuba Cuba

Dominican Republic República Dominicana

Ecuador Ecuador
Egypt Egipto
El Salvador El Salvador
England Inglaterra
Europe Europa

Germany Alemania
Greece Grecia
Guatemala Guatemala

Havana La Habana
Holland Holanda
Honduras Honduras
Hungary Hungría

India Índia
Ireland Irlanda
Italy Italia
Israel Israel

Japan Japón

Latin America América Latina, Latinoamérica
Lisbon Lisboa
London Londres

Madrid Madrid
Mediterranean Mediterráneo
Mexico México
Moscow Moscú

Navarre Navarra
Netherlands Países Bajos
New York Nueva York
Nicaragua Nicaragua
North America América del Norte, Norteamérica
Norway Noruega

Panama Panamá
Paraguay Paraguay
Pacific Pacífico
Peru Perú
Philippines Filipinas
Poland Polonia
Portugal Portugal
Puerto Rico Puerto Rico
Pyrenees Pirineos

Rome Roma
Romania Rumanía
Russia Rusia

Scandinavia Escandinavia
Scotland Escocia
Seville Sevilla
South America América del Sur, Sudamérica, Suramérica
Spain España
Spanish America Hispanoamérica
Sweden Suecia
Switzerland Suiza

Texas Tejas
Turkey Turquía

United States of America Estados Unidos de América
Uruguay Uruguay

West Indies Antillas

Español-Inglés

A

a *to, in, at, on, by, for*
  a pie *on foot*
  a veces *at times*
  Voy a Nueva York. *I'm going to New York.*
abajo *down, below, under, downstairs*
abandonar *to abandon, to give up, to leave*
abandono *abandonment*
abanico *fan*
abarcar *to include, to contain; to extend to*
abarrotes *groceries, grocery store*
abastecer *to supply, to provide*
abastecimiento *supply*
abdomen *abdomen*
abeja *bee*
abiertamente *openly, frankly*
abierto *open*
abogado *lawyer, attorney*
abonado *subscriber; commuter; paying guest*
abonar *to credit; to guarantee; to fertilize*
  (campo)
abonarse *to subscribe to*
abono *allowance; subscription; commutation*
  ticket; fertilizer; payment
aborrecer *to hate, to despise*
aborrecimiento *hatred, abhorrence*
aborto *abortion*
abotonar *to button*
abrazar *to hug, to embrace*
abrazo *hug*
abrelatas *can opener*
abreviar *to abbreviate*
abreviatura *abbreviation*
abridor *opener*
abrigar *to shelter; to protect, to warm up*
abrigo *overcoat; shelter*
abril *April*
abrir *to open*
abrochar *to fasten*
absolutamente *absolutely*
absoluto *absolute*
absolver *to absolve; to acquit*
abstenerse *to abstain*
abstinencia *abstinence*
absuelto *absolved, acquitted*
absurdo *absurd*
abuela *grandmother*
abuelo *grandfather*
abundancia *abundance*
abundante *abundant*
abundar *to abound*
aburrido *bored; tiresome*
aburrimiento *boredom*
aburrir *to bore; to annoy*
abusar *to abuse*
abuso *abuse, misuse*
acá *here, this way*

¡Ven acá! *Come here!*
acabar *to finish, to end, to have just . . .*
  Acabo de comer. *I've just eaten.*
academia *academy*
acaecer *to happen*
acaecimiento *incident*
acaparamiento *monopoly*
acaparar *to monopolize*
acariciar *to caress; to cherish*
acarrear *to carry; to cause*
acarreo *transportation; carriage*
acaso *by chance, perhaps*
  por si acaso va Ud. allí *if you happen to go*
    there
acaso *chance*
acatarrarse *to catch a cold*
acceder *to agree, to consent*
accesorio *accessory*
accidental *accidental*
accidente *accident*
acción *action, act, deed; share, stock*
accionista *stockholder*
aceitar *to oil, to lubricate*
aceite *oil*
aceituna *olive*
acelerador *accelerator*
acelerar *to accent, accent mark*
acento *accent, accent mark*
acentuar *to accent, to accentuate, to*
  emphasize
aceptación *acceptance; approval*
aceptar *to accept*
acerca *about, concerning, in regard to*
acero *steel*
acertado *fit, proper, apt*
acertar *to succeed; to guess*
ácido *acid*
acierto *skill, tact*
aclaración *explanation*
aclarar *to explain; to clear up*
acoger *to receive; to welcome*
acogida *reception; welcome*
acomodador *usher*
acompañar *to accompany, to escort; to attend*
aconsejable *advisable*
aconsejar *to advise*
acontecer *to happen, to take place*
acontecimiento *event, happening*
acorazado *battleship*
acordar *to agree; to resolve*
acordarse *to remember; to come to an*
  agreement
acostarse *to go to bed; to lie down*
acostumbrar *to accustom, to be accustomed*
  (to), to be used to
acreditar *to credit*
acreedor *creditor*
acta *certificate*
  acta de matrimonio *marriage certificate*
actitud *attitude*

actividad *activity*
activo *active*
acto *act, action, deed*
   en el acto *at once*
actor *actor*
actriz *actress*
actuación *way of acting; record* (de una persona)
actual *present, existing*
   el cinco del actual *the fifth of this month*
actualidad *present time*
actualmente *at present, at the present time; nowadays*
actuar *to act*
acudir *to rush; to attend*
acuerdo *agreement, understanding*
acusación *accusation*
acusado *defendant*
acusar *to accuse, to prosecute*
adaptar *to adapt, to fit*
adecuado *adequate, fit, suited*
adelantado *anticipated; advance, in advance*
   por adelantado *beforehand, in advance*
adelantar *to advance, to be fast* (reloj)
adelante *ahead, forward*
   de hoy en adelante *from today on*
   en adelante *from now on*
   ¡Adelante! *1. Come in! 2 Go on!*
adelanto *progress; improvement*
adelgazar *to lose weight*
ademán *gesture, motion*
además *moreover, besides, furthermore, too*
adentro *inside, within*
   Vaya adentro. *Go in.*
adeudar *to owe*
adherirse *to join; to stick*
adhesión *adhesion*
adicción *addiction*
adición *addition*
adicional *additional*
adiestramiento *training*
adiestrar *to train*
adinerado *rich, wealthy*
adiós *good-bye*
adivinanza *riddle, puzzle; guess*
adivinar *to guess; to foretell*
adjetivo *adjective*
adjuntar *to enclose; to attach*
adjunto *enclosed; attached*
administración *administration, management*
administrador *manager, administrator*
administrar *to administer, to manage*
admirable *admirable*
admiración *admiration, wonder; exclamation mark*
admirador *admirer*
admirar *to admire*
admisión *admission, acceptance*
admitir *to admit; to accept; to grant*

adónde *where*
adopción *adoption*
adoptar *to adopt*
adorable *adorable*
adorar *to adore, to worship*
adormecimiento *drowsiness; numbness*
adornar *to decorate, to adorn, to trim*
adquirir *to acquire*
adquisición *acquisition*
adrede *purposely, on purpose*
aduana *customhouse; customs*
aduanero *customs official*
adulador *flatterer*
adular *to flatter*
adulto *adult*
adverbio *adverb*
adversario *adversary, enemy*
adversidad *adversity*
advertencia *warning; notice*
advertir *to warn; to give notice; to let know*
aéreo *aerial; by air*
aeródromo *airport*
aeronáutica *aeronautics*
aeronave *airship*
aeroplano *airplane*
aeropuerto *airport*
afán *anxiety, eagerness*
afanarse *to be uneasy, to be anxious; to work hard*
afección *affection, fondness*
afectar *to affect; to concern*
afecto *affection, fondness, love*
afeitar *to shave*
afición *fondness; hobby*
aficionado *fond of; fan; amateur*
afilar *to sharpen*
afiliado *affiliated; member* (asociación)
afiliar *to join, to become a member*
afinidad *affinity; analogy*
afirmación *affirmation, assertion, statement*
afirmar *to affirm, to assert; to fasten*
afirmativamente *affirmatively*
aflicción *affliction; sorrow, grief*
afligirse *to grieve; to worry*
aflojar *to loosen; to become lax*
afortunadamente *fortunately, luckily*
afortunado *fortunate, lucky*
afrenta *affront, insult; outrage*
afrontar *to face*
afuera *out, outside*
   ¡Afuera! *Get out of the way!*
afueras *suburbs*
agacharse *to stoop, to bend down*
agarrar *to grasp, to seize*
agencia *agency*
agenda *notebook, memo book*
agente *agent*
ágil *fast; light, agile*
agitación *agitation, excitement*

agitar *to agitate, to stir, to shake up*
agonía *agony*
agonizar *to be dying*
agosto *August*
agotamiento *exhaustion*
agotar *to exhaust, to drain, to run out of*
agradable *pleasant, agreeable*
agradar *to please; to like*
agradecer *to be grateful, to give thanks*
agradecimiento *gratitude, gratefulness*
agrado *liking; pleasure*
agravarse *to grow worse*
agregar *to add; to collect*
agresión *aggression*
agresor *aggressor*
agriarse *to turn sour*
agricultura *farming, agriculture*
agrietarse *to crack*
agrio *sour*
agrupación *crowd; gathering; association*
agrupar *to bring together, to group*
agua *water*
   agua corriente *running water*
   agua potable *drinking water*
aguacate *avocado, alligator pear*
aguantar *to bear, to endure; to resist*
aguardar *to expect, to wait for*
   ¡Aguarda un momento! *Wait a minute!*
águila *eagle*
aguinaldo *bonus at end of the year*
aguja *needle*
agujerear *to bore; to make holes*
agujero *hole*
ahí *there*
   por ahí *that way*
   ¡Ahí viene! *There he comes!*
ahijado *godchild*
ahogar *to drown; to choke*
ahora *now, at present*
   ahora mismo *right away; just now; this
     minute*
ahorcar *to hang*
ahorita *right away*
ahorrar *to save, to economize; to spare*
ahorro *savings; thrift*
aire *air, wind; aspect, look*
   al aire libre *in the open*
   una corriente de aire *a draft*
ajedrez *chess*
ajeno *of others, other people's*
ajo *garlic*
ajustar *to adjust, to fit, to settle*
al *to the; at the; on; when; upon —ing*
   al contrario *on the contrary*
   al recibir su carta *upon receiving his letter*
   al saberlo *when I learned it*
ala *wing; brim (de un sombrero)*
alabar *to praise*
alacena *cupboard, kitchen closet*

alacrán *scorpion*
alambrado *wire fence; wire net*
alambre *wire*
alarde *ostentation, showing off*
alargar *to lengthen, to stretch, to extend*
alarma *alarm*
alarmarse *to be alarmed*
alba *dawn*
albañil *bricklayer*
albaricoque *apricot*
albóndiga *meat ball*
alborotarse *to become excited*
alboroto *excitement, disturbance*
álbum *album*
alcachofa *artichoke*
alcalde *mayor*
alcance *reach, range, scope; ability;
   intelligence*
alcanzar *to be sufficient; to reach, to catch; to
   affect*
alcohol *alcohol*
aldaba *latch*
aldeano *farmer*
alegrar *to make happy*
alegrarse *to rejoice, to be happy, to be glad*
   Me alegro de saberlo. *I'm happy to know it.*
alegre *glad, happy, merry*
alegría *joy, delight, gaiety*
alejar *to remove, to take away*
alemán *German*
alfabeto *alphabet*
alfiler *pin*
alfombra *carpet, rug*
algo *some, something, any, anything;
   somewhat*
   algo que comer *something to eat*
   por algo *for some reason*
algodón *cotton*
alguacil *constable*
alguien *somebody, someone*
alguno (algún) *some, any*
   alguna cosa *something*
   en alguna parte *anywhere*
alhaja *jewel*
alianza *alliance*
aliento *breath*
alimentación, alimento *food, nourishment,
   feeding*
alimentar *to feed, to nourish*
alistar *to enlist; to get ready*
aliviar *to lighten; to get better*
alivio *relief, ease*
allá *there, over there; formerly*
   más allá *farther on, beyond*
allí *there, in that place*
   allí mismo *right there, in that very place*
   de allí *from there, from that place*
alma *soul*
almacén *store, shop; warehouse*

tener en almacén *to have in stock*
almacenar *to store, to save (on a computer)*
almeja *clam*
almendra *almond*
almidón *starch*
almirante *admiral*
almohada *pillow*
almohadón *bolster, pillow case*
almorzar *to lunch*
almuerzo *lunch*
alojar *to put up* (en un hotel); *to lodge*
alquilar *to rent, to hire*
    se alquila *renting, for rent*
alquiler *rent, rental*
alrededor *around*
alrededores *outskirts, surroundings*
altavoz *loudspeaker*
alterarse *to become angry, to get annoyed*
altercado *quarrel*
alternar *to alternate*
alternativa *alternative*
alto *high, tall; stop, halt*
    ¡Alto ahí! *Stop here!*
altoparlante *loudspeaker*
altura *altitude, height*
aludir *to allude, to refer to*
alumbrado *lighting; illumination*
alumbrar *to light, to illuminate*
aluminio *aluminum*
alumno *student, pupil*
alza *rise; increase*
alzar *to raise, to lift up*
ama *lady of the house*
    ama de llaves *housekeeper*
amabilidad *amiability; kindness*
amable *amiable; kind*
    Ud. es muy amable. *That's very kind of you.*
amanecer *daybreak, dawn*
amante *loving; s: lover, sweetheart*
    ser amante de *to be fond of*
amar *to love*
amargo *bitter*
amarillo *yellow*
amarrar *to tie, to fasten; to moor* (barco)
ambición *ambition*
ambicioso *ambitious*
ambiente *environment, atmosphere*
ambos *both*
ambulancia *ambulance*
amenaza *menace, threat*
amenazar *to threaten, to menace*
ameno *pleasant, agreeable*
americano *American*
ametralladora *machine gun*
amigo *friend*
amistad *friendship*
amistosamente *in a friendly manner*
amistoso *friendly*

amo *master of the house; lord; boss*
amontonar *to heap, to pile up*
amor *love*
ampliación *enlargement, extension*
ampolla *blister*
amueblar *to furnish*
analfabeto *illiterate*
análisis *analysis*
ancho *broad, wide; s: width, breath*
anchura *width, breadth*
anciano *old man*
ancla *anchor*
andar *to walk, to go*
    andar a pie *to go on foot*
    ¡Anda! *Go on! Come on!*
    Ando mal de dinero. *I'm short of money.*
andén *platform* (ferrocarril)
anécdota *anecdote*
anemia *anemia*
ángel *angel*
angosto *narrow*
anguila *eel*
ángulo *angle*
angustia *anguish, distress, affliction*
anillo *ring, band*
animal *animal*
animar *to animate; to encourage; to cheer up*
    ¡Animo! *Cheer up!*
ánimo *courage, spirit*
aniversario *anniversary*
anoche *last night*
anochecer *to grow dark*
anormal *abnormal*
anotar *to make notes, to write down*
ansia *anxiety; eagerness; longing*
ansiedad *anxiety*
ansioso *anxious, eager*
ante *before; in the presence of; s: elk skin*
    ante todo *above all*
anteayer *the day before yesterday*
antebrazo *forearm*
antecedente *references; record*
antecesores *ancestors*
antemano *beforehand*
antena *antenna*
antenoche *night before last*
anteojos *glasses*
antepasado *past, last; ancestor*
anterior *previous, anterior, former, preceding*
anteriormente *previously*
antes *before*
    antes de tiempo *ahead of time*
anticipación *anticipation*
anticipar *to anticipate; to advance* (dinero)
anticipo *advance payment, advance*
antier (coll.) *day before yesterday*
antifaz *mask*
antiguamente *formerly, in ancient times*
antigüedad *antiquity; antique*

tienda de antigüedades *antique shop*
antiguo *antique, ancient, old*
antipatía *antipathy, dislike, aversion*
antiséptico *antiseptic*
antojarse *to desire, to long for, to crave*
antojo *desire; whim; fancy*
anual *yearly, annual*
anunciar *to announce, to advertise*
anuncio *announcement, sign, advertisement, notice*
anzuelo *fishhook; bait*
añadir *to add*
año *year*
    el año pasado *last year*
    el año que viene, el próximo año *next year*
    todo el año *all year around*
    ¡Feliz año nuevo! *Happy New Year!*
apagar *to extinguish, to put out; to turn off (luz); to quench (sed)*
aparador *sideboard, cupboard, stand*
aparato *apparatus, device; ostentation*
aparecer *to appear, to show up, to turn up*
aparentar *to pretend; to affect*
aparentemente *apparently*
apariencia *appearance, looks, aspect*
apartado *separated, distant; s: post-office box*
apartamento *apartment*
    casa de apartamentos *apartment house*
apartar *to separate; to lay aside*
aparte *aside; separately*
apearse *to get off*
apellido *last name, family name, surname*
apenas *scarcely, hardly; as soon as, no sooner than*
apetecer *to long for, to desire*
apetito *appetite*
apio *celery*
aplaudir *to applaud*
aplauso *applause, praise, approbation*
aplazar *to put off, to postpone; to defer, to adjourn*
aplicado *studious, industrious, diligent*
aplicar *to apply oneself, to devote oneself (to); to study*
apoderarse *to take possession of*
apodo *nickname*
apostar *to bet; to post (soldados)*
apoyar *to learn; to back up; to support; to defend; to aid*
apreciación *appreciation; estimation*
apreciar *to estimate, to value; to appreciate, to esteem*
aprecio *appreciation; esteem, regard*
apremiante *urgent, pressing*
apremiar *to urge, to press*
aprender *to learn*
apresurarse *to hurry, to hasten*
apretar *to tighten; to press, to squeeze*
aprieto *difficulty; fix*

Estoy en un verdadero aprieto. *I'm in trouble.*
aprisa *fast, swiftly, promptly*
aprobación *approval*
aprobar *to approve, to approve of; to pass (examen)*
    No me aprobaron en historia. *I failed history.*
aprovechar *to take advantage (of); to profit; to make use of*
aprovisionamiento *supply*
aproximadamente *approximately*
aproximarse *to approach, to come near*
aptitud *aptitude, ability, fitness; qualifications*
apuesta *bet, wager*
apuntar *to point out; to write down; to aim; to indicate*
apuñalar *to stab*
apurarse *to hurry; to worry, to exert oneself*
    ¡Apúrese! *Hurry up!*
apuro *want, affliction, difficulty*
aquel, aquella, aquellos *that, that one, those; the former*
aquí *here, in this place*
    de aquí en adelante *from now on*
araña *spider; chandelier*
árbol *tree; mast*
archivar *to keep on file, to file*
archivo *file, files, records*
arder *to burn*
ardilla *squirrel*
arena *sand; arena*
argentino *Argentinian*
argumento *reason; argument; plot (literatura)*
aritmética *arithmetic*
arma *weapon; arm*
armario *cabinet, wardrobe*
armisticio *armistice*
aroma *aroma*
arquitecto *architect*
arquitectura *architecture*
arrabal *suburb*
arrancar *to pull out; to tear off*
arrastrar *to drag, to haul*
arreglar *to arrange, to settle; to fix*
arrepentirse *to repent, to regret*
arriba *above; over; upstairs*
    de arriba abajo *from top to bottom, from head to foot*
    patas arriba *upside down*
arrodillarse *to kneel down*
arrojar *to throw, to hurl*
arte *art, skill*
    bellas artes *fine arts*
artículo *article; clause*
    artículo de fondo *editorial*
artificial *artificial*
artista *artist*
arzobispo *archbishop*

as *ace*
asado *roasted; roast meat*
asalto *assault, holdup*
asamblea *assembly*
asar *to roast*
ascender *to ascend, to climb; to amount to; to be promoted*
ascenso *promotion*
ascensor *elevator*
aseado *clean, neat*
asear *to clean, to make neat*
asegurar *to insure; to secure, to fasten; to affirm, to assert*
aseo *cleanliness, neatness*
aserrar *to saw*
asesinar *to assassinate, to murder*
asesinato *assassination, murder*
asesino *assassin, murderer*
asfalto *asphalt, pavement*
así *so, thus, this way; therefore, so that*
    así, así *so-so*
    Más vale así. *It's better this way.*
asiento *seat, chair; entry; registry*
    Tome Ud. asiento. *Have a seat.*
asignar *to assign, to appoint*
asignatura *subject* (escuela)
asilo *asylum, refuge*
asimismo *likewise, exactly so*
asir *to grasp, to hold, to grip*
asirse de *to take hold of*
asistir *to attend, to assist, to help*
asno *donkey, ass*
asociación *association*
asomarse *to lean out; to look out*
    ¡Prohibido asomarse! *Don't lean out of the window!*
asombro *amazement, astonishment*
aspecto *aspect, appearance, look*
aspirina *aspirin*
astuto *cunning, sly*
asunto *subject; matter, business*
asustar *to frighten*
asustarse *to be frightened*
ataque *attack*
atar *to bind, to fasten, to tie*
atardecer *to grow late*
ataúd *coffin*
atemorizar *to frighten, to intimidate*
atención *attention*
atender *to attend; to pay attention; to look after; to wait on*
atentado *attempt*
atento *attentive, courteous*
aterrizaje *landing*
aterrizar *to land*
atestiguar *to testify*
atinar *to guess right; to hit on*
atleta *athlete*
atlético *athletic*

atmósfera *atmosphere*
átomo *atom*
atornillar *to screw*
atracar *to dock, to moor; to hold up*
atraco *assault, holdup*
atractivo *attractive, appealing;* s: *inducement*
atraer *to attract*
atrás *behind, backwards; past*
atrasar *to delay, to be slow* (reloj)
atrasarse *to be late, to remain behind*
atravesar *to cross*
atrayente *attractive*
atrever *to dare, to venture*
atrevido *bold, daring; fresh*
atribuir *to attribute, to impute*
atrocidad *atrocity*
atropellar *to run over; to insult; to abuse*
atropello *trampling; abuse, outrage*
atroz *atrocious, outrageous*
atún *tuna fish*
aturdido *bewildered, stunned, dizzy*
aturdir *to stun*
audición *audition*
audífono *headphone*
auditorio *audience*
aumentar *to augment, to enlarge, to increase*
aumento *increase, raise*
aun *still, even*
    aun cuando *although*
    Aun mis hijos me lo dijeron. *Even my children told me.*
aún *yet*
    Pedro no ha llegado aún. *Peter has not arrived yet.*
anuncio *announcement; advertisement*
aunque *though, even if*
auricular *headphone*
aurora *dawn, daybreak*
ausencia *absence*
ausentarse *to be absent, to be away*
ausente *absent*
auténtico *authentic, genuine*
auto *automobile, car; sentence, edict*
autobús *bus*
automático *automatic*
automóvil *car*
autor *author*
autoridad *authority*
autorización *authority*
autorizar *to authorize*
auxiliar *to aid, to help*
auxilio *help, aid, assistance*
avance *advance, progress*
ave *bird, fowl*
    aves de corral *fowl, poultry*
avena *oats*
avenida *avenue*
aventura *adventure*

aventurarse *to venture, to risk, to take a chance*

avergonzarse *to be ashamed*

avería *damage, loss*

averiguar *to inquire, to find out, to investigate*

aviación *aviation*

aviador *aviator*

avión *airplane*

avisar *to inform, to notify, to let know; to warn*

aviso *notice, advertisement; warning*
    aviso público *public notice*

ayer *yesterday*

ayuda *help, assistance, aid*

ayudante *assistant; adjutant* (ejército)

ayudar *to help, to assist, to aid*

ayuntamiento *city hall*

azahar *orange blossom*

azar *chance, hazard*
    al azar *at random*

azotar *to whip*

azote *whip; whipping, spanking*

azotea *flat roof, terrace, roof garden*

azúcar *sugar*

azul *blue*

bacalao *codfish*

bahía *bay*

bailar *to dance*

baile *dance, ball*

baja *fall; depreciation* (precio); *casualty*

bajar *to go down; to get off; to come down; to lower*

bajo *low; under; below*

bala *bullet*

balance *balance* (cuenta)

balde *bucket*
    de balde *free, for nothing*
    en balde *in vain*

banana *banana*

banco *bank; bench*

banda *band, sash, ribbon; gang*

bandeja *tray; basin*

bandera *flag, banner*

bandido *bandit, outlaw*

banquero *banker*

baño *bath; bathroom*

barato *cheap*

barbería *barbershop*

barbero *barber*

barca *small boat*

barómetro *barometer*

barranco *ravine, gully*

barrer *to sweep*

barriada *district, suburb, quarter*

barriga *belly* (animales)

barril *barrel*

barrio *district, quarter, suburb*

barro *mud, clay*

báscula *scale* (de peso)

base *base, basis*

básico *basic*

basquetbol *basketball*

bastante *enough, sufficient*

bastar *to be enough, to suffice*
    ¡Basta, ya! *That's enough!*

bastón *cane, stick*

basura *garbage*

bata *robe, gown*
    bata de baño *bathrobe*
    bata de dormir *nightgown*

batalla *battle, combat, fight*

batallar *to battle, to fight*

batallón *battalion*

batería *battery*
    batería de cocina *kitchen utensils*

batir *to beat*

baúl *trunk, chest*

bautizar *to baptize, to christen*

bebé *baby*

beber *to drink*

bebida *drink, beverage*

becerro *calf, calfskin*

belga *Belgian*

belleza *beauty*

bello *beautiful*

bendecir *to bless*

bendición *blessing, benediction*

bendito *blessed;* s: *simpleton*

beneficiar *to benefit, to profit*

beneficio *benefit, profit*

besar *to kiss*

beso *kiss*

bestia *beast*

biberón *nursing bottle*

bibliografía *bibliography*

biblioteca *library; bookcase*

bicho *insect, vermin*

bicicleta *bicycle*

bien *well, right*
    Está bien. *All right. O.K.*
    ¡Que lo pase Ud. bien! *Good luck to you!*

bienes *property, estate; possessions*

bienestar *well-being, welfare*

bienvenida *welcome*

billete *ticket, bank note*

billetera *wallet, pocketbook*

biombo *screen* (para la casa)

bisabuela *great-grandmother*

bisabuelo *great-grandfather*

blanco *white; mark, target*

blando *soft, smooth*

bobo *foolish, silly;* s: *fool, simpleton*

boca *mouth*

bocacalle *street intersection*
bocadillo *sandwich; snack*
bocado *mouthful, bite*
bocina *horn* (coche), *speaker* (stereo)
boda *wedding*
bodega *grocery store; wine cellar; storeroom; hold*
bola *ball; globe*
boleto *ticket*
bolígrafo *pen*
bolsa *purse, bag; stock exchange*
bolsillo *pocket*
bomba *bomb; pump; fire engine*
bombón *chocolate candy*
bondad *kindness, goodness*
    Tenga la bondad de servirse. *Please help yourself.*
bonito *pretty; good; graceful*
boquilla *cigarette holder*
bordado *embroidery*
bordar *to embroider*
borde *border, margin*
bordo *board*
    a bordo *on board*
borracho *drunk, intoxicated;* s: *drunkard*
borrador *eraser, rough draft*
borrar *to erase; to cross out*
borrón *stain, blot*
bosque *wood, forest*
bostezar *to yawn*
bote *boat*
    de bote en bote *jammed, packed*
botella *bottle*
botica *drugstore*
boticario *druggist*
botón *button; bud*
botones *bellboy*
boxear *to box*
bravo *brave; wild; rough* (mar)
brazalete *bracelet*
brazo *arm*
breve *brief, short*
    en breve *shortly, in a little while*
brevedad *briefness, brevity*
brigada *brigade*
brillante *brilliant, sparkling;* s: *diamond*
brillar *to shine, to sparkle*
brindar *to toast; to offer, to invite*
brindis *toast* (bebiendo)
brisa *breeze*
brocha *brush* (to paint)
broche *pin, clasp*
broma *joke*
    en broma *as a joke*
bromear *to joke, to have fun*
bronce *bronze; brass*
bruma *fog, mist*
brusco *rough; rude*
brutal *brutal*

bruto *brutal; rude*
    peso bruto *gross weight*
bueno *good, satisfactory; kind; fit, suited; well; pleasant*
    de buena gana *willingly*
    ¡Buen viaje! *Have a pleasant trip!*
    Tuve un buen día. *I had a pleasant day.*
bujía *candle; spark plug*
bulla *noise; fun*
bullicio *noise, tumult*
bulto *bundle, parcel, package*
buque *ship, steamer*
burla *mockery, sneering*
burlarse *to make fun of*
burlón *joker*
burro *donkey, ass*
buscapersonas *pager/beeper*
buscar *to look for, to seek, to search; to get*
búsqueda *search*
busto *bust*
butaca *easy chair; orchestra seat* (teátro)
buzón *mailbox*
byte *byte*

C

¡ca! *oh, no!*
cabalgar *to ride on horseback*
caballería *cavalry*
caballero *gentleman; horseman; knight*
cabaña *hut, cabin*
cabecera *head of a bed or table*
cabello *hair*
caber *to fit into; to have enough room; to contain*
cabeza *head*
    de pies a cabeza *from head to foot*
    Me duele la cabeza. *I've got a headache.*
cabina *cabin*
cable *cable, line*
cablegrafiar *to cable*
cabo *tip, extremity, end; cape; rope; corporal*
    llevar a cabo *to accomplish; to carry through*
cabra *goat*
cacahuate *peanut*
cacao *cocoa; cocoa tree*
cacería *hunt, hunting*
cacerola *pan, casserole*
cacharro *pot*
cachetada, cachete *slap in the face*
cachimba *pipe*
cacto *cactus*
cada *each, every*
    cada cual *each one*
    cada hora *every hour*
cadáver *corpse*

cadena *chain*
cadera *hip*
cadete *cadet*
caer *to fall; to drop; to realize*
    Yo caigo en ello. *I catch on. I see. I get it.*
café *coffee; café; brown*
    café solo *black coffee*
cafetera *coffee pot*
caída *fall*
calambre *cramp*
caja *box, case; chest, cash*
    caja fuerte *safe*
    en caja *cash on hand*
cajero *cashier*
cajón *drawer; box, case*
calabaza *pumpkin, squash*
    ¿Te dieron calabazas? *Did you flunk?*
calabozo *cell, dungeon*
calamidad *calamity, misfortune*
calavera *skull*
calcetín *sock*
calcular *to calculate, to estimate*
cálculo *calculus; computation, estimate*
caldo *broth, soup*
    caldo de gallina *chicken broth*
calefacción *heating*
calendario *calendar; almanac*
calentador *heater*
calentar *to warm, to heat*
calentura *fever*
calibre *caliber, gauge*
calidad *quality; condition; capacity*
caliente *warm, hot*
calificación *qualification; mark* (examen)
calificar *to qualify; to rate; to describe; to authorize; to attest*
caligrafía *handwriting, calligraphy*
callado *quiet, silent; discreet; reserved*
callar *to keep quiet, to be silent, to conceal*
    ¡Cállate! *Keep quiet!*
calle *street*
    al otro lado de la calle *across the street*
callejón *alley*
callo *corn, callus*
calma *calm; calmness*
    Tómelo con calma. *Take it easy.*
calmante *sedative*
calmar *to calm, to quiet*
calor *heat, warmth*
    Hace mucho calor. *It's very hot.*
    Tengo calor. *I'm warm.*
calumniar *to slander*
caluroso *warm, hot*
calva *bald head*
calvicie *baldness*
calvo *bald; barren*
calzada *roadway, tarmac*
calzado *footwear; wearing shoes*
calzar *to put on shoes; to wedge*

calzoncillos *shorts, underwear*
cama *bed; layer*
    guardar cama *to be confined in bed*
camarada *comrade*
camarera *chambermaid; waitress*
camarero *steward, waiter*
camarote *stateroom, cabin*
cambiar *to exchange; to change*
cambio *exchange, rate of exchange*
camilla *stretcher*
caminar *to walk*
camino *road, way, highway*
camión *truck; bus* (Mex.)
camisa *shirt*
camisería *shirt store*
camiseta *undershirt, T-shirt*
camisón *nightshirt, nightgown*
campana *bell*
campeón *champion*
campeonato *championship*
campesino *peasant*
campo *field; country; space*
cana *gray hair*
canal *channel; canal*
canario *canary*
canasta *basket; hamper*
cancelar *to cancel, to annul*
cáncer *cancer*
cancha *athletic field*
canción *song*
candado *padlock*
candelero *candlestick*
candidato *candidate*
candidatura *candidacy*
candidez *candor, simplicity*
canela *cinnamon*
cangrejo *crab, crawfish*
canjear *to exchange*
canoa *canoe*
cansado *tired; tedious; annoying*
cansancio *fatigue*
cansar *to tire; to annoy; to bore*
cantante *singer*
cantar *to sing*
cantidad *quantity, amount, sum*
cantina *canteen*
canto *singing; edge*
caña *cane, reed*
cañada *ravine*
cañería *water pipe*
caño *pipe, tube*
caoba *mahogany*
capa *cape, cloak, coat; layer*
capacidad *capacity*
capataz *foreman*
capaz *capable; apt; spacious*
capital *principal, main; capital*
capitán *captain, commander*
capítulo *chapter*

cara *face, front, facade*
   cara a cara *face to face*
   echar en cara *to reproach*
carbón *charcoal; carbon*
carcajada *hearty laughter*
cárcel *prison, jail*
carecer *to lack*
carestía *scarcity; dearth*
carga *freight, load, cargo, burden*
cargado *loaded*
cargamento *cargo, load*
cargar *to load; to charge; to carry a load*
   cargar en cuenta *to charge to an account*
caricia *caress*
caridad *charity*
cariño *fondness, love, affection*
cariñoso *affectionate, loving*
caritativo *charitable*
carnaval *carnival*
carne *flesh, meat; pulp* (fruta)
   carne asada *roast meat*
carnero *mutton*
carnet *booklet; membership card*
carnicería *butcher shop, meat market*
carnicero *butcher*
caro *dear; expensive*
   cara mitad *better half*
   un amigo caro *a dear friend*
   Es muy caro. *It's very expensive.*
carpa *tent; awning; carp*
carpintero *carpenter*
carrera *career, race*
carreta *wagon*
carrete *spool, coil, reel*
carretera *road, highway*
carrillo *cheek; highway lane*
carro *car*
carta *letter; map, chart; playing card*
   carta de crédito *letter of credit*
   carta de entrega especial *special delivery letter*
   carta certificada *registered letter*
   tomar cartas *to take sides*
cartel *poster*
cartera *wallet, pocketbook*
carterista *pickpocket*
cartero *mailman*
cartón *cardboard*
casa *house, home; firm, concern*
   casa de huéspedes *boarding house*
casado *married*
casamiento *marriage, wedding*
casar *to marry; to match*
casarse *to get married*
cascanueces *nutcracker*
cáscara *peel, shell, bark*
casero *domestic;* s: *landlord*
casete *cassette*
casi *almost, nearly*

caso *case, event, accident*
castellano *Castilian; Spanish*
castigar *to punish*
castigo *punishment, penalty*
casual *casual, accidental*
casualidad *chance, coincidence; accident*
   ¡Qué casualidad! *What a coincidence!*
catarata *waterfall*
catarro *cold*
catedral *cathedral*
categoría *category, class*
catolicismo *Catholicism*
católico *Catholic*
catorce *fourteen; fourteenth*
catre *cot*
caudillo *leader*
causa *cause, motive; lawsuit*
causar *to cause*
   causar daño *to do harm*
cautela *caution, prudence*
cauto *cautious, prudent*
cavar *to dig up, to excavate*
caverna *cave, cavern*
cavidad *cavity*
cavilar *to ponder*
caza *hunting; game*
cazador *hunter*
cazar *to hunt, to chase*
cazuela *pot*
cebada *barley*
cebo *bait*
cebolla *onion*
ceder *to grant; to yield, to give in*
cedro *cedar*
cédula *warrant; certificate*
   cédula de identificación *identification papers*
ceguera *blindness*
ceja *eyebrow*
celda *cell*
celebrar *to celebrate; to praise; to take place*
celos *jealousy*
celoso *jealous*
célula *cell*
cementerio *cemetery*
cemento *cement*
cena *supper, dinner*
cenar *to dine; to have supper*
cenicero *ashtray*
ceniza *ashes*
censura *censorship; reproach*
censurar *to censure, to criticize; to reproach*
centavo *cent*
centenar *a hundred*
centeno *rye*
centígrado *centigrade*
centímetro *centimeter* (2.7 cms. = an inch)
céntimo *cent*
central *central;* s: *main office*

centro *center, middle, core; social circle, club*
ceñirse *to limit oneself to*
ceño *frown*
cepillar *to brush; to polish*
cepillo *brush*
cera *wax*
cerca *near, close by; about;* s: *fence*
   por aquí cerca *somewhere around here*
cercanías *vicinity, neighborhood*
cercano *nearby*
cercar *to fence, to surround*
cerciorarse *to ascertain, to make sure*
cerco *fence*
cerdo *pig, hog, pork meat*
cereal *cereal*
cerebro *brain*
ceremonia *ceremony; formality*
cereza *cherry*
cerilla *match; ear wax*
cero *zero, nought*
cerrado *closed, shut*
cerradura *lock*
cerrar *to close, to lock, to shut; to turn off*
cerro *hill*
cerrojo *bolt, latch*
certeza *certainty, conviction*
certidumbre *certainty*
certificado *certificate*
certificar *to certify; to register* (carta)
cerveza *beer*
cesante *unemployed; dismissed, fired*
cesar *to cease, to stop*
césped *grass; lawn*
cesta *basket*
chal *shawl*
chaleco *vest*
chalet *chalet, cottage*
chalupa *sloop, launch*
champaña *champagne*
chancear *to joke; to fool*
chantaje *blackmail*
chantajista *blackmailer*
chanza *joke*
chaqueta *jacket, coat*
charco *pond, puddle*
charlar *to chat, to chatter*
charlatán *quack*
charola *tray*
chasco *disappointment*
chasis *chassis*
chato *flat; flat-nosed*
cheque *check*
chica *small, little;* s: *girl*
chicle *chewing gum*
chico *small, little;* s: *boy*
chicos *youngsters*
chiflado *silly, crazy*
chileno *Chilean*

chillar *to scream, to screech; to squeak; to creak*
chillido *scream*
chimenea *chimney; fireplace*
chinche *thumbtack; bedbug; boring person*
chino *Chinese*
chiqueada *spoiled*
chiquero *pigpen*
chiquilla *little girl*
chiquillada *childishness*
chiquillo *little boy*
chiquita *small, tiny;* s: *little girl*
chiquito *small, tiny;* s: *little boy*
chiripa *luck, bargain*
   de chiripa *by mere chance*
chisme *gossip*
chismear *to gossip*
chispa *spark*
chistar *to mutter, to mumble*
chiste *joke*
chistoso *witty, humorous*
chivo *kid, goat*
chocar *to collide; to strike; to shock; to disgust*
chocolate *chocolate*
choque *collision; clash; shock*
chorizo *sausage*
chorro *gush*
choza *hut, hovel*
chuleta *chop, cutlet*
   chuleta de cordero *lamb chop*
   chuleta de puerco *pork chop*
   chuleta de ternera *veal chop*
chupar *to suck; to absorb*
chusco *amusing; funny*
cicatriz *scar*
ciclón *cyclone*
ciego *blind*
cielo *sky*
cien, ciento *one hundred; one hundredth*
ciencia *science*
científico *scientific*
cierto *certain*
   ¡Sí, por cierto! *Yes, indeed!*
cifra *number; cipher; code*
cigarrillo *cigarette*
cigarro *cigar; cigarette*
cigüeña *stork*
cima *summit, top*
cimiento *foundation, base*
cinco *five, fifth*
cincuenta *fifty; fiftieth*
cine *movies, motion picture*
cinta *ribbon; tape; film*
   cinta adhesiva *adhesive tape*
cintura *waist*
cinturón *belt*
circo *circus*
circulación *circulation; traffic*

circular *circular*

círculo *circle; circuit; club*

circunferencia *circumference*

circunstancia *circumstance*

ciruela *plum; prune*

cirujano *surgeon*

cisne *swan*

cita *appointment, date; summons; quotation*
    Deseo hacer una cita con Ud. *I'd like to make an appointment with you.*

citar *to cite; to summon*

ciudad *city*
    ciudad natal *home town*

ciudadanía *citizenship*

ciudadano *citizen*

civil *civil, courteous, polite*

civilización *civilization*

civilizar *to civilize*

clara *white of an egg*

claridad *clearness; light; plainness*

clarificar *illumination, clarification*

claro *clear; intelligible; obvious, evident; pure; light; s: gap; skylight*
    poner en claro *to make something clear*
    ¡Claro que no! *Of course not!*
    ¡Claro que sí! *Of course!*

clase *class; kind; sort; classroom; lesson*
    la clase obrera *the working class*

clavar *to nail; to fasten; to drive in; to pierce; to cheat*

clave *key, code*

clavel *carnation*

clavo *nail; clove*

cliente *client, customer*

clientela *patronage*

clima *climate*

clínica *clinic, dispensary*

cloaca *sewer*

cobarde *timid, cowardly; s: coward*

cobija *blanket; bed cover*

cobrador *conductor* (autobús)*; collector*

cobrar *to collect; to receive; to charge* (precio)
    cobrar ánimo *to take courage*

cobre *copper*

cocer *to cook; to boil; to bake*

coche *car, coach, carriage, taxi*
    coche cama *sleeping car*
    coche comedor *dining car*
    coche salón *parlor car*

cocina *kitchen; cooking*

cocinar *to cook*

cocinero *cook; chef*

coco *coconut*

codo *elbow*

coger *to catch, to take hold of; to gather, to seize*

cohecho *bribery*

cohete *rocket, fireworks*

coincidencia *coincidence*

coincidir *to coincide*

cojear *to limp*

cojero *lameness*

cojo *lame, a person with a limp*

cola *tail; line* (gente)
    hacer cola *to stand in line*

colaboración *collaboration*

colaborar *to collaborate*

colar *to strain*

colcha *bedspread*

colchón *mattress*

colección *collection*

coleccionar *to collect*

colecta *collection, collect*

colectar *to collect; to solicit*

colegio *college*

cólera *anger, fit of temper; rage; cholera*

colgar *to hang*
    ¡No cuelgue Ud.! *Don't hang up!*

coliflor *cauliflower*

colilla *cigar or cigarrette stub*

colina *small hill*

collar *necklace; collar*

colmo *heap; climax; limit*
    ¡Es el colmo! *That's the last straw!*

colocación *situation; employment; arrangement*

colocar *to place; to give employment to*

colonia *colony; residential section*

colonial *colonial*

color *color; paint*
    color claro *light color*
    color vivo *bright color*
    de color *colored*

colorado *red*
    ponerse colorado *to blush*

colorete *rouge*

columna *column, pillar*

columpiar *to swing*

columpio *swing*

coma *comma*

comadre *the relationship between you and the godmother of your child*

comandante *commander; major*

comarca *territory; district*

combate *combat*

combatiente *fighter*

combatir *to fight*

combinación *combination; slip* (ropa)

combinar *to combine*

combustible *fuel*

comedia *comedy, play*

comediante *comedian*

comedor *dining room*

comensal *boarder*

comentar *to comment*

comentario *comment, commentary*
    comentarios del día *news commentary*

comenzar *to begin, to start*
comer *to eat*
  ser de buen comer *to have a hearty appetite*
comerciar *to deal, to trade*
comercio *trade, commerce*
cometer *to commit; to make* (una equivocación)
cometido *duty; task; commitment*
comezón *itch, itching*
cómico *comic, comical*
comida *food; meal; dinner*
  La comida es muy sabrosa. *The food's very tasty.*
  La comida está servida. *Dinner is on the table.*
comienzo *beginning, start*
comillas *quotation marks*
comisaría *police station*
comisario *commissioner*
comisión *commission*
comité *committee*
como *how, like, as well as*
  Como Ud. quiera. *As you wish.*
  Según y como. *It all depends.*
cómo *what? how?*
  ¡Cómo no! *Yes, of course!*
  ¿Cómo no? *Why not?*
cómoda *chest of drawers*
comodidad *confort; convenience*
cómodo *comfortable; convenient; handy*
compadecer *to pity; to sympathize with*
compañero *companion; comrade; pal*
  compañero de cuarto *roommate*
compañía *company; society*
comparación *comparison*
comparar *to compare*
compartir *to share*
compasión *pity, sympathy*
compatible *compatible; consistent with*
compatriota *countryman*
compensación *compensation; reward*
compensar *to compensate; to reward*
competencia *competition; competence*
competente *competent; fit*
competir *to compete; to contend*
complacer *to please; to accommodate*
complacerse *to be pleased*
complaciente *accommodating; agreeable, pleasing*
complemento *complement*
completar *to complete*
completo *full; complete; finished*
  por completo *completely*
complicado *complicated*
complicar *to complicate*
cómplice *accomplish*
complot *conspiracy; plot; intrigue*
componentes de computación *hardware (computer)*

componer *to repair, to mend, to fix; to manage*
comportamiento *behavior*
comportarse *to behave*
composición *composition*
compositor *composer; typesetter*
compostura *repair; composure; modesty; neatness*
compra *purchase; shopping*
  ir de compras *to go shopping*
comprador *buyer, purchaser, customer*
comprar *to buy, to shop*
  comprar a crédito *to buy on credit*
  comprar al contado *to buy for cash*
  comprar usado *to buy secondhand*
comprender *to understand, to include*
  ¡Se comprende! *That's understood!*
comprendido *understand; included*
comprensible *comprehensible*
comprensión *comprehension, understanding*
comprensivo *comprehensive; understanding*
comprimirse *to restrain oneself, to control oneself*
comprobante *label; proof; voucher, ticket*
comprobar *to prove; to verify*
comprometerse *to commit oneself, to become engaged*
compromiso *engagement; date; compromise; commitment*
compuesto *compound*
computadora *computer*
computar *to compute*
común *common*
  de común acuerdo *by mutual consent*
  por lo común *generally*
  sentido común *common sense*
comunicación *communication*
comunicar *to announce; to communicate; to inform*
comunidad *community*
con *with; by*
  con mucho gusto *with great pleasure*
  con tal que *provided that*
concebir *to conceive*
conceder *to grant*
concentración *concentration*
concentrar *to concentrate*
concepto *concept, idea*
concernir *to concern*
concesión *concession*
concha *shell*
conciencia *conscience; consciousness*
concierto *concert; agreement*
conciliación *conciliation*
conciliar *to conciliate, to reconcile*
conciso *concise*
concluir *to conclude, to finish, to close*
conclusión *conclusion*

concluso *ended, concluded, closed*

concordancia *concordance, harmony, agreement*

concordar *to agree*

concretarse *to limit or to confine oneself to a subject; to subject oneself to*
Concrétese a la pregunta. *Stick to the point.*

concreto *concrete*

concurrencia *competition; coincidence; attendance*

concurrir *to concur; to attend*

concurso *competition; contest*

conde *count* (título)

condecoración *decoration, medal*

condena *sentence, penalty*

condenar *to condemn; to convict; to disapprove*

condición *condition, state; term*
a condición que *on condition that*

condicional *conditional*

condimentar *to season* (comida)

condimento *seasoning*

condiscípulo *schoolmate*

condonar *to forgive, to pardon, to allow*

conducir *to drive, to conduct; to carry; to lead*

conducirse *to behave, to conduct oneself*

conducta *behavior, conduct*

conductor *driver; conductor*

conejo *rabbit*

confeccionar *to make; to prepare*

conferencia *conference; lecture*
conferencia a larga distancia *long-distance call*

conferenciante *lecturer*

conferir *to confer, to bestow*

confesar *to confess, to admit*

confesión *confession, acknowledgment*

confianza *confidence; faith; familiarity*
digno de confianza *reliable*
en confianza *in confidence*
tener confianza en *to trust*

confiar *to confide; to entrust; to trust in*

confidencia *confidence*

confidencial *confidential*

confidente *confident*

confirmar *to confirm, to ratify*

confite *candy*

conflicto *conflict; predicament*

conformar *to conform; to fit; to agree; to comply with*

conforme *alike; according to; correct; O.K.*
estar conforme *to be in agreement*

conformidad *conformity; resemblance*
de conformidad con *in accordance with*

confort *comfort*

confortable *comfortable*

confortante *comforting*

confortar *to comfort; to cheer*

confundir *to confuse; to mistake*

confundirse *to become confused; to be perplexed*

confusión *confusion; perplexity*

confuso *confused*

congelar *to freeze*

congeniar *to be congenial*

congestión *congestion*

congratulación *congratulation*

congregación *congregation*

congregar *to congregate, to assemble*

conjetura *conjecture, guess*

conjugación *conjugation*

conjugar *to conjugate*

conjunción *conjunction*

conjunto *joint, united;* s: *the whole*
en conjunto *on the whole, altogether*

conmemoración *commemoration*

conmemorar *to commemorate*

conmigo *with myself, with me*
Venga Ud. conmigo. *Come along with me.*

conmutador *electric switch*

conocer *to know; to be acquainted with*
dar a conocer *to make known*

conocido *well-known;* s: *acquaintance*

conocimiento *knowledge; acquaintance*

conque *and so; so then; well then*

conquista *conquest*

conquistar *to conquer; to win over*

consciente *conscious*

consecuencia *consequence*

conseguir *to obtain, to get; to attain*

consejero *advisor, counselor*

consejo *advice; council, advisory board*

consentimiento *consent*

consentir *to consent, to agree, to be willing*

conserje *janitor, superintendent*

conserva *preserve; canned food*

conservación *conservation, maintenance*

conservador *preserver; conservative*

conservar *to preserve, to keep, to conserve*

considerable *considerable, large*

consideración *consideration, regard; importance*

considerar *to consider, to take into account; to treat well*

consigo *with himself; with herself; with oneself; with yourself; with yourselves*

consiguiente *consequent, consecutive, consistent; logical*
por consiguiente *consequently*

consistencia *consistence, consistency; stability; solidity; firmness*

consistente *consistent; solid; firm*

consistir *to consist, to be composed of*

consolación *consolation*

consolar *to console, to comfort; to cheer*

conspicuo *conspicuous*

constante *constant*

constitución *constitution*
constituir *to constitute*
construcción *construction; building*
construir *to construct, to build*
cónsul *consul*
consulado *consulate*
consulta *consultation*
consultar *to consult; to seek advice*
consultorio *doctor's office*
contabilidad *bookkeeping, accounting*
contado *rare, scarce;* s: *cash*
    por de contado *of course*
    Vendemos solo al contado. *We sell only for*
      cash.
contador *accountant; meter* (gas, electricidad)
contagiar *to contaminate, to infect*
contagioso *contagious*
contaminación *contamination, pollution*
contaminar *to contaminate*
contar *to count; to tell*
    ¡Me lo cuenta a mí! *You're telling me!*
    ¿Puedo contar con Ud.? *Can I count on you?*
contemplación *contemplation*
contemplar *to contemplate; to consider; to*
    have in mind
contener *to contain, to hold*
contenerse *to refrain, to restrain oneself*
contenido *contents*
contentar *to please, to satisfy*
contentarse *to be pleased, to be contented*
contento *glad, happy, pleased;* s: *contentment*
contestación *answer, reply*
contestador *answering machine*
contestar *to answer, to reply*
    No contestan. *There's no answer.*
contigo *with you; with yourself*
contiguo *contiguous*
continente *moderate;* s: *continent*
continuación *continuation*
continuar *to continue*
continuo *continuous*
    de continuo *continually*
    función continua *continuous*
      performance
contra *against, contrary to*
contrabando *smuggling*
contradecir *to contradict*
contradicción *contradiction*
contraer *to contract*
    contraer deudas *to run into debt*
contrahacer *to do the opposite*
contrahecho *counterfeit*
contrariar *to contradict; to annoy, to vex*
contrariedad *disappointment, problem*
contrario *contrary, opposite;* s: *opponent*
    al contrario *on the contrary*
contrastar *to contrast*
contraste *contrast*
contrato *contract*

contratar *to engage, to hire; to bargain; to*
    trade; to contract
contratiempo *disappointment*
contribución *contribution; tax*
contribuir *to contribute*
contrincante *opponent; competitor*
control *control*
controlar *to control*
contusión *contusion, bruise*
convalecencia *convalescence*
convaleciente *convalescent*
convencer *to convince*
conveniencia *convenience; fitness; advantage*
conveniente *convenient; suitable;*
    advantageous
convenio *pact, agreement*
convenir *to agree; to suit; to be advisable*
    Convengo con Ud. *I agree with you.*
    Eso me conviene. *That suits me.*
    No me conviene. *It won't do.*
convento *convent*
conversación *conversation, talk*
conversar *to converse*
convertir *to convert, to change*
convicción *conviction, belief*
convicto *guilty; convicted*
convidado *invited;* s: *guest*
convidar *to invite; to treat*
convocar *to summon, convoke*
cooperación *co-operation*
cooperar *to co-operate*
coordinar *to co-ordinate*
copa *glass* (bebida); *drink*
copia *copy, transcript*
copiador *copier*
copiador de color *color copier*
copiar *to copy*
copión *cheat, copycat*
coqueta *coquette, flirt*
coquetear *to flirt*
coraje *courage; anger*
corazón *heart; core* (fruta)
corbata *necktie*
corcho *cork*
cordel *cord, rope*
cordero *lamb*
cordial *affectionate; cordial*
cordillera *mountain range*
cordón *cord; string; lace*
cordura *common sense; judgment*
corona *crown; wreath* (flores)
corral *corral; yard*
correa *leather strap, leash*
correo electrónico *e-mail*
corredor *runner; broker*
corregir *to correct, to edit*
correo *mail; post office*
    a vuelta de correo *by return mail*
    lista de correos *general delivery*

por correo aéreo *by air mail*
correo electrónico *e-mail*
correo de voz *voice mail*
correr *to run; to flow; to elapse*
correspondencia *correspondence, mail*
correspondencia electrónico *e-mail*
estar en correspondencia *to correspond with*
llevar la correspondencia *to take care of the mail*
correspondiente *corresponding*
corresponsal *correspondent*
corrida *race; run*
corrida de toros *bullfight*
corriente *current, present; ordinary; common;* s: *current, stream, draft*
corriente alterna *alternating current (A.C.)*
corriente continua *direct current (D.C.)*
cuenta corriente *current account*
estar al corriente *to be acquainted with, to be familiar with*
poner al corriente *to inform, to acquaint with*
una corriente de aire *a draft of air*
corroborar *to corroborate*
corromper *to corrupt*
corrupción *corruption*
corrupto *corrupt*
cortar *to cut; to cut off; to shorten*
Se ha cortado la leche. *The milk has turned sour.*
corte *cut; edge; court; congress*
corte de pelo *haircut*
cortejar *to court*
cortés *courteous, polite; gentle*
cortesía *courtesy, politeness*
corteza *bark, peel; crust*
cortina *curtain; screen*
corto *short; shy; stupid, backward*
Es corto de vista. *He's nearsighted.*
cosa *thing; matter*
como si tal cosa *as if nothing had happened*
ninguna cosa *nothing*
Eso es cosa suya. *That's his business.*
No es cosa de risa. *It's no laughing matter.*
cosecha *harvest, crop; harvesttime*
cosechar *to reap*
coser *to sew*
máquina de coser *sewing machine*
cosmético *cosmetic*
cosquillas *tickling*
costa *coast, shore; cost, expense*
a toda costa *at all costs*
costado *flank, side*
costar *to cost*
cueste lo que cueste *whatever it costs*
costear *to pay the expenses; to sail along the coast*
costilla *rib*
costo *cost, expense, price*
costoso *dear, expensive*

costumbre *custom; habit*
de costumbre *usually*
tener costumbre de *to be used to*
costura *sewing, needlework; seam*
costurera *seamstress*
cotejar *seamstress*
cotejar *to confront; to check*
cotejo *comparison; collation*
cotidiano *daily, everyday*
cotización *quotation* (precios)
cotizar *to quote* (precios)
coyuntura *articulation; joint; opportunity*
coz *kick*
cráneo *skull*
crear *to create*
crecimiento *increase, growth*
credencial *credential, identification card*
crédito *credit; reputation; standing*
comprar a crédito *to buy on credit*
dar crédito *to give credit*
vender a crédito *to sell on credit*
creencia *belief*
creer *to believe, to think*
Creo que sí. *I think so.*
Ver y creer. *Seeing is believing.*
Ya lo creo. *Of course!*
crema *cream*
criada *maid*
criado *valet, domestic help, servant*
criatura *creature; infant*
cribar *to sift*
crimen *crime; guilt*
criminal *criminal*
criollo *creole*
crisantemo *chrysanthemum*
crisis *crisis*
cristianismo *Christianity*
cristiano *Christian*
criterio *judgment; opinion*
crítica *criticism*
criticar *to criticize*
crítico *critic*
crónica *chronicle*
cronista *reporter*
cruce *crossing, crossroads*
crucero *crossing, cruiser*
crudo *raw, crude*
cruel *cruel; hard*
crueldad *cruelty*
cruz *cross*
cruzar *to cross; to cruise*
cuaderno *notebook*
cuadra *stable; block* (calle)
cuadrado *square*
cuadrilla *crew*
cuadro *painting; picture; frame, scene* (teatro)
cual *which; what; like, as*
cada cual *each one*

por lo cual *for that reason*
tal para cual *tit for tat*
cualquier, cualquiera *any; anyone, anybody*
  un cualquiera *a nobody*
  Cualquiera puede hacer eso. *Anybody can do that.*

cuando, cuándo *when*
  cuando Ud. guste *whenever you wish*
  de vez en cuando *once in a while*
  ¿Hasta cuándo? *Until when?*

cuanto *as much as, as many as*
  cuanto antes *as soon as possible*
  en cuanto a *in regard to*
  por cuanto *whereas, inasmuch as*

cuánto *how much; how long; how far; how*
  ¡Cuánto me alegro! *I'm very glad!*
  ¿Cuánto vale? *How much is it worth?*

cuarenta *forty; fortieth*
cuartel *quarter; barracks*
  cuartel general *headquarters*
cuarto *fourth; quarter; s: room*
  Le daré la cuarta parte. *I'll give you a fourth of it.*

cuatro *four; fourth*
cuatrocientos *four hundred*
cubano *Cuban*
cubeta *pail, bucket*
cubierta *cover; deck* (barco)
cubierto *cover; shelter; place at a table*
cubo *bucket; tub*
cubrecama *bedspread*
cubrir *to cover; to roof*
cucaracha *cockroach*
cuchara *spoon*
cucharada *spoonful*
cucharilla, cucharita *teaspoon*
cucharón *ladle*
cuchichear *to whisper*
cuchicheo *whispering*
cuchillo *knife*
cuello *neck; collar*
cuenta *count; account; statement, bill; bead*
  dar cuenta de *to report on*
  darse cuenta *to realize*
cuentagotas *medicine dropper*
cuento *story, tale; gossip*
  cuento corto *short story*
  cuento de hadas *fairy tale*
cuerda *cord, rope; spring* (reloj)
cuerdo *wise, prudent*
cuerno *horn*
cuero *leather; hide; skin*
cuerpo *body; element*
cuervo *crow; raven*
cuesta *slope; hill; grave*
  ir cuesta abajo *to go downhill*
  ir cuesta arriba *to go uphill*
cuestión *question; dispute, quarrel; problem*
cueva *cave*

cuidado *care, attention; anxiety, worry*
  ¡Cuidado! *Be careful!*
  ¡No tenga Ud. cuidado! *Don't worry.*
cuidadoso *careful*
cuidar *to care; to take care; to mind; to look after*
  cuidar de *to take care of*
  ¡Cuídese Ud.! *Take good care of yourself!*
culpa *fault; guilt; sin*
  echar la culpa a *to blame*
  tener la culpa de *to be to blame*
  Es culpa mía. *It's my fault.*
culpable *guilty*
culpar *to accuse, to blame*
cultivar *to cultivate, to improve*
cultivo *farming*
culto *well-read; cultured; polished; s: worship; cult; religion*
  Es un hombre culto. *He's a well-read man.*
cultura *culture*
cultural *cultural*
cumpleaños *birthday*
cumplido *courteous, polite; full; abundant; s: compliment; attention; courtesy*
cumplimiento *compliment; accomplishment; compliance; fulfillment*
cumplir *to carry out, to fulfill; to expire*
cuna *cradle; lineage*
cuña *wedge*
cuñada *sister-in-law*
cuota *share; quota*
cura *priest, parson; cure; curing*
curable *curable*
curación *healing; cure*
curar *to cure, to heal*
curiosidad *curiosity; neatness; cleanliness*
curioso *curious*
curso *course, direction; succession; current*
curva *curve*
cúspide *summit; top*
custodia *custody; guard; escort*
custodiar *to guard; to take into custody*
cutis *complexion, skin*
cuyo, cuya, cuyos, cuyas *whose; of which; of whom*

D

dádiva *gift, present*
dadivoso *liberal, generous*
dados *dice*
dama *lady; dame; queen*
damas *checkers, ladies*
daga *dagger*
dañado *spoiled; damaged*
dejar *to leave*
  dejar un recado *to leave a message*

desatornillar to unscrew

desavenencia disagreement; discord; misunderstanding

desayunar to eat/have breakfast

desayuno breakfast

desbarajuste confusion; disorder

desbaratar to upset; to destroy; to spoil, to ruin

desbarrar to act or to talk foolishly

descabellado crazy; wild, unrestrained

descalificar to disqualify

descalzarse to take off one's shoes

descalzo barefoot

descansar to rest

descanso rest; landing (escalera) día de descanso day off

descarado impudent

descarga unloading; discharge

descargar to unload; to discharge; to acquit

descaro boldness; impudence

descarrilamiento derailment

descarrilar to derail

descartar to discard; to dismiss

descendencia descent

descender to descend, to come down; to drop; to decrease

descendiente descendant

descenso descent; decline, fall

descifrar to decipher

descolgar to take down; to lift up; to pick up (teléfono)

descolorido discolored, faded

descomponer to spoil; to break; to disarrange

descomponerse to rot, to spoil; to upset, to disturb

descompuesto out of order; spoiled; impolite

desconcertante confusing, disconcerting

desconcertar to disturb; to confuse; to baffle

desconectar to disconnect

desconfianza distrust

desconfiar to distrust, to mistrust

desconocer to ignore

desconocido unknown; s: stranger

desconocimiento ignorance

desconsiderado thoughtless, inconsiderate

desconsuelo affliction; grief

descontar to discount; to deduct; to take for granted

descontento displeased, unhappy; s: dissatisfaction; disgust

descorrer to draw (cortina); to retrace one's steps

descortés impolite

descortesía rudeness, impoliteness

descoser to rip, to unstitch

descrédito discredit

describir to describe

descripción description

descubierto discovered; uncovered; s: deficit

descubrimiento discovery

descubrir to discover; to find out; to disclose

descuento discount

descuidar to neglect, to overlook

descuido carelessness; negligence; omission

desde since, after, from
    desde entonces since then
    desde luego of course
    desde que ever since

desdecirse to retract

desdén disdain, scorn, contempt

desdeñar to scorn, to disdain

desdicha misfortune, calamity; unhappiness

desdichado wretched; unfortunate; unhappy; s: wretch; poor fellow

deseable desirable

desear to wish, to desire

desechar to throw away; to dismiss; to depreciate

desecho remainder; refuse; leftovers

desembarazarse to rid oneself of, to get rid of

desembarcadero wharf, pier, landing place

desembarcar to disembark, to go ashore

desembarco landing, disembarcation; unloading

desembarque landing; unloading

desembolsar to pay out, to disburse

desembolso expenditure, disbursement

desembragar to disengage the clutch

desempacar to unpack

desempeñar to perform, to accomplish, to carry out; to redeem, to take out of pawn; to free from debt

desempleado unemployed

desempleo unemployment

desencantar to disillusion

desencanto disillusion

desengañado disappointed

desengañar to disappoint

desengaño disappointment

desengrasar to remove the grease; to scour

desenlace outcome, result

desenmascarar to unmask

desenrollar to unwind, to unroll

desentenderse to ignore; to pay no attention to

desentendido unaware; unmindful

desenterrar to dig up

desenvolver to unwrap; to unfold; to unravel

deseo wish, desire

deseoso desirous

desequilibrado unbalanced

desequilibrio lack of balance

desertar to desert

desertor deserter

desesperación despair; desperation

desesperado hopeless; desperate

desesperarse to despair, to lose hope

desfalcar to embezzle

desfalco embezzlement

desfallecer to faint; to languish

desfallecimiento *fainting*
desfigurar *to disfigure; to distort*
desfiladero *defile, gorge*
desfilar *to march, to parade*
desfile *review, parade*
desganarse *to lose interest; to become disgusted*
desgarrar *to tear*
desgastar *to consume; to wear out; to waste*
desgastarse *to wear out*
desgaste *wear and tear; waste*
desgracia *misfortune; sorrow; accident*
desgraciadamente *unfortunately*
desgraciado *unhappy; unfortunate, unlucky; s: wretch; poor fellow*
deshabitado *deserted, vacant*
deshabitar *to move out*
deshacer *to undo; to unwrap; to take apart; to melt*
deshacerse *to get out of order*
　　deshacerse en lágrimas to burst into tears
deshecho *in pieces; destroyed; melted*
deshelar *to melt, to thaw*
desheredar *to disinherit*
deshielar *to thaw*
deshielo *thaw, thawing*
deshilar *to unravel*
deshilvanado *incoherent; disconnected; unstitched*
deshonesto *dishonest; immodest; indecent*
deshonra *dishonor, disgrace*
deshonrar *to dishonor, to disgrace*
deshonroso *dishonorable, disgraceful*
deshora *wrong time*
desidia *idleness; indolence*
desierto *deserted; solitary; s: desert*
designar *to appoint; to designate*
designio *intention, design, purpose*
desigualdad *inequality; unevenness*
desilusión *disillusion*
desilusionar *to disillusion*
desinfectante *disinfecting, s: disinfectant*
desinfectar *to disinfect*
desinflar *to deflate*
desinterés *unselfishness*
desistir *to desist*
desleal *disloyal*
deslealtad *disloyalty*
desligar *to untie, to unbind; to free*
desliz *slip, lapse*
deslizar *to slide, to slip; to lapse*
deslumbramiento *glare; bewilderment*
deslumbrar *to dazzle; to bewilder*
desmayarse *to faint*
desmayo *faint*
desmedido *immoderate*
desmejorarse *to grow worse; to decay*
desmemoriado *forgetful*
desmentir *to deny; to contradict*
desmontar *to dismount; to take apart*

desmoralizado *demoralized*
desmoralizar *to demoralize*
desnivel *unevenness*
desnudarse *to undress*
desnudo *naked, nude*
desobedecer *to disobey*
desobediencia *disobedience*
desobediente *disobedient*
desocupación *unemployment; idleness*
desocupado *unemployed*
desocupar *to vacate; to empty*
desoír *to pretend not to hear*
desorden *disorder; excess*
desordenado *disorderly; irregular; unruly*
desorganizar *to disorganize*
desorientar *to confuse*
despachar *to dispatch; to forward; to send; to sell; to wait on; to attend to*
despacho *dispatch; cabinet; office; shipment*
despacio *slowly*
desparramar *to scatter; to squander*
despecho *spite*
despedazar *to tear; to break into pieces*
despegar *to unglue; to detach; to take off*
despegue *take off* (avión)
despeinar *to dishevel, to undo your hair*
despejado *clear; cloudless; smart, bright*
despensa *pantry; provisions*
desperdiciar *to waste; to squander*
desperdicio *waste*
desperfecto *defect*
despertador *alarm clock*
despertar *to wake up; to awaken*
despierto *awake; lively*
despilfarrar *to squander; to waste*
despilfarro *waste*
desplazar *to displace*
desplegar *to unfold; to spread; to hoist* (bandera)
desplomarse *to collapse*
despoblado *depopulated*
despojar *to strip, to take away*
desposar *to marry*
déspota *despot*
despreciable *contemptible*
despreciar *to despise; to look down on, to have contempt for*
desprecio *contempt, scorn*
desprender *to unfasten; to separate; to get rid of*
desprendido *generous*
despreocupado *unconcerned; unconventional; unprejudiced*
despreocuparse *to ignore; to forget; to pay no attention to*
desproporcionado *disporportionate*
desprovisto *unprovided*
después *after, afterward, later*
desquitarse *to get even*
desquite *revenge*

destacamento *detachment*
destacar *to detach; to emphasize*
destajo *piecework*
destapar *to uncork; to open; to uncover*
destapador *bottle opener*
desterrado *exiled; s: exile*
desterrar *to exile*
destetar *to wean*
destilar *to distil; to let drip*
destinar *to appoint; to allot; to assign; to station; to address to*
destino *destiny, destination; assignment; position*
destreza *skill*
destrozar *to destroy; to smash*
destrucción *destruction*
destruir *to destroy*
desvanecerse *to vanish; to faint; to swell*
desvelar *to keep awake*
desvelo *to keep awake; sleeplessness; anxiety, concern*
desventaja *disadvantage*
desventajoso *disadvantageous*
desventurado *unfortunate*
desvergonzado *impudent; unashamed*
desvergüenza *impudence*
desvestirse *to undress*
desviación *deviation; deflection, detour*
desviar *to divert; to deviate; to dissuade*
desvío *deviation; detour*
desvivirse *to long for; to be dying for*
desyerbar *to weed*
detallar *to detail; to retail*
detalle *detail; retail*
    vender al detalle *to sell at retail*
detallista *retailer*
detective *detective*
detención *detention; arrest; delay*
detener *to detain; to retain; to withhold; to stop*
detenerse *to stop; to pause*
detenido *under arrest*
detenimiento *detention, care*
deteriorar *to deteriorate*
deterioro *damage, deterioration*
determinación *determination; daring*
determinado *determined, resolute*
determinar *to determine; to decide*
determinarse *to resolve, to make up one's mind*
detestable *detestable*
detestar *to detest, to abhor*
detrás *behind*
deuda *debt*
deudo *relative, kin*
deudor *debtor*
devastación *devastation*
devastar *to devastate, to ruin*
devoción *devotion*
devolver *to return*
devorar *to consume, to devour*

devoto *devoted; pious*
día *day*
    de día *in the daytime*
    día festivo *holiday*
    día laborable *working day*
diablo *devil*
diagnóstico *diagnosis*
diagrama *diagram*
dialecto *dialect*
diálogo *dialogue*
diamante *diamond*
diámetro *diameter*
diario *daily; diary; daily newspaper*
    Nos vemos a diario. *We see each other every day.*
dibujante *designer; draftsman*
dibujar *to draw, to design, to sketch*
dibujo *drawing, design*
diccionario *dictionary*
dicha *happiness; luck*
    ¡Qué dicha! *What luck!*
dicho *said; s: saying*
    Dicho y hecho. *No sooner said than done.*
dichoso *happy; fortunate*
diciembre *December*
dictado *dictation*
dictar *to dictate; to issue; to pronounce*
diecinueve *nineteen; nineteenth*
dieciocho *eighteen; eighteenth*
dieciseis *sixteen, sixteenth*
diecisiete *seventeen; seventeenth*
diente *tooth; pl: teeth*
    cepillo de dientes *toothbrush*
    diente de leche *milk tooth*
diestra *right hand*
diestro *skillful*
dieta *diet*
    Estoy a dieta. *I'm on a diet.*
diez *ten; tenth*
difamación *defamation*
difamar *to defame*
diferencia *difference*
diferente *different*
diferir *to put off; to differ*
difícil *difficult, hard*
dificultad *difficulty*
dificultar *to make difficult*
dificultoso *difficult*
difundir *to diffuse; to divulge; to broadcast*
difunto *deceased, dead; late; s: dead person*
difusión *diffusion, broadcasting*
digerir *to digest*
digestión *digestion*
dignarse *to condescend, to deign*
dignidad *dignity*
digno *worthy, deserving, dignified*
digresión *digression*
dilación *delay*
dilatar *to delay; to put off; to expand*

dilecto *loved, beloved*
dilema *dilemma*
diligencia *diligence; haste; business; errand*
diligente *diligent; prompt*
diluir *to dilute*
dimensión *dimension*
diminutivo *diminutive*
diminuto *small*
dimisión *resignation*
dimitir *to resign; to retire*
dinamita *dynamite*
dínamo *dynamo*
dinero *money, currency*
   dinero contante *ready money*
   persona de dinero *a well-to-do person*
   Ando mal de dinero. *I'm short of money.*
Dios *God*
   ¡Por Dios! *For heaven's sake!*
diploma *diploma*
diplomacia *diplomacy*
diplomático *diplomatic;* s: *diplomat*
diputado *deputy; delegate; representative*
dirección *address; direction, way; control; management; administration*
directamente *directly*
directivo *managing;* s: *board of directors*
dirigente *leading, directing;* s: *leader*
dirigir *to address; to direct; to guide; to drive*
dirigirse *to address*
discernimiento *discernment*
discernir *to discern; to distinguish*
disciplina *discipline*
disciplinar *to discipline*
discípulo *disciple; pupil*
disco *disk, record; telephone dial*
disco compacto *compact disc (CD)*
disco compacto-memoria sólo de lectura *CD-ROM*
disco duro *hard drive*
discordante *discordant*
discordia *discord; disagreement, dissension*
discreción *discretion*
discrepancia *discrepancy*
discrepar *to disagree; to differ from*
discreto *discreet*
disculpa *excuse; apology*
disculpar *to excuse*
discurrir *to wander about; to think over*
discurso *speech*
discusión *discussion*
discutible *debatable*
discutir *to discuss*
diseminar *to disseminate; to scatter*
disensión *dissension, strife*
diseñar *to draw, to design, to sketch*
diseño *drawing; sketch; outline*
disfraz *disguise; mask*
disfrazar *to disguise*
disfrutar *to enjoy*

disfrute *enjoyment*
disgustar *to disgust; to displease; to offend*
disgustarse *to be displeased; to be disgusted; to quarrel*
   a disgusto *against one's will*
disidente *dissident*
disimulado *dissembling*
disimular *to dissimulate; to overlook*
disimulo *dissimulation; tolerance*
dislocación *lessening, diminishing*
disminuir *to diminish, to decrease*
disolver *to dissolve; to melt*
dispar *different, unlike; unmatched, odd number*
disparar *to shoot; to fire*
disparatar *to talk nonsense; to blunder*
disparate *nonsense; blunder*
disparo *discharge; shot*
dispensar *to excuse; to dispense; to exempt*
   Dispénseme. *Excuse me.*
dispensario *dispensary*
disperso *dispersed; scattered*
disponer *to dispose; to arrange, to provide for; to prepare; to determine*
disponible *available*
disposición *disposition; service; state of mind; regulation*
   Estoy a su disposición. *I'm at your service.*
dispuesto *disposed; ready; arranged; inclined*
   bien dispuesto *favorably inclined*
disputa *dispute; contest; quarrel*
disputar *to dispute, question*
disquete *floppy disk*
distancia *distance*
distante *distant, far off*
distar *to be distant, to be far*
distinción *distinction; discrimination; difference*
distinguido *distinguished*
distinguir *to distinguish, to discriminate*
distinguirse *to distinguish oneself; to excel*
distintivo *distinctive;* s: *badge, insignia*
distinto *distinct; different*
distracción *distraction; oversight, absence of mind; entertainment, pastime*
   Lo hizo por distracción. *He did it absentmindedly.*
distraer *to distract; to entertain*
distraerse *to enjoy oneself, to have fun; to be absent-minded*
distraído *absent-minded*
distribución *distribution*
distribuidor *distributing;* s: *distributor*
distribuir *to distribute; to divide; to allocate*
distrito *district; region*
disturbar *to disturb*
disturbio *disturbance*
disuadir *to dissuade*
divagación *wandering; digression*
divagar *to wander*
diván *couch*

divergencia *divergence*
divergente *divergent*
diversidad *diversity; variety*
diversión *diversion; amusement*
diverso *diverse; various; several*
divertido *amusing, funny, entertaining*
divertir *to distract, to amuse*
divertirse *to amuse oneself; to have a good time, to have fun*
   ¡Que se divierta! *Have a good time!*
dividendo *dividend*
dividido *divide*
divinamente *splendidly; divinely; heavenly*
divinidad *divinity*
divino *divine; excellent; heavenly*
divisa *motto; emblem, foreign currency*
divisar *to perceive, to catch sight of*
división *division; partition; compartment*
divorciarse *to divorce*
divorcio *divorce*
divulgar *to divulge; to publish; to disclose*
dobladillo *hem*
doblar *to double; to turn; to fold; to bend*
   doblar la esquina *to turn the corner*
   Doble a la derecha. *Turn to the right.*
doble *double, twofold; two-faced, deceitful*
doblez *fold; crease; duplicity*
doce *twelve; twelfth*
docena *dozen*
   por docena *by the dozen*
dócil *docile; obedient; gentle*
doctor *doctor*
doctrina *doctrine*
documentación *documentation; documents*
documento *document*
dólar *dollar*
dolencia *ailment*
doler *to ache, to hurt*
   Me duele una muela. *My tooth aches.*
dolerse de *to be sorry for; to regret; to pity; to complain*
dolor *ache, pain; sorrow* (tristeza)
   dolor de garganta *sore throat*
   tener dolor *to have a pain*
doloroso *sorrowful; painful*
domar *to tame, to subdue*
doméstico *domestic*
domicilio *residence; home; address*
dominación *domination*
dominante *dominant*
dominar *to dominate; to master*
dominarse *to control oneself*
domingo *Sunday*
dominio *dominion; command; control*
don *Don; natural gift*
   don de gentes *wordly wisdom; tact*
donación *gift, donation; grant*
donar *to donate; to give*
donativo *donation, gift*

donde *where*
   ¿Por dónde? *Which way?*
dondequiera *anywhere; wherever*
doña *lady, madam*
dorado *gilt, gilded*
dormir *to sleep*
dormirse *to fall asleep*
   Se ha quedado dormido. *He's fallen asleep.*
dormitar *to doze, to be half asleep*
dormitorio *dormitory; bedroom*
dos *two; second*
   entre los dos *between you and me*
   Está a dos pasos de aquí. *It's only a few steps from here.*
doscientos *two hundred*
dosis *dose*
dotación *allocation; crew; equipment*
dotar *to give a dowry; to allocate*
dote *dowry; talents; gifts*
drama *drama*
dramático *dramatic*
dramatizar *to dramatize*
droga *drug*
droguería *drugstore*
ducha *shower* (baño)
duda *doubt*
   sin lugar a dudas *without any doubt*
dudar *to doubt*
dudoso *doubtful; uncertain*
duelo *duel; affliction; grief; mourning*
duende *ghost*
dueña *owner; landlady; mistress*
dueño *owner; landlord; master*
dulce *sweet; gentle; s: candy*
dulcería *candy store*
dulzura *sweetness; gentleness*
dúo *duo; duet*
duodécimo *twelfth*
duplicado *duplicate, copy*
duplicar *to duplicate; to repeat*
duque *duke*
duquesa *duchess*
durable *durable, lasting*
duración *duration*
duradero *durable, lasting*
durante *during; for*
   durante algún tiempo *for some time*
durar *to last, to continue*
durazno *peach*
dureza *hardness; harshness*
durmiente *sleeping; s: sleeper*
duro *hard; harsh; obstinate; stingy*

E

e *and*
ebanista *cabinetmaker*

ebrio *intoxicated, drunk*

echar *to throw; to throw out; to fire; to shoot;*
   to start to; to lay down
   echar a perder *to spoil*
   echar de menos *to miss*
   echar la culpa a alguien *to put the blame*
     on someone
   Echó la carta al correo. *He mailed the letter.*
   Lo echaron a puntapiés. *They kicked him out.*

echarse *to throw oneself; to lie down; to rush;*
   to dash
   Se echó a reír. *He burst out laughing.*

economía *economy, saving*

económico *economical, economic*

economizar *to economize; to save*

edad *age; era, epoch, time*
   Edad Media *Middle Ages*
   ser mayor de edad *to be of age*
   ser menor de edad *to be a minor*
   ¿Qué edad tiene Ud.? *How old are you?*

edición *edition, issue; publication*

edificar *to construct, to build*

edificio *building*

editar *to edit*

editor *publisher*
   casa editora *publishing house*

editorial *editorial; publishing house*

educación *education; up bringing*

educar *to educate; to bring up*

educativo *educational*

efectivo *effective; certain; real; s: cash*
   pagar en efectivo *to pay in cash*
   valor efectivo *real value*

efecto *effect, result; goods; belongings*
   a cuyo efecto *to which end*
   a tal efecto *for this purpose*
   dejar sin efecto *to cancel*
   efectos personales *personal belongings*

eficaz *effective; efficient*

eficiente *effective; efficient*

eje *axis*

ejecución *execution; performance*

ejecutar *to execute; to carry out; to perform*

ejecutivo *executive*

ejemplar *exemplary; s: copy; sample*

ejemplo *example*

ejercer *to exercise, to practice; to perform*

ejercicio *exercise, drill*

ejército *army*

el *the*

él *he, him*
   Dígaselo a él. *Tell it to him.*

elaboración *elaboration; working out*

elaborado *elaborate; manufactured*

elaborar *to elaborate; to work out; to*
   manufacture

elasticidad *elasticity*

elástico *elastic*

elección *election; choice*

electricidad *electricity*

eléctrico *electric*
   luz eléctrica *electric light*

elefante *elephant*

elegancia *elegance; refinement*

elegante *elegant; refined; well-dressed*

elegir *to elect, to choose*

elemental *elementary, elemental*

elemento *element*

elenco *catalogue; table, index, list*

elevación *elevation*

elevador *elevator, lift*

elevar *to elevate; to lift up*

elevarse *to rise*

eliminación *elimination*

eliminar *to eliminate*

ella *she, her*
   Le preguntó a ella. *He asked her.*

ellas *they, them*

ello *it*

ellos *they, them*

elocuencia *eloquence*

elocuente *eloquent*

elogiar *to praise*

elogio *praise*

eludir *to elude, to evade*

embajada *embassy*

embajador *ambassador*

embalaje *packing; packing box*

embalar *to pack*

embarcación *embarkation*

embarcadero *wharf*

embarcar *to embark*

embargo *embargo*
   sin embargo *nevertheless*

embarque *shipment; shipping*

emborracharse *to get drunk*

emboscar *to ambush*

embotellar *to bottle*

embrollo *tangle, fix, jam*

embrutecerse *to become stupid*

embustero *liar*

emergencia *emergency*

emergente *resultant, consequent*

emerger *to emerge; to surface*

emigración *emigration*

emigrante *emigrant*

emigrar *to emigrate*

eminente *eminent*

emisora *broadcasting station*

emitir *to emit; to send forth; to issue (bonos);*
   to express; to broadcast

emoción *emotion*

emocional *emotional*

emocionante *touching*

empacar *to pack*

empachar *to overeat; to cram; to embarrass*

empacho *indigestion; embarrassment*
   sin empacho *without ceremony*

empalmar *to join; to splice*
empanada *meat pie*
empañar *to blur*
empapar *to soak*
empaparse *to be soaked, to be drenched*
empapelar *to paper*
emparedado *sandwich*
emparentado *related*
emparentar *to become related*
empastar *to paste; to bind* (libros); *to fill* (muela)
empatar *to equal*
empeñar *to pawn; to pledge; to engage*
   Empeñé mi palabra. *I gave my word.*
empeñarse *to get into debt*
empeño *pledge; obligation; determination;
   persistence; pawn*
empezar *to begin, to start*
empinar *to raise*
empleado *employee, clerk*
emplear *to employ, to hire; to use, to spend*
   Se acaba de emplear. *He just got a job.*
empleo *employment, job, occupation; use*
emprender *to undertake*
empresa *undertaking, enterprise; company*
empresario *impresario, manager*
empréstito *loan*
empujar *to push*
empuje *push, impulse*
en *in, into, on, at, by*
   en cambio *on the other hand*
   en medio de *in the middle of*
   en todas partes *everywhere*
   en vez de *instead of*
enamorado *in love*
enamorarse *to fall in love*
enano *dwarf, midget*
encabezar *to register, to enroll*
encadenar *to chain, to link together*
encajar *to fit in; to inlay; to hit*
encaminar *to guide; to direct*
encaminarse *to be on the way*
encantador *charming, delightful*
encantar *to delight; to fascinate*
   Me encanta la música. *I love music.*
   Quedaré encantado. *I'll be delighted.*
encanto *charm; delight; fascination*
encarcelar *to imprison*
encarecer *to raise the price; to beg*
encargado *in charge of;* s: *person in charge*
encargar *to ask; to entrust; to undertake*
encargarse *to take care of; to take charge of*
encargo *request; errand; order; charge*
encarnado *red*
encendedor *cigarette lighter*
encender *to light; to incite*
encerar *to wax*
encerrar *to close in, to confine; to contain*
encerrarse *to lock oneself in; to live in
   seclusion*

encía *gum*
encima *above, over, at the top*
   por encima *superficially*
   por encima de todo *above all*
encolar *to glue*
encomendar *to recommend; to commend; to
   entrust; to praise*
encomendarse *to place oneself into the hands of*
encomienda *charge; parcel*
encono *irritation; rancor*
encontrar *to find; to meet*
encontrarse *to meet; to come across; to feel*
encorvado *bent; curved*
encrespar *to curl*
encubrir *to hide; to conceal*
encuentra *meeting; encounter*
endeudarse *to get into debt*
endosar *to endorse*
endurecer *to harden, to make hard*
enemigo *unfriendly, hostile;* s: *enemy*
enemistad *hatred*
energía *energy, power*
enérgico *energetic*
enero *January*
enfadar *to annoy; to vex; to make someone
   angry*
enfadarse *to get angry*
enfado *anger*
enfermar *to get ill; to fall sick*
enfermizo *infirm; sickly*
enfermo *ill, sick;* s: *patient*
   Me siento enfermo. *I don't feel well.*
enfocar *to focus*
enfrentar *to face, to confront*
enfrente *in front of, opposite*
enfriamiento *cooling, refrigeration*
enfriar *to cool*
enfriarse *to cool off; to get cool*
enfurecer *to infuriate; to enrage*
enganchar *to hook; to get caught; to recruit*
engañar *to deceive, to fool*
engañarse *to make a mistake; to deceive oneself*
engañoso *deceitful, tricky*
engendrar *to create; to produce*
engordar *to fatten, to get fat*
engranaje *gear*
engrasar *to grease, to lubricate*
engreído *conceited, haughty*
engreír *to spoil*
engrudo *paste, glue*
enhorabuena *congratulations; the best of luck!*
enjabonar *to soap; to wash with soap*
enjaular *to imprison; to cage*
enjuagar *to rinse*
enjugar *to dry; to wipe off*
enlace *connection; marriage*
enlazar *to join, to bind, to connect*
enmendar *to correct; to amend; to reform*
enmudecer *to silence*

enojado *angry, cross, mad*

enojar *to irritate, to make angry*

enojarse *to get angry*

enredar *to upset; to make trouble; to entangle*

enredo *entanglement*

enriquecer *to enrich; to improve*

enrollar *to roll, to coil, to wind*

ensalada *salad*

ensayar *to try, to test; to rehearse*

ensayo *trial; rehearsal, essay*

enseñanza *teaching; instruction*

enseñar *to teach; to show*
    Enséñele el camino. *Show him the way.*

enseñarse *to accustom oneself, to teach oneself*

ensordecer *to deafen*

ensordecimiento *deafness*

ensuciar *to dirty; to soil*

entender *understanding, opinion*
    a mi entender *in my opinion*

entender *to understand*
    entender de *to be familiar with*
    entender en *to be in charge of; to deal with*
    según tenemos entendido *as far as we know*
    Entendido. *It's understood.*

entenderse *to understand one another; to agree*
    entenderse con *to have to do with; to deal with*

entendimiento *understanding*

enteramente *entirely, completely, fully; quite*

enterar *to inform; to acquaint*

enterarse *to learn; to find out*

enternecer *to soften; to move; to touch*

entero *entire, whole, complete*
    por entero *entirely, completely*

enterrar *to bury*

entidad *entity*

entierro *burial, funeral*

entonación *intonation, tone*

entrada *entrance, entry; admission; ticket*
    Entrada Libre *Free Admission*
    Se Prohibe la Entrada *No Admittance*

entrante *coming; entering; next*
    el entrante *next month*

entrar *to enter, to go in; to fit in*

entre *between, among, in*
    entre manos *in hand*
    por entre *through*

entreacto *intermission*

entrega *delivery; surrender*
    entrega especial *special delivery*

entregar *to deliver; to surrender*

entregarse *to give oneself up; to abandon oneself to*

entremeter *to place between, to insert*

entremeterse *to intrude, to interfere*

entremetido *intruder, rude*

entrenador *coach, trainer*

entrenamiento *training*

entrenar *to train, to coach*

entresuelo *mezzanine*

entretanto *meanwhile*

entretener *to entertain, to amuse; to delay*

entretendido *pleasant; amusing*

entretenimiento *amusement, entertainment*

entrevista *interview; conference*

entrevistar *to interview*

entristecerse *to become sad*

entusiasmarse *to become enthusiastic*

entusiasmo *enthusiasm*

entusiasta *enthusiastic; s: enthusiast*

envasar *to can, to bottle*

envejecer *to grow old*

enviar *to send, to dispatch*
    enviar un mensaje por busca personas *to page someone*
    enviar correo electrónico *to send an e-mail*
    enviar por fax *to send a fax*

envidia *envy*

envidiable *enviable*

envidiar *to envy*

envidioso *envious, jealous*

envío *sending; remittance; shipment*

enviudar *to become a widow or widower*

envoltorio *bundle*

envolver *to wrap up, to envelop; to disguise*

época *epoch, age, era*

equipaje *baggage; crew* (barco)

equipar *to equip, to furnish*

equipo *equipment; team* (deportes)

equivocación *mistake*

equivocado *mistaken, wrong*
    Estoy equivocado. *I'm mistaken.*

equivocarse *to be wrong; to make a mistake*

era *era*

erario *public funds*

erguir *to straighten; to raise*

erigir *to erect; to build; to establish*

errar *to err, to make a mistake; to wonder*
    errar el tiro *to miss the target*

error *error, fault, mistake*

erudición *erudition, learning*

erudito *learned, erudite; s: scholar, erudite person*

esa *that*

ésa *that one*

esas *those*

ésas *those*

esbelto *slim, slender*

escabeche *pickled fish*

escabroso *rugged; harsh*

escala *stepladder; scale; port of call*

escalera *staircase; ladder*

escalofrío *chill*

escalón *step, stair*

escama *fish scale*

escamoteo *swindling*

escampar *to clear up* (cielo); *to stop raining*

escáner *scanner (computer)*
escapar *to escape; to flee*
escaparate *show window; glass case*
escape *escape*
escarbar *to scratch; to dig; to poke*
escarcha *frost*
escarmentar *to learn by experience; to take warning*
escaso *scarce, short of*
escena *scene; stage; episode*
  poner en la escena *to stage a play*
escenario *stage*
escéptico *skeptical;* s: *skeptic*
esclavitud *slavery*
esclavo *slave*
escoba *broom*
escoger *to choose, to pick out*
escogido *selected, choice*
escolta *escort*
escoltar *to escort*
escombro *rubbish*
esconder *to hide, to conceal*
escopeta *shotgun*
escribano *notary, writer*
escribir *to write*
  escribir a máquina *to type*
escrito *written;* s: *writing*
  por escrito *in writing*
escritor *writer, author*
escritorio *desk*
escritera *writing; deed*
escrutinio *scrutiny; election returns*
escuadra *fleet, squad*
escuchar *to listen; to heed*
escudriñar *to scan*
escuela *school*
escupir *to spit*
escurrir *to drain; to wring; to slip; to glide*
ese *that*
ése *that one*
esencia *essence*
esencial *essential*
esfera *sphere*
esforzar *to strengthen; to force, to strain*
esforzarse *to strive, to endeavor*
esfuerzo *effort; endeavor*
esgrima *fencing*
eslabón *link*
esmalte *enamel*
esmaltar *to enamel*
esmeradamente *nicely*
esmerado *carefully done*
esmerar *to polish*
esmerarse *to put on one's best clothes*
eso *that, it*
esos *those*
ésos *those*
espacio *space, room; distance*
espada *sword; spade (barajas)*

espalda *back*
espantar *to frighten; to chase out*
espantarse *to be frightened*
espanto *fright*
espantosamente *frightfully*
espantoso *frightful*
español *Spanish, Spaniard*
esparadrapo *adhesive tape*
esparcir *to scatter; to divulge; to make public*
especial *special, particular*
  en especial *in particular*
especialidad *specialty*
especie *species; motive; kind, sort*
espectáculo *spectacle, show*
espectador *spectator*
especulación *speculation*
especular *to speculate*
espejo *mirror, looking glass*
espera *waiting; pause; adjournment*
  la sala de espera *the waiting room*
esperanza *hope*
esperar *to hope; to expect; to wait for*
  Dígale que espere. *Ask him to wait.*
  Espero que no. *I hope not.*
espeso *thick, dense*
espía *spy*
espiga *tassel; ear*
espina *thorn; splinter; fishbone; spine*
espinaca *spinach*
espíritu *spirit, soul*
espiritual *spiritual*
espléndido *splendid, magnificent; brilliant*
esplendor *splendor, magnificence*
esposa *wife*
esposas *handcuffs*
esposo *husband*
espuela *spur; incentive*
espuma *foam, froth*
esquela *note; slip of paper*
esquí *ski*
esquina *corner*
  a la vuelta de la esquina *around the corner*
esta *this*
ésta *this one; the latter*
estas *these*
éstas *these*
establecer *to establish*
establo *stable*
estación *station; railroad station; season (ano)*
estacionamiento *parking*
estacionar *to stop; to park*
estado *state, condition*
  hombre de estado *statesman*
  en buen estado *in good condition*
estadounidense *American*
estafa *fraud, swindle*
estampa *picture, print*
estampilla *stamp*
estanco *tight, cigarette stand*

estanque *pond; reservoir*
estante *shelf*
    estante para libros *bookcase*
estaño *tin*
estar *to be*
    estar de pie *to stand*
    estar de viaje *to be on a trip*
    ¡Qué estás haciendo? *What are you doing?*
estatua *statue*
estatura *stature*
estatuto *statute*
este *east*
este *this*
éste *this one*
estenógrafa *stenographer*
estenografía *shorthand*
estibador *longshoreman*
estilar *to be customary; to be in the habit of*
estilarse *to be in style*
estilo *style; manner; method; way*
    por el estilo *of the kind, like that*
    y así por el estilo *and so forth*
estima *esteem, respect; dead reckoning* (barco)
estimación *estimation, valuation*
estimar *to esteem; to estimate*
estimular *to stimulate*
estímulo *stimulus*
estirar *to stretch; to pull*
estirpe *race, stock, origin*
esto *this*
    con esto *herewith*
    en esto *at this time*
    esto es *that is, namely*
    por esto *therefore; hereby*
estocada *stab*
estofado *stew*
estorbar *to hinder; to be in the way*
estómago *stomach*
estornudar *to sneeze*
estornudo *sneeze*
estos *these*
éstos *these*
estrategia *strategy*
estratégico *strategic*
estrechar *to tighten; to narrow; to squeeze*
    estrechar la mano *to shake hands*
estrechez *tightness; narrowness*
estrecho *tight; narrow*
estrella *star*
estrellar *to dash to pieces, to smash*
estremecer *to shake, to tremble*
estremecimiento *trembling, shaking; thrill*
estrenarse *to make one's debut*
estreno *première*
estribo *stirrup, running board*
estricto *strict*
estropear *to ruin; to damage; to spoil*
estructura *structure*
estruendo *turmoil*

estrujar *to squeeze, to press*
estuche *case; small box; kit*
estudiante *student*
estudiar *to study*
estudio *study; examination; studio*
estudioso *studious*
estufa *stove; heater*
estupendo *stupendous, wonderful*
estupidez *stupidity*
estúpido *stupid*
éter *ether*
eternidad *eternity*
eterno *eternal, everlasting*
ética *ethics*
ético *ethical*
etiqueta *etiquette; label*
    vestido de etiqueta *evening dress*
euro *euro*
evacuación *evacuation*
evacuar *to evacuate; evacate; to dispose of*
evadir *to evade; to avoid*
evaluación *evaluation*
evaluar *to appraise, to value*
evaporar *to evaporate*
evasión *evasion; escape*
evasiva *pretext, excuse*
evasivo *elusive*
evento *event*
eventual *eventual*
evidencia *evidence*
evidente *evident*
evitable *avoidable*
evitar *to avoid; to spare*
evocar *to evoke*
evolución *evolution*
exactamente *exactly*
exactitud *accuracy*
exacto *exact; just; accurate; correct*
exageración *exaggeration*
exagerar *to exaggerate*
exaltación *exaltation*
exaltar *to exalt, to praise*
exaltarse *to become excited*
examen *examination, test*
examinar *to examine; to investigate; to study*
exasperación *exasperation*
exasperar *to exasperate*
excedente *excessive*
exceder *to exceed*
excederse *to overstep, to go too far*
excelencia *excellence*
excelente *excellent*
excelso *lofty, exalted*
excepción *exception*
exceptional *exceptional, unusual*
excepto *except that, excepting*
exceptuar *to except, to exempt*
excesivo *excessive, too much*

exceso *excess; surplus*
  en exceso *in excess*
  exceso de equipaje *excess baggage*
excitable *excitable*
excitación *excitement*
excitante *exciting*
excitar *to excite, to stir up*
exclamación *exclamation*
exclamar *to exclaim*
excluir *to exclude, to keep out*
exclusión *exclusion*
exclusiva *exclusive right; refusal*
exclusivamente *exclusively*
excursión *excursion*
excusa *excuse, apology*
excusable *excusable*
excusado *excused, exempted; s: toilet*
excusar *to excuse; to apologize; to exempt*
exención *exemption*
exento *exempt, free; duty free*
  estar exento de *to be exempt from*
exhalar *to exhale*
exhibición *exhibition*
exhibir *to exhibit*
exhortar *to exhort, to admonish*
exigencia *exigency*
exigente *demanding; particular*
exigir *to demand, to require*
exiguo *small, exiguous*
exilio *exile*
existencia *existence; stock, supply*
existente *existing, existent*
existir *to exist, to be*
éxito *success*
expedición *expedition; shipment*
expedidor *sender*
expediente *expedient; document*
expedir *to dispatch; to send; to issue*
expeler *to expel*
expendedor *dealer; charges; costs*
expensas *expense*
  a expensas de *at the expense of*
experiencia *experience; trial*
experimentar *to experience; to experiment*
experto *experienced, able; s: expert*
explicable *explainable*
explicación *explanation*
explicar *to explain*
explicarse *to explain oneself, to account for*
explicativo *explanatory*
explícito *explicit*
exploración *exploration*
explorador *explorer*
explorar *to explore*
explosión *explosion; outburst*
explotar *to exploit*
exponente *exponent*
exponer *to explain; to expose*
exportación *exportation*

exportador *exporter*
  casa exportadora *export firm*
exportar *to export*
exposición *exposition, show; explanation; statement*
expresar *to express, to state*
expresión *expression*
expresivo *expressive*
expreso *express; clear, s: express (tren)*
exprimidor *squeeze; wringer*
exprimir *to squeeze*
expuesto *explained, stated; liable to*
  Todos estamos expuestos a equivocarnos.
    Anyone is liable to make a mistake.
expulsar *to expel, to eject, to throw out*
expulsión *expulsion*
exquisito *exquisite; excellent; choice*
extender *to extend, to stretch out*
extensión *extension, extent*
  en toda su extensión *to the full extent, in*
    every sense
extensivo, extenso *extensive, far-reaching*
extenuación *extenuation*
extenuar *to extenuate*
exterior *exterior; foreign*
  comercio exterior *foreign trade*
externo *external; on the outside*
extinguir *to extinguish, to put out*
extra *extra*
extractar *to extract; to abridge; to summarize*
extracto *extract; abridgment; summary*
extraer *to extract, to pull out*
extranjero *foreign, s: foreigner, alien*
  estar en el extranjero *to be abroad*
extrañar *to wonder; to miss*
  No es de extrañar que . . . *It's not*
    surprising that . . .
extrañarse *to be surprised*
extraño *strange, rare, odd, queer*
extraoficial *unofficial*
extraordinario *extraordinary*
extravagancia *folly; extravagance*
extravagante *queer; extravagant*
extraviado *missing; mislaid; astray*
extraviar *to mislead; to mislay*
extraviarse *to go astray, to get lost*
extravío *straying; deviation*
extremadamente *extremely, exceedingly*
extremar *to go to extremes*
extremidad *extremity*
extremo *extreme, last, s: (the) very end*
  al extremo que *to such an extent that*
  en caso extremo *as a last resort*

F

fábrica *factory; mill; plant; structure*
fabricación *manufacturing*

fabricante *manufacturer*
fabricar *to manufacture, to make; to build*
fábula *fable, story, tale*
fabuloso *fabulous; incredible*
facha *appearance, look*
fachada *facade*
fácil *easy*
facilidad *ease, facility*
   con facilidad *easily*
facilitar *facilitate; to supply, to provide*
fácilmente *easily*
facsímil *facsimile; fax*
factor *factor; element; agent*
factura *bill; invoice*
facturar *to bill, to invoice; to check* (equipaje)
facultad *faculty*
facultar *to authorize, to empower*
faena *work, task, labor*
faja *band; girdle*
fajo *bundle*
falda *skirt; lap; slope* (colina)
falla *failure; fault*
fallecer *to die*
fallo *sentence, verdict, judgment, finding, decision*
falsear *to falsify; to forge; to distract*
falsedad *falsehood*
falsificación *falsification, forgery*
falsificar *to forge, to falsify*
falso *false, incorrect; deceitful; counterfeit*
falta *fault; defect; need; lack; absence*
   falta de pago *nonpayment*
   hacer falta *to be necessary*
   por falta de *for lack of*
   ¡Qué le hace falta? *What do you need?*
faltar *to be lacking; to miss; to fail; to offend;
   to be rude*
   faltar a la verdad *to lie*
   Faltó a su palabra. *He did not keep his word.*
   No faltaba más. *That's the last straw.*
falto *lacking, short of*
   falto de peso *underweight*
fama *fame; reputation; rumor*
familia *family; household*
familiar *familiar; s: relative*
famoso *famous; excellent*
fanático *fanatic*
fanfarrón *boaster, braggart*
fanfarronada *boast; bluff*
fanfarronear *to boast, to brag*
fango *mud*
fangoso *muddy*
fantasía *fantasy; fancy*
fantasma *phantom, ghost*
fantástico *fantastic*
fardo *bale, bundle*
farmacéutico *pharmacist*
farmacia *pharmacy, drugstore*
faro *lighthouse; beacon; headlight* (coche)
farol *lantern; street lamp; light*

farsa *farce*
farsante *imposter*
fascinar *to fascinate; to charm*
fase *phase, aspect*
fastidiar *to annoy; to disgust*
fastidio *disgust, annoyance; boredom*
fastidioso *annoying; disgusting; tiresome*
fatal *fatal*
fatiga *fatigue, weariness*
fatigado *tired*
fatigar *to tire; to annoy*
fatigoso *tiring, tiresome*
fatuo *vain; infatuated*
fausto *happy, fortunate; s: splendor*
favor *favor; service*
   a favor de *in favor of*
   por favor *please*
favorable *favorable*
favorecer *to favor; to help*
favorito *favorite*
fax *fax*
   enviár por fax *to fax*
fe *faith; credit*
   a fe mía *upon my word*
   dar fe *to attest, to certify*
febrero *February*
fecha *date*
   a dos meses de la fecha *two months from today*
   hasta la fecha *to date*
fechar *to date*
fechoría *misdeed*
fecundo *fertile, prolific, fruitful*
federación *federation*
felicidad *happiness*
   ¡Muchas felicidades! *Congratulations!*
felicitación *congratulations*
felicitar *to congratulate, to felicitate*
feliz *happy, fortunate*
   feliz idea *clever idea*
   ¡Feliz Año Nuevo! *Happy New Year!*
femenino *feminine*
fenómeno *phenomenon*
feo *ugly; unpleasant, bad*
feria *fair, show*
feriado
   día feriado *holiday*
fermentación *fermentation*
fermentar *to ferment*
fermento *ferment*
feroz *ferocious, fierce; cruel*
ferretería *hardware; hardware store*
ferrocarril *railway, railroad*
fértil *fertile*
fervor *fervor*
festejar *to celebrate*
festividad *festivity; holiday*
festivo *festive, gay, merry*
fiado *on credit*
   comprar al fiado *to buy on credit*

fiador *guarantor; stop, catch*
fianza *guarantee, security; bail; bond*
fiar *to trust; to confide; to sell on credit*
  No me fío de ella. *I don't trust her.*
fibra *fiber*
ficción *fiction*
ficha *chip; token, tag*
fideo *vermicelli, noodle*
fiebre *fever; rush; excitement*
fiel *faithful, true, loyal; right*
fiera *wild beast*
fiero *fierce, cruel*
fiesta *feast; party; holiday*
figura *figure, form; appearance; image*
figurar *to figure; to appear*
figurarse *to imagine; to fancy*
fijar *to fix; to set; to post* (anuncio)
fijarse *to pay attention to, to take notice, to*
  look at; to imagine
  ¡Fíjese! *Just imagine!*
fijo *firm, fixed, fast; permanent*
  precio fijo *fixed price*
fila *row, line, rank*
  en fila *in line; in a row*
filete *fillet*
filiación *relationship; file, record; personal*
  description (pasaportes)
filial *filial; s: branch*
film *film, movie*
filmar *to film, to make a movie*
filosofía *philosophy*
filósofo *philosopher*
filtrar *to filter, to strain*
filtrarse *to leak out, to leak through*
filtro *filter*
fin *end; aim, object, purpose*
  a fin de *in order that*
  al fin *at last*
  por fin *finally*
  sin fin *endless*
finado *deceased, late*
final *last; s: end*
  final de trayecto *last stop*
  punto final *period, full stop*
finalizar *to finish, to conclude, to expire*
finalmente *finally, at last*
financiero *financial; s: financier*
finca *farm; real estate, property*
fineza *delicacy; courtesy*
fingir *to pretend*
fino *fine, delicate; cunning, keen; polite*
firma *signature; firm*
firmar *to sign*
firme *firm, fast, stable; resolute*
  color firme *fast color*
fiscal *fiscal; s: public prosecutor*
física *physics*
físico *physical; s: physicist; physique*
fisiología *physiology*

fisonomía *features*
flaco *lean, thin; weak; s: weak point*
flagrante *flagrant*
  en flagrante *in the very act*
flamear *to flame; to flutter* (bandera)
flan *custard*
flaqueza *weakness*
flauta *flute*
flecha *arrow, dart*
fleco *fringe*
fletar *to charter* (barco), (avión)
flete *freight*
flexible *flexible, pliable*
flirtear *to flirt*
flojo *lax, lazy; loose; light*
flor *flower*
  echar flores *to flatter*
florecer *to blossom, to bloom*
florero *flower vase*
florista *florist*
flota *fleet*
flote *floating*
  a flote *afloat*
fluído *fluid; fluent*
foco *focus*
fogón *fireplace; stove*
fogonazo *flash*
fogoso *fiery; impetuous*
folio *leaf, folio*
folletín *serial*
folleto *pamphlet*
fomentar *to foment*
fonda *inn*
fondo *bottom; background*
  conocer a fondo *to know well*
  irse a fondo *to sink*
fonética *phonetics*
fonógrafo *phonograph*
forastero *strange; foreign; s: stranger, foreigner*
forjar *to forge; to frame*
forma *form, shape; s: mold; manner, way*
  en forma *in due form*
formación *formation*
formal *formal; proper; serious*
formalidad *formality*
formar *to form; to shape*
formarse *to develop, to grow*
formidable *formidable*
fórmula *formula, recipe*
formular *to formulate*
formulario *formulary; s: form; blank*
forrar *to line* (ropa); *to cover* (libros)
fortalecer *to fortify, to strengthen*
fortaleza *fortress, stronghold*
fortificación *fortification*
fortificar *to fortify*
fortuito *fortuitous, accidental*
fortuna *fortune*
  por fortuna *fortunately, luckily*

forzar *to force, to compel; to oblige*
forzosamente *necessarily*
forzoso *compulsory; compelling*
forzudo *strong, robust*
fosa *pit, hole; grave*
fósforo *phosphorus; match*
foto *photo, picture*
fotografía *photography; photograph, picture*
fotografiar *to photograph*
frac *dress coat*
fracasar *to fail*
fracaso *failure*
fracción *fraction*
fragancia *fragrance*
fragante *fragrant*
frágil *fragile, weak, full*
fragmento *fragment*
fragua *forge*
fraguar *to forge; to scheme, to plot*
fraile *friar*
frambuesa *raspberry*
francamente *frankly, openly*
francés *French; Frenchman*
franco *frank, free, open; plain*
    franco de porte *freight prepaid*
    puerto franco *free port*
franela *flannel*
franquear *to put a stamp on a letter, to prepay postage*
franqueo *postage*
franqueza *frankness; sincerity*
franquicia *franchise*
frasco *bottle*
frase *sentence*
fraternidad *fraternity, brotherhood*
frazada *blanket*
frecuencia *frequency*
frecuentar *to frequent*
frecuente *frequent*
frecuentemente *often, frequently*
fregar *to scrub; to wash dishes, to annoy*
freír *to fry*
frenar *to put on the brakes; to slow up; to curb; to bridle*
frenético *mad; frantic*
freno *brake; bridle; bit; curb*
    quite el freno *release the brake*
frente *forehead; face; s: front, facade*
    estar al frente de *to be in charge of*
    frente a frente *face to face*
    hacer frente a *to cope with*
fresa *strawberry*
fresco *cool; fresh; recent; bold; forward; s: breeze; fresh person*
    tomar el fresco *to go out for some fresh air*
    un fresco agradable *a nice breeze*
frescura *freshness*
fricción *friction, rubbing*
frijol *bean*

frío *cold*
    Está frío. *It's cold.*
    Hace frío. *It's cold.*
    Tengo mucho frío. *I'm very cold.*
friolera *trifle*
frito *fried*
frontera *border*
frotar *to rub*
fructífero *fruitful*
fructificar *to bear fruit; to yield profit*
frugal *frugal, thrifty*
fruncir *to pleat*
frustrar *to frustrate*
fruta *fruit*
frutería *fruit store*
fuego *fire*
    armas de fuego *firearms*
    fuegos artificiales *fireworks*
    prender fuego a *to set fire to*
fuente *spring, fountain; source; s: platter*
fuera *out, outside*
    estar fuera *to be absent, to be out*
    fuera de eso *besides, moreover*
    fuera de sí *beside oneself*
    por fuera *on the outside*
fuerte *strong, powerful; loud* (voz); *excessive; firm; s: fortress*
fuerza *force, strength, power*
    a fuerza de *by dint of*
    fuerzas armadas *armed forces*
fuga *escape; flight*
fugarse *to escape, to run away, to flee*
fugaz *fleeting, brief*
fugitivo *fugitive*
fulano *so-and-so, what's-his-name*
    El señor fulano de tal *Mr. So-and-So*
fumador *smoker*
fumar *to smoke*
    Se prohíbe fumar. *No smoking.*
función *function; performance, play, feature*
funcionar *to function, to work; to run* (máquina)
    funcionar bien *to be in good working condition*
funcionario *official, officer*
funda *pillowcase; sheath*
fundación *foundation*
fundador *founder*
fundamental *fundamental*
fundamento *foundation, base; ground; cause*
    sin fundamento *groundless*
fundar *to found; to base*
fundición *foundary; casting; melting*
fundir *to melt; to burn out* (foco)
fúnebre *mournful, sad*
funeral *funeral*
furgón *wagon*
furia *fury, rage*
furioso *furious, mad*

furor *fury*
fusible *fuse*
fusil *rifle*
fusilar *to shoot*
fútbol *football; soccer*
futuro *future;* s: *future; fiancé*
   en lo futuro *in the future*

G

gabán *overcoat*
gabardina *gabardine*
gabinete *cabinet; study, laboratory*
gaceta *newspaper*
gacetilla *newspaper column*
gafas *glasses*
gajo *branch; slice, segment*
gala *gala*
   de gala *full dress*
galán *gallant*
galante *gallant; generous*
galentear *to court*
galantería *gallantry*
galería *gallery*
galgo *greyhound*
gallardo *gallant; brave, daring; handsome*
galleta *cookie, biscuit*
gallina *hen*
gallinero *chicken coop; top gallery* (teatro)
gallo *cock, rooster*
galón *stripe; gallon*
galopar *to gallop*
galope *gallop*
galvanizar *to galvanize*
gamuza *suede; chamois*
gana *appetite, hunger; desire; inclination; will*
   comer con gana *to eat with an appetite*
   de buena gana *willingly, with pleasure*
   de mala gana *unwillingly, reluctantly*
   tener ganas de *to feel like*
   No me da la gana. *I don't feel like it.*
ganadería *cattle raising; livestock*
ganadero *cattle dealer; rancher*
ganado *cattle; livestock*
ganador *winner*
ganancia *gain, profit*
ganar *to gain; to earn; to win*
gancho *hook; hairpin; clip*
ganga *bargain; bargain sale*
gansa *goose* (pl. *geese*)
ganso *gander; simpleton*
ganzúa *skeleton key*
garaje *garage*
garantía *guarantee; bond*
garantizar *to guarantee, to vouch*
gardenia *gardenia*
garganta *throat; neck*

gárgara *gargle; gargling*
garra *claw; clutch*
garrafa *carafe, decanter*
garrocha *pole; stock*
gas *gas*
gasa *gauze*
gasolina *gasoline*
gastar *to spend; to wear out; to waste; to use*
   gastar bromas *to make jokes, to joke*
gasto *expense, cost, expenditure*
gatillo *trigger*
gato *cat; jack* (coche)
gaveta *drawer; locker*
gavilán *hawk*
gavilla *sheaf*
gaviota *sea gull*
gelatina *gelatine; jelly*
gema *gem; bud*
gemelo *twin; binoculars; handcuffs*
gemido *groan, moan*
gemir *to groan, to moan*
generación *generation*
general *general, usual;* s: *general*
género *cloth, material, stuff; class, kind, sort,*
   gender, sex
   género humano *humankind*
generosidad *generosity*
generoso *generous*
genial *outstanding; brilliant; gifted*
genio *genius; nature; disposition, temper*
gente *people; crowd*
gentil *courteous; graceful*
gentileza *politeness, courtesy; kindness*
gentío *crowd*
genuino *genuine, real*
geografía *geography*
geometría *geometry*
gerencia *management*
gerente *manager*
germen *germ*
germinar *to germinate, to sprout*
gerundio *gerund, present participle*
gesticular *to gesticulate, to make gestures*
gestión *management; negotiation*
gestionar *to manage, to negotiate; to try*
gesto *gesture; faces*
gigante *gigantic;* s: *giant*
gimnasia *gymnastics; exercise*
gimnasio *gymnasium*
ginebra *gin*
girar *to rotate, to turn; to operate*
   girar contra *to draw on*
giro *turn; rotation; draft, money order*
   giro bancario *bank draft*
   giro postal *money order*
gitano *gypsy*
glacial *icy*
globo *globe, balloon*
gloria *glory; pleasure; delight*

gloriarse *to be proud of; to boast*
glorioso *glorious*
gobernación *administration, government*
gobernador *governor*
gobernante *ruler*
gobernar *to govern, to rule; to control, to regulate, to direct*
gobierno *government; control*
goce *enjoyment; possession*
golf *golf*
golondrina *swallow*
golosina *dainty; delicacy*
goloso *fond of sweets*
golpe *blow, stroke, hit; knock, shock*
   de golpe *suddenly, all at once*
   de un golpe *with one blow*
golpear *to strike, to hit, to beat; to knock*
goma *gum, glue; rubber; eraser*
gordo *fat, stout; big; s: lard*
gordura *stoutness, obesity*
gorra *cup*
gorrión *sparrow*
gota *drop; gout*
gotear *to drip; to leak*
gotera *drip, leak; gutter*
gozar *to enjoy*
gozarse *to rejoice*
gozo *joy; pleasure*
gozoso *cheerful, glad, merry*
grabado *picture, illustration; engraving*
grabar *to engrave*
gracia *grace; favor; pardon; wit, humor*
   dar gracias *to thank*
   Eso tiene gracia. *That's funny.*
   ¡Gracias a Dios! *Thank God!*
gracioso *graceful; witty, funny*
grada *step*
grado *degree; rank; grade; will, pleasure*
gradual *gradual*
graduar *to graduate; to adjust*
gráfico *graphic; s: diagram*
gramática *grammar*
gran *big, great*
granada *grenade; shell*
grande *great, large, big*
   en grande *on a large scale*
grandeza *greatness*
grandioso *grand, magnificent*
granero *granary; barn*
granizar *to hail*
granizo *hail*
granja *grange; farm; country house*
granjear *to gain; to win*
grano *grain; bean* (café); *pimple*
grasa *grease, fat*
grasoso *greasy*
gratamente *gratefully*
gratificación *gratuity, bonus, tip, reward; allowance*

gratificar *to reward, to tip*
gratis *gratis, free*
gratitud *gratitude; thankfulness, gratefulness*
grato *pleasing, gratifying, pleasant*
   su grata del 5 de mayo *your letter of May 5*
gratuito *gratis, free*
grave *grave, serious*
gravedad *gravity, seriousness*
gremio *trade union, guild*
griego *Grecian, Greek*
grieta *crack; chap* (piel)
grifo *faucet; griffin*
grillo *cricket*
gringo *American; foreigner; blond*
gripe *grippe, flu*
gris *gray*
grito *cry, scream, shout*
   poner el grito en el cielo *to make a big fuss*
grosella *currant*
grosería *rudeness, coarseness*
grosero *coarse, rude, impolite*
grúa *crane, derrick, hoist; towtruck*
gruesa *s: gross*
grueso *fat, thick*
gruñido *grunt*
gruñir *to grumble, to grunt*
grupo *group*
gruta *grotto, cavern*
guante *glove*
guapo *good-looking, pretty* (mujer), *handsome* (hombre); *courageous, bold, brave*
guarda *guard, watchman, keeper; custody*
guardapelo *locket*
guardar *to keep, to guard, to take care of*
   No le guardo ningún rencor. *I don't bear him any grudge.*
guardarropa *wardrobe; s: checkroom*
guardia *guard; watch*
   Está de guardia. *He's on duty.*
guarecer *to shelter, to protect*
guarnecer *to trim, to garnish; to garrison*
guarnición *trimming, garnish*
guasa *nonsense; joke, fun*
guasón *humorous, playful; s: teaser, joker*
guerra *war, trouble*
guerrero *warlike; s: warrior*
guía *guide; s: guidebook, directory*
guiar *to guide; to direct; to drive*
guijarro *pebble*
guiñar *to wink*
guión *hyphen*
guisar *to cook*
guiso *stew*
guitarra *guitar*
gusano *worm*
gustar *to taste; to like*
   si Ud. gusta *if you wish*
   ¿Le gusta a Ud. eso? *Do you like that?*
   No me gusta. *I don't like it.*

gusto *taste; pleasure; liking*
   a mi gusto *to my liking*
   con mucho gusto *with pleasure*
   tener gusto en *to take pleasure in*
   Me siento a gusto aquí. *I feel at home here.*
gustoso *tasty; glad; willing*

H

haber *s: credit; assets*
haber *to have*
   habérselas con *to cope with*
   poco hace *a little while ago*
haberes *possessions, property*
hábil *able; clever; skillful; capable*
   día hábil *working day*
habilidad *ability, skill*
habilitado *paymaster*
habilitar *to qualify; to enable; to provide; to*
   supply with
habitación *room; dwelling, bedroom*
habitante *inhabitant, tenant*
habitar *to inhabit, to reside*
hábito *habit, custom*
habituar *to accustom*
habla *speech; talk*
   Perdió el habla. *He was speechless.*
hablador *talkative; s: chatterbox; talker*
hablar *to speak, to talk*
   hablar hasta por los codos *to be a*
     chatterbox
   hablar por demás *to talk too much*
hacendoso *diligent, industrious*
hacer *to make, to do; to cause*
   hacer de cuenta *to pretend*
   hacer la corte *to court*
   hacer saber *to make known*
   hacer ver *to show*
   me hace Ud. el favor de *please*
   no hace mucho *not long ago*
   ropa hecha *ready-made clothes*
hacerse *to become; to pretend; to be able to*
   hacerse cargo de *to take charge of*
   hacerse de *to get*
   hacerse el tonto *to play the fool*
   Me hice un lío. *I was all mixed up.*
hacha *ax*
hacia *toward, in the direction of*
   hacia abajo *downwards*
   hacia adelante *forward*
   hacia arriba *upwards*
hacienda *ranch, plantation; property; lands*
hada *fairy*
halagar *to flatter; to please*
halago *flattery*
halagüeño *pleasing; nice; flattering*
halar *to pull, to tow*

hallar *to find; to meet with*
hallazgo *finding*
hamaca *hammock*
hambre *hunger*
   Me estoy muriendo de hambre. *I'm starving.*
hambriento *hungry, starved*
hangar *hangar*
haragán *lazy, indolent; s: loafer*
harapo *rag*
harina *flour*
hartarse *to stuff oneself*
harto *satiated, full; fed up*
hasta *until; as far as; up to; also; even*
   hasta ahora *up to now*
   hasta cierto punto *to a certain point*
   Hasta luego. *So long. See you later.*
hay *there is, there are*
   ¡No hay de qué! *Don't mention it!*
   No hay novedad. *The same as usual.*
   ¿Qué hay? *What's the matter? What's up?*
   ¿Qué hay de nuevo? *What's new?*
haz *sheaf*
hazaña *feat, exploit*
hebilla *buckle*
hebra *thread; fiber*
hechicero *fascinating; charming; s: wizard*
hechizar *to fascinate; to charm; to bewitch*
hecho *made, done; s: fact; deed; action; event*
   bien hecho *well done*
   de hecho *in fact, actually*
   mal hecho *poorly made*
hechura *workmanship; cut, shape*
heder *to stink*
helada *frost*
helado *frozen; icy; astonished, amazed,*
   astounded; s: ice cream
helar *to freeze; to astonish*
hélice *propeller*
hembra *female; woman; eye of a hook*
heno *hay*
heredad *property; land; farm*
heredarito *inherit*
heredera *heiress*
heredero *heir*
hereditario *hereditary*
herencia *inheritance, legacy; heritage*
herida *wound, injury*
herido *wounded, injured; s: wounded man*
herir *to wound, to hurt*
hermana *sister*
hermanastro *stepbrother*
hermano *brother*
hermoso *beautiful; lovely; fine*
hermosura *beauty*
héroe *hero*
heroico *heroic*
herradura *horseshoe*
herramienta *tool; set of tools*
herrero *blacksmith*

hervir *to boil*
hidroplano *seaplane*
hiedra *ivy*
hiel *gall; bile*
hielo *ice; frost; indifference*
hierba *herb; weed; grass*
hierro *iron; poker*
hígado *liver*
higiene *hygiene*
higiénico *hygienic, sanitary*
higo *fig*
hija *daughter*
hijastro *stepchild*
hijo *son*
hijos *children*
hilar *to spin*
hilo *thread; string; linen; wire*
hilvanar *to tack; to baste*
himno *hymn*
hinchar *to swell; to inflate*
hinchazón *swelling; vanity*
hindu *Indian, Hindu*
hipnotismo *hypnotism*
hipnotizar *to hypnotize*
hipo *hiccup*
hipocresía *hypocrisy*
hipócrita *hypocritical; s: hypocrite*
hipódromo *racetrack; hippodrome*
hipoteca *mortgage*
hipotecar *to mortgage*
hipótesis *hypothesis*
hispano *Hispanic, Spanish*
hispanoamericano *Spanish American*
histérico *hysterical*
historia *history; story*
historiador *historian*
histórico *historic*
historieta *short story; anecdote*
hocico *snout; muzzle*
hogar *fireplace; home*
hoguera *bonfire; blaze*
hoja *leaf; blade; sheet*
    hoja de afeitar *razor blade*
    hoja en blanco *blank sheet*
¡hola! *Hello!*
holandés *Dutch*
holgar *to rest; to be idle; to go on strike*
holgazán *lazy; idle; s: lazy person, idler*
hombre *man*
hombro *shoulder*
    arrimar el hombro *to give a hand*
homenaje *homage; honor; respect*
homosexual *homosexual, gay*
hondo *profound; deep*
honesto *decent, honest*
honor *honor*
honra *honor, respect*
honradez *honesty, integrity*
honrado *honest, honorable*

honrar *to honor*
hora *hour; time*
    hora punta *rush hour*
    a estas horas *by now*
    a la hora *on time*
    a la hora en punto *on the dot*
horario *hourly; s: timetable, schedule*
horizontal *horizontal*
horizonte *horizon*
horma *form; model; mold*
hormiga *ant*
horno *oven, furnace*
horrible *horrible*
horror *horror*
horroroso *horrible, frightful, dreadful*
hortaliza *vegetable garden*
hosco *sullen, gloomy*
hospedaje *lodging; board*
hospedar *to lodge; to entertain*
hospicio *poorhouse*
hospital *hospital*
hospitalizar *to hospitalize*
hostelero *innkeeper*
hotel *hotel*
hoy *today*
hoyo *hole, pit, excavation*
hoz *sickle*
hueco *hole; hollow; empty space*
huelga *strike*
huelguista *striker*
huella *track, footprint, trail*
    huellas digitales *fingerprints*
huérfano *orphan*
huerta *orchard*
hueso *bone; stone*
huésped *guest; innkeeper, host*
huevo *egg*
    huevos fritos *fried eggs*
    huevos tibios *soft-boiled eggs*
    huevos revueltos *scrambled eggs*
    huevos y tocino *bacon and eggs*
huída *flight, escape*
huir *to flee, to escape, to run away*
hule *rubber*
humanidad *mankind, humanity*
humanitario *humane, humanitarian;*
    philanthropic
humano *human*
    ser humano *human being*
humear *to smoke*
humedad *humidity; moisture*
humedecer *to moisten; to dampen*
húmedo *humid, moist, damp*
humildad *humility*
humilde *poor; humble; unaffected*
humillación *humiliation*
humillante *humiliating*
humillar *to humiliate, to lower*
humo *smoke; fume*

humor *humor, disposition, temper*
   estar de buen humor *to be in a good mood*
   estar de mal humor *to be in a bad mood*
humorada *witticism*
humorista *humorist*
hundir *to sink*
huraño *shy, not sociable*
hurtar *to steal, to rob*
hurto *stealing; theft*

I

Iberia *Iberia*
Iberoamérica *Latin America*
ida *going; one-way trip; trip*
   billete de ida *one-way ticket*
   billete de ida y vuelta *round-trip ticket*
idea *idea; mind*
   No es mala idea. *That's not a bad idea.*
   No tengo la menor idea. *I don't have the
      slightest idea.*
ideal *ideal*
idealizar *to idealize*
idear *to think of; to conceive; to devise; to plan*
idem *the same, ditto*
idéntico *identical, the same*
identidad *identity*
identificación *identification*
identificar *to identify*
idioma *language*
idiota *idiotic; s: idiot*
ídolo *idol*
iglesia *church*
ignorancia *ignorance*
ignorante *ignorant; unaware*
ignorar *to be ignorant of; not to know*
igual *equal; similar, like; even*
   igual a la muestra *like the sample*
   por igual *equally*
   Me da igual. *It's all the same to me.*
igualar *to equalize; to compare; to make even*
igualdad *equality*
ilegal *illegal, unlawful*
ilegible *illegible*
ilegítimo *illegitimate*
ileso *unhurt*
ilimitado *unlimited*
iluminación *illumination*
iluminar *to illuminate*
ilusión *illusion*
ilustración *illustration*
ilustrar *to illustrate; to explain*
ilustre *illustrious, celebrated*
imagen *image; figure*
imaginación *imagination*
imaginar *to imagine; to think; to suspect*
imán *magnet*

imbécil *imbecile*
imbecilidad *imbecility, stupidity*
imitación *imitation*
imitar *to imitate, to mimic*
impaciencia *impatience*
impacientar *to irritate, to make someone
   impatient*
impacientarse *to become impatient*
impaciente *impatient, restless*
impar *odd, uneven*
imparcial *impartial*
impedimento *impediment, hindrance*
impedir *to hinder, to prevent, to keep from*
impenetrable *inscrutable, mysterious*
imperativo *imperative*
imperfecto *imperfect, faulty, s: imperfect*
imperio *empire; dominion*
impermeable *rainproof; s: raincoat*
impersonal *impersonal*
impertinente *impertinent*
ímpetu *impulse*
impetuoso *impulsive, impetuous*
impío *impious; wicked*
implicar *to implicate; to imply*
implícito *implicit*
implorar *to implore, to beg*
imponer *to impose; to acquaint with*
importancia *importance*
importante *important*
importar *to import; to matter; to amount to*
   No importa. *Never mind.*
   ¿Qué importa? *What difference does it make?*
importe *amount; value; cost*
importunar *to importune; to annoy*
imposibilidad *impossibility*
imposible *impossible*
imposición *imposition*
impostor *impostor, deceiver*
impotencia *inability, impotence*
impotente *powerless, helpless, impotent*
impracticable *not practical*
imprenta *printing; print shop*
impresión *impression; print; printing*
impresionar *to impress; to move; to affect*
impreso *printed; stamped; s: printed matter,
   print out*
impresor *printer*
impresora de color *color printer*
impresora de laser *laser printer*
imprevisto *unforeseen; unexpected; sudden*
imprimir *to print; to imprint*
impropio *improper, incorrect; unfit*
improvisar *to improvise*
improviso *unexpected*
   de improviso *unexpectedly*
imprudencia *imprudence*
imprudente *imprudent; indiscreet*
impuesto *imposed; informed; s: tax, duty*
   estar impuesto de *to be accustomed to*

impulsar *to impel; to drive; to urge*
   dar impulsos a *a to get something going*
impunidad *impunity*
impureza *impurity; contamination*
impuro *impure*
imputar *to impute; to blame; to attribute*
inaceptable *not acceptable*
inactivo *inactive, idle*
inadaptable *not adaptable*
inadecuado *inadequate*
inadmisible *objectionable, not accepted*
inadvertido *unnoticed*
inalámbrico *wireless*
inalterable *changeless, unalterable*
inauguración *inauguration*
inaugurar *to inaugurate; to begin*
incansable *untiring*
incapacidad *incapacity; inability*
incapaz *incapable; inefficient, incompetent*
incautación *seizure, taking over*
incautarse *to take over, to seize*
incendiar *to set on fire*
incendio *fire*
incertidumbre *uncertainty*
incesante *incessant, continual*
incidente *incidental; s: incident*
incierto *uncertain*
incisión *incision*
inciso *cut*
incitar *to incite, to stimulate*
inclemencia *inclemency; severity*
inclinación *inclination; tendency*
inclinar *to incline, to bend*
incluir *to include; to enclose*
inclusive *including; inclusive*
incluso *enclosed; including*
incógnito *unknown; incognito*
incoherente *incoherent; disconnected*
incombustible *incombustible*
incomodar *to disturb; to inconvenience*
incómodo *uncomfortable; inconvenient*
incomparable *matchless*
incompatible *incompatible*
incompetencia *incompetence*
incompleto *incomplete, unfinished*
incomprensible *incomprehensible*
incomunicar *to isolate*
inconcebible *inconceivable; incredible*
incondicional *unconditional*
inconsciencia *unconsciousness*
inconsciente *unconscious*
inconstancia *inconstancy, unsteadiness*
inconveniente *inconvenient*
   no tener inconveniente en *not to mind*
incorporar *to incorporate; to join*
incorrección *inaccuracy*
incorrecto *incorrect, inaccurate, improper*
incorregible *incorrigible*
incredulidad *incredulity*

incrédulo *incredulous*
increíble *incredible*
incremento *increment; increase*
increpar *to reproach, to rebuke*
inculcar *to inculcate*
inculpar *to inculpate; to blame*
inculto *uncultured; uneducated*
incumbencia *duty; concern*
incumbir *to concern; to pertain*
incumplimiento *nonfulfillment*
incurable *incurable, hopeless*
incurrir *to run into; to get into*
   incurrir en deudas *to get into debt*
indagar *to inquire; to investigate*
indebidamente *improperly; unduly; wrongly*
indebido *improper; wrong; illegal*
indecente *indecent; unbecoming*
indecisión *indecision; hesitation*
indeciso *undecided; hesitant*
indefenso *defenseless*
indefinido *indefinite*
indemnización *indemnity, compensation*
indemnizar *to compensate*
independencia *independence*
independiente *independent*
indeseable *undesirable*
indeterminado *indeterminate; doubtful;*
   undecided
indicación *indication; hint; sign; suggestion;*
   s: *instructions*
indicador *indicator*
indicar *to indicate; to point out*
índice *index; hand*
indicio *indication, mark, clue*
indiferencia *indifference*
indiferente *indifferent*
indígena *native*
indigencia *poverty, indigence*
indigente *poor, indigent*
indigestión *indigestion*
indigesto *hard to digest*
indignación *indignation, anger*
indignar *to irritate, to annoy*
indignidad *indignity*
indigno *unworthy, disgraceful*
indio *Indian*
indirecta *hint*
indirecto *indirect*
indiscreción *indiscretion*
indiscreto *indiscreet, imprudent*
indiscutible *unquestionable*
indispensable *essential*
indisponer *to indispose*
indisposición *indisposition*
individual *individual*
individualmente *individually*
individuo *individual*
índole *disposition; character; kind; class*
inducir *to induce; to persuade*

indudable *indubitable, certain*
indulgencia *indulgence*
indulgente *indulgent, lenient*
industria *industry; diligence*
industrial *industrial; manufacturing;* s: *industrialist*
ineficacia *inefficiency*
ineficaz *inefficient*
ineludible *unavoidable*
ineptitud *inability; unfitness*
inepto *inept, incompetent, unfit*
inequívoco *unmistakable*
inesperadamente *unexpectedly*
inesperado *unexpected, unforeseen*
inevitable *inevitable, unavoidable*
inexactitud *inaccuracy*
inexacto *inexact, inaccurate*
inexperto *inexperienced, inexpert*
inexplicable *inexplicable*
infalible *infallible*
infamar *to disgrace, to dishonor*
infame *infamous, shameful*
infamia *infamy, disgrace*
infancia *childhood*
infantería *infantry*
infantil *infantile; childish*
infatigable *tireless, untiring*
infección *infection*
infectar *to infect*
infeliz *unhappy; unfortunate*
inferior *inferior; lower, subordinate;* s: *inferior, subordinate*
inferioridad *inferiority*
inferir *to infer; to imply; to inflict*
infiel *unfaithful*
infierno *hell, inferno*
ínfimo *lowest; least*
infinidad *infinity*
infinitamente *infinitely, immensely*
infinitivo *infinitive*
infinito *infinite*
inflación *inflation*
inflamable *inflammable*
inflamación *inflammation*
inflamar *to inflame; to catch fire*
inflar *to inflate*
influencia *influence*
influir *to influence*
información *information; inquiry; investigation*
informal *informal*
informalidad *informality*
informar *to report; to inform; to plead*
informática *computer science*
informe *shapeless;* s: *information; report; plea* dar un informe *to give information*
infortunado *unlucky, unfortunate*
infracción *infraction, violation*
infranqueable *insurmountable*

infringir *to infringe, to violate*
infructuoso *unsuccessful; vain*
infundado *unfounded, groundless*
infundir *to instill, to infuse* infundir ánimo *to give courage*
ingeniería *engineering*
ingeniero *engineer*
ingenio *ingenuity; talent; mill*
ingenioso *ingenious, clever*
ingenuidad *simplicity*
ingenuo *naïve, simple*
inglés *English; Englishman*
ingratitud *ingratitude*
ingrato *ungrateful*
ingresar *to enter*
ingreso *entry; returns, profit*
inhábil *incapable; unfit, unqualified*
inhalar *to inhale*
inhospitalario *inhospitable*
inhumación *burial*
inhumano *inhuman*
inicial *initial;* s: *initial*
iniciar *to initiate; to begin*
iniciativa *initiative*
inicuo *wicked*
iniquidad *wickedness, iniquity*
injuria *insult; injury; offense*
injustamente *unjustly*
injusticia *injustice*
injusto *unjust; unfair*
inmediación *contiguity, nearness; vicinity*
inmediatamente *immediately*
inmediato *immediate; contiguous*
inmejorable *unsurpassable*
inmensamente *immensely*
inmenso *immense, huge*
inmerecido *undeserved*
inmesurable *boundless*
inmiscuirse *to meddle, to interfere*
inmoderado *immoderate*
inmoral *immoral*
inmortal *immortal*
inmóvil *immovable, fixed*
inmovilizar *to immobilize*
inmueble *property, real estate*
inmundicia *filth, dirt*
inmundo *filthy, dirty, unclean*
inmutable *unchangeable*
innecesario *unnecessary*
innegable *undeniable; unquestionable*
inocencia *innocence*
inocente *innocent*
inodoro *odorless;* s: *toilet*
inofensivo *inoffensive, harmless*
inoportuno *inopportune*
inquietar *to disturb*
inquieto *restless; uneasy; worried*
inquietud *uneasiness, anxiety; restlessness*
inquilino *tenant*

inquirir *to inquire*
insalubre *unhealthful*
insano *insane, mad*
inscribir *to inscribe, to register, to record*
inscripción *inscription*
insecticida *insecticide*
insecto *insect*
inseguro *uncertain*
insensatez *foolishness, stupidity*
insensato *stupid, foolish*
insensible *insensitive, heartless*
inseparable *inseparable*
insertar *to insert; to introduce*
inservible *useless, good-for-nothing*
insidioso *insidious, sly*
insigne *famous, noted*
insignia *badge, insignia*
insignificante *insignificant*
insinuar *to insinuate, to hint*
insipidez *insipidity*
insipido *insipid, tasteless*
insistencia *insistence*
insistir *to insist*
insolación *sunstroke*
insolencia *insolence, rudeness*
insolente *insolent, rude*
insomnio *insomnia*
inspección *inspection*
inspeccionar *to inspect, to examine*
inspector *inspector; superintendent*
inspiración *inspiration*
inspirar *to inspire, to inhale*
instalación *installation; fixtures*
    instalación eléctrica *electric fixtures*
instalar *to install; to set up*
instancia *instance; request*
instantánea *snapshot*
instantáneamente *instantly, at once*
instante *instant*
instaurar *to establish*
instintivamente *instinctively*
instinto *instinct*
institución *institution*
instituir *to institute; to establish*
instituto *institute*
instrucción *instruction; education; directions*
instructivo *instructive*
instructor *instructor; teacher*
instruir *to instruct; to teach*
instrumento *instrument*
insubordinado *insubordinate*
insubordinarse *to rebel*
insuficiencia *insufficiency*
insuficiente *insufficient*
insufrible *unbearable*
insultar *to insult*
insulto *insult, offense*
intacto *intact, untouched, whole*
intachable *faultless*

integral *integral, whole*
integrar *to integrate*
integridad *integrity*
integro *entire, whole; in full*
intelectual *intellectual*
inteligencia *intelligence; understanding*
inteligente *intelligent*
inteligible *intelligible*
intemperie *bad weather, outdoors*
intención *intention, meaning; mind*
    tener buena intención *to mean well*
intendencia *administration, management*
intendente *superintendent*
intensidad *intensity*
intenso *intense*
intentar *to try, to attempt; to intend*
intento *intent, purpose*
intercalar *to insert*
intercambio *interchange; exchange*
interceder *to intercede*
interceptar *to intercept; to block*
interés *interest*
interesado *interested, concerned*
interesante *interesting*
interesar *to interest, to concern*
interesarse *to be concerned; to be interested*
interino *provisional; temporary*
interior *interior; internal; s: interior; inside*
    ropa interior *underwear*
intermediar *to mediate*
intermediario *intermediary*
intermedio *intermediate; s: interval, recess*
internacional *international*
internar *to intern, to confine*
interno *internal; interior; s: intern*
interpretación *interpretation; meaning*
interpretar *to interpret; to understand*
intérprete *interpreter*
interrogación *interrogation, questioning,*
    inquiry; question mark
interrogar *to interrogate, to question*
interrogatorio *cross-examination*
interrumpir *to interrupt*
interrupción *interruption; stop*
interruptor *switch*
intervalo *interval*
intervenir *to intervene, to mediate*
intimar *to intimate; to hint; to order*
intimidad *intimacy*
intimidar *to intimidate, to frighten*
íntimo *intimate, close*
intolerable *intolerable, unbearable*
intolerante *intolerant*
intolerancia *intolerance*
intoxicación *intoxication, poisoning*
intranquilo *worried, uneasy*
intransigencia *intransigence*
intransitable *impassable*
intratable *hard to deal with*

intrépido *intrepid, fearless*
intriga *intrigue, plot*
intrigante *intriguing;* s: *intriguer*
intrincado *intricate; entangled; complicated*
introducción *introduction*
introducir *to introduce; to put in*
intromisión *interference*
intruso *intruding;* s: *intruder*
intuición *intuition*
inundar *to inundate, to flood*
inútil *useless, fruitless, unnecessary*
inutilizar *to spoil, to ruin; to disable*
inútilmente *uselessly, vainly*
invadir *to invade*
invalidar *to invalidate, to nullify*
inválido *invalid, null, crippled;* s: *invalid, cripple*
invariable *unchangeable, invalid*
invasión *invasion*
invención *invention*
inventar *to invent*
inventario *inventory*
invento *invention*
invernar *to hibernate*
inverosímil *improbable, unlikey; incredible*
invertir *to invest*
investigación *investigation*
investigar *to investigate*
invierno *winter*
invisible *invisible*
invitación *invitation*
invitado *invited;* s: *guest*
invitar *to invite*
inyección *injection*
inyectar *to inject*
iodo *iodine*
ir *to go; to concern*
    ir a caballo *to ride, to go horseback*
    ir a medias *to go half-and-half*
    ir a pie *to walk, to go on foot*
    ir en coche *to drive*
    ¿Cómo le va? *How are you?*
    ¡Que va! *Nonsense!*
    ¡Vámonos! *Let's go!*
    ¡Voy! *I'm coming!*
ira *anger, rage, fury*
iracundo *angry, mad*
ironía *irony*
irradiar *to radiate*
irreal *unreal*
irreflexivo *thoughtless*
irregular *irregular*
irrespetuoso *disrespectful*
irresponsabilidad *irresponsibility*
irresponsable *irresponsible*
irrigar *to irrigate*
irritar *to irritate, to exasperate*
irrompible *unbreakable*
isla *isle, island*
italiano *Italian*

itinerario *itinerary; route; timetable*
izquierda *left; left hand*
    a la izquierda *to the left*
izquierdo *left*

J

ja *ha!*
jabón *soap*
jabonar *to soap*
jactancia *boasting*
jactarse *to boast, to brag*
jai alai *pelota*
jalar *to pull*
jalea *jelly*
jalón *pull (n.)*
jamás *never, ever*
    para siempre jámas *for ever and ever*
jamón *ham*
japonés *Japanese*
jaque *check; boaster*
    jaque mate *checkmate*
jacqueca *headache, migraine*
jarabe *syrup*
jardín *garden*
jardinero *gardener*
jarra *jug, pitcher*
jarrón *vase; jar*
jaula *cage*
jefatura *headquarters; leadership*
jefe *chief; head, leader; boss; employer*
    jefe de taller *foreman*
jerarquía *hierarchy*
jerez *sherry*
jeringa *syringe*
jinete *horseman, rider*
jira *outing, excursion; tour*
jornada *trip, journey*
jornal *day's pay; wages*
jornalero *day laborer*
joroba *hump*
jorobado *hunchback*
jorobar *to importune; to annoy*
joven *young;* s: *young man*
joya *jewel, gem*
jubilar *to pension off*
judío *Jewish;* s: *Jew*
juego *play, game; gambling; set; movement*
    hacer juego *to match*
    juego de té *tea set*
jueves *Thursday*
juez *judge*
    juez de paz *justice of the peace*
jugada *play; turn (barajas)*
jugador *gambler, player*
jugar *to play; to gamble; to stake; to take part*
jugarreta *bad play; bad trick*

jugo *juice*
jugoso *juicy*
juguete *toy*
juicio *judgment; opinion; mind; lawsuit, trial*
 pedir en juicio *to sue*
 perder el juicio *to lose one's mind*
juicioso *sensible, wise*
julio *July*
junio *June*
junta *board, council, committee; meeting*
juntar *to join, to write; to assemble, to gather; to pile up*
junto *near, close; together*
jurado *jury*
jurar *to swear*
justicia *justice*
justificación *justification*
justificar *to justify*
justo *just; fair; exact; scarce; s: just*
juvenil *juvenile, youthful*
juventud *youth, youthfulness*
juzgado *tribunal, court*
juzgar *to judge; to think*

K

karateka *karate expert*
kilo *kilo (1 kilo = 2.205 pounds)*
kilogramo *kilogram*
kilómetro *kilometer (1 800 kms = one mile)*
kiosco *kiosk, stand, newsstand*

L

la *the; you, her, it*
laberinto *labyrinth, maze*
labio *lip*
 lápiz de labios *lipstick*
labor *labor, task; needlework, embroidery*
laborable *workable, working*
laborar *to labor, to work*
laboratorio *laboratory*
laborioso *laborious; hardworking*
labrador *farmer, peasant*
labranza *farming*
labrar *to cultivate*
lacio *withered; languid, straight hair*
lacónico *laconic; brief*
lacrar *to injure; to impair; to damage*
lacre *sealing wax*
lado *side; party; faction*
 por un lado *on one side*
 Conozco muy bien su lado flaco. *I know his weakness very well.*
ladrar *to bark*

ladrido *barking; criticism; slander*
ladrillo *brick, tile*
ladrón *thief, robber*
lago *lake*
lágrima *tear; drop*
laguna *pond; gap; blank*
lamentable *deplorable, regrettable*
lamentar *to regret, to deplore; to mourn*
lamer *to lick*
lámina *plate, sheet of metal; engraving*
lámpara *lamp*
lana *wool*
lance *trouble, accident, quarrel*
lancha *launch, boat*
langosta *lobster*
lánguido *languid; faint; weak*
lanzamiento *launching*
lanzar *to throw; to launch*
lapicero *pencil holder, pen*
lápida *gravestone*
lápiz *pencil*
lapso *lapse*
larga *delay; adjournment*
largar *to loosen; to let go*
largo *long; lengthy; s: length*
 a la larga *later on*
 a lo largo de *along*
larva *larva*
las *the*
láser *laser*
lástima *pity; compassion*
 ¡Qué lástima! *What a pity!*
lastimar *to hurt, to injure*
lastre *ballast*
lata *tin, tin can; nuisance*
lateral *lateral*
latido *beat; throbbing*
latigazo *lash, crack*
látigo *whip*
latín *Latin*
latino *Latin*
latir *to palpitate, to beat*
latoso *boring, tiresome*
lava *lava*
lavable *washable*
lavabo *washstand; washroom*
lavadero *washing*
lavandera *laundress, washwoman*
lavandería *laundry*
lavaplatos *dishwasher*
lavar *to wash, to launder*
lavarse *to wash oneself*
lazo *bow; loop*
le *him, her, it; you; to him; to her; to it; to you*
leal *loyal*
lealtad *loyalty*
lección *lesson*
leche *milk*
lechería *dairy*

lechero *milkman*
lecho *bed*
lechuga *lettuce*
lector *reader*
lectura *reading*
leer *to read*
legal *legal, lawful*
legalizar *to legalize*
legar *to bequeath; to delegate*
legendario *legendary*
legible *legible*
legion *legion*
legislación *legislation*
legislar *to legislate*
legislatura *legislature*
legitimar *to legalize*
legítimo *legitimate; authentic*
legua *league*
legumbre *vegetable*
leído *well-read, well-educated*
lejano *distant, remote, far*
lejos *far, far away, distant*
    algo lejos *rather far*
    más lejos *farther*
lema *motto*
lencería *linen goods; linen shop*
lengua *tongue; language*
    morderse la lengua *to hold one's tongue*
lenguaje *language; style*
lentamente *slowly*
lente *lens; glasses*
lenteja *lentil*
lentitud *slowness*
lento *slow; sluggish*
leña *firewood*
leñador *woodcutter*
leño *log, block*
león *lion*
les *to them; to you, them; you*
lesbiana *lesbian*
lesión *lesion, injury, wound*
lesionar *to hurt, to wound, to injure*
letra *letter; handwriting; printing type; words*
    (canción); *draft* (negocio)
    a la letra *literally*
letrado *learned, erudite; s: lawyer, well read*
letrero *inscription; sign; label*
levadura *leaven; yeast*
levantar *to raise, to lift, to pick up; to remove;*
    to draw (mapa)
levantarse *to get up, to rise*
leve *light; slight*
ley *law, act*
    de ley *standard*
leyenda *legend; inscription*
liar *to tie, to bind; to embroil*
liberación *liberation*
liberal *liberal*
libertad *liberty; freedom*

libertador *liberating; s: liberator*
libertar *to liberate, to free*
libra *pound*
libranza *draft; money order*
libre *free*
    libre a bordo *free on board (f.o.b.)*
librería *bookstore; library; bookcase*
librero *bookseller, book shelf*
libreta *memorandum book*
libro *book*
licencia *license; leave; permit; certificate*
licenciado *lawyer, or one who holds a*
    postgraduate degree
licenciar *to license; to allow; to discharge*
lícito *legal, lawful; just; fair*
licor *liquor*
licorería *liquor store*
líder *leader*
lidiar *to combat, to fight, to contend*
liebre *hare*
lienzo *canvas*
liga *garter; league; rubber band*
ligar *to bind, to tie; to alloy* (metal)
ligereza *lightness; fickleness; hastiness*
ligero *light; quick, swift; hasty*
lija *sandpaper*
lila *lilac*
lima *lime; file*
limar *to file; to polish*
limitación *limitation, limit*
limitado *limited*
limitar *to limit; to restrain*
límite *limit; boundary, border*
limón *lemon*
limonada *lemonade*
limosna *alms, charity*
limpiador *cleaner, cleanser*
limpiar *to clean; to cleanse*
limpiauñas *nail cleaner*
limpieza *cleaning; cleanliness; honesty*
limpio *clean; neat; pure*
    sacar en limpio *to make out; to conclude*
lince *keen, sharp-sighted; s: lynx*
linchar *to lynch*
lindar *to adjoin, to border*
linde *limit, boundary; landmark*
lindo *pretty*
línea *line*
    línea férrea *railway*
    La línea está ocupada. *The line is busy.*
lingüista *linguist*
linimento *liniment*
lino *flax; linen*
linterna *lantern; flashlight*
lío *bundle, parcel; mess*
    Me hice un lío. *I was all mixed up.*
liquidación *liquidation*
liquidar *to liquidate*
líquido *liquid; clear; s: liquid, fluid*

lírico *lyric; lyrical*
lirio *lily*
lisiado *crippled*
liso *smooth, even; plain*
lisonja *flattery*
lisonjear *to flatter; to please*
lisonjero *flattering; pleasing;* s: *flatterer*
lista *list, roll; stripe; menu*
    lista de correos *general delivery*
listado *striped*
listo *ready; quick; bright, clever, smart*
litera *litter*
literario *literary*
literato *learned man*
literatura *literature*
litigio *litigation, lawsuit*
litoral *littoral;* s: *coast; seacoast*
litro *liter*
liviano *light; fickle*
lívido *livid; pale*
llaga *ulcer; wound*
llama *flame; llama*
llamada *call; marginal note*
llamamiento *calling; call; appeal*
llamar *to call; to appeal; to name; to send for; to knock*
    llamar por teléfono *to phone*
    mandar llamar *to send for*
llamarada *blaze; flushing* (cara)
llamarse *to be called, to be named*
    ¿Cómo se llama Ud.? *What's your name?*
    Me llamo . . . *My name is . . .*
llamativo *striking, attractive, showy*
llanamente *simply, plainly, clearly; sincerely; frankly*
llaneza *simplicity; plainness*
llano *even, smooth; flat; frank;* s: *plain*
llanta *tire; rim*
llanto *weeping, crying*
llanura *plain, flatlands*
llave *key, wrench; faucet*
    cerrar con llave *to lock*
llavero *key ring*
llegada *arrival, coming*
llegar *to arrive; to come; to reach, to succeed; to amount*
    llegar a las manos *to come to blows*
    llegar a ser *to become*
    Llegó a hacerlo. *He managed to do it.*
llenar *to fill; to stuff; to occupy; to satisfy; to fulfill*
    llenar completamente *to fill up*
lleno *full; complete;* s: *fullness; abundance*
llevadero *bearable, tolerable*
llevar *to carry; to take; to take away; to set (precio); to wear*
    llevar a cabo *to carry out*
    llevar la delantera *to lead; to be ahead*
    llevar lo mejor *to get the best part of*

Lléveme allí. *Take me there.*
Llevamos un tanto por ciento de interés.
    We charge so much interest.
llevarse *to take away; to carry away; to get along*
    llevarse bien *to get along well*
    llevarse mal *to be on bad terms*
llorar *to weep, to cry; to lament*
llover *to rain, to shower*
    Está lloviendo. *It's raining.*
    Llueve a cántaros. *It's pouring.*
llovizna *drizzle*
lloviznar *to drizzle*
lluvia *rain, shower*
lo *the; it, him, you*
    a lo lejos *in the distance*
    lo mío y lo tuyo *mine and yours*
lobo *wolf*
lóbrego *dark; sad*
local *local;* s: *place, quarters*
localidad *locality, place; seat* (teatro)
localizar *to localize, to locate*
loción *lotion, wash*
loco *mad, insane, crazy;* s: *mad*
    volverse loco *to lose one's mind*
locomoción *locomotion*
locura *insanity, madness; folly*
lodo *mud*
lógica *logic*
lógico *logical*
lograr *to obtain, to get; to attain; to manage; to succeed*
    Nada lograba influenciarle. *Nothing could influence him.*
logro *gain; achievement*
loma *hillock, small hill*
lomo *loin; back*
lona *canvas*
longitud *longitude*
lonja *slice; stock market*
loro *parrot*
los *the; them; you*
lote *lot; portion, share*
loza *chinaware; crockery*
lozanía *vigor; liveliness*
lozano *healthy; lively*
lubricación *lubrication*
lubricante *lubricating;* s: *lubricant*
lubricar *to lubricate*
lucha *fight, struggle*
luchador *wrestler, fighter*
luchar *to fight; to wrestle; to struggle*
lucidez *lucidity, clearness*
lúcido *lucid, brilliant*
lucir *to shine; to show off*
lucrativo *lucrative, profitable*
lucro *gain, profit*
luego *immediately; soon; afterwards*
    desde luego *of course*

lugar *place; time; occasion; motive*
   dar lugar a *to lead up to*
   en lugar de *instead of*
lujo *luxurious*
lujuria *lust; excess*
lumbre *fire; light*
luminoso *shining, luminous*
luna *moon*
   luna de miel *honeymoon*
lunático *eccentric;* s: *lunatic*
lunes *Monday*
lustrar *to polish, to shine*
lustre *gloss; splendor*
luto *mourning; grief, sorrow*
luz *light; daylight*
   a todas luces *in every respect*
   luz eléctrica *electric light*
   salir a luz *to be published; to appear*
   dar a luz *to give birth*

M

macarrones *macaroni*
maceta *flowerpot; mallet*
machacar *to crush; to harp on a subject*
macho *male, masculine; vigorous.* s: *male*
machucar *to bruise*
macizo *solid; massive; firm*
madeja *lock of hair; skein*
madera *wood, lumber, timber*
maderero *dealer in lumber*
madero *beam; timber*
madrastra *stepmother*
madre *mother*
madreselva *honeysuckle*
madrina *godmother; bridesmaid; sponsor; patroness*
madrugada *dawn; early morning*
   de madrugada *at dawn*
madrugar *to get up early; to get ahead of*
   ¡Ud. es muy madrugador! *You're an earlybird!*
madurar *to ripen; to mature*
madurez *maturity; ripeness*
maduro *ripe; mature*
maestro *masterly; master;* s: *teacher, master*
magia *magic*
mágico *magic; marvelous*
magisterio *teaching profession*
magistrado *magistrate*
magnánimo *magnanimous*
magnesia *magnesia*
magnético *magnetic*
magnífico *magnificent; fine; splendid; wonderful*
magnitud *magnitude; importance; greatness*
magno *great*
magnolia *magnolia*

mago *magician, wizard*
maicena *cornstarch*
maíz *maize, Indian corn*
maizal *cornfield*
majadero *silly;* s: *bore; pest, not educated*
majestad *majesty*
majestuoso *majestic, imposing*
mal *bad; badly, poorly;* s: *evil; harm; disease, illness*
   de mal en peor *worse and worse*
   hacer mal *to do harm; to do wrong*
   mal de su grado *unwillingly*
   mal hecho *badly done*
   Ando mal de dinero. *I'm short of money.*
   Hace mal tiempo. *The weather is bad.*
   No está mal. *It's not bad.*
malagradecido *ungrateful*
malaria *malaria*
malbaratar *to undersell*
malcriado *ill-bred; naughty*
maldad *wickedness*
maldecir *to damn, to curse*
maldición *curse*
maldito *wicked; damned, cursed*
maleficio *witchcraft; enchantment*
malestar *indisposition, discomfort*
maleta *suitcase, valise*
maleza *underbrush, thicket*
malgastar *to waste; to squander*
malhechor *criminal*
malhumorado *ill-humored, peevish*
malicia *malice; suspicion*
malicioso *malicious; suspicious*
malintencionado *ill-disposed*
malo *bad; wicked; ill; difficult; poorly*
   de mala gana *unwillingly*
   Está muy malo. *He's very sick.*
malsano *unhealthy*
maltratar *to mistreat, to abuse, to harm*
maltrato *ill-treatment*
malvado *wicked*
mamar *to suck*
manantial *spring; source*
manar *to flow; to ooze*
mancha *stain, spot; blemish*
manchado *stained, spotted*
manchar *to stain, to spot, to soil*
mancomunar *to associate*
mandadero *messenger; errand boy*
mandado *errand*
mandamiento *mandate; commandment*
mandar *to send; to will, to bequeath; to order, to command; to govern*
   mandar decir *to send word*
mandarina *tangerine*
mandato *mandate, order*
mandíbula *jaw; jawbone*
mando *command; authority; control*
mandón *domineering, bossy*

manecilla *small hand*
manejar *to handle; to drive; to govern; to manage*
manejo *management; handling; driving*
manera *manner, way, method*
   de manera que *so that; so as to*
   de ninguna manera *by no means*
   de todas maneras *anyway*
   en cierta manera *to a certain extent*
manga *sleeve; hose* (por agua)
mango *handle; mango* (fruta)
manguera *hose*
manía *mania, frenzy; whim*
maniático *maniac*
manicomio *insane asylum*
manifestación *manifestation, demonstration*
manifestar *to manifest; to state, to reveal*
manifiesto *manifest; clear, obvious*
maniobra *maneuver, handiwork*
manipulación *handling, manipulation*
manipular *to handle, to manipulate; to manage*
maniquí *mannikin*
manivela *crank*
manjar *dish; food;* s: *victuals*
mano *hand, coat* (pintura)
   a mano *at hand, nearby*
   hecho a mano *handmade*
   mano a mano *even*
manojo *handful, bunch*
manosear *to handle; to feel*
mansión *mansion; residence*
manso *tame; gentle*
manta *blanket*
manteca *lard; fat; butter*
mantel *tablecloth*
mantener *to feed; to support, to maintain, to keep up*
mantenerse *to support oneself; to remain; to stay*
mantenimiento *maintenance, support*
mantequilla *butter*
mantequillera *butter dish*
manto *mantle, cloak*
manual *manual; handbook*
manufacturar *to manufacture*
manuscrito *manuscript*
manutención *support, maintenance*
manzana *apple; block of houses*
manzano *apple tree*
maña *dexterity; skill; trick*
mañana *morning; tomorrow*
   mañana por la mañana *tomorrow morning*
   pasado mañana *the day after tomorrow*
   Hasta mañana. *See you tomorrow.*
mañoso *handy; skillful; cunning*
mapa *map, chart*
máquina *machine, engine*
maquinaria *machinery*
maquinista *machinist; engineer*

mar *sea*
   en el mar *at sea*
   viaje por mar *sea voyage*
maraña *puzzle; perplexity; entanglement*
maravilla *marvel, wonder*
maravillarse *to marvel; to admire*
maravilloso *marvelous, wonderful*
marca *mark; brand; make*
   Es una marca de renombre. *It's a well-known brand.*
marcar *to mark; to brand; to register*
marcha *march*
marchante *customer, client*
marchar *to go; to go off, to leave; to march*
   ¿Se marcha Ud. ya? *Are you leaving already?*
marchitar *to wither, to fade*
marchito *faded, withered*
marco *frame*
marea *tide*
mareado *seasick*
marearse *to get seasick*
marfil *ivory*
margarina *margarine*
margen *margin, border; bank* (río)
marido *husband*
marina *navy, marina*
marinero *sailor*
marino *seaman*
mariposa *butterfly*
marítimo *maritime*
marmita *kettle*
mármol *marble*
marqués *marquis*
marquesa *marchioness*
marrano *pig*
martes *Tuesday*
martillar *to hammer*
martillo *hammer*
martir *martyr*
marzo *March*
mas *but, yet, however*
más *more; most; over; besides; plus*
   a más tardar *at the latest*
   lo más pronto posible *as soon as possible*
   más bien *rather*
   más o menos *more or less*
   ¡Más vale así! *So much the better!*
   ¿Nada más? *Is that all? Nothing else?*
masa *dough; mass; crowd*
masaje *massage*
masajista *masseur, masseuse*
mascar *to chew*
máscara *mask; disguise*
mascota *mascot*
masculino *masculine*
masticar *to chew, to masticate*
mástil *mast, post*
mata *plant, shrub*

matadero *slaughterhouse*
matanza *slaughter, massacre*
matar *to kill; to murder*
mate *dull, Argentinean Tea*
matemáticas *mathematics*
matemático *mathematician*
materia *matter; material; subject*
    materia prima *raw material*
material *material; s: material; equipment*
materializar *to materialize; to realize*
maternal *maternal*
maternidad *maternity*
materno *maternal, motherly*
matorral *thicket, bush*
matrícula *register, list; matriculation*
matricular *to matriculate; to register*
matrimonio *married couple; marriage, matrimony*
máxima *rule, proverb, maxim*
máximo *maximum; highest; chief, principal*
mayo *May*
mayonesa *mayonnaise*
mayor *greater, greatest; larger, largest; elder, eldest; older, oldest; s: major*
    ser mayor de edad *to be of age*
mayoría *majority; plurality*
mayúscula *capital letter*
mazapán *marzipan*
mazorca *cob of corn*
me *me; to me; myself*
    Me dije para mis adentros . . . *I said to myself . . .*
mecánica *mechanics*
mecánico *mechanical; s: mechanic*
mecanismo *mechanism*
mecanógrafo *typist*
mecha *wick; fuse; lock* (pelo)
mechar *to lard*
medalla *medal*
Medellín *birthplace of Hernán Cortés; large city in Colombia*
media *stocking; mean* (aritmético)
mediación *mediation; intervention*
mediador *mediator*
mediados *about the middle*
mediano *medium; mediocre*
medianoche *midnight*
mediante *by means of, by virtue of*
mediar *to mediate, to intercede*
medicina *medicine; remedy*
médico *medical; s: physician*
medida *measure, measurement*
    a la medida *made to order*
    a medida de su deseo *according to your wish*
medio *half; halfway; midway; average; s: middle, center; way, method; means*
    en medio *in the middle*
    en un término medio *on an average*
    medio asado *medium*
    ¡Quítese de en medio! *Get out of the way!*

mediocre *mediocre*
mediocridad *mediocrity*
mediodía *midday; noon; south*
    al mediodía *at noon*
medir *to measure*
meditación *meditation*
meditar *to meditate*
médula *marrow; pitch*
mejilla *cheek*
mejor *better; rather*
    cuanto antes mejor *the sooner the better*
    tanto mejor *so much the better*
mejora *improvement*
mejorar *to improve; to outbid*
mejoría *improvement; recovery*
melaza *molasses*
mella *notch; gap*
mellizo *twin*
melocotón *peach*
melodía *melody*
melón *melon*
membrete *letterhead*
membrillo *quince*
memorable *memorable*
memoria *memory; memoir; report; pl. regards, compliments*
    Haga Ud. memoria. *Try to remember.*
    memoria estática en disco compacto *CD ROM*
    memoria de lectura en disco compacto *CD ROM*
menaje *household goods, furnishings, furniture*
mencionar *to mention*
mendigar *to beg, to ask charity*
mendigo *beggar*
menear *to move; to stir*
menester *need; occupation*
menesteroso *needy*
mengua *decrease; decline; poverty; disgrace*
menguar *to decay; to diminish; to wane*
menor *less; smaller; younger; s: minor*
menos *less; least; minus; except*
    echar de menos *to miss someone or something*
menoscabo *damage; loss; detriment*
menospreciar *to underrate; to despise; to slight*
mensaje *message*
mensajero *messenger*
mensual *monthly*
mensualidad *monthly salary*
menta *mint, peppermint*
mentalidad *mentality*
mentar *to mention*
mente *mind; understanding*
mentecato *silly, stupid; s: fool*
mentir *to lie*
mentira *lie, falsehood*
mentiroso *lying, false, deceitful; s: liar*
menudeo *detail; retail trade*

menudillos *giblet*
menudo *small; minute;* s: *change* (dinero)
  a menudo *often*
meñique *little finger*
mercader *merchant, dealer*
mercadería *merchandise, goods*
mercado *market; market place*
mercancía *merchandise, goods*
mercante *merchant; mercantile*
merced *gift; favor; mercy*
  a la merced de *at the mercy of*
  merced a *thanks to*
mercenario *mercenary*
mercería *haberdashery*
merecer *to deserve, to merit*
merecido *deserved punishment*
merendar *to have a snack or light meal*
mérito *merit; worth; value*
merma *decrease; waste; drop; loss*
mermar *to decrease, to diminish*
mermelada *marmalade*
mero *mere; only; pure; simple*
mes *month; monthly wages*
mesa *table; chair*
meseta *plateau; landing* (escalera)
mesura *moderation; politeness*
meta *object, end, goal*
metal *metal*
metálico *metallic*
meter *to put in; insert*
  meter la pata *to put one's foot in it*
meterse *to meddle, to interfere; to give oneself
to; to get oneself into*
  meterse en la cama *to get into bed*
metódico *methodical*
método *method*
metro *meter*
mexicano *Mexican*
mezcla *mixture; blending; mortar*
mezclar *to mix; to blend; to mingle*
mezquino *stingy; mean; petty*
mi *my*
mí *me*
  ¡Me lo cuenta a mí! *You're telling me!*
mía *mine*
microbio *microbe*
microcomputadora *microcomputer*
micrófono *microphone*
microonda *microwave*
microordenador *microcomputer*
microscópico *microscopic*
microscopio *microscope*
miedo *fear, dread*
  tener miedo *to be afraid*
miedoso *fearful*
miel *honey*
miembro *member; limb*
mientras *in the meantime, while*
  mientras tanto *in the meantime*

miércoles *Wednesday*
miga *crumb, fragment, bit*
mil *thousand*
milagro *miracle; wonder*
milagroso *miraculous; marvelous*
milésimo *thousandth*
miligramo *milligram*
milímetro *millimeter*
militante *militant*
militar *military;* s: *soldier*
milla *mile*
millar *thousand*
millón *million*
millonario *millionaire*
mimado *spoiled*
mimar *to spoil*
mina *mine*
mineral *mineral*
minería *mining; working of a mine*
miniatura *miniature*
mínimo *minimum, least, smallest*
ministerio *cabinet, ministry*
ministro *minister*
minuta *minutes, records*
minutero *minute hand*
minuto *minute*
mío *mine*
  Muy señor mío: *Dear Sir:*
miope *nearsighted*
mirada *glance, look*
mirar *to look at, to behold, to observe, to
watch; to consider*
  bien mirado *well-considered*
  ¡Mire Ud.! *Look!*
mirarse *to look at oneself; to look at each other*
misa *mass*
miserable *miserable, wretched*
miseria *misery; trifle*
misericordia *mercy*
misión *mission, errand*
misionero *missionary*
misma, mismo *same, equal; similar; self*
  ahora mismo *right now*
  así mismo *just like this*
  lo mismo que si *just as if*
misterio *mystery*
misterioso *mysterious*
mitad *half; middle, center*
  mi cara mitad *my better half*
mitigar *to mitigate; to quench*
mitin *meeting*
mito *myth*
mitología *mythology*
mixto *mixed, mingled*
mobiliario *furniture*
mocedad *youth*
moción *motion*
moda *fashion, style*
  la última moda *the latest style*

modales *manners, breeding*
modalidad *modality, form*
modelo *model, pattern; style*
módem *modem*
moderación *moderation*
moderado *moderate, mild*
moderar *to moderate; to restrain; to slow up*
modernista *modernist*
moderno *modern*
modestia *modesty*
modesto *modest*
módico *moderate; s: reasonable price*
modificar *to modify; to alter*
modismo *idiom*
modista *dressmaker; milliner*
modo *mode, method, manner; mood*
    de este modo *this way*
    de modo que *so that*
    de ningún modo *by no means*
    do todos modos *anyway*
mofa *mockery; sneer*
mofarse *to mock; to sneer*
mojar *to wet, to moisten, to dampen*
molde *mold, pattern, model*
moldura *molding*
moler *to grind; to mill; to boil*
molestar *to disturb, to trouble; to bother, to*
    annoy; to tease; to inconvenience
    ¡Deje Ud. de molestarme! *Stop*
        bothering me!
molestia *trouble; bother; annoyance*
molesto *bothersome, annoying;*
    uncomfortable; boring
molino *mill*
momentáneo *momentary*
momento *moment*
    al momento *immediately*
monarca *monarch*
monarquía *monarchy*
mondadientes *toothpick*
mondar *to clean; to husk; to peel*
moneda *coin; money*
monja *nun*
monje *monk*
mono *cute; pretty; nice; s: monkey, ape*
    ¡Qué mono! ¿Verdad? *Isn't it cute!*
monólogo *monologue, soliloquy*
monopolio *monopoly*
monopolizar *to monopolize*
monotonía *monotony*
monótono *monotonous*
monstruo *monster*
monstruosidad *monstrosity*
monstruoso *monstrous, huge*
monta *amount, total sum*
montacargas *hoist; dumb-waiter*
montaña *mountain*
montar *to mount; to ride; to amount to; to set*
    (diamante); *to put together, to assemble*

monte *mount; wood; forest*
montón *heap, mass*
montura *mount, saddle horse*
monumental *monumental*
monumento *monument*
mora *delay*
morada *dwelling, home*
morado *purple*
morador *resident; inhabitant*
moral *moral; ethics; morale*
morar *to reside*
mordedura *bite*
morder *to bite*
mordida *bite, biting; bribe*
morena *brunette*
moreno *brown; dark*
moribundo *dying*
morir *to die*
    morirse de frío *to freeze to death*
    morirse de hambre *to starve*
mortaja *shroud*
mortal *mortal, fatal*
mortalidad *mortality; death rate*
mortero *mortar*
mortificación *mortification; humiliation*
mortificar *to humiliate; to vex*
mosca *fly*
moscatel *muscatel*
mosquito *mosquito*
mostaza *mustard*
mosto *grape juice*
mostrador *counter*
mostrar *to show, to exhibit; to prove*
motivo *motive, reason*
motocicleta *motorcycle*
motociclista *motorcyclist*
motor *motor, engine*
mover *to move; to stir up; to shake*
móvil *movable; mobile; s· motive*
movilización *mobilization*
movilizar *to mobilize*
movimiento *movement, motion; traffic*
moza *girl, maid, servant*
mozo *young; s: young man; waiter, porter; boy*
mucha *much; very much; a great deal of, a*
    lot; very; many, a great many
    muchas cosas *many things*
    muchas veces *many times*
    Muchísimas gracias. *Thank you very much.*
muchacha *girl, servant, maid*
muchacho *boy, lad; servant*
muchedumbre *multitude, crowd*
mucho *much; very much; a great deal of, a*
    lot; very; many, a great many
    con mucho gusto *gladly*
    mucho dinero *a lot of money*
    mucho tiempo *a long time*
mudanza *change; moving out, moving service*
mudar *to change; to alter; to remove; to move*

mudo *dumb, mute; silent*
mueble *piece of furniture*
mueia *millstone; molar tooth*
muelle *tender, soft; easy; s· pier, dock, wharf; spring* (maquinaria)
muerte *death*
muerto *dead; languid; s: corpse*
muestra *sample, specimen*
muestrario *collection of samples*
mujer *woman; wife*
mula *she-mule, stubborn*
muleta *crutch*
mulo *mule*
multa *fine, penalty*
multar *to fine*
múltiple *multiple*
multiplicar *to multiply*
multitud *multitude, crowd*
mundo *world; great multitude*
   el mundo entero *the whole world*
   todo el mundo *everybody*
munición *ammunition*
municipal *municipal*
muñeca *wrist; doll*
muñeco *puppet; doll; comics*
muralla *wall, rampart*
murmullo *murmur; whisper*
murmurar *to murmur, to whisper*
músculo *muscle*
museo *museum*
música *music*
musical *musical*
músico *musician*
musio *thigh*
mutilar *to mutilate*
mutuo *mutual*
muy *very; greatly*

N

nabo *turnip*
nácar *mother-of-pearl, nacre*
nacer *to be born; to sprout; to rise, to originate*
nacimiento *birth; origin; source*
nación *nation*
nacional *national*
nacionalidad *nationality*
naco *dumb; tasteless*
nada *nothing*
   por nada *for nothing*
   De nada. *Don't mention it.*
   No vale nada. *It's worthless.*
nadador *swimmer*
nadar *to swim; to float*
nadie *nobody; anybody; no one; anyone; none*
naipe *playing card*

naranja *orange*
narcótico *narcotic*
nariz *nose, nostril*
narración *narration, account, story*
narrar *to narrate, to relate*
nata *cream*
natación *swimming*
natal *natal, native*
natalidad *birth rate*
nativo *native*
natural *natural, native*
naturaleza *nature*
naturalmente *of course; naturally*
naufragar *to be shipwrecked; to fail*
naufragio *shipwreck; failure*
náusea *nausea, nauseousness*
náutica *navigation*
naval *naval*
nave *ship*
navegable *navigable*
navegación *navigation; shipping*
navegante *navigator*
navegar *to navigate, to sail*
navidad *nativity; Christmas*
   ¡Feliz Navidad! *Merry Christmas!*
naviero *shipowner*
navío *ship; warship*
neblina *mist, light fog*
necesariamente *necessarily*
necesario *necessary*
necesidad *necesity, need, want*
necesitado *very poor*
necesitar *to need; to be in need of*
   Se necesita una mecanógrafa. *Typist wanted.*
necio *stupid; foolish, ignorant; s: fool*
necrología *obituary*
negar *to deny, to refuse*
negativa *refusal*
negativo *negative*
negligente *negligent, careless*
negociado *department, office*
negociante *merchant, trader, businessman*
negociar *to negotiate*
negocio *business; affairs; transaction*
   hombre de negocios *businessman*
   mujer de negocios *businesswoman*
negro *black; s: Negro*
nene *baby, small child*
nervio *nerve*
nervioso *nervous*
neto *neat; pure; net*
neumático *tire*
neurótico *neurotic*
neutral *neutral*
nevar *to snow*
nevera *refigerator*
ni *neither; either; nor*
   ni . . . ni . . . *neither . . . nor . . .*
   ni siquiera eso *not even that*

nicotina *nicotine*
nido *nest*
niebla *fog, haze*
nieta *granddaughter*
nieto *grandson*
nieve *snow*
ningún *no; none; any*
    ningún hombre *no man*
ninguna *no; none, any; no one; nobody*
    de ninguna manera *by no means*
ninguno *no; none; not one; any; no one; nobody*
    No tengo ninguno. *I don't have any.*
niña *girl; pupil (del ojo)*
niño *child; pl: children*
níquel *nickel*
no *no; not*
noble *noble, nobleman*
nobleza *nobility*
noche *night*
    esta noche *tonight*
    pasar la noche *to spend the night*
    por la noche *at night*
    Buenas noches. *Good night.*
nochebuena *Christmas Eve*
noción *notion, idea*
nocivo *harmful*
nocturno *nocturnal; night; in the night*
nombramiento *nomination; appointment*
nombrar *to appoint; to nominate; to name*
nombre *name, noun*
nómina *payroll*
nopal *prickly pear*
norma *rule; standard; model*
normal *normal*
normalidad *normality*
norte *north*
nos *we; us; to us; ourselves*
nosotras, nosotros *we; us*
nostalgia *homesickness*
nota *note*
notable *notable, worthy of notice*
notar *to note; to notice*
notario *notary*
noticia *piece of news; information; notice*
notificación *notification*
notificar *to notify; to inform*
notorio *notorious*
novato *novice, beginner*
novecientos *nine hundred*
novedad *novelty, latest news or fashion*
novela *novel*
novelista *novelist*
noventa *ninety*
novia *girl friend; fiancée; bride*
noviazgo *engagement, betrothal*
novicio *novice; apprentice*
novio *boy friend, fiancé; bridegroom*
nube *cloud*
nublado *cloudy*

nuca *nape*
nudo *knot*
nuera *daughter-in-law*
nuestra, nuestro *our; ours*
nueve *nine*
nuevo *new*
    ¡Feliz año neuvo! *Happy New Year!*
    Hágalo de nuevo. *Do it again.*
    ¿Qué hay de nuevo? *What's new?*
nuez *nut; walnut*
nulidad *incompetent*
nulo *null, void*
numerar *to number*
número *number, figure*
nunca *never, ever*
    Más vale tarde que nunca. *Better late than never.*
nupcial *nuptial*
nupcias *nuptials, wedding*
nutrición *nutrition, nourishment*
nutrir *to nourish, to feed*
nutritivo *nutritious, nourishing*

Ñ

ñame *yam, sweet potato*
ñoño *characterless, dumb, spineless*

O

o *or, either*
obcecado *stubborn*
obedecer *to obey*
obediencia *obedience*
obediente *obedient*
obeso *obese, fat*
obispo *bishop*
objetar *to object; to oppose*
objetivo *objective; aim*
objeto *object; thing, article; purpose; aim*
oblicuo *oblique*
obligación *obligation, duty; liability*
obligar *to oblige; to compel; to obligate*
obligatorio *obligatory; compulsory*
obra *work, labor; book; play; building; repairs; means; deed; action*
    obra maestra *masterpiece*
obrar *to work; to act*
obrero *worker, workman*
obscurecer *to darken, to get dark*
obscuridad *obscurity, darkness*
obscuro *obscure, dark*
obsequiar *to entertain; to treat; to make a present*
obsequio *entertainment; gift; present*

observación *observation; remark*
observar *to observe, to notice; to keep; to follow; to make a remark*
observatorio *observatory*
obsesión *obsession*
obstáculo *obstacle*
obstinación *obstinacy, stubbornness*
obstinado *obstinate*
obstruir *to obstruct, to block*
obtención *accomplishment*
obtener *to obtain, to get; to attain*
obturador *shutter; plug; stopper*
obtuso *obtuse*
obvio *obvious; evident*
ocasión *occasion; opportunity*
    de ocasión *secondhand*
ocasionar *to cause, to bring about*
occidental *western, occidental,* s: *Occidental*
occidente *occident, west*
océano *ocean*
ochenta *eighty; eightieth*
ocho *eight*
ochocientos *eight hundred*
ocio *idleness, leisure; pastime*
ociosidad *idleness, leisure*
ocioso *idle; useless*
octavo *eight*
octubre *October*
oculista *oculist*
ocultar *to conceal, to hide*
oculto *concealed, hidden*
ocupación *occupation, business, trade, profession*
ocupado *occupied, busy, engaged*
ocupar *to occupy; to take possession of; to give work to; to hold a position*
ocuparse *to pay attention to; to be concerned about; to attempt to*
ocurrencia *occurrence, incident; wisecrack*
ocurrir *to occur; to happen*
odiar *to hate*
odio *hatred, hate*
odioso *hateful*
oeste *west*
ofender *to offend*
ofenderse *to be offended, to take offense*
ofensa *offense*
ofensiva *offensive*
oferta *offer, offering*
oficial *official; officer*
oficialmente *officially*
oficina *office, workshop*
oficio *occupation; work; trade, business*
ofrecer *to offer; to present*
ofrecimiento *offer*
oído *hearing; ear*
oír *to hear, to listen*
    ¡Qué Dios le oiga! *Let's hope so!*
ojal *buttonhole*

¡ojalá! *May . . . ; That'll be the day!, I hope so.*
ojo *eye; attention; care; keyhole*
ola *wave*
oler *to smell*
olfatear *to smell*
olfato *sense of smell*
oliva *olive*
    aceite de oliva *olive oil*
olla *pot*
olor *scent, odor*
oloroso *fragrant*
olvidar *to forget*
    ¡Ah, se me olvidaba! *Oh, I almost forgot!*
olvido *forgetfulness; oversight*
ombligo *nave; center, middle*
omisión *omission*
omitir *to omit, to leave out*
once *eleven*
onda *wave, ripple*
onza *ounce*
opaco *opaque, dull, not transparent*
opción *option, choice*
ópera *opera*
operación *operation*
operar *to operate; to act; to take effect*
operario *worker, operator*
opinar *to give an opinion*
opinión *opinion*
oponer *to oppose, to go against*
oponerse *to be against; to object to*
oportunamente *opportunely; in good time*
oportunidad *opportunity; good chance*
oportuno *opportune*
oposición *opposition*
opositor *opponent; competitor*
opresión *oppression*
opresivo *oppressive*
opresor *oppressor*
oprimir *to press, to squeeze; to oppress*
optar *to choose, to pick up*
óptico *optic, optical;* s: *optician*
optimismo *optimism*
optimista *optimist*
opuesto *opposed, opposite, contrary*
ora *whether; either; now; then*
oración *prayer; sentence*
orador *orator, speaker*
oral *oral*
orar *to pray*
orden *order, arrangement; command; brotherhood, society*
    a sus órdenes *at your service*
    el orden del día *agenda*
ordenador *computer*
    ordenador Portátil *laptop*
ordenanza *order; statute, ordinance*
ordenar *to arrange; to order, to command*
ordeñar *to milk*
ordinariamente *ordinarily*

ordinario *ordinary; vulgar; unrefined*
oreja *ear*
orfandad *orphanage*
orgánico *organic*
organismo *organism*
organización *organization*
organizar *to organize; to form; to arrange*
órgano *organ; means; agency*
orgullo *pride*
orgulloso *proud*
oriental *oriental, eastern; s: Oriental*
orientar *to orient*
orientarse *to find one's bearings; to find one's way around*
oriente *orient, east*
origen *origin, source*
original *original*
originalidad *originality*
originar *to cause, to originate*
orilla *border, edge; shore; bank (río)*
ornamento *ornament, decoration*
ornar *to adorn*
oro *gold, diamonds (pl.: baraja)*
orquesta *orchestra, band*
ortografía *spelling*
oruga *caterpillar*
os *you, to you*
oso *bear*
ostentar *to display; to show off; to boast*
otoño *autumn, fall*
otorgar *to consent, to agree to; to grant*
otra *other, another*
    otra vez *again, once more*
otro *other, another*
    algún otro *someone else*
    otro día *another day*
ovación *ovation*
oval *oval*
oveja *sheep*
oyente *hearer, listener; audience*

pabellón *pavilion; flag, colors*
pacer *to pasture; to graze*
paciencia *patience*
paciente *patient; s: patient*
pacífico *peaceful; mild*
pactar *to reach an agreement; to sign a pact; to agree upon*
pacto *pact, agreement*
padecer *to suffer; to be liable to*
padecimiento *suffering*
padrastro *stepfather*
padre *father; pl: parents*
padrino *godfather; sponsor*
paga *payment; wages; fee*

pagadero *payable*
pagador *payer, paymaster*
pagaduría *paymaster's office*
pagano *pagan*
pagar *to pay*
pagaré *promissory note (IOU)*
página *page*
pago *payment; reward*
    en pago de *in payment of*
país *country*
paisaje *landscape*
paisano *countryman, fellow citizen*
paja *straw*
pájaro *bird*
pala *shovel; spade*
palabra *word; promise*
    empeñar la palabra *to give one's word*
    No entiendo palabra. *I don't understand a word.*
    Palabra. *Upon my word.*
    Pido la palabra. *May I have the floor?*
palacio *palace*
paladar *palate; taste*
palanca *lever; crowbar*
palangana *washbowl; basin*
palco *grandstand; box, in a theater*
palidecer *to turn pale*
pálido *pale*
palillo *toothpick*
paliza *spanking; beating*
palma *palm tree; palm leaf*
palmada *pat, clap; clapping*
palo *stick; timber; blow; suit (barajas)*
    palo de escoba *broomstick*
paloma *pigeon, dove*
palpable *palpable; evident*
palpar *to feel, to touch*
palpitar *to beat, to throb, to palpitate*
pampa *pampas*
pan *bread; loaf*
    pan con mantequilla *bread and butter*
panadería *bakery*
panadero *baker*
pandilla *gang*
panecillo *roll*
panera *granary, container for bread*
pánico *panicky; s: panic*
panorama *landscape; view*
pantalla *lampshade; screen (movie) (TV) (computer)*
pantalón *trousers*
pantano *swamp*
pantorrilla *calf*
pañal *diaper*
paño *cloth, fabric*
pañuelo *handkerchief*
papa *potato; Pope*
papá *daddy, father*
papagayo *parrot*

papalote *kite*
papel *paper; role; part* (teatro)
   hacer un papel *to play a part*
   papel de estraza *wrapping paper*
   papel de seda *tissue paper*
papelera *writing desk*
papelería *stationery store*
paquete *package, parcel*
par *equal; even; s: pair, couple; team*
   Es una mujer sin par. *There's nobody like her.*
para *for; to; until; about; in order to; toward*
   para siempre *forever*
   trabajar para comer *to work for a living*
   Déjelo para mañana. *Leave it until tomorrow.*
parabién *congratulations*
parábola *parable; parabola*
parabrisa *windshield*
paracaídas *parachute*
paracaidista *parachutist*
parada *stop; pause; halt; parade*
paradero *end; terminus; whereabouts*
parado *unemployed; s: standstill*
paradoja *paradox*
paraguas *umbrella*
paraíso *paradise*
paraje *place, spot*
paralelo *parallel*
parálisis *paralysis*
paralítico *paralytic*
paralizar *to paralyze; to impede, to hinder*
parar *to stop, to halt, to stay; to bet; to stand*
   ¿Dónde irá a parar todo esto? *How's all this going to end?*
   ¿Paramos aquí? *Do we stop here?*
pararrayos *lightning rod*
parásito *parasite*
parcela *parcel; piece of land*
parcialidad *partiality, bias*
parcialmente *partially, partly*
pardo *brown; dark*
parecer *to appear, to show up, to turn up; to seem; to look; to be like, to resemble; s: opinion, appearance*
   ¿Qué le parece? *What do you think of it?*
   También soy yo del mismo parecer. *I'm also of the same opinion.*
parecerse *to look alike, to resemble*
parecido *like, similar, resembling; s: likeness*
pared *wall*
pareja *pair, couple; team*
paréntesis *parenthesis*
pariente *relative, relation*
parir *to give birth*
parlamento *parliament*
párpado *eyelid*
parque *park*
parra *grapevine*
párrafo *paragraph*

parrilla *hot plate, grill*
parroquia *parish; clientele; customers*
parroquiano *parishioner; customer*
parte *part; portion; share; side; role; report, communication*
   dar parte *to inform; to notify*
   en gran parte *largely*
   en parte *in part*
   en todas partes *everywhere*
   por mi parte *as far as I'm concerned*
   por otra parte *on the other hand*
partera *midwife*
participación *participation; share*
participar *to participate, to take part; to share; to inform, to notify*
particular *particular; unusual, peculiar; s: individual*
particularidad *peculiarity*
particularmente *particularly, especially*
partida *departure; entry, item; lot; certificate*
   partida de nacimiento *birth certificate*
partidario *partisan, follower, supporter*
partido *divided, split, broken; s: party; game*
partir *to divide, to split, to cut; to break; to leave*
parto *childbirth*
párvulo *child*
pasa *raisin*
pasado *past; past tense*
   lo pasado *the past*
   pasado mañana *the day after tomorrow*
pasaje *passage; fare; strait*
   ¿Cuánto cuesta el pasaje? *What's the fare?*
pasajero *passing, transitory; s: passenger*
pasaporte *passport*
pasar *to pass, to go by; to go across; to come over; to come in, to call; to spend (tiempo); to get along; to be taken for; to put on; to pretend; to overlook; to surpass; to happen*
   Pase Ud. por aquí. *Come this way.*
   ¿Qué pasa? *What's the matter?*
   Ya se le pasará. *He'll get over it.*
pasatiempo *pastime, amusement*
Pascua *Christmas; Easter; Passover*
pase *pass, permit*
paseante *stroller*
pasear *to walk, to take a walk; to ride*
pasearse *to go for a walk*
paseo *walk, stroll; ride, drive*
   dar un paseo *to take a walk*
pasillo *corridor, hall; aisle*
pasión *passion*
pasivo *passive; s: liabilities*
paso *step, pass, passage; place*
   de paso *by the way, incidentally*
   paso a paso *step by step*
   salir de paso *to get out of a difficulty*
   Prohibido el paso. *Keep Out.*
pasta *paste; dough; binding*
   pasta dental *toothpaste*

pastel *pie, cake*
pastelería *pastry shop; pastry*
pastelero *pastry cook*
pastilla *drop, tablet, pill*
    pastillas de menta *mint drops*
    pastillas para la tos *cough drops*
pastor *shepherd; pastor*
pata *leg; duck*
    patas arriba *upside down*
patalear *to stamp one's feet*
patata *potato*
patente *patent; obvious; s: patent, grant, privilege*
patín *skate*
    patín de ruedas *roller skates*
patinaje sobre las olas de la Red *to surf the Net*
patinar *to skate; to skid*
patio *patio; yard; pit (teatro)*
pato *drake, duck*
patraña *falsehood, fib*
patria *native country, fatherland*
patriota *patriot*
patriótico *patriotic*
patriotismo *patriotism*
patrocinar *to patronize*
patrón *master; employer, boss*
patrono *employer; patron saint*
patrulla *patrol*
paulatinamente *slowly, by degrees*
paulatino *slow, gradual*
pausa *pause*
pauta *paper ruler; model*
pavo *turkey*
    pavo real *peacock*
pavor *fear, terror*
payaso *clown*
paz *peace*
    en paz *on even terms*
    Déjame en paz. *Let me alone.*
peatón *pedestrian*
pecado *sin, trespass*
pecar *to sin*
pecho *chest, breast, bosom*
    dar el pecho *to suckle*
pechuga *breast of a foul*
peculiar *peculiar*
peculiaridad *peculiarity*
peculio *pocket money*
pedal *pedal*
pedazo *bit, piece; morsel*
    hacer pedazos *to break into pieces*
pedestal *pedestal, support*
pedido *order; request*
    a pedido de *at the request of*
pedir *to ask for; to beg; to demand; to wish; to order (negocio)*
    pedir informes *to inquire, to ask for information*
pegajoso *sticky, viscous; contagious*

pegar *to paste, to glue; to sew on; to hit, to beat; to stop*
    pegar fuego a *to set fire to*
peinado *hairdressing; hair style, coiffure*
peinar *to comb*
peinarse *to comb one's hair*
peine *comb*
pelado *bare; bald; broke*
pelar *to peel; to pluck; to rob; to cheat*
peldaño *step*
pelea *fight, struggle*
pelear *to fight*
peletería *fur shop*
película *film*
peligro *peril, danger*
peligroso *dangerous*
pellejo *skin; peel; rawhide*
pellizcar *to pinch*
pelo *hair*
    ¡No me tome Ud. el pelo! *Don't make fun of me!*
pelota *ball*
peluca *wig*
peluquería *barbershop*
peluquero *barber*
pena *penalty, punishment; grief, sorrow; hardship*
    pena capital *death penalty*
    sobre pena de *under penalty of*
penal *penal; s: prison*
penalidad *hardship; penalty*
penar *to suffer; to be in agony*
pendejo *idiotic, fool; coward*
pender *to hang; to be pending*
pendiente *pendent, pending; s: earrings; slope*
    deuda pendiente *balance due*
penetrante *penetrating; piercing*
penetrar *to penetrate; to comprehend*
península *peninsula*
penitente *penitent*
penoso *painful, distressing; difficult, arduous*
pensado *deliberate*
pensador *thinker*
pensamiento *thought, idea; pansy*
pensar *to think; to consider; to intend*
    Lo hice sin pensar. *I did it without thinking.*
pensativo *pensive, thoughtful*
pensión *pension; board; boarding house*
pensionista *pensioner; boarder*
peña *rock, large stone*
peñón *cliff; rocky mountain*
peón *peon, pedestrian*
peor *worse; worst*
    Sigue peor. *He's getting worse.*
    Tanto peor. *Too bad.*
pepinillos *pickles*
pepino *cucumber*
pequeñez *trifle; pettiness*

pequeño *little, small, tiny; young;* s: *child*
pera *pear*
percance *misfortune, mishap, accident*
percepción *perception*
perceptible *perceptible, perceivable*
percha *perch; pole; staff; clothes hanger*
percibir *to perceive, to get*
perder *to lose*
    perder el habla *to become speechless*
    ratos perdidos *spare time*
    No lo pierdas de vista. *Don't lose sight of him.*
perderse *to get lost; to spoil; to get spoiled*
perdición *perdition; ruin*
pérdida *loss; damage; leakage*
perdidamente *desperately*
perdiz *partridge*
perdón *pardon*
perdonar *to excuse, to pardon, to forgive*
    Perdóneme Ud. *Excuse me.*
perecer *to perish, to die*
peregrino *odd, strange*
perejil *parsley*
pereza *laziness; idleness*
perezoso *lazy, indolent*
perfección *perfection, improvement, perfecting*
perfeccionar *to improve*
perfecto *perfect*
perfidia *perfidy*
perfil *profile, outline*
perfume *perfume, scent, fragrance*
perfumería *perfume store*
pericia *skill; knowledge*
perilla *knob, doorknob*
periódico *periodical;* s: *newspaper, magazine, periodical*
periodismo *journalism*
periodista *journalist; newspaperman*
período *period, time*
perito *experienced; skillful;* s: *expert; appraiser*
perjudicar *to damage, to injure, to hurt*
perjudicial *prejudicial; harmful*
perjuicio *prejudice; damage, harm*
perjuro *perjured;* s: *perjurer*
perla *pearl*
permanecer *to remain, to stay*
permanencia *permanence; stay*
permanente *permanent*
permeable *permeable, penetrable*
permiso *permission; permit, authorization; consent*
    tener permiso de *to have permission to*
permitir *to permit, to let, to allow*
    ¿Me permite Ud. que fume? *May I smoke?*
permuta *permutation; exchange*
permutar *to change*
pernicioso *pernicious, harmful*

pero *but; yet; except;* s: *defect, fault*
    poner peros *to find fault*
    No hay "pero" que valga. *No "buts."*
perpendicular *perpendicular*
perpetuar *to perpetuate*
perpetuidad *perpetuity*
perpetuo *perpetual, everlasting*
perplejo *perplexed, bewildered, puzzled*
perra *bitch, female dog*
perro *dog*
persecución *persecution*
perseguir *to persecute; to pursue*
perseverancia *perseverance*
perseverar *to persevere, to persist*
persiana *blind; Venetian blind*
persistencia *persistence, obstinacy*
persistente *persistent, firm*
persistir *to persist*
persona *person*
personaje *personage; character* (teatro)
personal *personal;* s: *personnel, staff*
personalidad *personality*
perspectiva *perspective*
perspicacia *perspicacity*
perspicaz *perspicacious, acute*
persuadir *to persuade, to convince*
persuasión *persuasion*
pertenecer *to belong*
pertinente *pertinent*
perturbar *to perturb, to agitate*
perversidad *perversity; wickedness*
perversión *perversion*
perverso *perverse*
pervertir *to pervert*
pesadilla *nightmare*
pesado *heavy; tedious, tiresome;* s: *bore*
    Es pesado. *He's a bore.*
pésame *condolence*
pesar *to weigh; to cause regret;* s: *grief, sorrow, regret*
    Vale lo que pesa. *It's worth its weight in gold.*
pesca *fishing; fishery*
pescado *fish*
pescar *to fish; to catch*
pesebre *crib; manger*
pesimismo *pessimism*
pesimista *pessimistic;* s: *pessimist*
pésimo *very bad*
peso *weight; weighing; scales; importance; burden; peso*
    peso neto *net weight*
pestaña *eyelash; fringe; edging*
peste *plague; pestilence*
petición *petition; claim; demand; plea*
petróleo *petroleum; mineral oil*
pez *fish*
pezuña *hoof*

piadoso *pious; merciful*
pianista *pianist*
piano *piano*
picadillo *hash; minced meat*
picadura *prick; punctual; bite; cut tobacco*
picante *hot; highly seasoned; cutting; sarcastic; pungent*
picaporte *latch*
picar *to bite; to sting; to prick, to itch; to chop; to nibble; to spur*
    Esta pimienta pica mucho. *This pepper is very hot.*
picarse *to begin to rot, to decay*
pico *s: beak; pick; spout; peak*
    Pagué solamente doce dólares y pico por este traje. *I paid only twelve dollars or so for this dress.*
    treinta y pico *thirty odd*
pie *foot (pl. feet); leg; footing, basis*
    a pie *on foot*
    al pie de la letra *literally*
    de pie *standing*
piedad *mercy, pity*
piedra *stone, gravel; hail*
piel *skin, hide, fur*
pierna *leg*
pieza *piece, part; room; play*
pijamas *pajamas*
pila *pile, battery*
pilar *pillar, column, post*
píldora *pill*
pillo *rogue, rascal*
piloto *pilot; first mate*
pimienta *pepper*
pimiento *pimento*
pincel *brush*
pinchar *to prick; to puncture*
pino *pine*
pintado *painted; spotted; exact*
pintar *to paint; to describe; to begin; to ripen*
pintor *painter*
pintura *painting*
piña *pineapple*
piojo *louse (pl: lice)*
pipa *pipe; cask; barrel*
pirámide *pyramid*
pirata *pirate*
pisada *footsteps, footprints*
pisar *to tread, to step on; to press; to cover*
piscina *swimming pool*
piso *floor; pavement; story; apartment*
pisotón *tread, to be stepped on*
pista *trail, track; footprint; trace; race track*
pistola *pistol*
pitillera *cigarette case*
pitillo *cigarette*
pito *whistle*
pivote *pivot*
pizarra *slate; blackboard*

pizca *bit, pinch*
placa *plate; plaque, tablet; badge*
placer *pleasure; enjoyment*
placer *to please*
plaga *plague; epidemic*
plan *plan; scheme; drawing*
plancha *plate (de hierro); iron (para planchar); blunder*
planchado *ironing; ironed*
planchar *to iron, to press (ropa)*
planeta *planet*
planicie *plain*
plano *level, flat; s: map; plain*
planta *plant; sole*
plantación *plantation; planting*
plantar *to plant; to drive in; to hit, to punch; to throw out*
plantilla *payroll; pattern*
plástico *plastic*
plata *silver; silver coin*
plátano *banana*
platillo *saucer*
platino *platinum*
plato *dish, plate; course*
playa *shore, beach*
plaza *plaza, square; market; fortified place*
    plaza de toros *bull ring*
plaza fuerte *stronghold*
plazo *term, time; credit*
plegable *folding; pliable*
plegar *to fold*
pleito *litigation, lawsuit; dispute, quarrel*
plenamente *full; complete*
pliego *sheet of paper*
pliegue *crease, fold*
plomo *lead; bore*
pluma *pen; feather*
plural *plural*
población *population; town*
poblado *town, village; inhabited place*
poblar *to populate, to colonize, to inhabit; to bud*
pobre *poor; s: beggar*
pobreza *poverty*
poco *little, small; scanty; s: a little, a small part; a few*
    pocas veces *a few times*
    poco a poco *little by little*
    Poco importa. *It's not very important.*
    Por poco se muere. *He almost died.*
poder *to be able; can, may; s: power, authority; capacity*
    ¿En qué puedo servirle? *What can I do for you?*
    No puedo con él. *I can't stand him.*
    ¿Puedo entrar? *May I come in?*
    ¿Puedo ir? *May I go?*
poderosa *mighty, powerful; wealthy*
poema *poem*

poesía *poetry*
poeta *poet*
polémica *polemics; controversy*
policía *police; public order; policeman*
polígamo *polygamist*
polilla *moth*
política *politics; policy*
político *politic, political; s: politician*
póliza *policy*
pollo *chicken*
    arroz con pollo *chicken and rice*
    pollo asado *roast chicken*
    pollo frito *fried chicken*
polo *pole; polo*
polución *pollution, contamination*
polvera *compact; powder box*
polvo *dust; powder*
pólvora *gunpowder*
pomada *pomade, salve, lotion, cream*
ponche *punch*
ponderación *weighing; consideration;*
    prudence; exaggeration; description
ponderar *to ponder; to weigh; to praise*
    highly
poner *to put; to set (mesa); to suppose; to lay*
    (huevos); *to write*
    poner al corriente *to inform*
    poner precio *to set a price*
    poner un telegrama *to send a telegram*
ponerse *to set (sol); to put on; to become; to*
    reach; to start to
    ponerse a trabajar *to start working*
    ponerse al día *to be up-to-date*
    ponerse de acuerdo *to agree, to come to an*
        agreement
    ponerse de pie *to stand up*
    ponerse en marcha *to start*
    Se puso a reír. *She began to laugh.*
poniente *west*
popular *popular*
popularidad *popularity*
por *for; by, through; about*
    pasar por la casa *to pass by the house*
    por adelantado *in advance*
    por correo aéreo *by air mail*
    por dicha *fortunately*
    por fin *finally*
    por lo demás *furthermore*
    por lo visto *apparently*
    por mucho tiempo *for a long time*
    por otra parte *on the other hand*
    ¿Por qué? *Why?*
porcelana *chinaware; porcelain*
porción *portion, part; a great many*
pordiosero *beggar*
porfía *insistence; obstinacy*
porfiado *stubborn, obstinate*
porfiar *to persist*
pormenor *detail; particulars*

porque *because, on account of; for; as*
porqué *cause, reason*
por qué *why*
    No sé por qué. *I don't know why.*
porquería *filth; nastiness; worthless thing*
porrazo *blow*
portaaviones *aircraft carrier*
portador *bearer, carrier; holder*
portal *hall; entrance, doorway*
portamonedas *pocketbook, purse*
portarse *to behave, to act*
portátil *portable*
portazo *banging* (puerta)
porte *carriage; postage; freight*
    franco de porte *free delivery*
portento *wonder, prodigy*
portería *doorkeeper's lodge*
portero *doorman; janitor*
portorriqueño *Puerto Rican*
porvenir *future*
    en lo porvenir *in the future*
pos *after; in pursuit of*
    ir en pos de *to go after*
posada *inn; pre-Christmas party* (Mex.)
posadero *innkeeper*
posar *to pose; to lodge*
poseer *to possess, to have; to master*
posesión *possession*
posesionarse *to take possession*
posibilidad *possibility*
posible *possible; s: means, wealth*
posición *position; status; situation*
positivamente *positively*
positivo *positive, sure, certain*
postal *postal*
    giro postal *money order*
postergar *to defer, to put off, to delay*
posteridad *posterity*
posterior *rear, back; later, subsequent*
posteriormente *subsequently*
postizo *artificial, false*
postor *bidder*
postración *depression; exhaustion*
postrado *depressed; exhausted*
postre *last; s: dessert*
    a la postre *in the long run*
postrer *last*
    un postrer deseo *a last wish*
postrero *last*
póstumo *posthumous*
postura *posture; position; bid*
potable *drinkable*
potaje *pottage*
potencia *power, strength, force; faculty*
potentado *potentate, monarch*
pontente *potent, powerful, mighty*
potro *colt*
pozo *well; pit*
práctica *practice; exercise*

practicante *practicing;* s: *practitioner;*
hospital intern; nurse
práctico *practical; skillful*
pradera *meadow, pasture*
prado *lawn*
preámbulo *preamble, introduction*
precario *precarious*
precaución *precaution; prudence*
precaver *to prevent*
precaverse *to take precautions*
precedencia *precedence*
precedente *preceding;* s: *precedent*
preceder *to precede*
precepto *precept; order*
preciar *to value; to appraise*
preciarse *to take pride*
precio *price; value*
  a ningún precio *not at any price*
  precio corriente *regular price*
  precio de fábrica *cost price*
  último precio *lowest price*
preciosidad *preciousness; a beauty*
  Es una preciosidad. *She's a beauty.*
precioso *precious; beautiful*
precipicio *precipice; ruin*
precipitación *haste*
precipitadamente *hastily; in a rush*
precipitar *to precipitate; to hasten, to rush; to*
hurl
precisamente *precisely*
precisar *to fix; to set; to compel*
precisión *precision, accuracy; necessity;*
compulsion
preciso *necessary; precise; clear*
precoz *precocious*
predecir *to predict, to foretell*
predecesor *predecessor*
predicar *to preach*
predicción *prediction*
predilección *predilection, preference*
predilecto *favorite*
predispuesto *predisposed*
predominar *to prevail; to predominate*
prefacio *preface*
prefecto *prefect*
prefectura *prefecture*
preferencia *preference, choice*
preferible *preferable*
preferir *to prefer; to like best*
prefijo *prefix;*
  prefijo de zona *area code*
pregonar *to proclaim in public, to make*
known
pregunta *question*
preguntar *to ask; to inquire*
preguntarse *to wonder*
prejuicio *prejudice*
preliminar *preliminary*
preludio *introduction; prelude*

prematuro *premature*
premeditación *premeditation*
premeditar *to premeditate; to think out*
premiar *to reward, to remunerate*
premio *prize, reward*
premura *haste; hurry; urgency*
prenda *security, pawn; token; qualities*
prendar *to pledge*
prendarse *to take a fancy to; to become fond*
of, to fall in love
prendedor *clasp; pin*
prender *to clasp; to grasp; to catch; to burn*
prensa *press*
preñada *pregnant*
preocupación *preoccupation, concern, worry*
preocupar *to preoccupy; to prejudice; to*
cause concern
preocuparse *to be worried, to care about, to*
be concerned
preparación *preparation*
preparado *prepared;* s: *preparation*
preparar *to prepare, to get ready*
prepararse *to prepare oneself; to be prepared*
preparativa *preparation*
preparatorio *preparatory*
preponderancia *preponderance*
preponderar *to prevail*
preposición *preposition*
presa *capture; prey; dam*
presagiar *to predict; to give warning*
presagio *omen; prediction*
prescindir *to do without*
prescribir *to prescribe*
prescripción *prescription*
presencia *presence*
  presencia de ánimo *presence of mind*
presenciar *to be present; to witness; to see*
presentar *to present; to introduce; to show*
presentarse *to show up*
presente *present,* s: *gift; present*
presentimiento *presentiment*
preservación *preservation*
preservar *to preserve, to maintain; to keep*
presidencia *presidency; chair* (de presidente)
presidente *president; chairman*
presidiario *convict*
presidio *penitentiary, prison*
presidir *to preside; to direct; to lead*
preso *imprisoned;* s: *prisoner*
prestado *lent, loaned*
  dar prestado *to lend*
  tomar prestado *to borrow*
prestamista *money lender; pawnbroker*
préstamo *loan*
prestar *to lend; to aid*
  prestar atención *to pay attention*
prestarse *to offer to; to be apt to*
presteza *speed, haste*
  con presteza *quickly*

prestigio *prestige; good name*
prestigioso *famous*
presto *quick, prompt; ready; quickly; soon*
presumido *vain, conceited;* s: *conceited person*
presumir *to presume; to assume; to be conceited*
presunción *presumption; conceit*
presunto *presumed; apparent*
presuntuoso *presumptuous; vain*
presuponer *to take for granted; to assume*
presupuestar *to estimate*
presupuesto *budget; estimate*
pretencioso *presumptuous; conceited*
pretender *to pretend; to apply for; to try*
pretendiente *pretender; suitor; candidate*
pretensión *pretension; contention*
pretexto *pretext*
prevalecer *to prevail*
prevención *prevention; foresight; prejudice*
prevenir *to prepare; to prevent; to foresee; to warn*
prever *to foresee; to anticipate; to provide for*
   Es de prever. *It's to be expected.*
previamente *previously*
previo *previous; prior to*
   previo pago de *upon payment of*
previsto *foreseen*
prima *cousin; premium*
primario *primary*
primavera *spring*
primer *first*
   en primer lugar *in the first place*
primeramente *first, firstly, in the first place*
primero *first; former*
   de primera *highest grade*
   de primera clase *first class*
   primeros auxilios *first aid*
primitivo *primitive*
primo *cousin*
   primo hermano *first cousin*
primor *dexterity, skill; beauty*
princesa *princess*
principal *principal, main, chief, most important;* s: *capital; head; first floor*
príncipe *prince; ruler*
principiante *beginner; apprentice*
principiar *to begin; to commence*
principio *beginning, origin; principle*
   al principio *at the beginning, at first*
   dar principio *to begin*
prioridad *priority*
prisa *haste, hurry; urgency*
   No corre prisa. *There's no hurry.*
   ¿Por qué tanta prisa? *Why such a hurry?*
prisión *imprisonment; prison*
prisionero *prisoner*
privación *privation, want*
privado *private, intimate, personal*

   en privado *confidentially*
privar *to deprive, to forbid*
   privado del conocimiento *unconscious*
   privarse de *to do without*
privilegiado *privileged*
privilegio *privilege*
pro *profit; advantage; pro*
   en pro de *in favor of*
proa *prow, bow*
probabilidad *probability; likehood*
probable *probable; likely*
probablemente *probably; likely*
probado *proved, tried*
probar *to try; to taste; to prove; to try on*
problema *problem*
procaz *insolent, impudent, bold*
procedencia *origin; place of sailing*
procedente *proceeding from; according to law*
proceder *to proceed; to act; to behave;* s: *behavior, conduct*
   proceder a *to proceed with*
   No me gusta su proceder. *I don't like his behavior.*
procedimiento *procedure; method*
procesado *defendant*
procesador de textos *word processor*
procesar *to sue; to indict*
procesión *procession*
proceso *process; lawsuit*
proclamación *proclamation*
proclamar *to proclaim; to promulgate*
procrear *to procreate*
procurar *to try*
   Procure no faltar. *Don't fail to come.*
prodigar *to squander; to lavish*
prodigio *wonder, marvel*
prodigioso *prodigious; marvelous*
pródigo *prodigal, wasteful; lavish*
producción *production; output*
producir *to produce, to yield, to bear; to bring to evidence*
producirse *to be produced*
productivo *productive*
producto *product; amount*
profanación *profanation*
profanar *to profane*
profano *profane; irreverant*
profecía *prophecy*
proferir *to utter, to say*
profesar *to profess, to declare openly*
profesión *profession*
profesional *professional*
profesor *professor, teacher*
profeta *prophet*
prófugo *fugitive*
profundamente *deeply, soundly* (sueño)
profundidad *profundity, depth*
profundizar *to deepen; to delve into; to fathom*

profundo *profound, deep; intense*
programa *program, plan; curriculum*
  programas de computación *software*
progresar *to progress, to make progress*
progreso *progress*
prohibición *prohibition*
prohibido *forbidden*
  Prohibido fumar. *No smoking.*
  Prohibida la entrada. *No admittance.*
prohibir *to prohibit, to forbid*
  Se prohibe la entrada. *No admittance.*
prójimo *fellow man, neighbor*
proletariado *proletariat, working class*
proletario *proletarian*
prolijo *prolix, protracted*
prólogo *prologue, preface, introduction*
prolongación *prolongation, lengthening*
prolongar *to prolong, to extend*
promedio *average, mean*
promesa *promise, assurance*
prometer *to promise*
prometido *promised; s: fiancé*
prominencia *prominence; protuberance*
prominente *prominent; conspicuous*
promover *to promote; to advance*
promulgar *to promulgate; to publish*
pronombre *pronoun*
pronosticar *to forecast*
pronóstico *forecast, prediction*
prontitud *promptness, swiftness*
pronto *prompt; quick; ready; promptly;*
  quickly; s: impulse
  de pronto *suddenly*
  por de pronto *for the time being*
  ¡Venga pronto! *Come right away!*
pronunciación *pronunciation*
pronunciar *to pronounce; to utter; to deliver*
  (discurso)
propagación *propagation; dissemination*
propaganda *propaganda*
propagandista *propagandist*
propagar *to propagate; to spread*
propender *to tend, to incline to*
propensión *propensity, inclination*
propenso *inclined to, disposed to*
propiamente *properly*
propicio *propitious, favorable*
propiedad *ownership; property*
propietario *proprietor, owner, landlord*
propina *tip; gratuity*
propio *own; self; proper, fit, suitable*
  amor propio *self-respect*
  estimación propia *self-esteem*
proponer *to propose, to suggest; to move*
proporción *proportion*
proporcional *proportional*
proporcionar *to provide, to furnish, to supply;*
  to proportion; to fit
proposición *proposition, proposal, motion*

propósito *purpose, intention*
  a propósito *by the way*
  a propósito de *regarding*
propuesta *proposal, offer; nomination*
prórroga *extension of time; renewal*
prorrogar *to extend (tiempo); to prolong*
prosa *prose*
prosaico *prosaic*
proseguir *to pursue, to carry on, to continue;*
  to proceed
prospecto *prospectus, catalogue*
prosperar *to prosper, to thrive, to be*
  successful; to get rich
próspero *prosperous*
protagonista *protagonist*
protección *protection; support*
protector *protector*
proteger *to protect; to support*
protesta *protest*
protestante *protesting; Protestant*
protestar *to protest*
provecho *profit; benefit, advantage*
  en su provecho *in your favor*
  ser de provecho *to be useful*
provechoso *profitable, beneficial*
proveer *to provide, to furnish, to supply; to*
  dispose
provenir *to be due; to derive from, to come*
  from
proverbio *proverb*
providencia *providence*
provincia *province*
provisión *provision; stock, supply*
provisional *provisional, temporary*
provisionalmente *provisionally, temporarily*
provisto *provided for; supplied*
provocación *provocation*
provocador *troublemaker*
próximo *near; next, neighboring*
  la semana próxima *next week*
proyecto *project, plan, scheme, design*
prudencia *prudence; moderation*
prudente *prudent, cautious*
prueba *proof; test; fitting*
psicología *psychology*
psicológico *psychological*
psiquiatra *psychiatrist*
psiquiatría *psychiatry*
púa *sharp point*
publicación *publication*
publicar *to publish; to announce*
publicidad *publicity, advertising*
público *public; s: public; crowd; audience*
pudiente *powerful, wealthy, rich*
pudín *pudding*
pudor *modesty; shyness*
pudrir *to rot*
pueblo *village, town; population; people*
  pueblo natal *native town*

puente *bridge*
puerco *filthy; dirty;* s: *hog*
puerta *door, doorway; gate*
puerto *port, harbor; haven*
   puerto de destino *port of destination*
pues *since; so; well; then; why; now; indeed*
   ¡Pues sí! *Yes, indeed!*
   ¿Y pues? *So what?*
puesta *set; setting*
la puesta de sol *sunset*
puesto *put, placed; set* (mesa); s: *place;*
   stand; post, position, employment
   puesto a bordo *free on board (f.o.b.)*
   puesto que *since, inasmuch as*
pugil, pugilista *prizefighter, boxer*
pugna *struggle*
pulcro *neat, tidy*
pulga *flea*
pulgada *inch*
pulgar *thumb*
pulir *to polish*
pulmón *lung*
pulmonía *pneumonia*
pulpa *pulp*
pulsera *bracelet*
pulso *pulse; tact*
punta *point; tip; edge; cape*
puntada *stitch*
puntapié *kick*
puntería *aim; aiming; marksmanship*
puntiagundo *sharp-pointed*
punto *point; dot; period; place; stitch; loop*
   a la hora en punto *on the dot*
   dos puntos *colon*
   punto por punto *point by point*
   punto y coma *semicolon*
   trabajo de punto *knitting*
   No sé a punto fijo. *I don't know for*
      certain.
puntuación *punctuation*
puntual *punctual, prompt, on time; exact*
puntualizar *to emphasize*
puntualmente *punctually, on time*
punzada *puncture, prick; acute pain*
punzar *to prick, to stick, to puncture*
puñado *handful; a few*
puñal *dagger*
puñetazo *punch*
puño *fist; cuff; handle*
pupila *pupil*
pupilo *ward,* s: *day student*
pupitre *writing desk*
puré *purée, thick soup*
   puré de papas *mashed potatoes*
pureza *purity*
purga *purge, physic*
purgante *laxative, purgative*
purgatorio *purgatory*
purificar *to purify*

puro *pure; clean; plain;* s: *cigar*
   aire puro *pure air*
pútrido *putrid, rotten*

que *that; which; who; whom; than; whether*
   el que *he who*
   Que le guste o no. *Whether he likes it or*
      not.
¿Qué? *what? how?*
   ¿Qué es esto? *What's this?*
   ¿Qué pasa? *What's going on?*
   ¿Qué sé yo? *How do I know?*
quebrada *ravine, gorge*
quebradizo *brittle, fragile*
quebrado *broken; ruptured;* s: *fraction*
quebradura *fracture; rupture; hernia*
quebrantado *broken down*
   salud quebrantada *failing health*
quebrantamiento *breaking; breach*
quebrantar *to break; to crash; to trespass*
quebranto *weakness; failure; damage*
quebrar *to break; to become bankrupt*
quedar *to remain; to stop; to fit; to agree*
   quedarse con *to keep; to take*
   quedarse sin dinero *to be left penniless*
quehacer *occupation, work*
   quehaceres domésticos *housework*
queja *complaint; resentment; groan*
quejarse *to complain*
quejoso *complaining; plaintive*
quemado *burnt*
quemadura *burn*
quemar *to burn; to be very hot*
querella *complaint; quarrel*
querellarse *to complain*
querencia *affection, fondness*
querer *to wish, to want, to desire; to like; to*
   love
   como quieras *as you like*
   si Ud. quiere *if you like*
   Haz lo que quieras. *Do as you please.*
querido *beloved, dear;* s: *lover, mistress*
queso *cheese*
quien (quienes) *who, whom; which*
¿quién? (¿quiénes?) *who? whom? which?*
   ¡Quién sabe! *Who knows!*
   ¿Quién es? *Who's there?*
quienquiera *whoever, whomever*
quieto *quiet, still*
quietud *quietness, tranquillity*
quilla *keel*
química *chemistry*
químico *chemical;* s: *chemist*
quince *fifteen; fifteenth*
quincena *fortnight; two-week period*

quinientos *five hundred*
quinina *quinine*
quinta *country house*
quintal *quintal*
quinto *fifth*
quintuplicar *to quintuplicate*
quíntuplo *quintuple*
quiosco *kiosk, stand*
quirúrgico *surgical*
quisquilloso *touchy, too sensitive; difficult*
quitar *to remove, to take away, to rob*
    Quite el freno. *Release the brake.*
quitarse *to get rid of; to take off*
quizá, quizás *perhaps, maybe*

rábano *radish*
rabia *rabies; rage, anger*
rabiar *to be furious, to be angry, to rage*
rabioso *furious*
rabo *tail*
racimo *bunch, cluster*
ración *ration*
racional *rational; reasonable*
racionar *to ration*
radiador *radiator*
radiar *to radiate; to broadcast*
radical *radical*
radio *radium; radio*
radiodifusión *broadcasting*
radioemisora *broadcasting station*
radioescucha *radio listener*
radiografía *X-ray photograph*
radiograma *radiogram*
radioyente *radio listener*
raid *raid*
raíz *root; foundation*
rajar *to split*
rajarse *to crack; to back out*
rallador *grater*
rallar *to grate*
rama *branch; chase*
ramal *strand; halter; branch; line*
ramificación *ramification*
ramillete *bouquet*
ramo *branch; line; bunch; bouquet*
rampa *ramp, slope*
rana *frog*
ranchero *rancher*
rancho *ranch; mess (comedor); hut; hamlet*
rancio *rancid, stale*
rango *rank, position*
ranura *slot, groove*
rápidamente *rapidly*
rapidez *rapidly*
rápido *rapid, fast, swift; s: express train*

rapiña *robbery; plundering*
raptar *to abduct, to kidnap*
rapto *kidnapping, abduction*
raqueta *racket*
raramente *seldom*
rareza *rarity*
raro *rare; unusual; odd, queer*
    raras veces *seldom*
rascacielos *skyscraper*
rascar *to scratch*
rasgo *dash; stroke; feature; characteristic; deed, feat*
    rasgo característico *outstanding feature*
    rasgo de pluma *a stroke of the pen*
rasguño *scratch*
raso *clear, plain; flat; s: satin*
    soldado raso *private*
raspador *scraper; eraser*
raspar *to scrape; to rasp; to erase*
rastrillo *rake*
rastro *track; trail; trace, sign; rake*
rata *rat*
ratero *pickpocket*
ratificación *ratification*
ratificar *to ratify, to sanction*
rato *little while; short time*
ratón *mouse*
ratonera *mousetrap*
raya *dash; stripe; part (pelo)*
rayado *striped*
rayar *to draw lines*
rayo *ray, beam; thunderbolt; flash of lightning*
    rayo de sol *sunbeam*
    rayos X *X-rays*
raza *race*
razón *reason; cause; rate; right*
    a razón de *at the rate of*
    dar la razón *to agree with*
    no tener razón *to be wrong*
    tener razón *to be right*
razonable *reasonable, fair*
razonamiento *reasoning*
razonar *to reason; to argue*
reacción *reaction*
reaccionar *to react*
reaccionario *reactionary*
reacio *obstinate; stubborn*
real *real, actual; royal*
realidad *reality; truth*
    en realidad *in reality, actually*
reanudar *to renew, to resume*
reaparecer *to reappear*
rebaja *reduction, diminution; deduction*
rebajar *to reduce, to diminish; to lower*
rebajarse *to lower oneself*
rebanada *slice of bread*
rebanar *to slice*
rebaño *flock; herd of cattle*
rebatir *to repel; to refute*

rebelarse *to rebel; to revolt*
rebelde *rebellious; stubborn;* s: *rebel*
rebelión *rebellion*
rebosar *to overflow*
rebotar *to bounce, to rebound*
rebuscar *to search*
recado *message; gift; compliment; errand*
recaer *to fall back; to relapse; to devolve*
recaída *relapse*
recalcar *to emphasize, to stress*
recalentar *to heat again*
recámara *dressing room*
recapacitar *to think over; to recollect, to recall*
recargo *overload; overcharge*
recargar *to overload; to overcharge*
recatado *circumspect, prudent, cautious*
recatarse *to act carefully, to be cautious*
recaudación *collection*
recaudar *to collect*
recelar *to suspect, to distrust*
recelo *misgiving; suspicion, mistrust*
recepción *reception*
receptor *receiver*
receta *prescription; recipe*
recetar *to prescribe a medicine*
rechazar *to reject; to refuse*
recibir *to receive, to accept*
    recibir un fax *to receive a fax*
recibirse *to graduate*
recibo *receipt*
recién *recently, lately*
    recién casado *newlywed*
reciente *recent, new, fresh; modern*
recientemente *recently*
recinte *precinct; inclosure; place*
recio *strong, vigorous; loud; thick; severe*
    de recio *strongly, violently*
recipiente *receiving;* s: *container*
reciprocar *to reciprocate*
recíproco *reciprocal, mutual*
    a la recíproca *reciprocally*
reclamación *reclamation; complaint*
reclamante *claimant*
reclamar *to reclaim; to claim*
reclamo *advertisement; claim*
recluir *to shut up, to confine*
recluso *imprisoned;* s: *recluse; convict*
recluta *recruiting;* s: *recruit*
reclutar *to recruit*
recobrar *to recover, to regain*
recoger *to pick up; to call for someone; to gather; to collect; to shelter*
recogerse *to retire; to go home; to take a rest*
recolección *gathering, compilation; harvest; summary*
recolectar *to gather, to harvest*
recomendable *recommendable*
recomendación *recommendation; praise*

recomendar *to recommend; to comment; to advise*
recompensa *reward, compensation*
recompensar *to recompense, to reward, to make up for*
reconciliación *reconciliation*
reconciliar *to reconcile*
reconocer *to recognize; to admit; to inspect; to consider; to appreciate*
reconocimiento *recognition; appreciation; gratitude*
reconstituyente *tonic*
reconstrucción *reconstruction*
reconstruir *to reconstruct, to rebuild*
recopilar *to compile, to collect*
record *record*
recordar *to remind; to remember*
recordatorio *reminder*
recorrer *to travel over; to look over*
recorrido *distance traveled; run, way, line*
recortar *to cut, to trim, to clip, to shorten*
recorte *clipping; outline*
recostar *to lean against*
recostarse *to lean back, to recline*
recreación *recreation, diversion, amusement*
recrear *to entertain, to amuse; to delight*
recreo *recreation, diversion, amusement*
rectángulo *rectangle*
rectificar *to rectify; to correct*
rectitud *rectitude, honesty*
recto *straight; just; upright*
rector *rector*
recuento *checking, inventory*
recuerdo *recollection, memory; souvenir*
recuperar *to recuperate, to recover*
recurrir *to appeal; to resort to; to turn to*
recurso *recourse; appeal; means*
red *net; network; trap, snare, internet*
redacción *working; editing*
redactar *to edit; to word; to write*
redactor *editor*
rededor *surroundings*
    al rededor *around*
    al rededor de *around, about, more or less*
redención *redemption; recovery*
redimir *to redeem, to buy back; to recover*
rédito *interest; revenue*
redoblar *to double; to redouble; to toll (campana)*
redondo *round*
reducción *reduction; decrease*
reducir *to reduce, to cut down; to subdue*
    reducir a polvo *to pulverize*
redundancia *redundance*
redundante *redundant*
redundar *to turn to; to result*
reelección *re-election*
reeligir *to re-elect*
reembolsar *to get a refund*

reembolso *refund*

reemplazar *to replace; to restore*

reemplazo *replacement, substitution; substitute*

reexpedir *to forward*

referencia *reference; account; report*

referente *referring; relating*

referir *to refer; to relate; to report*

referirse *to refer to*

refinado *refined; polished*

refinería *refinery*

reflector *reflecting; s: searchlight*

reflejar *to reflect*

reflejo *reflex; glare*

reflexión *reflection*

reflexionar *to think over; to reflect*

reflexivo *reflexive*

reforma *reform; reformation; alteration*

reformar *to reform; to correct; to alter*

reformatorio *reforming; s: reformatory*

reforzar *to reinforce; to strengthen*

refrán *proverb; saying*

refrenar *to restrain, to curb; to refrain*

refrendar *to legalize; to countersign*

refrescar *to refresh; to cool; to brush up*

refresco *refreshment; cold drink*

refrigerador *refrigerator*

refrigerar *to refrigerate; to cool*

refuerzo *refugee*

refugiar *to shelter*

refugiarse *to take shelter*

refugio *refuge, shelter, haven*

refunfuñar *to growl; to grumble*

regadera *sprinkler; watering can; shower bath*

regalado *free; cheap*

regalar *to make a gift; to entertain; to treat; to caress*

regalo *gift, present; good living*

regañar *to scold; to quarrel; to growl*

regaño *reprimand, scolding*

regar *to water, to irrigate*

regata *boat race, regatta*

regatear *to bargain, to dodge, to evade*

regeneración *regeneration*

regenerar *to regenerate*

regente *regent*

régimen *regime; diet*

regimiento *regiment*

regio *royal, regal; splendid; magnificent*

región *region*

regional *regional, local*

regir *to rule, to govern; to prevail*

registrar *to inspect; to examine; to search; to register*

registro *inspection; search; record, register*

regla *ruler; rule; principle*
    por regla general *as a general rule*

reglamentario *usual, customary*

reglamento *rules, regulations*

regocijar *to make glad*

regocijarse *to rejoice; to be glad*

regocijo *rejoicing; pleasure*

regresar *to return; to come back*

regreso *return; coming back*
    a mi regreso *on my return*

regular *to regulate; to adjust*

regular *fair; moderate; medium*
    Estoy regular. *I'm so-so.*

regularmente *regularly*

rehabilitación *rehabilitation*

rehabilitar *to rehabilitate; to restore*

rehacer *to make over; to refit*

rehacerse *to recover; to regain strength*

rehuir *to withdraw; to avoid; to refuse*

rehusar *to refuse; to reject*

reimprimir *to reprint*

reina *queen*

reinado *reign*

reinar *to reign; to predominate; to prevail; to exist*

reincidir *to backslide*

reino *kingdom; reign*

reintegrar *to restore; to refund*

reintegrarse *to recuperate; to return*

reintegro *restitution; refund*

reír *to laugh*
    Se echó a reír. *He burst out laughing.*

reírse *to make fun (of); to laugh*

reiterar *to reiterate*

reja *grate; railing; iron fence*

rejuvenecer *to rejuvenate*

relación *relation, connection; report, account*

relacionado *acquainted; related; well-connected*

relacionar *to relate; to connect; to be acquainted*

relacionarse *to associate oneself with; to get acquainted*

relámpago *lightning*

relampaguear *to lighten*

relatar *to tell, to relate*

relativo *relative*
    relativo a *with regard to*

relato *account; statement; story*

releer *to read over again*

relieve *relief*

religión *religion*

religioso *religious*

rellenar *to refill; to stuff, to pad*

relleno *stuffed, filled; s. stuffing*

reloj *clock; watch*
    reloj de pulsera *wrist watch*

relojero *watchmaker*

relucir *to shine, to sparkle, to glitter; to excel*

relumbrar *to shine; to sparkle, to glitter*

remar *to row; to paddle*

rematar *to complete*

remate *end, conclusion; auction; liquidation*
   de remate *utterly, irremediably*
remedar *to imitate; to mimic*
remediar *to remedy; to help; to avoid*
remedio *remedy, medicine; resource; resort*
   sin remedio *inevitable*
remendar *to mend; to patch; to darn*
remesa *remittance; shipment*
remiendo *patch; repair*
remitente *remittent; s: sender, shipper*
remitir *to remit; to send, to forward, to ship*
remo *oar*
remojar *to soak; to steep; to dip*
remojo *soaking; steeping*
remolcador *tugboat; lighter* (barco)
remolcar *to tow; to haul*
remolino *whirlpool; cowlick*
remolque *towing*
   llevar a remolque *to tow*
remontarse *to date back to*
remorder *to feel remorse*
remordimiento *remorse*
remover *to remove; to stir; to dismiss*
remuneración *remuneration; reward*
remunerar *to reward; to remunerate*
renacer *to be reborn; to grow again*
rencilla *quarrel; grudge*
rencor *rancor; grudge*
rencoroso *resentful, spiteful*
rendición *rendering; surrendering*
rendido *tired, worn out, exhausted*
rendija *slit, crevice, crack*
rendir *to subdue; to surrender; to produce, to*
   yield; to tire out
rendirse *to give up, to surrender; to be tired*
renegado *renegade*
renglón *line*
renombre *renown, fame; surname*
renovación *renovation; renewal*
renovar *to renovate; to renew; to reform; to*
   transform
renta *rent; income; profit; annuity*
renuncia *resignation; renunciation, giving up*
renunciar *to renounce; to resign; to waive, to*
   refuse
reñir *to quarrel, to fight; to scold*
reo *guilty; s: convict*
reojo *askance*
reorganización *reorganization*
reorganizar *to reorganize*
reparable *reparable, remediable*
reparación *reparation, repair; satisfaction*
reparar *to repair; to notice; to make up for*
reparo *remark; hint; consideration;*
   objection
repartición *distribution; partition*
repartidor *distributor, deliveryman*
repartir *to distribute; to divide, to deliver*
reparto *distribution; delivery; cast* (teatro)

repasar *to check; to look over; to go over; to*
   mend (ropa)
repaso *review*
repatriar *to repatriate*
repente *sudden movement*
   de repente *suddenly, all of a sudden*
repentino *sudden*
repercusión *repercussion; reaction*
repercutir *to have a repercussion; to echo*
repetición *repetition; encore*
repetir *to repeat*
repisa *shelf*
repleto *full*
réplica *reply; answer*
replicar *to reply; to retort, to talk back*
reponer *to replace; to restore*
reponerse *to recover, to retrieve*
reportero *reporter*
reposar *to rest; to lie down*
reposarse *to settle*
reposo *rest*
reprender *to reprimand, to reprehend*
reprensión *reproach, reprimand*
representación *representation; play,*
   performance
representante *representing; s: representative,*
   agent
representar *to represent; to stage*
reprimir *to repress, to check*
reprobación *reprobation*
reprobar *to reprove, to condemn*
reprochar *to reproach*
reproducción *reproduction*
reproducir *to reproduce*
reptil *reptile*
república *republic*
republicano *republican*
repudiar *to repudiate*
repuesto *recovered; s: supply*
   de repuesto *spare, extra*
   repuestos *spare parts*
repugnante *repugnant; distasteful*
repugnar *to detest; to oppose*
repulsión *repulsion; aversion*
repulsivo *repulsive; repelling*
reputación *reputation; name*
requerimiento *request; summons,*
   requirement
requerir *to summon; to notify; to require*
requisito *requisite, requirement*
res *steer, cow*
   carne de res *beef*
resaltar *to rebound; to stand out; to be*
   conspicuous
resbaladizo *slippery*
resbalar *to slip, to slide*
resbalarse *to slip*
resbaloso *slippery*
rescatar *to ransom; to redeem*

resentirse *to begin; to give way; to fail; to resent; to hurt*

reseña *sketch; brief account*

reseñar *to outline*

reserva *reserve; reservation; caution; secret*
  sin reserva *openly*

reservadamente *secretly; confidentially*

reservado *reserved; cautious; confidential*

reservar *to reserve, to save, to keep; to conceal*

resfriado *cold*

resfriar *to cool, to cool off*

resfriarse *to catch a cold*

resfrío *cold*

resguardar *to reserve; to protect*

resguardarse *to take care of oneself*

resguardo *security*

residencia *residence*

residente *residing; resident, inhabitant*

residir *to reside; to live*

residuo *residue, remainder*

resignación *resignation; patience*

resignarse *to be resigned; to resign oneself to*

resistencia *resistance*

resistente *resistant; strong*

resistir *to resist, to hold out; to endure*

resistirse *to refuse*

resolución *resolution, determination; decision; solution*

resoluto *resolute*

resolver *to resolve, to determine, to decide; to dissolve; to settle*

resolverse *to resolve, to make up one's mind*

resonancia *resonance*

resonante *resonant, resounding*

resonar *to resound*

resorte *spring; means, resources*

respaldo *back, reserve; endorsement*

respectivamente *respectively*

respectivo *respective*

respecto *relation; respect; reference*
  al respecto *relative to*
  con respecto a *with regard to*

respetable *respectable; honorable*

respetar *to respect; to honor*

respeto *respect, regard, consideration*
  por respeto a *out of consideration for*

respetuoso *respectful, polite*

respiración *respiration, breathing*

respirar *to breathe*

respiro *respite*

resplandor *splendor; glare*

responder *to answer; to respond*

responsabilidad *responsibility*

responsable *responsible; reliable*

respuesta *answer, reply, response*
  respuesta pagada *reply prepaid*

resquebrajar *to crack, to split*

resta *subtraction; remainder*

restablecer *to restore; to re-establish*

restablecerse *to recover*

restante *remaining;* s: *remainder*

restar *to subtract, to deduct; to remain*

restauración *restoration*

restaurant, restaurante *restaurant*

restaurar *to restore; to recover*

restitución *restitution*

restituir *to restore*

resto *rest, remainder, residue; remains, leftovers*

restricción *restriction*

restringir *to restrain; to restrict, to limit*

resucitar *to resurrect; to revive*

resuelto *resolute, daring; determined; prompt*

resulta *result, effect, consequence*
  de resultas *consequently*

resultado *result, score*

resultar *to result*
  Esto no me resulta. *This doesn't suit me.*

resumen *summary; recapitulation*

resumido *abridged*

resumir *to abridge; to summarize*

resurgimiento *revival*

resurgir *to reappear*

retar *to challenge; to reprimand*

retardar *to retard, to delay*

retardo *delay*

retazo *remnant, piece* (tela)

retener *to retain; to withhold; to hold; to keep; to remember*

retirada *retreat, withdrawal*

retirarse *to go away; to retire; to retreat*

retocar *to retouch; to improve*

retoñar *to reappear; to sprout*

retoño *shoot, sprout*

retoque *retouching; finishing touch*

retorcer *to twist, to distort; to report*

retornar *to return; to repay, to reciprocate*

retorno *return; repayment; exchange*

retractor *to retract, to withdraw*

retraer *to dissuade; to draw back*

retraerse *to retire, to withdraw from*

retraído *solitary; aloof*

retraimiento *shyness; reserve; retreat; seclusion*

retrasar *to retard, to delay; to set back*
  Mi reloj se retrasa. *My watch is slow.*

retrasarse *to be late; to be backward*

retraso *delay*
  con retraso *late*

retratar *to portray; to photograph; to take a picture*

retrato *portrait; photograph; picture; image*

retribución *retribution, reward*

retribuir *to repay; to reward*

retroceder *to back up, to move backward, to draw back*

reuma, reumatismo *rheumatism*

reunión *reunion; meeting, assembly*

reunir *to gather; to collect; to bring together*

reunirse *to get together, to meet, to unite, to join*

revelación *revelation*

revelar *to reveal, to show, to disclose; to develop*

revendedor *retailer*

revender *to retail, to resell*

reventar *to burst, to blow up; to blow out; to blossom; to exhaust*
Reventó el neumático. *The tire blew out.*

reventón *blowout; explosion*

reverencia *reverence*

reverso *reverse*

revés *reverse; wrong side; misfortune*
Está al revés. *This is the wrong side.*

revisar *to look over; to check; to examine*

revisión *checking, verification*

revisor *conductor*

revista *review; parade; magazine*

revivir *to revive*

revocación *revocation, repeal*

revocar *to revoke, to repeal; to cancel*

revolcar *to knock down; to confuse*

revoltoso *rebellious*

revolución *revolution*

revolucionario *revolutionary*

revolver *to revolve; to turn upside down*

revólver *revolver*

revoque *plaster*

revuelta *revolt*

revuelto *commotion, sensation*

revuelto *turned upside down*
huevos revueltos *scrambled eggs*

rey *king*

reyerta *quarrel*

rezagar *to leave behind; to defer*

rezar *to pray*

ría *estuary*

ribera *shore; bank*

ribete *border, trimming; pretense*

rico *rich, wealthy; delicious*

ridiculizar *to ridicule*

ridículo *ridiculous; odd; queer; s: ridicule*

riego *irrigation*

riel *rail, track*

rienda *rein; restraint*

rifa *quarrel*

rifar *to raffle*

rifle *raffle*

rigidez *rigidity; sternness*

rígido *rigid; severe; hard; stern*

rigor *rigor*

riguroso *rigorous, severe, strict*

rima *rhyme*

rincón *corner; nook*

riña *quarrel, fight*

riñón *kidney*

río *river*

riqueza *wealth; fertility*

risa *laugh; laughter*

risco *cliff*

risible *laughable*

risueño *smiling; pleasing*

ritmo *rhythm*

rito *rite, ceremony*

rival *rival*

rivalidad *rivalry*

rivalizar *to compete*

rizo *curl; frizzle*

robar *to rob, to steal*

roble *oak*

robo *robbery, theft*

robusto *strong, robust*

roca *rock*

roce *friction*

rociar *to spray; to sprinkle*

rocío *dew*

rodada *rut*

rodar *to roll*

rodear *to surround, to encircle*

rodeo *turn; roundup*

rodilla *knee*

rodillo *roller; rolling pin*

roer *to nibble*

rogar *to pray; to beg, to entreat; to request*

rojo *red*

rollo *roll, list*

rollizo *plump; s: log*

romántico *romantic*

rompecabezas *riddle; puzzle*

romper *to break; to smash; to tear; to start; to begin*

ron *rum*

roncar *to snore; to roar; to brag*

ronco *hoarse*

ronda *round; patrol*

ronquido *snore; roaring*

roña *filth; dirt*

ropa *clothes*
ropa hecha *ready-made clothes*
ropa interior *underwear*
ropa sucia *dirty clothes*

ropero *closet*

rosa *rose*

rosado *pink; rosy*

rosal *rosebush*

rosario *rosary*

rostro *face; countenance*

roto *torn; broken*

rotular *to label*

rótulo *label; poster, placard*

rotura *breaking; rupture; crack*

rozar *to clear; to graze*

rubí *ruby*

rubio *blond*

rubor *blush; bashfulness*

ruborizarse *to blush*
rudeza *coarseness, roughness*
rudimento *rudiment*
rudo *rude; rough; severe*
rueda *wheel*
ruego *request, petition*
   a ruego de *at the request of*
rugido *roar; rumbling*
rugir *to roar; to bellow*
ruido *noise*
   meter ruido *to make noise; to create a
      sensation*
ruin *mean, low*
ruina *ruin; downfall; bankruptcy*
ruinoso *in ruins*
ruiseñor *nightingale*
ruleta *roulette*
rumbo *road, route*
   con rumbo a *bound for*
rumiar *to ponder*
rumor *rumor*
ruptura *rupture; breaking off*
rural *rural, rustic*
ruso *Russian*
ruta *route; course*
rutina *routine, habit*
rutinario *mechanical*

S

sábado *Saturday*
sábana *bed sheet*
saber *learning, knowledge*
saber *to know; can; to be able to; to find out*
   que yo sepa *as far as I know*
   ¿Qué sé yo? *How should I know?*
   ¡Quién sabe! *Who knows!*
   ¿Sabe la noticia? *Do you know the news?*
   ¿Sabe Ud. nadar? *Can you swim?*
   ¡Ya lo sé! *I know it!*
sabiduría *learning; knowledge, wisdom*
sabio *wise, learned;* s: *scholar*
sable *saber*
sabor *savor, taste, flavor*
saborear *to flavor; to savor*
sabotaje *sabotage*
sabroso *delicious, tasty*
sacacorchos *corkscrew*
sacar *to take out, to pull out; to get out; to
    draw; to remove; to publish; to win; to
    take; to buy*
   sacar a luz *to publish*
   sacar una copia *to make a copy*
   sacar una foto *to take a picture*
saco *sack; bag; coat*
   Quítese el saco. *Take off your coat.*
sacrificar *to sacrifice*

sacrilegio *sacrilege*
sacudida *shock; shake; beating*
sacudir *to shake; to jerk; to beat; to dust; to
    shake off*
sacudirse *to get rid of; to object*
saeta *arrow; shaft*
sagacidad *sagacity; shrewdness*
sagaz *sagacious; shrewd*
sagrado *sacred*
sainete *farce*
sal *salt; wit, humor; charm*
sala *living room, parlor; room*
   sala de pruebas *fitting room*
salado *witty; salty*
salario *salary, wages*
salchicha *sausage*
salchichón *sausage*
saldo *balance, remainder; sale; bargain*
salero *salt shaker; charm*
salida *departure; exit; sale; witty remark*
   dar salida *to sell, to dispose of*
   tener salida *to sell well*
salir *to go out, to leave, to depart; to appear,
    to come out; to get out; to come off*
   El tren está para salir. *The train is about to
     leave.*
   Estas manchas no salen. *These spots don't
     come off.*
   Salió hace un rato. *He left a while ago.*
   Todo le salía al revés. *Everything he did
     went wrong.*
salirse *to leak; to overflow*
saliva *saliva*
salmón *salmon*
salón *hall; salon; parlor*
   salón de baile *dance hall*
salpicar *to splash*
salsa *sauce, gravy, dressing*
saltar *to jump, to leap; to hop; to skip; to
    omit*
   hacer saltar *to blow up*
   saltar a la vista *to be obvious*
salto *jump, leap; waterfall*
   de un salto *at one jump*
   salto mortal *somersault*
salud *health*
   estar bien de salud *to be in good health*
   estar mal de salud *to be in poor health*
   ¡Salud! *To your health!*
saludable *healthful, salutary; beneficial*
saludar *to salute, to greet*
   Salude a Juan de mi parte. *Give John my
     regards.*
saludo *salute; greetings*
   saludos a *greetings to*
salva *salvo, blanks*
salvación *salvation*
salvaje *savage; wild*
salvamento *salvage; rescue*

salvar *to salvage, to save; to avoid; to jump over*

salvarse *to escape from danger; to be saved*

salvavidas *lifesaver; life preserver; life belt*

salvedad *reserve, exception; qualification*

salvo *saved; safe; excepted; unless; but*
   en salvo *safely*
   salvo que *unless*

salvoconducto *pass, safe-conduct*

sanar *to cure; to heal; to recover*

sanatorio *sanatorium*

sanción *sanction*

sancionar *to sanction; to ratify, to confirm*

sandalia *sandal*

sandía *watermelon*

saneamiento *sanitation; surety; bail*

sanear *to drain; to improve; to indemnify*

sangrar *to bleed; to drain*

sangre *blood*
   a sangre fría *in cold blood*

sangriento *bloody*

sanidad *health*

sanitario *sanitary*

sano *sound, healthy; sane; safe*
   sano y salvo *safe and sound*

santiamén *instant; jiffy*

santo *holy, sacred; s: saint*
   Semana Santa *Holy Week*

saña *rage, fury, anger, passion*

sapo *toad*

saquear *to plunder*

sarampión *measles*

sarcasmo *sarcasm*

sardina *sardine*

sargento *sergeant*

sarpullido *rash*

satélite *satellite*

sartén *frying pan*

sastre *tailor*

sastrería *tailor shop, tailoring*

sátira *satire*

satírico *satirical*

satisfacción *satisfaction; pleasure*
   a satisfacción *satisfactorily*
   dar satisfacciones *to apologize*

satisfacer *to satisfy; to please; to gratify*
   satisfacer una deuda *to pay a debt*

satisfactorio *satisfactory*

satisfecho *satisfied, content*

sazón *maturity; seasoning, taste, flavor; opportunity*
   en sazón *in season*

se *self, oneself, himself, herself, itself, yourself, yourselves, themselves; to him, to her, to it, to you, to them; each other, one another*
   Déselo. *Give it to him.*
   Se alquila. *For rent.*
   Se conocen. *They know each other.*
   Se dice . . . *It's said . . .*

Se engañan. *They're fooling themselves.*
Se sabe . . . *It's known . . .*

seca *drought*

secante *blotter*

secar *to dry, to wipe*
   secar los platos *to dry the dishes*

sección *section; division; department*

seco *dry; rude; curt*
   Consérvese seco. *Keep dry.*

secretamente *secretly*

secretaria *secretary*

secretaría *secretary's office; ministry*

secreto *secret, private; s: secret; secrecy; mystery*

secuestro *kidnapping*

secundar *to second, to back up*

secundario *secondary, subsidiary*

sed *thirst; desire; craving*
   Tengo sed. *I'm thirsty.*

seda *silk*

sedería *silk goods*

sedición *sedition, mutiny*

sediento *thirsty*

seducir *to seduce; to tempt; to fascinate*

segar *to reap, to mow*

segregar *to segregate; to separate*

seguida *succession, continuation*
   en seguida *right away, immediately*

seguidamente *successively; then*

seguido *continued; straight ahead*

seguir *to follow, to continue, to go on, to keep on*
   como sigue: *as follows:*
   Siga derecho. *Keep straight ahead.*
   Sigo sin comprender. *I still don't understand.*

según *according to; just as; it depends*
   Según y conforme. *That depends.*

segundo *second*
   de segunda mano *secondhand*
   en segundo lugar *on second thought*

seguramente *certainly, surely*

seguridad *security; safely*
   para mayor seguridad *for safety's sake*

seguro *sure, safe, certain; s: insurance; safety*
   seguro de vida *life insurance*
   ¡Seguro! *Surely!*

seis *six, sixth*

sellar *to seal*

sello *seal; stamp*

semáforo *semaphore; traffic signal*

semana *week*
   a la semana *per week*
   la semana pasada *last week*

semanal *weekly*
   una revista semanal *a weekly magazine*

semanalmente *weekly; by the week; every week*

semanario *weekly; every week*

semblante *countenance; look; aspect*
sembrar *to sow; to scatter; to spread*
semejante *similar; such;* s: *fellow man*
semejanza *similarity, resemblance, likeness*
semejar *to resemble, to be like*
semestral *semi-annually*
semestre *semester*
semi *semi, half; partially*
semilla *seed*
seminario *seminary*
sempiterno *everlasting*
senado *senate*
senador *senator*
sencillez *simplicity; plainness; candor*
sencillo *simple; plain; single*
senda *path*
sendero *path*
seno *breast, bosom*
sensación *sensation*
sensacional *sensational*
sensatez *common sense*
sensato *sensible, discreet*
sensibilidad *sensibility; sensitivity*
sensible *sensitive*
   una pérdida sensible *a regrettable loss*
sensual *sensual*
sensualidad *sensuality*
sentado *seated; judicious*
sentar *to fit; to be becoming; to agree with; to
   seat*
   sentar plaza *to enlist*
sentarse *to sit down, to take a seat*
sentencia *sentence, verdict*
sentenciar *to sentence*
sentencioso *sententious*
sentido *felt; offended; disgusted;* s: *meaning;
   understanding*
   en el sentido de *in the sense of*
   perder el sentido *to become unconscious*
   sin sentido *meaningless*
   Está muy sentida. *She is very much
   offended.*
sentimental *sentimental*
sentimiento *sentiment; feeling; opinion*
sentir *to feel; to be sorry; to grieve;* s: *feeling,
   opinion*
   dar que sentir *to hurt one's feelings*
   es de sentir *to be regrettable*
   Lo siento muchísimo. *I'm very sorry.*
   Siento no poder ir. *I'm sorry I can't go.*
sentirse *to resent; to feel; to ache*
   Me siento mal. *I don't feel well.*
seña *signal; sign*
   hacer señas *to motion, to signal*
señas *directions; address*
señal *sign; mark; signal; trace; scar*
   en señal de *as a token of*
   la señal de alarma *the alarm signal*
señalado *distinguished; noted; marked*

señalar *to mark; to signal; to point*
señor *Mr.; sir; gentleman; lord*
   los señores de Sucre *Mr. and Mrs. Sucre*
señora *Mrs.; madam; lady*
   ¿Cómo está su señora? *How is your wife?*
señorita *Miss; Ms.; young lady*
separación *separation*
separar *to separate*
septiembre *September*
séptimo *seventh*
sepulcro *grave; tomb*
sepultura *burial; grave; tomb*
sequedad *dryness*
sequía *drought*
ser *being, creature*
   ser humano *human being*
ser *to be*
   ¿Cuánto es? *How much is it?*
   ¿Qué es Ud.? *What are you?*
   ¿Quién será? *Who can it be?*
   ¡Sé bueno! *Be good!*
serenamente *coolly; calmly*
serenar *to clear up; to calm down*
   ¡Serénese Ud.! *Calm down!*
serenata *serenade*
serenidad *serenity; coolness*
sereno *serene, calm, clear;* s: *dew*
serie *series*
seriedad *seriousness, reliability*
serio *serious; earnest*
   tomar en serio *to take seriously*
sermón *sermon*
serpiente *serpent*
servicial *serviceable; obliging*
servicio *service; favor; setting*
   de servicio *on duty*
   servicio de mesa *table service*
   servicio contestadora *answering service*
servidor *servant, waiter*
   ¡Su seguro servidor! *At your service!*
servir *to serve; to do a favor; to be useful; to
   wait on*
   No sirve. *It's no good.*
   Sírvase. *Please.*
sesenta *sixty; sixtieth*
sesgo *sloped, oblique;* s: *slope, slant*
sesión *session; meeting*
seso *brain; brains*
   perder el seso *to lose one's head*
seta *mushroom*
setecientos *seven hundred*
setenta *seventy; seventieth*
seudónimo *pseudonym*
severidad *severity; strictness*
severo *severe; strict*
sexo *sex*
sexto *sixth*
si *if; whether*
   por si acaso *in case*

si Ud. gusta *if you like*
No estoy seguro que vaya. *I'm not sure if I'll go.*
sí *yes; p: himself, herself, itself, oneself, yourself, yourselves, themselves; s: consent; assent*
dar el sí *to give one's consent*
Creo que sí. *I think so.*
Lo quiere para sí. *He wants it for himself.*
SIDA *AIDS*
sidra *cider*
siega *harvest*
siembra *sowing*
sien *temple*
sierra *saw; sierra; mountain range*
siesta *nap*
siete *seven; seventh*
sigilo *seal; secrecy, discretion, caution*
sigiloso *reserved*
siglo *century; age*
el Siglo de Oro *the Golden Age*
significación *meaning; significance*
significado *significant; s: significance, meaning*
significar *to mean, to signify*
signo *sign; mark*
siguiente *following; next*
al día siguiente *on the following day*
lo siguiente: *the following:*
sílaba *syllable*
silbar *to whistle; to hiss; to boo*
silbido *whistling*
silencio *silence*
silencioso *silent, noiseless*
silla *chair; saddle* (caballo)
sillón *armchair*
silvestre *wild; rustic*
simbólico *symbolic*
simbolizar *to symbolize*
símbolo *symbol*
simétrico *symmetrical*
similar *similar, resembling*
similitud *similitude, similarity*
simpatía *sympathy; liking*
simpático *nice; pleasant*
simpatizar *to sympathize; to like*
simple *simple; plain; silly, foolish; s: fool*
simplemente *simply, merely*
simpleza *foolishness*
simplicidad *simplicity*
simplificar *to simplify*
simulación *simulation; fake*
simulado *simulated*
simular *to simulate*
simultáneo *simultaneous*
sin *without; besides*
sin duda *undoubtedly*
sin embargo *nevertheless*
sin falta *without fail*

sin novedad *nothing new*
sinceridad *sincerity*
sincero *sincere*
síncope *faint, fainting spell*
sincronizar *to synchronize*
sindicato *trade union; syndicate*
sinfonía *symphony*
sinfónico *symphonic*
singular *singular, unusual; exceptional; strange; odd*
Es un hombre singular. *He's a unique man.*
singularidad *singularity, peculiarity*
siniestro *sinister; unfortunate; s: damage; shipwreck*
lado siniestro *left side*
sinnúmero *a great many; too many; endless number*
sino *but; except; only; instead; s: fate; luck*
sinónimo *synonymous; s: synonym*
sintético *synthetic*
síntoma *symptom*
sintonizar *to tune in*
sinvergüenza *shameless person*
siquiera *at least; even*
ni siquiera eso *not even that*
sirena *siren*
sirviente *servant*
sistema *system, network*
sistemático *systematic*
sitio *place, space, room; siege*
hacer sitio *to make room*
situación *situation, position; circumstances; site, location*
situado *situated, located; s: allowance*
situar *to place, to locate, to situate*
so *under; below*
so pena de *under penalty of*
sobar *to knead; to soften; to beat; to whip*
soberanía *sovereignty*
soberano *sovereign*
soberbia *pride; haughtiness*
soberbio *proud; haughty; magnificent*
sobornar *to bribe*
soborno *bribe*
sobra *too much, too many*
Hay de sobra. *There's more than enough.*
sobradamente *abundantly*
sobrante *remaining; s: remainder, surplus, leftover*
sobrar *to have more than enough; to remain; to be left*
sobra uno *one too many*
sobre *on; over; above; about; s: envelope*
sobre las tres *at about three o'clock*
sobrecama *bedspread*
sobrecarga *to overload; to overcharge*
sobreentenderse *to go without saying*
sobrellevar *to endure*
sobremanera *excessively; exceedingly*

sobremesa *table cover; dessert*
sobrenatural *supernatural*
sobrepaga *extra pay*
sobrepasar *to exceed, to surpass*
sobreponer *to place over; to overlap*
sobresaliente *outstanding*
sobresalir *to stand out; to excel*
sobresaltar *to startle*
sobresalto *start; shock*
sobrevenir *to happen; to take place*
sobriedad *sobriety, temperance, moderation*
sobrina *niece*
sobrino *nephew*
sobrio *sober*
sociable *sociable*
social *social*
socialismo *socialism*
socialista *socialistic; s: socialist*
socializar *to socialize*
sociedad *society; social life; company*
  sociedad anónima corporation
socio *partner, associate*
sociología *sociology*
socorrer *to aid, to help, to assist; to rescue*
socorro *aid, help*
soez *indecent, obscene; rude*
sofá *sofa*
sofocante *suffocating*
sofocar *to suffocate; to put out* (fuego)
soga *rope; cord*
sol *sun, sunshine*
  Hace sol. The sun is shining.
solamente *only*
solapa *label*
solar *lot*
soldado *soldier*
soldar *to solder; to weld*
soledad *solitude; loneliness*
solemne *solemn, serious; grave*
solemnidad *solemnity*
soler *to be unusual; to be accustomed to*
  como suele acontecer as often happens
solicitar *to solicit; to ask for; to apply for*
  Solicitó su mano. He proposed to her.
solicitud *application; request*
solidaridad *solidarity*
solidario *solidary*
solidez *solidity; firmness; soundness*
sólido *solid; sound; strong; firm*
solitario *solitary, lonely; s: hermit*
sollozar *to sob*
sollozo *sob*
solo *alone; lonely; single; s: solo*
  Estoy muy solo. I'm very lucky.
  Vive solo. He lives alone.
sólo *only*
  Sólo para adultos. Adults only.
soltar *to untie; to loosen; to let out*
  ¡No lo suelte Ud.! Hold it!

soltarse *to get loose; to start*
  Se soltó a correr. He started to run.
soltero *single, unmarried; s: bachelor*
soltura *ease, ability; agility; release*
soluble *soluble*
solución *solution, answer; outcome*
sombra *shade; shadow; darkness*
sombrera *hatbox*
sombrerería *millinery shop*
sombrero *hat*
sombrilla *parasol*
sombrío *shady; gloomy*
someter *to subject; to subdue; to submit*
somnámbulo *sleepwalker*
son *sound; tune*
  en son de broma as a joke
  sin son ni ton without rhyme or reason
sonar *to sound; to ring; to sound familiar*
sonarse *to blow one's nose*
sondear *to sound, to find out*
sonido *sound*
sonoro *sonorous; sounding*
sonreír *to smile*
sonrisa *smile*
soñador *dreamer*
soñar *to dream*
soñoliento *sleepy, drowsy*
sopa *soup*
sopapo *slap*
sopetón *blow*
soplar *to blow; to inflate; to steal*
soplo *blowing; hint; denunciation*
soplón *informer*
sopor *stupor; drowsiness*
soportar *to stand, to endure, to bear*
sorber *to sip; to swallow; to absorb*
sorbete *sherbet, sipper*
sorbo *sip, draught, gulp*
sordera *deafness*
sordo *deaf; silent*
sordomudo *deaf-mute*
sorprender *to surprise*
sorpresa *surprise*
  de sorpresa by surprise
sortear *to raffle; to avoid; to evade*
sorteo *lottery, raffle*
sortija *ring; lock of hair*
sosegar *to appease; to calm; to rest*
sosiego *peace, calmness*
soso *insipid, tasteless; simple*
sospecha *suspicion*
sospechar *to suspect*
sospechoso *suspicious*
sostén *support; brassiere*
sostener *to support, to sustain, to maintain; to hold*
sostenido *sustained*
sostenimiento *support, maintenance; upkeep*
sótano *cellar*

su *his; her; its; their; your*
suave *soft; smooth; mild; gentle; mellow*
suavemente *smoothly; softly; gently; sweetly*
suavidad *softness; suavity*
suavizar *to soften*
subalterno *subordinate, subaltern*
subarrendar *to sublet*
subasta *auction*
subconsciente *subconscious*
subdirector *assistant director*
subdivisión *subdivision*
subido *bright; loud*
subir *to go up, to ascend, to rise; to climb; to mount; to take up; to bring up*
   subir de punto *to increase*
súbitamente *suddenly*
súbito *sudden*
   de súbito *suddenly*
subjefe *chief assistant*
subjetivo *subjective*
sublevación *insurrection, uprising*
sublevar *to stir up, to excite*
sublevarse *to revolt*
sublime *sublime*
submarino *submarine*
subordinado *subordinate*
subordinar *to subordinate*
subrayar *to underline, to emphasize*
subsanar *to rectify, to repair; to excuse*
subscribir *to subscribe*
subscripción *subscription*
subscriptor *subscriber*
subsecretario *undersecretary; assistant manager*
subsecuente *subsequent*
subsidio *subsidy, aid*
subsistencia *subsistence*
subsistente *subsistent; subsisting*
subsistir *to subsist, to exist; to last*
substancia *substance; essence*
substancial *substantial*
substanciar *to substantiate*
substancioso *substantial; juicy, nourishing*
substantivo *substantive*
substitución *substitution*
substituir *to substitute*
substituto *substitute*
substracción *subtraction*
substraer *to subtract*
subterráneo *subway*
subtítulo *subtitle*
suburbio *suburb*
subvención *subsidy*
subvencionar *to subsidize*
subyugar *to subdue, to subjugate*
suceder *to happen; to succeed; to inherit*
   ¿Qué sucedió después? *What happened next?*
sucesión *succession; estate; inheritance*

sucesivamente *successively*
sucesivo *successive*
suceso *successor*
suciedad *dirt, filth*
sucio *dirty, filthy; nasty*
sucumbir *to die; to succumb, to yield*
sucursal *subsidiary; s: branch, annex*
sud *south*
sudar *to sweat, to perspire*
sudeste *southeast*
sudoeste *southwest*
sudor *sweat, perspiration*
suegra *mother-in-law*
suegro *father-in-law*
suela *sole*
sueldo *salary*
suelo *soil; ground; floor*
suelto *loose; swift; free; fluent; single; odd; s: change*
   suelto de lengua *outspoken*
sueño *sleep, dream*
   ¿Tiene Ud. sueño? *Are you sleepy?*
suero *serum*
suerte *chance; lot; fortune; luck; manner*
   de la misma suerte *the same way*
   de suerte que *so that*
   mala suerte *bad luck*
   ¡Buena suerte! *Good luck!*
suficiencia *sufficiency; capacity*
suficiente *enough; sufficient*
sufijo *suffix*
sufragar *to pay; to aid*
sufragio *suffrage, vote; aid*
sufrido *patient, enduring; practical* (color)
sufrimiento *suffering*
sufrir *to suffer, to stand*
sugerir *to suggest; to hint*
sugestión *suggestion; hint*
sugestionar *to influence*
sugestivo *suggestive*
suicida *suicide*
suicidarse *to commit suicide*
suicidio *suicide*
sujetapapeles *paper clip*
sujetar *to fasten; to hold; to subdue, to subject*
sujeto *subject, liable, likely; s: subject*
   estar sujeto a *to be subject to*
suma *sum, amount; addition*
   en suma *in short*
   una suma crecida *a large sum of money*
sumamente *extremely, exceedingly*
sumar *to add; to sum up*
   sumarse a *to join*
sumario *summary; s: summary*
sumergir *to submerge*
sumidero *sewer, drain; sink*
suministrar *to supply, to furnish*
suministro *supply*

sumisión *submission, resignation, obedience*
sumiso *submissive, obedient*
sumo *high, great*
   a lo sumo *at the most*
   con sumo gusto *with the greatest pleasure*
suntuosidad *sumptuousness*
suntuoso *sumptuous, magnificent*
supeditar *to subject*
superar *to exceed, to excel, to surpass; to overcome*
superchería *deceit, fraud*
superficial *superficial*
superficialidad *superficiality*
superficie *surface; area*
superfluo *superfluous*
superintendente *superintendent; supervisor*
superior *superior, better; higher, above;* s: *superior*
   labio superior *upper lip*
superioridad *superiority; higher authority*
superstición *superstition*
supersticioso *superstitious*
superviviente *survivor*
suplantar *to supplant; to displace*
suplementario *supplementary*
suplemento *supplement*
suplente *substituting, replacing, alternate*
súplica *request; petition*
suplicación *supplication; request; petition*
suplicar *to beg, to implore*
suplicio *ordeal; torture; execution*
suplir *to supply; to make up; to substitute*
suponer *to imagine, to suppose, to surmise; to expect*
suposición *supposition, conjecture; assumption; falsehood*
supremacía *supremacy*
supremo *supreme*
supresión *suppression*
suprimir *to suppress; to abolish; to omit; to leave out*
supuesto *supposed, assumed;* s: *supposition, assumption*
   por supuesto *of course*
sur *south*
surco *furrow; wrinkle* (tela)
surgir *to arise; to appear*
surtido *assorted;* s: *assortment; stock; supply*
   un surtido selecto *a selection*
surtidor *jet; spout*
surtir *to supply, to furnish*
susceptibilidad *susceptibility*
susceptible *susceptible; sensitive to*
suscitar *to stir up, to excite*
susodicho *above-mentioned; aforesaid*
suspender *to suspend, to discontinue; to postpone, to adjourn*
   suspender los pagos *to stop payment*
suspensión *suspension; cessation; stop*

suspensivo *suspensive*
suspenso *suspended, hung,* s: *suspense*
   en suspenso *pending*
suspicacia *suspicion; distrust*
suspicaz *suspicious; distrustful*
suspirar *to sigh*
   suspirar por *to crave for*
suspiro *sigh*
sustentar *to support, to sustain; to feed*
sustento *maintenance, support*
susto *fright*
   dar un susto *to scare*
sutil *subtle*
sutileza *sublety*
suya, suyo, suyas, suyos *yours; his; hers; its; theirs;* s: *view, way*
   salirse con la suya *to have one's way*
   una amiga suya *a friend of hers*
   ¿Cómo está Ud. y los suyos? *How are you and your family?*
   Es el suyo. *It's yours.*

T

tabaco *tobacco*
tabaquería *cigar store*
tabique *partition, construction brick*
tabla *table; board; stage*
tablado *platform; stage; scaffold*
tablero *panel, board*
tableta *tablet*
tablilla *slab; bulletin board*
taburete *stool*
tacañería *stinginess*
tacaño *stingy, miserly*
tacha *fault, blemish*
tachar *to find fault with; to erase; to cross out*
tachuela *tack*
tácito *tacit*
taciturno *taciturn*
taco *plug; stopper; pad*
tacón *heel*
táctica *tactics*
tacto *touch; tact; skill; feeling*
tajada *slice, cut*
tajo *cut, incision*
tal *such; so; as*
   tal para cual *two of a kind*
   tal vez *maybe*
   No hay tal. *There is no such thing.*
   ¿Qué tal? *How are you?*
taladrar *to drill, to bore*
taladro *drill, bore*
talar *to fell; to destroy*
talco *talcum; tinsel*
talego *bag, sack*
talento *talent; cleverness*

talla *stature, size; sculpture; engraving*

tallador *engraver*

tallar *to carve; to engrave*

talle *waist; size; shape; figure*

taller *workshop*
    taller de sastre *tailor shop*

tallo *stem; stalk*

talón *stub, receipt; check; heel*

talonario *stub; checkbook*

tamaño *size*
    de gran tamaño *very large*
    de poco tamaño *small*
    ¿De qué tamaño es? *What size is it?*

también *also, too; as well; likewise*
    yo también *I also*

tambor *drum*

tamiz *sifter*

tamizar *to sift*

tampoco *neither*
    Eso no me gusta.—A mí tampoco. *I don't like it.—Neither do I.*

tan *so; as; so much; as well; as much*
    tan bien *so well, as well*
    tan largo tiempo *such a long time*
    tan mal *so bad, as bad*

tanda *rotation; turn; shift* (obreros)

tanque *tank*

tantear *to measure, to try; to estimate*

tanteo *estimate; score*

tanto *so much, as much, so;* s: *score*
    algún tanto *somewhat*
    entre tanto *meanwhile*
    ni tanto, ni tan poco *neither too much nor too little*
    otros tantos *just as many*
    tanto como *as much as*
    tanta gente *so many people*
    ¡Lo siento tanto! *I'm so sorry.*

tapa *cover, lid, cap, appetizer* (Spain)

tapadera *cover, lid*

tapia *fence*

tapicería *tapestry; upholstery*

tapiz *tapestry*

tapizar *to upholster*

tapón *cork; plug*

taponar *to plug*

taquígrafo *stenographer*

taquilla *ticket window*

tardanza *slowness, delay*

tardar *to delay; to be late; to be slow*
    a más tardar *at the latest*
    No tardará en volver. *He'll be back before long.*

tarde *late;* s: *afternoon*
    en la tarde *in the afternoon*
    Más vale tarde que nunca. *Better late than never.*

tardío *tardy, late; slow*

tardo *slow; sluggish; dull*

tarea *job, task, work, homework* (escuela)

tarifa *tariff, rate, fare*

tarjeta *card*
    tarjeta de visita *calling card*
    tarjeta postal *post card*

tarro *jar; can; pot*

tartamudear *to stammer, to stutter*

tartamudo *stammering, stuttering; stammerer, stutterer*

tasa *appraisal, measure, valuation*

tasar *to appraise, to value*

tatarabuela *great-great-grandmother*

tatarabuelo *great-great-grandfather*

tataranieta *great-great-granddaughter*

tataranieto *great-great-grandson*

tatuaje *tattoo*

tatuar *to tattoo*

tauromaquia *bullfighting*

taxi *taxi, taxicab*

taza *cup; bowl*

te *you; to you; yourself*

té *tea*

teatral *theatrical*

teatro *theater; playhouse*

techo *roof; ceiling*

tecla *key*

teclado *keyboard*

técnica *technique*

técnico *technical;* s: *technician*

tedio *boredom, tediousness*

tedioso *tiresome, tedious*

teja *tile*

tejado *roof*

tejer *to weave; to knit*

tejido *texture; fabric; tissue*

tela *cloth, material; web*

telaraña *cobweb*

telecomunicaciones *telecommunications*

telefacsímil *fax machine, facsimile*
    telefax *fax machine*
    el fax *facsimile*

telefonear *to phone*

telefónico *telephone*
    cabina telefónica *telephone booth*
    guía telefónica *telephone book*

telefonista *telephone operator*

teléfono *telephone*
    teléfono celular *cellular phone*
    teléfono inalámbrico *cordless phone*

telegrafiar *to telegraph, to wire*

telegrafista *telegraph operator*

telégrafo *telegraph*

telegrama *telegram*

telemercado *telemarketing*

televisión *television*

telón *curtain*

tema *theme; subject*

temblar *to tremble, to shake; to shiver*

temblor *trembling, tremor; earthquake*

temer *to fear, to dread, to be afraid*
temerario *reckless, rash*
temeridad *temerity, recklessness*
temeroso *timid, fearful, afraid*
temible *dreadful, terrible*
temor *fear, dread*
temperamento *temperament, temper, nature*
temperatura *temperature*
tempestad *tempest, storm*
templado *temperate, lukewarm*
templo *temple; church*
temporada *season; period*
temporal *temporary; s: storm*
temprano *early*
tenacidad *tenacity*
tenaz *tenacious; stubborn*
tenazas *pincers, tongs, pliers*
tender *to hang; to stretch out; to spread out*
tendero *storekeeper*
tenebroso *dark; gloomy*
tenedor *fork; holder*
teneduría *bookkeeping, accounting*
tener *to have, to possess; to keep; to hold, to*
   contain; to take
   tener en cuenta *to bear in mind*
   tener lugar *to take place*
   tener prisa *to be in a hurry*
   No tenga Ud. miedo. *Don't be afraid.*
   ¿Qué edad tiene Ud.? *How old are you?*
   Tengo hambre. *I'm hungry.*
   Tengo mucho frío. *I'm very cold.*
   Tengo que irme. *I have to go.*
   Tengo sed. *I'm thirsty.*
   Tengo sueño. *I'm sleepy.*
tenis *tennis*
tensión *tension; voltage*
tentación *temptation*
tentar *to touch, to feel; to tempt; to try, to*
   attempt
tentativa *attempt*
tenue *tenuous, thin, delicate*
teñir *to dye*
teoría *theory*
teórico *theoretical*
tercer *third*
tercero *third; s: mediator, intermediary*
tercio *one third*
terciopelo *velvet*
terco *stubborn, headstrong*
terminación *termination, ending*
terminar *to end, to terminate, to finish*
término *term; manner; end; word; boundary*
   en un término medio *on an average*
termómetro *thermometer*
ternera *veal*
ternero *calf*
ternura *tenderness; fondness*
terrateniente *landowner*
terraza *terrace*

terremoto *earthquake*
terreno *land; soil; field*
terrible *terrible, dreadful*
territorio *territory*
terrón *lump*
terror *terror*
tesis *thesis*
tesorería *treasury*
tesorerío *treasury*
tesorero *treasurer*
tesoro *treasure*
testamento *testament, will*
testar *to make a will, to bequeath*
testarudo *stubborn, obstinate*
testigo *witness*
testimonio *testimony, evidence, deposition*
tetera *teapot*
textil *textile*
texto *text*
tez *complexion, skin*
ti *you (after a preposition)*
tía *aunt*
tibio *lukewarm, indifferent*
tiburón *shark*
tiempo *time; tense; weather; tempo*
   darse buen tiempo *to have a good time*
   El tiempo es oro. *Time is money.*
   Hace mal tiempo. *The weather's bad.*
   Hace mucho tiempo. *It's been a long time.*
tienda *store, shop; tent*
tierno *tender; soft; affectionate; young*
tierra *earth; soil; land; ground, native country*
   en tierra *on land, ashore*
tieso *stiff, hard; firm; stubborn*
tiesto *flowerpot*
tijeras *scissors*
timador *swindler*
timar *to swindle, to cheat*
timbre *stamp, seal; tone, door bell*
timidez *timidity; shyness*
tímido *timid; shy*
tina *bathtub*
tino *skill; judgment, tact*
tinta *ink; dye*
tinte *dye; tint; hue*
tintero *inkwell*
tintorería *dry cleaner's shop*
tintorero *dry cleaner*
tintura *dyeing; tint; dye*
   tintura para el pelo *hair dye*
tío *uncle*
típico *typical, characteristic; s: fellow*
tipo *type; rate; standard*
tipografía *printing; printing shop*
tipógrafo *printer, typesetter*
tira *strip; stripe*
tirabuzón *corkscrew; curl of hair*
tirada *edition, issue, printing; distance;*
   stretch

tiranía *tyranny*
tirano *tyrant*
tirante *strained; tight;* s: *suspenders*
tirar *to throw, to toss, to cast; to shoot; to pool; to draw; to print*
    tirar los dados *to shoot dice*
titiritear *to shiver*
tiro *shot; throw; fling; ranch; reach*
tísico *consumptive*
títere *puppet*
titubear *to hesitate; to doubt*
titular *to title, to entitle;* s: *head; holder; headline*
título *title; diploma; degree; heading; headline; inscription; shares*
toalla *towel*
tobillo *ankle*
tocador *dressing table*
tocante *touching, respecting, concerning*
tocar *to touch; to play* (instrumento); *to ring; to toll; to concern; to interest*
    Le toca jugar. *It's your turn to play.*
    ¡No tocar! *Don't touch.*
    Toque el timbre. *Ring the bell.*
tocino *bacon*
todavía *yet, still*
todo *all; each, every; the whole; everything; everyone*
    todo el año *all year around*
    todo el día *all day long*
    todos los días *everyday*
    una vez por todas *once and for all*
toldo *owning*
tolerable *tolerable*
tolerancia *tolerance*
tolerante *tolerant*
tolerar *to tolerate*
toma *seizure, capture; dose; tap; intake*
tomar *to take; to get; to seize*
    tomar el pelo *to make fun of*
    ¿Qué toma Ud.? *What will you have?*
tomate *tomato*
tomo *volume*
ton *tone*
tonel *barrel, cask*
tonelada *ton*
tónico *tonic*
tono *tone; tune, accent; manner, conceit; shade*
tontería *foolishness, nonsense*
tonto *silly, stupid, foolish;* s: *fool*
tope *top; butt; stop*
toque *touch; ringing; call*
torcedura *twisting; sprain*
torcer *to twist; to turn, to sprain; to distort*
torcido *twisted, crooked*
toreo *bullfighting*
torear *to fight bulls in the ring*
torero *bullfighter*

tormenta *storm, tempest*
tormentoso *stormy*
tornar *to return; to repeat; to change*
torneo *tournament*
tornillo *screw*
torno *winch; spindle*
toro *bull*
toronja *grapefruit*
torpe *clumsy, awkward; slow*
torpeza *clumsiness, awkwardness*
torre *tower*
torrente *torrent*
tórrido *torrid*
torta *cake, sandwich* (Mexico)
tortilla *omelet*
tórtola *dove*
tortuga *turtle*
tortura *torture*
torturar *to torture*
tos *cough*
tosco *rough, coarse*
toser *to cough*
tostada *toast*
tostado *toasted; tanned*
tostar *to toast; to roast; to tan*
total *total, whole*
tóxico *toxic, poisonous;* s: *poison*
traba *obstacle, hindrance*
trabajador *hardworking, industrious;* s: *worker, laborer*
trabajar *to work, to labor*
trabajo *work, labor, toil; workmanship; trouble, hardship*
    sin trabajo *unemployed*
tradición *tradition*
tradicional *traditional*
traducción *translation*
traducir *to translate*
traductor *translator*
traer *to bring, to carry; to wear*
    traer a cuento *to bring into the conversation*
traficante *trading; trader*
traficar *to traffic, to trade, to do business*
tráfico *traffic, trading; trade*
tragaluz *skylight*
tragar *to swallow*
tragedia *tragedy*
trágico *tragic*
trago *gulp; drink*
traición *treason*
traicionar *to betray*
traidor *treacherous;* s: *traitor*
traje *suit; dress, gown*
    traje de baño *bathing suit*
    traje de etiqueta *evening dress*
trajinar *to carry, to convey; to trouble about*
trama *web; plot, conspiracy*
tramar *to plot*

tramitar *to conduct, to transact*
trámite *transaction, procedure, formalities*
trampa *trap; fraud*
tramposo *deceitful;* s: *cheater*
tranca *crossbar*
tranquilidad *tranquility, quietness*
tranquilizar *to calm*
tranquilo *quiet, calm; at ease*
transacción *transaction; compromise*
transatlántico *transatlantic;* s: *liner* (vapor)
transbordar *to transfer, to change*
transbordo *transfer*
transcurrir *to pass; to elapse*
transcurso *pause, lapse*
transferencia *transfer*
transformación *transformation*
transformador *transforming;* s: *transformer*
transformar *to transform*
transfusión *transfusion*
transitar *to pass by; to walk along; to travel*
tránsito *traffic; transit; transition*
transitorio *transitory*
transmisor *transmitter; transmitting*
transmitir *to transmit; to convey*
transparente *transparent; window shade*
transpiración *perspiration*
transportar *to transport, to convey*
transporte *transport; transportation*
tranvía *streetcar*
trapo *rag*
tras *after, behind; besides*
transcendencia *importance*
trasladar *to move, to transport, to transfer; to postpone, to transcribe, to translate*
traspasar *to cross; to transfer; to trespass*
traspié *slip; trip*
trasquilar *to clip; to shear*
trastienda *back room*
trasto *trash*
trastornar *to turn upside down; to upset, to disturb, to disarrange*
trastorno *upsetting, disturbance*
tratable *sociable*
tratado *treaty; treatise*
tratamiento *treatment*
tratar *to treat, to deal; to try; to discuss* tratándose de Ud. *in your case*
trato *treatment, agreement, deal*
través *bias; misfortune; crossbeam*
travesía *crossing; voyage*
travesura *mischief, prank, trick*
travieso *mischievous, naughty*
trayecto *distance, stretch; route*
trayectoria *trajectory*
trazar *to draw; to plan, to outline*
trebol *clover*
trece *thirteen; thirteenth*
trecho *distance*
tregua *trust*

treinta *thirty; thirtieth*
tren *train; equipment; ostentation*
trenza *braid*
trenzar *to braid*
trepar *to climb; to creep*
tres *three, third*
trescientos *three hundred; three hundredth*
treta *trick*
triángulo *triangle*
tribu *tribe*
tribuna *platform; grandstand*
tribunal *court*
trigo *wheat*
trillar *to thresh*
trimestral *quarterly*
trimestre *quarter*
trinchar *to carve*
trinchera *trench*
trineo *sleigh, sled*
trío *trio*
triple *triple*
tripulación *crew*
tripular *to equip*
triste *sad, gloomy*
tristeza *sadness, gloom*
triturar *to grind, to pound*
triunfal *triumphal*
triunfar *to triumph, to succeed*
triunfo *triumph; trump card*
trocar *to change, to barter*
trofeo *trophy; price*
trompa *trunk*
trompeta *trumpet*
trompo *top*
tronar *to thunder*
tronco *trunk; log; stem*
trono *throne*
tropa *troop*
tropezar *to stumble, to trip; to come across; to run into*
tropical *tropical*
trópico *tropic*
trozo *bit, piece, morsel*
trucha *trout*
truco *trick*
tu *your*
tú *you*
tubería *pipeline; tubing*
tubo *tube; pipe*
tuerca *nut; bolt*
tulipán *tulip*
tullido *crippled*
tumba *tomb, grave*
tumor *tumor*
tumulto *tumult*
túnel *tunnel*
turba *mob, crowd*
turbante *turban*

turbar *to disturb, to upset; to embarrass*

turismo *tourism*

    agencia de turismo *travel agency*

turnar *to alternate, to take turns*

turno *turn*

tutela *guardianship; tutelage*

tutor *tutor; guardian*

tuya, tuyo, tuyas, tuyos *yours*

    los tuyos *yours*

U

ubicación *location*

ubicado *located*

úlcera *ulcer*

últimamente *lately*

ultimátum *ultimatum*

último *last; latest; late; later; final; lowest*

    a última hora *at the last moment*

    última moda *latest style*

un *a, an; one*

    un poco *a little*

una *a, an; one; someone; some, a few*

    una vez *once*

    unas veces *sometimes*

ungüento *ointment, liniment*

únicamente *only; simply; nearly*

único *only; singular, unique; alone*

unidad *unity; conformity; unit*

unido *united, joined*

unificar *to unify*

uniforme *uniform*

uniformidad *uniformity*

unión *union, unity; joint*

unir *to unite, to join together*

unirse *to merge, to become united*

universal *universal*

universidad *university*

universitario *collegiate*

universo *universe*

uno *one, someone; some, a few*

    cada uno *each one*

    uno a uno *one by one*

    uno y otro *both*

    unos cuantos *some, a few*

untar *to grease, to rub; to bribe*

unto *grease, fat*

uña *nail; claw; hoof*

urbanidad *urbanity; good manners*

urbane *urban; refined; polite*

urbe *large city*

urdir *to plot, to scheme*

urgencia *urgency, pressure*

urgente *urgent*

urgir *to urge, to be pressing*

usado *used; secondhand; worn out*

usar *to use, to wear; to be accustomed to*

uso *use, usage; wearing; wear*

    en buen uso *in good condition*

    para uso externo *for external use*

usted *you*

ustedes *you*

usual *usual, customary*

usura *usury*

usurero *usurer, moneylender*

usurpación *usurpation*

utensilio *utensil*

útil *useful, profitable; s: implement; tools, equipment*

utilidad *utility, usefulness; profit*

utilizar *to utilize*

uvas *grapes*

V

vaca *cow*

vacación *vacation, holiday*

vacante *vacant; s: vacancy*

vaciar *to empty; to cast, to mold*

vacilación *hesitation*

vacilar *to vacillate, to waver, to hesitate*

vacío *empty, vacant; s: void, vacuum*

vacuna *vaccination; vaccine*

vacunar *to vaccinate*

vadear *to ford*

vado *ford*

vagabundo *vagabond, tramp*

vagar *to roam, to wander about; to be idle*

vagón *coach, car, wagon, freight car*

vahído *vertigo, dizziness*

vaho *exhalation; vapor, steam*

vajilla *china, dinner set, table service*

vale *promissory note; voucher; IOU*

valer *to be worth; to amount to; to be valid, to hold good*

    Más valiera . . . *It would be better* . . .

    Vale la pena. *It's worth while.*

valerse *to avail oneself of; to make use of*

valeroso *courageous, brave, valiant*

validad *to make valid*

validez *validity*

valija *suitcase; valise; grip; sack; mailbag*

valioso *valuable; of great influence*

valla *fence; obstacle*

valle *valley*

valor *value; price; courage, valor; bond; share*

    sin valor *worthless*

valorar *to value, to appraise*

valuar *to rate; to price; to appraise; to value*

válvula *valve*

vanamente *vainly; in vain*

vanguardia *vanguard*

vanidad *vanity*

vanidoso *vain, conceited*

vano *vain; of no use*
vapor *vapor, steam; steamer* (barco)
vaquero *cowboy*
vara *rod, pole; stick; twig*
varar *to be stranded; to launch*
variable *variable, changeable*
variación *variation, change*
variar *to vary, to change*
variedad *variety*
varón *man, male*
varonil *manly*
vaselina *vaseline*
vasija *vessel*
vaso *glass*
vástago *stem; shoot, offspring*
vasto *vast, immense*
vaticinar *to forecast, to predict, to foretell*
vaticinio *forecast, prediction*
vecindad *vicinity, neighborhood*
vecindario *neighborhood*
vecino *neighbor; resident*
veda *prohibition; interdiction by law*
vegetación *vegetation*
vegetal *vegetal,* s: *vegetable*
vegetariano *vegetarian*
vehemencia *vehemence*
vehemente *vehement*
vehículo *vehicle*
veinte *twenty; twentieth*
veintena *a group of twenty, a score*
vejez *old age*
vela *candle; vigil, watch; wake; sail, sailboat;*
    nightwork
velador *watchman; lamp table; lampstand*
velar *to watch, to keep vigil; to veil; to work*
    at night
vello *hair*
velludo *hairy, shaggy*
velo *veil*
velocidad *velocity, speed; gear*
veloz *swift, fast*
vena *vein*
venado *deer; venison*
vencedor *victorious;* s: *winner, victor*
vencer *to vanquish; to conquer*
vencerse *to control oneself*
vencido *defeated; due*
    Me doy por vencido. *I give up.*
vencimiento *maturity; falling due; expiration;*
    victory
venda *bandaging*
vendaje *bandaging*
vendar *to bandage*
vendedor *seller, trader, dealer*
vender *to sell*
    vender al pormenor *to sell retail*
    vender por mayor *to sell wholesale*
veneno *venom, poison*
venenoso *venomous, poisonous*

venerable *venerable*
veneración *veneration*
venerar *to venerate*
vengador *avenger*
venganza *vengeance, revenge*
vengar *to avenge, to revenge*
venir *to come; to fit; to suit*
    venir al pelo *to fit the case*
    venga lo que venga *come what may*
venta *sale; selling*
ventaja *advantage; profit; odds; handicap*
ventana *window; nostril*
ventanilla *ticket window*
ventilación *ventilation*
ventilador *ventilator; electric fan*
ventilar *to ventilate, to air; to winnow; to discuss*
ventura *happiness; fortune, chance, venture*
venturoso *lucky, fortunate*
ver *to see; to look at; to look into;* s: *sight;*
    seeing; look; opinion
    hacer ver *to show*
    verse *to see each other; to be seen; to find*
        oneself
    Vamos a ver. *Let's see.*
    Ya veo. *It's obvious.*
verano *summer*
veras *truth, reality; earnestness*
    de veras *of course*
veraz *truthful*
verbal *verbal, oral*
verbo *verb*
verdad *truth*
    ¿Verdad? *Isn't it?, Don't you?, Is that so?, etc.*
verdaderamente *truly, really, in fact, indeed*
verdadero *true, real; sincere*
verde *green; immature; unripe*
verdura *green; vegetables*
vereda *path, trail; sidewalk*
veredicto *verdict*
vergonzoso *bashful, shy; shameful,*
    disgraceful
vergüenza *shame, disgrace*
verídico *truthful, veracious*
verificación *verification*
verificar *to check up, to verify; to take place*
verosímil *likely, probable; credible*
verja *grate; iron gate*
versión *version*
verso *verse, poetry, poem*
vertical *vertical*
vértice *top, highest point*
vértigo *dizziness*
vestíbulo *hall; lobby*
vestido *dressed;* s: *dress; garment; clothing*
vestir *to dress; to put on; to cover*
vestirse *to get dressed; to wear*
veterano *veteran*
veterinario *veterinarian*
veto *veto*

vez *time; turn*
　de una vez *at once*
　dos veces *twice*
　muchas veces *often*
　otra vez *again*
　rara vez *seldom*
　una vez *once*
vía *road, way, track, line*
　vía aérea *airway*
viajar *to travel*
viaje *trip, voyage, journey, travel*
　viaje redondo *round trip*
viajero *traveler, passenger*
víbora *viper*
vibración *vibration*
vibrar *to vibrate, to throb*
viciar *to spoil; to corrupt*
vicio *vice; habit; defect*
víctima *victim*
victoria *victory*
victorioso *victorious*
vida *life; living*
　dar mala vida *to mistreat, to abuse*
　ganarse la vida *to earn a living*
video *video*
　grabadora de video *video recorder*
vidriera *show case; show window*
vidrio *glass*
viejo *old, ancient; worn out*
viento *wind; scent; airs*
viernes *Friday*
viga *beam*
vigésimo *twentieth*
vigilancia *vigilance*
vigilante *vigilant;* s: *watchman*
vigilar *to watch over; to look after*
vigilia *vigil; fast; eve*
vigor *vigor, strength*
vigoroso *vigorous, strong*
vil *mean, low, vile*
vileza *meanness*
villa *village; villa*
vinagre *vinegar*
vino *wine*
　vino tinto *red wine*
viña *vineyard*
violar *to violate; to offend; to rape*
violencia *violence*
violento *violent*
violeta *violet*
violín *violin*
violinista *violinist*
virar *to turn*
viril *manly, virile*
virilidad *virility*
virtud *virtue*
visar *to stamp; to approve*
visibilidad *visibility*
visible *visible*

visión *vision, revelation; sight*
visita *visit, call*
visitar *to visit, to call on*
víspera *eve*
vista *sight, view; plans, looks, trial;*
　　customhouse officer
　a la vista *on sight*
　Hasta la vista. *See you soon.*
visto *seen; obvious, clear*
　nunca visto *unheard of*
vistoso *beautiful; showy, dressy*
visual *visual*
viuda *widow*
viudo *widower*
viva *long live! Hurrah!*
　¡Viva Méjico! *Long live Mexico!*
vivamente *vividly; deeply; very much*
vivero *nursery*
viveza *liveliness; vividness*
vivir *to live; to last;* s: *life, living*
　vivir para ver *to live and learn*
vivo *living, alive; lively; smart*
vocablo *word; term*
vocabulario *vocabulary*
vocación *vocation*
vocal *vocal, oral;* s: *vowel*
volante *steering wheel* (automóvil); *pamphlet*
volar *to fly; to blow up; to blast*
volcán *volcano*
volcar *to turn upside down*
voltear *to tumble; to roll over*
volubilidad *volubility*
voluble *voluble; fickle, changeable*
volumen *volume; size, bulk*
voluminoso *voluminous, bulky*
voluntad *will, desire; consent*
　de buena voluntad *willingly*
　última voluntad *last will*
voluntariamente *voluntarily*
voluntario *voluntary, willing*
voluptuoso *voluptuous*
volver *to turn; to come back, to return; to put*
　　back
　volver en sí *to recover one's senses*
　Vuelva la página. *Turn the page.*
　Vuelva mañana. *Come back tomorrow.*
volverse *to become*
voracidad *voracity*
voraz *voracious*
vos *you*
vosotras, vosotros *you*
votación *voting*
votante *to vote; elector*
votar *to vote; to vow*
voto *vote; ballot; vow; wish*
voz *voice; word; rumor*
　a media voz *in an undertone*
　en voz alta *aloud*
vuelco *tumble*

vuelo *flight; fullness* (vestido)
vuelta *turn, turning; return, reverse, back; walk*
    dar una vuelta *to take a walk*
vuelto *money, change*
    Quédese con el vuelto. *Keep the change.*
vuestra, vuestro, vuestras, vuestros *your, yours*
    Es el vuestro. *It's yours.*
vulgar *vulgar; common, ordinary*
vulgaridad *vulgarity*
vulgo *mob*
vulnerable *vulnerable*

y *and*
ya *already, now, finally*
    ya lo creo *of course*
    Ya es tarde. *It's late.*
    Ya veremos. *We'll see.*
    Ya voy. *I'm coming.*
yanki *Yankee*
yema *bud; shoot; yolk* (huevo): *fingertip*
yerba *herb; weed; grass*
yermo *waste; desert*
yerno *son-in-law*
yerro *error, mistake, fault*

yeso *cast*
yo *I*
yodo *iodine*
yugo *yoke; bondage, slavery*
yute *jute*

zafar *to get rid of*
zaguán *hall; foyer*
zalamería *flattery*
zanahoria *carrot*
zancada *stride*
zanja *ditch*
zanjar *to ditch; to settle in a friendly manner*
zapatería *shoe store; shoemaker's; shoemaking*
zapatero *shoe dealer, shoemaker*
zapatilla *slipper; pump* (zapato)
zapato *shoe*
zarpar *to sail*
zodíaco *zodiac*
zorro *fox*
zumbar *to ring*
zumo *juice*
    zumo de limón *lemon juice*
zurdo *left-handed*

LISTA DE NOMBRES PROPIOS

Adolfo *Adolf*
Alberto *Albert*
Alejandro *Alexander*
Alfonso *Alphonse, (Al)*
Alfredo *Alfred*
Alicia *Alice*
Ana *Ann, Anne, Anna*
Andrés *Andrew*
Antonio *Anthony*
Arturo *Arthur*

Bernardo *Bernard*

Carlos *Charles*
Carlota *Charlotte*
Carmen *Carmen*
Carolina *Caroline*
Catalina *Katherine, Catharine, Kay, Kate*
Clara *Clara, Claire*
Cristóbal *Christopher*

Diego *James*
Dorotea *Dorothy*

Eduardo *Edward*
Elena *Helen, Ellen*
Emilia *Emily*
Enrique *Henry*
Ernesto *Ernest*
Eva *Eve, Eva*

Federico *Frederick*
Felipe *Philip*
Fernando *Ferdinand*
Francisco *Francis, Frank*

Guillermo *William*

Inés *Agnes, Inez*
Isabel *Elizabeth, Isabel*

Jaime *James*
Javier *Xavier*
Jesús *Jesus*
Jorge *George*
José *Joseph*
Josefa, Josefina *Josephine*
Juan *John*
Juana *Jane, Joan, Jean*
Juanita *Jennie*
Julia *Julie, Julia*
Julio *Jules, Julius*

León *Leo, Leon*
Leonardo *Leonard*
Luis *Lewis, Louis*
Luisa *Louise*

Manuel *Emmanuel*
Margarita *Margaret, Margery*
María *Mary, Maria, Marie*
Marta *Martha*
Mauricio *Maurice*
Miguel *Michael*

Pablo *Paul*
Pedro *Peter*
Pepe *Joe*

Rafael *Raphael*
Raimundo *Raymond*
Ramón *Raymond*
Raúl *Ralph*
Ricardo *Richard*
Roberto *Robert*
Rodolfo *Rudolph*
Rosa *Rose*
Rosalía *Rosalie*

Santiago *James, St. James*
Susana *Susan, Susanna*

Teresa *Theresa*

Vicente *Vincent*
Violeta *Violet*

LISTA DE VOCABLOS GEOGRÁFICOS

África *Africa*
Alemania *Germany*
América Central *Central America*
América del Norte *North America*
América del Sur *South America*
América Latina *Latin America*
Andalucía *Andalusia*
Antillas *West Indies*
Argentina *Argentina*
Asia *Asia*
Atlántico *Atlantic*

Bélgica *Belgium*
Brasil *Brazil*
Bolivia *Bolivia*

Castilla *Castille*
Cataluña *Catalonia*
Chile *Chile*
China *China*
Colombia *Colombia*
Costa Rica *Costa Rica*
Cuba *Cuba*

Ecuador *Ecuador*
Egipto *Egypt*
El Salvador *El Salvador*
Escandinavia *Scandinavia*
Escocia *Scotland*
España *Spain*
Estados Unidos de América *United States of America*
Europa *Europe*

Filipinas *Philippines*
Francia *France*

Grecia *Greece*
Guatemala *Guatemala*

Habana *Havana*
Hispanoamérica *Spanish America*
Holanda *Holland*
Honduras *Honduras*
Hungría *Hungary*

India *India*
Inglaterra *England*
Irlanda *Ireland*
Italia *Italy*

Japón *Japan*

Lisboa *Lisbon*
Londres *London*

Madrid *Madrid*
Mediterráneo *Mediterranean*
México *Mexico*
Moscú *Moscow*

Navarra *Navarre*
Nicaragua *Nicaragua*
Noruega *Norway*
Nueva York *New York*

Pacífico *Pacific*
Países Bajos *Netherlands*
Paraguay *Paraguay*
Perú *Peru*
Pirineos *Pyrenees*
Polonia *Poland*
Portugal *Portugal*
Puerto Rico *Puerto Rico*

República Dominicana *Dominican Republic*
Roma *Rome*
Rumania *Romania*
Rusia *Russia*

Sevilla *Seville*
Sicilia *Sicily*
Suecia *Sweden*
Suiza *Switzerland*
Sudamérica *South America*

Tejas *Texas*
Turquía *Turkey*

Uruguay *Uruguay*

Venezuela *Venezuela*

¡Económicos y detallados programas de Inglés como Segundo Idioma para estudiantes de todos los niveles!

NIVEL PRINCIPIANTE-INTERMEDIO:

Easy English • 3 Discos Compactos/Manual del Curso 1-4000-2085-9 • $15.95/C$23.95
Enseña la gramática básica y todo el vocabulario necesario para situaciones cotidianas. Para estudiantes de cualquier idioma.

English for the Real World • 3 Discos Compactos/Manual del Curso • 1-4000-2087-5 $24.95/C$37.95
Enseña inglés idiomático de una manera práctica y natural. Para estudiantes de cualquier idioma.

NIVEL AVANZADO:

Business English • 4 Discos Compactos/Manual del Curso • 1-4000-2086-7 • $34.95/C$49.95
Enseña a los estudiantes cómo hablar inglés clara y convincentemente en situaciones de negocios.

¡Por fin, una estupenda manera de continuar los estudios de idiomas con la popular serie de Living Language!

La nueva serie **Inglés Más Allá de lo Básico** cuenta con todas las características de la serie *Básica* y expande los conocimientos de los estudiantes en todas las áreas—vocabulario, estructura, cultura y destrezas de conversación. Esta serie cuenta con el manual del curso, diccionario, y 4 horas de grabaciones en un cómodo y conveniente paquete.

Programa con Discos Compactos • 1-4000-2180-4
¡A la venta en septiembre de 2005!
Manual del Curso solamente • 1-4000-2177-4

Inglés Esencial Nivel Básico Intermedio—Este programa equivale a dos años de estudio universitario. Este detallado curso cubre las áreas de la lectura, escritura, gramática, conversación y cultura. Incluye el manual del curso y 8 discos compactos de 60 minutos.

Programa con Discos Compactos • 1-4000-2109-X • $79.95/C$110.00
Manual del Curso solamente • 1-4000-2108-1 • $18.00/C$26.00